Don Juan d'Austria

JACK BEECHING

Don Juan d'Austria

Sieger von Lepanto

Prestel-Verlag
München

Aus dem Englischen von Manfred Vasold

Die Originalausgabe dieses Buches
erschien unter dem Titel
»The Galleys at Lepanto«
bei Hutchinson & Co. (Publishers) Ltd.,
London

© Jack Beeching 1982
© der deutschen Ausgabe Prestel-Verlag,
München 1983

Die Medaille
Don Juans auf der Titelseite
schuf Giovanni Melon, 1571.
Staatl. Münzsammlung,
München

CIP-Kurztitelaufnahme der Deutschen Bibliothek

Beeching, Jack:
Don Juan d'Austria: Sieger von Lepanto / Jack Beeching
[Aus d. Engl. von Manfred Vasold]. –
München: Prestel, 1983.
Einheitssacht.: The galleys at Lepanto 〈dt.〉

Gesamtherstellung
Passavia Druckerei GmbH Passau
ISBN 3-7913-0649-9

Inhalt

I
Jerónimo

Die Seeschlacht von Actium entschied über die Herrschaft der Welt.
Die Seeschlacht von Lepanto setzte der Größe des Türken ein Ende.

FRANCIS BACON: *Of True Greatness of Kingdoms and States*

Als der venezianische Gesandte einst gebeten wurde, über das Privatleben Kaiser Karls v. zu berichten, schrieb er in einer vertraulichen Notiz nach Hause: »Karl ist von Natur aus sinnlich, aber er hat sich niemals zu einer gewalttätigen oder unehrenhaften Handlung hinreißen lassen.« Vor seiner Vermählung mit Isabella von Portugal hielt sich Karl eine Geliebte, ein flandrisches Mädchen namens Johanna van der Gheenst, die Tochter eines Gobelinwebers. Aber nach seiner Heirat blieb er seiner Gemahlin treu. Nach ihrem Tod mag er ein-, zweimal auf Abwege geraten sein, aber diese Liebschaften wurden mit so viel Diskretion behandelt, daß nicht einmal die Neugierigsten bei Hofe mit Gewißheit davon wußten.

Karl v. herrschte über ein riesiges und vielgestaltiges Reich, das sich von Tunis bis Patagonien erstreckte: das größte Reich der Neuzeit. Margarete, das Mädchen, das ihm Johanna van der Gheenst geboren hatte, erkannte er bereitwillig an. Mit ihrer tiefen Stimme und ihrer grobknochigen Gestalt war sie ihm wie ein zweiter Sohn. In Flandern war sie beliebt, und dort wurde sie schließlich auch Regentin. Karls legitimer Erbe, Prinz Philipp, der nachmalige König von Spanien, war, wie man sich einen Sohn nur wünschen konnte: fleißig, intelligent, gewissenhaft, aber vielleicht ein wenig allzu ernst.

»In seinem Kopf geht mehr vor sich, als sein Gesicht erkennen läßt«, schrieb einmal ein päpstlicher Legat über Karl v. Einige Bilder lassen den Kaiser als einen gutaussehenden Hünen erscheinen, aber in Wirklichkeit war er klein und unansehnlich. Er hatte den vorstehenden Unterkiefer der Habsburger, und sein Mund war ständig halb geöffnet, was er hinter einem kurzen Bart zu verstecken suchte. Blumen liebte er über alles, insbesondere Nel-

ken, und nach der Eroberung von Tunis sandte er die erste Wur-
zel einer rosaroten Art nach Europa. Karl v. war ein leidenschaftlicher Musikfreund, und der kaiserliche Chor mußte ihn überall-
hin, sogar auf dem Feldzug, begleiten.

Er war ein entschiedener Christ und ein tapferer Soldat, doch
er versuchte, nur Verteidigungskriege zu führen. Ein italienischer General bemerkte einmal, die persönliche Anwesenheit des
Kaisers auf dem Schlachtfeld wöge 25000 Fußsoldaten auf. Im
Grunde war Karl v. ein einfacher, herzensguter Mensch. Er las
am liebsten Ritterromanzen, und er hielt sich gerne für einen
fahrenden Ritter, der von Gott ausgesandt war, um das katholische Europa gegen seine größten Feinde zu verteidigen: die habsüchtigen protestantischen Fürsten des Nordens und die ständige
Bedrohung durch die Türken aus dem Osten.

Und trotzdem – »... von Natur aus sinnlich«?

Eine nie nachlassende Schwäche des Kaisers war seine Unmä-
ßigkeit im Essen. »Könige scheinen zu glauben, daß ihre Mägen
anders beschaffen sind als die anderer Leute!« rief sein engster
Vertrauter, ein altgedienter Kriegsmann namens Luis Quijada
eines Tages bei Tisch aus, als Karl die Austern zu Dutzenden
hinunterschlang. Mit dem Essen und Trinken begann der Kaiser
um fünf Uhr des Morgens. Er griff zum Fenster hinaus nach
einem großen Krug mit Bier, der zur Kühlung draußen stand.
Dann hörte er eine Seelenmesse für die Kaiserin Isabella. Vorher
hatte er allerdings schon eine Schüssel Hühnerbrühe getrunken,
denn der Papst hatte ihn von dem Fasten vor der Kommunion
entbunden. Sein Mittagstisch bestand aus Hammelfleisch, Hasen,
Rindfleisch, Huhn und einem ganzen Berg von Pasteten. Das
alles schlang er in großen Brocken hinunter, denn Zähne besaß er
seit langem nicht mehr. Er litt an Hämorrhoiden und an Gicht,
Bier war also schädlich für ihn. Als ihn aber sein italienischer
Arzt bat, das Biertrinken aufzugeben, weigerte er sich. Bei der
drückenden politischen Verantwortung, die auf ihm lastete,
brauchte Karl gewiß irgendeine Art des Ausgleichs, und Völlerei
mochte ihm wie eine Sünde vorkommen, mit der er nur sich
selber schadete. Aber 1545/46, als die protestantischen und katholischen Fürsten ihre letzten Vorbereitungen zum Krieg gegen-
einander trafen, konnte der Kaiser kaum noch auf einem Pferd

sitzen, geschweige denn seine Truppen in der Schlacht befehligen. Man überredete ihn, eine Kur zu machen, und sie tat ihm gut.

Kaiser Karl V. führte seine Truppen von den Niederlanden nach Süddeutschland. Am 10. April 1546, zwei Wochen vor Ostern, zogen sie in die befestigte Stadt Regensburg an der Donau ein. Als die Türken, eine Generation früher, das Donautal hinaufgezogen waren, da war Regensburg der westlichste Ort in Mitteleuropa, bis zu dem ihre Reiterei je vorgedrungen war. In Regensburg sollte ein Reichstag stattfinden, von dem man sich erhoffte, er werde in letzter Minute eine Einigung mit den aufrührerischen protestantischen Fürsten herbeiführen. Karl V. war der Vernunft zugetan; er war bereit, nachzugeben, wenn der Feind ihm auf halbem Weg entgegenkäme. Aber diesmal war das ausgeschlossen; der Herausforderung der Protestanten mußte in einer Schlacht begegnet werden. Im Alter von sechsundvierzig Jahren trat Karl in einen neuen Lebensabschnitt. Er konnte wieder ein Pferd besteigen; er hatte Spaß am Jagen; er war beinahe wieder jung.

Unter den Bittstellern, die an diesem Osterfest den Kaiser bedrängten, befand sich die Witwe eines Offiziers namens Blomberg, die unweit von Regensburg lebte. Sie hatte drei Kinder, die ins Leben hinaus sollten, und als sie Karl V. ihre Bittschrift überreichte, sorgte sie dafür, daß der Kaiser ihre Tochter Barbara erblickte, eine hellhäutige Blondine von etwa zweiundzwanzig Jahren, mit seidenen Haaren und großen Augen. An demselben Abend noch, als Karl zu Tische saß, ließ sie ihre angenehme Stimme für ihn erklingen. Es dauerte nicht lange, und sie teilte mit ihm das Lager.

Die Mätresse eines Kaisers konnte, so sie umsichtig und verschwiegen war, hinter den Kulissen eine Machtposition einnehmen. Doch Barbara war vergnügungssüchtig und allzusehr auf ihre eigene Person bedacht; sie hatte überdies die Begabung, sich Feinde zu machen. Die Höflinge zeigten, daß sie sie nicht mochten – vielleicht neideten sie ihr den schnellen Aufstieg zur Berühmtheit? Sie verbreiteten, Barbaras Mutter sei einmal eine Wäscherin gewesen, und sie selber, die Geliebte des Kaisers, habe in Schenken gesungen. Das war erlogen, doch es zeigte, was sie von ihr hielten.

Als Karl schließlich ausritt, um gegen den lächerlich dicken Kurfürsten von Sachsen und die im Schmalkaldischen Bund vereinigten protestantischen Fürsten in den Kampf zu ziehen, widersetzte sich Barbara den Spielregeln und folgte dem Heereslager. Und als sie erfuhr, daß Karl am Fieber darniederlag, lieh sie sich von einem Soldaten dessen Roß und Wams, um durch die Wachen zu schlüpfen und den Kaiser in seinem Zelt zu überraschen. Sie warf die Diener hinaus und übernahm selber die Pflege des Kranken. Sie konnte es sich nunmehr leisten, gleichgültig zu überhören, was man über sie redete. Denn sie erwartete ein Kind. Der Kaiser hatte nur einen Sohn aus seiner Ehe mit Isabella von Portugal, vielleicht würde sie ihm einen zweiten schenken.

Von der Donau aus marschierte Karl v. mit seinen Truppen an die Elbe, bis vor Mühlberg. Johann Friedrich von Sachsen hatte zwar die hölzerne Brücke über den Fluß verbrannt, aber am jenseitigen Ufer eine Bootsbrücke bereitgehalten. Eine Anzahl altgedienter spanischer Soldaten des Kaisers – damals die besten Soldaten in Europa – schwamm, die Säbel zwischen den Zähnen, unter dem Schutz des Feuers aus den Arkebusen ihrer Kameraden durch den Fluß. Sie bemächtigten sich der Brückenboote und brachten sie auf ihre Seite, damit ihre Fußtruppen darauf den Fluß überqueren konnten. Der Kaiser ritt durch eine Furt des Stromes, »bleich vor Fieber wie ein Gespenst«.

Johann Friedrich selber kämpfte bis zuletzt, aber seine schmalkaldischen Verbündeten gaben ihm nicht genügend Unterstützung, so daß Karl v. bei Mühlberg einen blendenden und vollständigen Sieg errang. Er eroberte die feindlichen Kanonen und den Troß; mehr als ein Drittel der protestantischen Armee nahm er gefangen. Der Kaiser war frohen Muts, als er an diesem Abend in sein Zelt zurückkehrte; die Mühen des Tages hatten den Fieberanfall kuriert. »Bereitet mir das Mahl«, rief er fröhlich und, mit einem Scherz auf die Beleibtheit Johann Friedrichs anspielend, »denn ich hab' den ganzen Tag über gejagt und das Schwein erlegt, und es ist ganz schön fett.« Am nächsten Morgen äußerte er sich mit mehr Überlegung, und was er da sagte, machte er fortan zu seinem Leitspruch: »Ich kam, ich sah – Gott siegte.« Tizian, sein Lieblingsmaler, hat den Sieger von Mühlberg in vollem Kriegsornat gemalt, wie er erhobenen Hauptes auf seinem

Schlachtroß sitzt, die Lanze angelegt und den Orden vom Goldenen Vlies, dessen Großmeister er war, auf dem Brustpanzer. Der ganze Charakter Karls v. ist auf diesem Gemälde eingefangen.

Barbara Blombergs Kind, ein blauäugiger, blonder Knabe, kam am 24. Februar 1547 zur Welt. Aber Karl v. schien keine Eile zu haben, diesem Kind der Liebe die gleiche Anerkennung zuteil werden zu lassen, die er Jahre zuvor Margarete gewährt hatte. Höflinge fragten sich, ob der große Sieg bei Mühlberg die religiösen Empfindungen des Kaisers geschärft haben könnte. Oder hatte er Gewissensbisse ob dieser Untreue gegenüber dem Andenken an seine verstorbene Gemahlin? Oder war einfach nur seine Gicht viel schlimmer geworden?

Irgendwie mußte man den kleinen Jungen lowerden, ihn unsichtbar machen. Karl v. überließ diese mißliche Angelegenheit seinem Vertrauten Luis Quijada, auf den er sich verlassen konnte. Man hatte den Säugling der Mutter weggenommen und ihn einer Amme übergeben. Barbara wurde mit einem Kammerherrn des Hofes verheiratet, Jerónimo Pyramus Kegel, dem sie nach seiner Ernennung zum Armeekommissar in Brüssel, einem gutbezahlten Posten, noch weitere Kinder gebar.

Luis Quijada erfuhr, daß einer der Musikanten des Kaisers, ein Flame namens Frans Massi, der die Viola spielte, mit seiner Frau Ana, die in einem Dorf in Kastilien ein Haus geerbt hatte, sich dort zur Ruhe setzen wollte. Zufällig kannte Quijada den Dorfpfarrer in diesem Ort. Quijada ließ die beiden schwören, Stillschweigen zu bewahren, und bot ihnen sodann eine jährliche Zahlung von fünfzig Dukaten an – wovon man bequem leben konnte –, wenn sie einen kleinen Knaben namens Jerónimo an Kindes Statt annehmen wollten; dieser war inzwischen drei Jahre alt. Er ließ sie glauben, Jerónimos Vater sei ein Kammerdiener Seiner Majestät namens Adrian Buès, ein bekannter Schürzenjäger. Er richtete es so ein, daß die beiden in der Gefolgschaft Prinz Philipps nach Spanien zurückreisen konnten, und übergab ihnen weitere hundert Dukaten als Reisegeld. Jerónimo befand sich in guten Händen. Der Dorfpfarrer würde auf ihn achten, er würde mit dem Spanischen als Muttersprache aufwachsen, und auch das Flämische würde ihm nicht ganz fremd bleiben. Und er war verschwunden.

Am 25.Mai 1550 erreichte Prinz Philipp in Augsburg die Nachricht, daß der Brennerpaß schneefrei sei. Er befahl seiner Begleitung, Soldaten und Höflingen, die Alpen gen Süden in Richtung Italien zu überschreiten. Der Abstieg vom Gebirge führte den fürstlichen Reisezug zu einer kleinen Stadt, in der die Sonne heller schien und deren Straßen voller Priester waren: Trient. Dort tagte erneut das Konzil, das Jahre vorher einberufen worden war, um die Mißstände der katholischen Kirche zu beseitigen. Prinz Philipp zählte zwar erst dreiundzwanzig Jahre, doch er war ein ernster junger Mann. Während sich seine Höflinge mit Maskeraden und Turnierspielen ergötzten, verbrachte er in Trient die meiste Zeit in religiösem Gespräch mit Bischöfen und Kardinälen. Als Spiel zu gefährlich, aber auch noch nicht ganz Kampf – so hatten die beständigsten Feinde des Kaisers, die Türken, einmal den Turnierkampf beschrieben. Da ritten Männer im Harnisch, mit eingelegter Lanze, aufeinander los und versuchten, sich gegenseitig aus dem Sattel zu werfen. Obschon Philipp bei dieser Gelegenheit den kleinen blonden Jungen gesehen haben muß, den der alte Musikant hochhielt, damit er das erregende Schauspiel mitansehen konnte, wußte Philipp allem Anschein nach damals noch nicht, daß Jerónimo sein Halbbruder war. Das Geheimnis des Knaben wurde sorgfältig gehütet.

Die Gesellschaft des Prinzen durchquerte den Norden Italiens, damals größtenteils im Besitz Karls V., und kam nach Genua, einer Stadt der Paläste, gelegen an den Hängen einer Bucht, in der viele Schiffe lagen. Die Kaufherren dieser Stadt waren die Finanziers der spanischen Krone. Ein Geschwader von genuesischen Kriegsgaleeren war vom Admiral der Republik Genua, Andrea Doria, gemietet worden, um Prinz Philipp und sein Gefolge entlang der Küste nach Barcelona zu bringen. Diese Galeeren waren für den kleinen Jerónimo etwas ganz Neues und Fremdes.

Kriegsgaleeren waren zweimastige, lange, schmale Schiffe, die mittels Riemen gerudert wurden, bei günstigem Wind durch große dreieckige Segel unterstützt. Die Offiziere und Passagiere waren in Kabinen im vergoldeten Heckaufbau des Schiffes untergebracht. Der Bug der Galeere trug einen eisenbeschlagenen Rammsporn wie ein Vogelschnabel geformt, und darunter, auf einer Plattform, standen drei große Kanonen starr nach vorn gerichtet. Der größte Teil der Längsseiten einer Galeere war nicht überdacht, ähnlich wie bei einem großen Ruderboot. Die Ruderer saßen, am Knöchel angekettet, zu fünft nebeneinander auf Bankreihen zu beiden Seiten eines schmalen Laufstegs. Jede Bank hatte einen großen Riemen. Wenn das Ruderblatt mit der Strömung nach hinten trieb, mußten die Ruderer beinahe stehen. Hinten pfiff der Bootsmann auf seiner silbernen Pfeife, und sie fielen wie ein Mann zurück auf die Bank und bewirkten durch das Gewicht ihrer Körper die Hebelkraft, die den Schiffskörper durch das Wasser trieb. Auf der Laufplanke ging ein Maat in der Mitte der Bankreihen auf und ab, und mit seiner Peitsche schlug er auf jeden ein, der nicht kräftig am Riemen zog. Die Höflinge konnten so tun, als sähen sie die nackten Männer nicht, die an den riesigen, über fünf Meter langen Riemen zogen; aber es war unmöglich, den Gestank nicht zu bemerken, der von ihnen heraufströmte, denn sie konnten die Ruderbank nie verlassen, weder bei Tag noch bei Nacht.

An der Rasur des Kopfes konnte man erkennen, welchen Status ein Ruderer hatte. Ein völlig kahlgeschorener Schädel bedeutete, daß der Mann ein Sklave war, vermutlich ein gefangener nordafrikanischer Seeräuber. Wer einen schmalen Streifen Haar behalten durfte, war ein Sträfling, der zu einer mehrjährigen Strafe auf den Galeeren verurteilt worden war. Einige Ruderer – sie durften Schnurrbärte tragen – waren nicht ständig angekettet, nur in den Häfen. Das waren Freiwillige, die sich einmal in einer solchen Not befunden hatten, daß sie das Brot eines Ruderknechts dem Hungertuch vorzogen. Sie alle saßen in ihrem eigenen Kot, und wenn der Wind nachließ, konnten die Passagiere in ihren Kabinen kaum atmen. Die meisten von ihnen übergossen sich mit Duftstoffen; einige drehten sich Gewürzbällchen in die Nasenlöcher. Noch heute gibt es im Mittelmeerraum unter Männern den Brauch, starke Parfüms zu benützen; das stammt aus den heldenhaften Tagen der Seekriege, als der Geruch das Herannahen einer feindlichen Galeere, die mit dem Wind fuhr, fast um einen Kilometer voraus verriet.

Mitte Juli hatte der kleine Jerónimo seine erste Seereise hinter sich, und der Geruch der Galeeren hatte sich in seinem Gedächtnis tief eingegraben. Fast immer war das Land in Sicht geblieben. In Barcelona ging das Geschwader genuesischer Galeeren vor Anker, unterhalb der Kanonen der Festung auf dem Hügel von Montjuich. Der letzte Teil der Reise zum Haus von Ana wurde auf dem Pferderücken zurückgelegt, endlos über Gebirge dahintrottend, wo bestellte Felder sich inmitten der vertrockneten Hügel wie grüne Farbtupfer ausnahmen.

Das Dorf Leganes lebte vom Getreideanbau; es lag auf halbem Wege zwischen Madrid und Toledo. Die Sommer waren dort glühend heiß, die Winter bitter kalt. Der Dorfpfarrer sollte Jerónimo das Lesen und Schreiben beibringen, doch faul übertrug er diese Aufgabe dem Küster. Luis Quijada war ärgerlich, als er davon erfuhr. Als Jerónimo lesen konnte, ging er in eine richtige Schule, die knapp fünf Kilometer entfernt war. Hin- und Rückweg mußte er zu Fuß zurücklegen. Sein Biograph, der sich die Geschichten seiner Kindheit von seinen ehemaligen Schulfreunden – inzwischen alte Männer – erzählen ließ, erfuhr, Jerónimo sei bei allen Streichen ihr Anführer gewesen. Sie sprachen davon, mit welchem Geschick er mit seiner kleinen Armbrust Spatzen heruntergeschossen habe.

Am kaiserlichen Hof gab es damals einen jungen Mann, in den Karl V. große Hoffnungen setzte. Wilhelm Prinz von Oranien war vierzehn Jahre alt, als Jerónimo geboren wurde. Im Alter von elf Jahren war Wilhelm nicht nur der Titel eines Prinzen, sondern auch einer der größten Landbesitze in Europa zugefallen. Die Jahre vorher hatte er, der älteste Sohn einer großen, aber verarmten und geizigen deutschen Adelsfamilie, auf dem baufälligen Schloß von Dillenburg verbracht. Die Dinge hatten sich zu seinen Gunsten gewendet, als sein Vetter René unerwartet im Felde blieb und Wilhelm der Erbe des Prinzentitels und der großen Landgüter wurde – allerdings unter der Bedingung, daß er zum römisch-katholischen Glauben übertrete.

Wilhelm war sogar nach katholischem Ritus getauft worden; doch sein Vater war im Jahr darauf zum protestantischen Glauben übergetreten, und dies zweifellos aus Überzeugung, wie damals verächtlich festgestellt wurde, denn »die katholische Kirche besaß in Nassau-Dillenburg kaum begehrenswerte Schätze«.

Aber der Graf von Nassau war kaum der Mann, der zuließ, daß seinem Sohn das weltliche Wohlergehen versagt blieb, nur weil er nicht abermals die Konfession wechselte.

So trat also der braunhaarige, hochintelligente Junge als Prinz von Oranien und als Katholik ins Hofleben ein. Karl v. sah sich immer nach vielversprechenden jungen Männern um, die er in seine kaiserlichen Dienste nehmen konnte. Er mochte Wilhelm überaus gerne und sah in ihm, wohl zu Unrecht, jemanden, der eines Tages im Namen von Prinz Philipp, seines eigenen Sohnes und Erben, die Niederlande verwalten könnte.

Der junge Wilhelm durfte beispielsweise im Konferenzzimmer bleiben, wenn der Kaiser mit einem Botschafter eine Unterredung hatte und alle anderen Höflinge den Raum verlassen mußten. Der Knabe lernte aber nicht nur die Politik an der Quelle kennen, er wurde auch zum Soldaten ausgebildet. Als Sechzehnjähriger gab Wilhelm Prinz Philipp auf seinem eigenen Schloß zu Breda ein großes Fest, mit Gelage und Feuerwerk; das war ein Jahr vor Philipps Heimreise nach Spanien, die auch der kleine Jerónimo in seinem Gefolge mitmachte. Man erwartete, daß die beiden jungen Männer sich näher kennenlernen und Zuneigung füreinander gewinnen würden, aber das taten sie nicht, weder damals noch später. Es fehlte die Basis für ein Vertrauensverhältnis. Wilhelm von Oranien war allem Anschein nach in seiner Lebensführung wie in Glaubensfragen unbekümmert, seine angeborene Dickköpfigkeit verbarg er hinter geselligem Frohsinn. Philipp hingegen war einsilbig, nervös und von tödlichem Ernst. Nichts verabscheute er mehr als Ketzer. Von Wilhelm war bekannt, daß er seinen Glauben so leicht gewechselt hatte wie ein Hemd – wer wußte, ob er es nicht eines Tages wieder tun würde? Von nun an beobachteten die beiden, die um die Gunst des Kaisers buhlten, einander mit Mißtrauen. Es war bekannt, daß Philipp die Niederlande straffer regieren wollte, und Wilhelm gefielen diese Pläne ganz und gar nicht. Er war weit davon entfernt, Philipp ein Leben lang an hoher Stelle zu dienen, sondern wurde bald zum Führer des langandauernden Aufstands der Niederlande.

So wurden also die Hoffnungen, die Karl v. in Wilhelm von Oranien gesetzt hatte, enttäuscht. Margarete war zwar unehelich

geboren, aber sie war dem Kaiser eine gute und nützliche Tochter, wiewohl sie geistig kein großes Licht war. Prinz Philipp war
das Muster von einem Sohn. Er nahm seine künftige Verantwortung als König sehr ernst, doch er spürte immer, daß er im
Schatten seines berühmten Vaters stand. Und es sah so aus, als ob
der Kaiser Jerónimo einfach ignorieren und vergessen wollte.

Luis Quijada stand in den Diensten des Brüsseler Hofes, als ihm
die Botschaft überbracht wurde, jener alte Violaspieler Frans
Massi, Jerónimos Ziehvater, sei gestorben. Luis Quijada war ein
überaus loyaler Diener Karls v., aber er war auch ein Mann mit
einem empfindlichen Gewissen. Offensichtlich war er damals
bereits zu der Überzeugung gekommen, daß der Kaiser seine
Verpflichtung gegenüber diesem kleinen Jungen nicht übersehen
dürfe. Er hielt es für besser, Jerónimo auf eine Tatsache vorzubereiten, die eines Tages sein Leben verändern könnte.
    Quijada sandte einen Kammerdiener des Kaisers, einen Mann
namens Charles Prévost, nach Leganes, um dort an seiner Statt
die Dinge in die Hand zu nehmen. Auf den Straßen Spaniens sah
man damals kaum je eine Kutsche. Männer ritten zu Pferd, mit-
unter sah man Frauen auf Maultieren, und Kranke wurden in
Sänften getragen. Aber Prévost wollte unbedingt mit seiner Kutsche nach Leganes fahren. Als das wunderliche Gefährt die Dorf-
straße entlangrumpelte, rannten die kleinen Buben von Leganes
johlend hinterher und hielten sich an der Kutsche fest. Prévost
zeigte Ana das Schreiben von Luis Quijada, das ihn ermächtigte,
den Knaben mitzunehmen. Ana weinte, und Jerónimos Freunde
im Dorf rannten neben der Kutsche her, um ihn zu trösten, als er
davonfuhr.
    Prévost berichtete Luis Quijada, daß dieser geheimnisvolle Je-
rónimo zwar einen guten Verstand besitze, ansonsten aber die
Umgangsformen eines Bauerntölpels habe. (Bis zum Ende seiner
Tage bewahrte sich Jerónimo die Fähigkeit, in der derben und
scharfzüngigen Sprache des gemeinen Mannes zu sprechen.) Prévost hatte jedoch in seiner Kutsche eine Garnitur teurer Kleider
mitgebracht, die in jenen Tagen so deutlich die Vornehmheit
eines Standes kennzeichneten. Wenigstens für das Äußere des
Knaben konnte also etwas getan werden. In dieser Ausstattung

wurde Jerónimo in einem Herrenhaus namens Villagarcia abge-
liefert, etwa vier Stunden nördlich der Stadt Valladolid.

Das Gut Villagarcia gehörte Magdalena de Ulloa, damals
neunundzwanzig Jahre alt, mit der Luis Quijada fünf Jahre zuvor
durch einen Stellvertreter die Ehe geschlossen hatte. Er war
zwanzig Jahre älter als sie, und seine Pflichten ließen es selten zu,
daheim zu sein. Magdalena hatte keine Kinder.

Ihr Mann hatte ihr geschrieben, Jerónimo, inzwischen acht, sei
»der Sohn eines bedeutenden Mannes, welcher des Schreibers
lieber Freund« sei. Verständlicherweise begann sich Magdalena
mit dem Gedanken zu grämen, Jerónimo sei der Sohn ihres Mannes mit einer Frau, die früher einmal seine Geliebte gewesen sei.
Glücklicherweise war er ein liebenswürdiger Junge, ein Kind
voller Anmut, und so besiegte er ihr Mißtrauen. Man forderte
ihn auf, sie Tante zu nennen.

Magdalena fing an, ihn Latein zu lehren, und er lernte auch
Reiten. Sie bemühte sich nach Kräften, ihm Manieren beizubringen. Am liebsten aber las sie ihm stundenlang aus jenen Ritterromanen vor, die Cervantes später derart lächerlich machte, daß sie
von der Bildfläche verschwanden. Magdalena liebte die Jungfrau
Maria so glühend, daß es selbst für eine spanische Katholikin
ungewöhnlich war. In seinem aufnahmefähigen Alter hatte Jerónimo, der bereits seine Mutter Barbara und seine Ziehmutter
Ana verloren hatte, nur noch Magdalena. Er gab sich daher der
Marienverehrung mit dem gleichen Feuer hin wie sie; seine Hingabe an die Muttergottes glich einen Mangel in seiner eigenen
einsamen Kindheit aus und erfüllte sein ganzes späteres Leben. Er
wuchs in diesem abgelegenen Landhaus auf, instinktiv nicht nur
an die Werte von Magdalenas Religiosität glaubend, sondern
auch – und mit nicht geringerer Überzeugung – an die moralischen Grundsätze des fahrenden Ritters. Der Ritterstand war der
einzige Weg, der sich einem Edelmann eröffnete, wenn er nicht
in den Dienst der Kirche trat. Als Jerónimo in die Welt hinaus-
trat, hatte er das bestimmte Gefühl, sich von den anderen wesentlich zu unterscheiden. Wen sollte das verwundern?

Auch Prinz Philipp hatte seine Knabenjahre in Spanien verbracht, und zwar unter dem Einfluß der religiösen Inbrunst der

Kaiserin Isabella. Spanien war das Land, in dem er sich am meisten zu Hause fühlte. Als Philipp sechzehn war, wurde er mit seiner Base verheiratet, Maria von Portugal, die ihm einen Erben schenkte, Don Carlos. Maria starb im Alter von achtzehn Jahren, woraufhin eine zweite Heirat für den jungen Prinzen angebahnt wurde: mit der elf Jahre älteren Maria Tudor, der Königin von England.

Philipp war zwar mit Marias Politik, England gewaltsam zum katholischen Glauben zurückzuführen, aus ganzem Herzen einverstanden, aber als Mensch sagte sie ihm wenig zu, und ihre Landsleute mochte er noch weniger. Es gab zwar noch nicht viele richtige Ketzer unter ihnen, doch die Engländer, auf ihrer nebligen Insel, waren auf eine ihn beunruhigende Weise geistig unabhängig.

Als Philipps zweite Frau, die englische Königin Maria, frühzeitig starb, strömten die kalvinistischen Verbannten von Genf zurück nach London; sie wollten helfen, Marias Halbschwester Elisabeth auf den Thron zu bringen. Gerne ging Philipp fort – Großes wartete auf ihn.

Am 16. Januar 1556 entsagte Karl v. seinen Würden als König von Spanien zugunsten seines Sohnes Philipp. Dieser sollte künftig auch über die Besitzungen seines Vaters in Italien, den Niederlanden und in Amerika gebieten. Die habsburgischen Erblande im Herzen Europas sollte Philipps Onkel Ferdinand übernehmen; als Kaiser regierte er von Wien aus, unweit der Grenze zu den Türken hin. Karl v. hatte sich aus eigenem Willen zurückgezogen und das riesige Reich aufgeteilt, teils wohl, weil ihn die Gicht zum Krüppel gemacht hatte, aber auch, weil er seinen inneren Frieden suchte.

Die beiden großen politischen Ziele Karls v. – die Lutheraner im Zaum zu halten und die Türken aus dem katholischen Europa hinauszuwerfen – hatten sich nicht ganz erreichen lassen; sie waren zu hochgesteckt, um beide gleichzeitig bewältigt werden zu können. Die entscheidende Schlacht über die Lutheraner bei Mühlberg – es war in dem gleichen Jahr, in dem Jerónimo gezeugt wurde – hatte diese nur für kurze Zeit eingeschüchtert. Eine weitaus fanatischere Sorte von Protestanten, die Genfer Kalvinisten, traten jetzt auf die Bühne, und sie leiteten nicht nur im England Elisabeths I. und im Schottland eines John Knox gesellschaftlichen Wandel ein, sondern auch in den Niederlanden und in Frankreich.

Gewiß war der mächtige Vorstoß der Türken entlang der Donau zum Stehen gebracht und die Grenze des Reiches in Ungarn stabilisiert worden; aber Karl V. war sich durchaus darüber im klaren, daß sein lebenslanger Widersacher, Sultan Suleiman der Prächtige – wenn er sich nochmals dazu entschließen sollte, die Christenheit zu unterwerfen –, ebensogut zur See angreifen konnte wie zu Lande. Der Sultan war in der Lage, seine große Flotte von Kriegsgaleeren in das westliche Mittelmeer zu entsenden, und er wußte sehr wohl, daß seine Gefolgsleute, die Seeräuber an der nordafrikanischen Barbareskenküste, gute Schützenhilfe leisten würden.

Als man das Jahr 1557 schrieb, konnte Karl seine Hände nicht mehr benützen. Von seinen Besitzungen war Spanien das Land, in dem der katholische Glaube am stärksten war – es war sehr weit entfernt von den ärgernisstiftenden Ketzern im Norden. Die Sonne dort würde ihm guttun. Karl wollte sich zurückziehen an einen Ort, der hundert Meilen westlich von Madrid lag, in das gänzlich unzugängliche Hieronymitenkloster von Yuste in Estremadura. Dort wuchsen Mandelbäume, Orangen und Zitronen; sanfte Brisen von der Sierra de Gredos her milderten die sengende Kraft der Sonne. Karl entsandte Luis Quijada nach Yuste, um dieses höchst ungewöhnliche historische Ereignis vorzubereiten: die freiwillige Abdankung eines ungeheuer mächtigen Herrschers.

Quijada ließ seinem kaiserlichen Herrn neben dem Kloster ein zweistöckiges Landhaus mit je vier großen Räumen errichten, derart, daß Karl ohne viel Bewegung aus seinem Schlafgemach durch ein Chorfenster auf den Hochaltar der Klosterkirche mit Tizians ›Gloria‹ blicken konnte. Geradewegs unter seinem Fenster gab es ein Gewässer, in dem sich Forellen tummelten: Karl konnte sich also mit der Angelrute vergnügen, ohne das Haus verlassen zu müssen. Im Garten wuchsen all seine Lieblingsblumen, und Quijada stattete das Haus mit Gobelins, Statuen und Gemälden aus. Es gab Uhren, Landkarten und Globen, mit denen er sich beschäftigen konnte. Karl, in dessen Reich die Sonne nicht untergegangen war, hatte sich immer für Erdkunde interessiert. Er verfügte über einen Haushalt mit fünfzig Dienern, eine Zivilliste von zwanzigtausend Dukaten jährlich und den Trost, den er aus dem Glauben schöpfte.

Sobald alles eingerichtet war, durfte Luis Quijada heimgehen nach Villagarcia, um dort, in Gesellschaft von Magdalena de Ulloa und Jerónimo, seinen Lebensabend zu genießen. Er fand den Jungen so vor, wie er es sich von dem eigenen Sohn nicht besser hätte wünschen können: umgänglich, hilfsbereit und mutig. Aber solange Jerónimo nicht vom Kaiser formell als dessen Sohn anerkannt wurde, war seine Zukunft ungesichert.

Die Gemütsruhe, die Karl v. in Yuste so sehr gesucht hatte, wollte nicht einkehren. Der Fortbestand seiner Dynastie ängstigte ihn, denn Philipps einziger Sohn, Don Carlos, hatte sich als mißgestalteter und neurotischer Knabe entwickelt, der jedermann beunruhigte. (»Sein Benehmen und sein Temperament gefielen mir sehr wenig«, äußerte Karl v. besorgt, »und ich weiß nicht, wozu er in Zukunft fähig sein wird.«) Seit er in Yuste war, fühlte Karl sich nicht wohler, eher schlechter. Seine unmittelbare Umgebung war malariaverseucht, und die Stechmücke aus dem Fischweiher hatte ihn bereits infiziert.

Während er derart geistig und körperlich gequält wurde, drangen Gerüchte an sein Ohr, daß Kleriker – selbst hier in Spanien – in Glaubensfragen abweichende Meinungen vertraten. Eine Bewegung begann sich abzuzeichnen, die wie die Anfänge eines spanischen Protestantismus aussah. In seiner Verzweiflung gab Karl seinem Sohn Philipp, jetzt König von Spanien, einen Rat, der seinen eigenen Gemütszustand widerspiegelte: »Rotte die Ketzerei aus, damit sie nicht Wurzeln schlägt und die staatliche und gesellschaftliche Ordnung zerstört.« Philipp vernahm den Rat gerne, denn er hieß das gut, was er ohnehin zu tun vorhatte, und zwar mit der größtmöglichen Gründlichkeit und Gewalt.

Der Alltag in Yuste zehrte allmählich an Karls Nerven; selbst die Mönche wurden ihm lästig. So ließ man also den unentbehrlichen Luis Quijada wissen, er möge seinen Ruhestand zu Villagarcia wieder aufgeben und postwendend nach Yuste eilen, um dort die Dinge ins rechte Lot zu rücken. Murrend zwar, schon wieder »in Estremadura Trüffeln und Spargel essen zu müssen«, entschloß sich der gewitzte alte Soldat und Höfling, diesmal in Gesellschaft von Doña Magdalena und von Jerónimo zu reisen. Lange genug war der Junge, inzwischen elf Jahre alt, versteckt worden. Der Kaiser sollte wenigstens die Gelegenheit haben, ihn von Angesicht zu Angesicht zu sehen.

II

Mit einem
Blatt Papier die halbe Welt regieren

Ich bin des Königs Vasall und Diener;
mein Leben und mein Gut gäbe ich für ihn hin.
Aber was hat der König mit meiner Seele zu schaffen?
Wenn ich mich entschlösse, sie dem Teufel zu verschreiben,
was hätte das mit ihm zu tun?

FRAY LORENZO DE VILLAVICENCIO *an Philipp II., 1565*

Luis Quijada quartierte Magdalena und Jerónimo in einem Haus ein, das man von dem kleinen Hof des Kaisers in einer Viertelstunde zu Fuß erreichen konnte. Es lag auf einem Hügel, inmitten eines lieblichen Kastanienwäldchens. Befallen von Gicht, den ersten Anzeichen der Zuckerkrankheit und von der Malaria – der unsichtbaren Bedrohung der Gegend –, stand Karl V. offensichtlich dem Ende seines Lebens nahe. – Jerónimo geriet sehr bald in Händel: Zusammen mit ein paar Buben aus der Nachbarschaft plünderte er einen Obstgarten, und als sie auf den Bäumen saßen, kamen die Bauern gelaufen und warfen mit Steinen nach ihnen. Doch er glich den Vorfall in den Augen des Kaisers wieder aus durch sein ernstes Verhalten in der Kirche und die Offenheit seines Antlitzes.

Als Karl V. im Sterben lag, sandte er insgeheim nach Luis Quijada. Er ließ ihn für Barbara Kegel eine jährliche Zahlung von zweihundert Kronen aussetzen. Karl schrieb an seinen Sohn Philipp und bat ihn, er möge die alten Diener seines Vaters mit Güte behandeln und er möge vor allem Gila, den Barbier, in seinen eigenen Dienst nehmen. Während all dies vor sich ging, muß wohl Luis Quijada davon überzeugt gewesen sein, daß der Kaiser in seinem Testament eine Verfügung bezüglich Jerónimos getroffen hatte.

Die Bestattungszeremonien für Kaiser Karl V. dauerten drei Tage. Unauffällig nahm Jerónimo im Trauergewand an den Feierlichkeiten teil. Die Höflinge fingen an, einander flüsternd zu fragen, wer dieser Knabe sei. Karl hatte einen zuverlässigen Freund aus seinen Jugendtagen zum Testamentsvollstrecker bestellt, Pater Francisco, vormals Herzog von Gandía, der sein Herzogtum aufgegeben hatte und Jesuit geworden war. Er war auch ein enger Freund von Doña Magdalena, ein durch und durch unbestechlicher Mann. Aber im Testament des Kaisers blieb Jerónimo unerwähnt.

König Philipp allerdings war sich mittlerweile durchaus bewußt, daß der blonde Knabe, den er beim Begräbnis seines Vaters kurz gesehen hatte, sein eigener Halbbruder war. Aber auch er unternahm nichts; er befahl Quijada lediglich, den Jungen wieder mit heimzunehmen nach Villagarcia und ihn fernzuhalten. Don Luis jedoch sorgte dafür, daß der König ständig an seine Verantwortung erinnert wurde. So schrieb er ihm beispielsweise am 13. Dezember 1558: »Ich mache nichts, was irgendwie die Aufmerksamkeit erregen könnte oder was nicht schon zu Lebzeiten des Kaisers getan worden wäre. Aber ich sorge mich, daß der Junge etwas lernt und in allem unterrichtet wird, was notwendig ist und seinem Alter und seinem Stand entspricht.« Am meisten interessierte sich Jerónimo fürs Reiten und fürs Waffenhandwerk, zumal er ja mit einem alten Soldaten unter einem Dach lebte, so daß dieser ihn darin unterweisen konnte. Aber er wurde auch zum Lernen angehalten. Schließlich mußte König Philipp handeln: Ein Kodizill war gefunden worden, geschrieben vier Jahre zuvor von Karl V. zu Brüssel, das »behandelt und befolgt werden sollte wie eine Klausel aus meinem Testament«.

»Als ich Witwer war«, eröffnete Karl seinem Sohn Philipp, »hat eine ledige Frauensperson mir einen natürlichen Sohn geboren, der Jerónimo heißt.« Er fuhr fort, es wäre für den Knaben vielleicht das Beste, »aus freien Stücken das Habit einer reformierten Mönchsgemeinschaft zu nehmen, doch sollte kein Druck auf ihn ausgeübt werden«. Falls er es jedoch vorzöge, »ein weltliches Leben zu führen, so ist es mein Wunsch und Befehl, ihm alljährlich aus den Einkünften des Königreiches Neapel 20 000 bis 30 000 Dukaten auszubezahlen. Ich verlange von meinem Sohn, dem Prinzen, daß er ihn ehrt und dafür sorgt, daß auch andere ihn ehren und ihm den ihm gebührenden Respekt erweisen«.

Dennoch zögerte Philipp. Obschon ein hochintelligenter und pflichtbewußter Mensch, war er doch von Natur aus vorsichtig und zaudernd, manchmal auch bis zum Krankhaften argwöhnisch. Unter Karl V. war das Königreich Spanien in einer Weise regiert worden, die Philipp als nachlässig ansah. Er wollte das alles ändern. Ein kühner, anziehender, unehelicher Halbbruder konnte ihm Ungelegenheiten bereiten, einigen Unzufriedenen vielleicht sogar als Kern einer Widerstandsbewegung dienen. König Philipp hatte bereits mit einem querköpfigen und unangenehmen Erben wie Don Carlos genügend Kummer.

Nur etwa sechzig Jahre waren vergangen, seit Spanien von den letzten seiner islamischen Eroberer befreit worden war. Die maurischen Könige hatten ihre Untertanen – ob sie Christen waren oder Juden –, die den Islam ablehnten und eine andere Religion ausüben wollten, nicht daran gehindert. Sie verfolgten eine Politik der Toleranz, für die sie seitdem sehr bewundert wurden. Aber Juden wie Christen zahlten für dieses Privileg das Doppelte an Steuern. Die großen bewässerten Landgüter im Süden Spaniens wurden von christlichen Sklaven für ihre maurischen Herren bestellt. Pächter mußten ihrem moslemischen Herrn ein Drittel ihrer Ernte abliefern. Die einzige Möglichkeit, der doppelten Besteuerung – oder auch der Sklavenarbeit – zu entgehen, hieß, Moslem zu werden. Einige gingen im Lauf der Jahrhunderte diesen Weg; aber viele andere, Juden wie Christen, hielten tapfer an ihrem Glauben fest.

Die Christen von Granada, deren Vorfahren hartnäckig an ihrem Glauben festgehalten hatten, müssen, als die maurischen Könige geschlagen wurden, die Veränderung ihres Lebens als soziale Revolution empfunden haben. In Wirklichkeit freilich tauschten sie nur den einen Herrn gegen einen anderen aus. Pächter waren auch danach nur Pächter, und sie blieben weiterhin arm. Aber sie, die kleinen Bauern und die Armen in den Städten, sahen das anders: Jetzt bildeten sie die Spitze der Unterschicht und standen im Ansehen über denen, die, ihnen finanziell und an Bildung zwar überlegen, in der Vergangenheit freiwillig zum Islam übergetreten waren. Was wirklich zählte, war nicht der Erfolg in dieser Welt, sondern der wahre Glaube. Die Mauren in

Granada durften Land besitzen, waren auch hervorragende Handwerker, kleine Geschäftsleute oder Produzenten. Juden waren häufig Händler, Ärzte, Pfandleiher, vielleicht auch *almojarife,* Steuereintreiber. Die Leute, auf die die alten Christen jetzt herabblickten, gehörten zuvörderst der Mittelschicht an.

1492, im Jahr der Eroberung Granadas, erhielten alle praktizierenden Juden Spaniens vier Monate Zeit, das Land zu verlassen. An die hundertfünfzigtausend von ihnen flohen, die anderen blieben und taten so, als seien sie dem christlichen Glauben beigetreten, was ihnen niemand glaubte. Talavera, der Erzbischof von Granada, war voller Zuversicht, er könne die Mauren langsam auf seine Seite herüberziehen, bis schließlich alle Unterschiede aufgehoben wären. »Wir müssen ihre mildtätigen Einrichtungen übernehmen und sie unseren Glauben.« Der heilige Franz von Assisi hatte zu seiner Zeit empfohlen, im Umgang mit Moslems Geduld und Güte zu zeigen. Aber im Jahr 1499 wurden die katholischen Könige Spaniens von Jimenes, dem Erzbischof von Toledo und späteren General-Inquisitor, fanatisch bedrängt, Massenbekehrungen vorzunehmen. Dagegen erhoben sich die Mauren, daher wurde ihnen 1502 eine brutal einfache Lösung auferlegt: Jeder Erwachsene Spaniens sollte, soweit er nicht bereits Christ war, entweder die Taufe empfangen oder das Land verlassen. Als König Philipp den Thron bestieg, wurde zwar in der Öffentlichkeit so getan, als ob alle Spanier katholisch seien; aber jedermann wußte, daß, ungeachtet der Zwangstaufe, Mauren wie Juden ihre Religion insgeheim weiterhin ausübten.

König Philipp hatte von Beginn seiner Herrschaft an eine klare Vorstellung von dem, was zu tun sei. Die Kriege, die sein Vater geführt hatte, um das Christentum zu verteidigen, waren kostspielig gewesen, und der Kaiser hatte bei seiner Abdankung die unbezahlten Rechnungen in Höhe von zwanzig Millionen Dukaten unbekümmert der nächsten Generation hinterlassen. Was Philipp dringend benötigte, das waren mehr Autorität und höhere Steuereinkünfte, denn nur dann, wenn jedermann sich dem König unterwarf und seine Steuern bezahlte, konnte Spanien regiert werden. Die meisten seiner Untertanen waren christliche Kleinbauern, welche die Ordnung des Königs der Willkür eines örtlichen Tyrannen, der irgendwo auf seinem kleinen Schloß lebte, vorzogen. Wenn ein Bauer erst einmal erkannte, daß ihm Recht und Ordnung zum Vorteil gereichten, dann würde er zwar vielleicht noch immer über die Steuern des Königs murren, aber er würde sie bezahlen.

Philipp mußte auch seinen Willen den Schichten auferlegen, deren Zustimmung er nicht besaß. Er beschloß, sie mit Hilfe der spanischen Inquisition zu unterwerfen. In Spanien – und nur dort – wurden die obersten Verantwortlichen der Inquisition vom König selber ernannt, und sie taten, was er von ihnen verlangte. Dies gab Philipp eine mächtige Waffe in die Hand, mit der er jede abweichende Meinung unterdrücken konnte. Karl v. hatte die Inquisition nicht als politische Waffe eingesetzt, außer gegen gewalttätige Revolutionäre in Deutschland und in den Niederlanden. Jahrelang hatte sie sich in Spanien nur mit ein paar Außenseitern der Gesellschaft befaßt; mit Bigamisten, Sodomiten, Hexen und Händlern, die verbotene Druckerzeugnisse feilboten. Aber jetzt sollte die Inquisition König Philipp als eine moralische Polizeigewalt dienen, mit deren Hilfe er gefährliche Gedanken ausmerzen konnte.

Die Mehrzahl der Armen, die in der Zeit der moslemischen Herrschaft ohne zu wanken an ihrem Glauben festgehalten hatten, würde sich kaum gegen die neue Politik König Philipps, die Glaubenseinheit durch Terror herzustellen, auflehnen. Ein Pächter hatte keinen Grund, die Inquisition zu fürchten – ganz im Gegenteil. Er mußte höchstwahrscheinlich das Saatgut für das folgende Jahr mit geliehenem Geld kaufen und dafür zwischen fünfundzwanzig und vierzig Prozent Zins bezahlen. Menschen, die reicher und klüger waren als er, waren für ihn eine Belastung. Der gebildete Geldverleiher gehörte zu seinem Alltag, und Wucher betrachtete er als Sünde. Vormalige Moslems und Juden, die sich entschieden hatten, in Spanien zu bleiben, weil sie dort Vermögen besaßen, konnten jetzt leicht so tun, als seien sie katholisch. Aber soweit jeder christliche Kleinbauer sehen konnte, spielten die Besitzenden die gleiche gesellschaftliche Rolle wie bisher: Durch den Wucher lebten die Geldverleiher hauptsächlich von den Erzeugern agrarischer Produkte. Daher neigten die Armen dazu, die spanische Inquisition als eine Einrichtung zu betrachten, die im Namen des Königs und der Kirche sie vor ihren sozialen Unterdrückern schützte. Obschon nur wenige Opfer der Inquisition tatsächlich Wucherer waren, kam doch eine genügend große Anzahl von Andersdenkenden – in politischer wie in religiöser Hinsicht – aus der vermögenden Schicht, und daher wurden sie alle über einen Kamm geschoren.

Es lag in der Natur der Dinge, daß ein guter Katholik auch ein guter Untertan König Philipps war. Andersdenkende waren potentielle Verräter. Ein Geistlicher, der den genialen Einfall hatte, sich über den Kopf seines Königs hinweg unmittelbar an den Papst zu wenden, war verdächtig. Granden, die sich auf ihren Gütern gerne als die Herren aufspielten, mußten zur Ordnung gerufen werden. Gläubigen, welche die Vorstellung hatten, die Kirche müsse von innen her reformiert werden, mußte man etwas Angst einjagen, sonst würden sie womöglich noch alte, rechtmäßige Interessen angreifen. Das war das Programm.

Für Hernando de Valdés, den Großinquisitor, kam König Philipps neue Politik gerade zur rechten Zeit. Valdés gehörte nicht zu denen, die die Mißstände der Kirche beseitigen wollten. Er stand sogar damals gerade selber in dem Ruf, den auf ihn fallenden Anteil einer Zwangsanleihe, die man dem Klerus zur Deckung von Kriegslasten auferlegt hatte, nicht zu bezahlen. Aber der König brauchte seinen Inquisitor, und so behielt Valdés seinen Kopf. Mit dem auffälligen Eifer eines Menschen, der von seinen eigenen Missetaten abzulenken trachtet, begann er die Ketzer auszuräuchern.

Obwohl Spanien damals eine Bevölkerung von etwa acht Millionen hatte, waren Valdés' Zuträger nur imstande, etwa vierhundert verdächtige Protestanten festzunehmen. In Sevilla und in Valladolid gab es Kreise, die sich für derlei neue Glaubensformen öffneten; häufig kamen sie aus Familien getaufter Juden. Der Protestantismus hatte Ähnlichkeiten mit dem mosaischen Glauben, die gefielen: Er legte großen Wert auf die Lektüre der Heiligen Schrift und auf die Lehren des Alten Testaments, und er maß dem Urteil des einzelnen großes Gewicht bei. Aber der ›Protestantismus‹ der meisten Festgenommenen war wenig mehr als eine kühne modische Denkhaltung und nicht sehr tief verankert. Unter den grausamen und raffinierten Foltermethoden, welche die Beamten der Inquisition auf Geist und Körper anzuwenden wußten, widerriefen bis auf zwanzig alle der in Valladolid Verhafteten. Zweien gelang die Flucht; aber in Pamplona fing man sie wieder ein, als sie versuchten, über die Pyrenäen nach Frankreich zu entkommen. Mit einem großen Aufgebot von Soldaten wurden sie nach Valladolid zurückgebracht. Die Soldaten wurden nicht so sehr gebraucht, um eine weitere Flucht zu vereiteln, sondern vielmehr, um die aufgebrachten Menschenmassen, die an jedem Ort, durch den sie kamen, zusammengeströmt waren, davon abzuhalten, die Gefangenen als Verräter an Gott und König in Stücke zu reißen.

Theoretisch fällte die Inquisition nur das Urteil, sie vollzog es nicht; zu diesem Zweck wurden die Schuldigen der Staatsgewalt übergeben. Sie wurden zu Akteuren in einem Autodafé, einem dramatischen Schauspiel, das öffentlich aufgeführt wurde und in der Verbrennung der schlimmeren Täter gipfelte, während die anderen mit öffentlicher Anprangerung davonkamen. Das Autodafé sollte die Phantasie der Zuschauer anregen, der Reichen wie der Armen, denn in Fragen des Glaubens und des Gehorsams gegenüber der Krone durfte es nur eine einzige Auffassung geben. Jeder Zuschauer erhielt einen Ablaß seiner Sünden. Wer zum Scheiterhaufen mit einem Holzklotz aus seinem eigenen Besitz beitrug, erhielt einen weiteren Ablaß. Das war revolutionäre Gerechtigkeit. Da das Verbrechen, anders zu denken, immer privater Natur ist, sollte die Strafe dafür öffentlich erfolgen und die Zustimmung der gesamten Bevölkerung finden.

Doña Magdalena war sich sehr wohl im klaren, daß es für Jerónimo unvorsichtig wäre, wenn er sich bei dem Autodafé nicht so öffentlich wie nur möglich zeigte. Das Autodafé war in Valladolid für den Dreieinigkeitssonntag, den 21. Mai 1559, festgesetzt. Jerónimos Treue gegenüber Krone und Altar sollte über jeden Verdacht erhaben sein. Aber Magdalena muß ihn mit gemischten Gefühlen nach Valladolid gebracht haben, denn viele der Opfer, die Valdés vor der Hinrichtung durch die Straßen treiben ließ, kamen aus ihren Kreisen, und einige davon kannte sie gut – einer war ihr unglücklicher Bruder.

König Philipp war noch nicht aus Flandern zurück, wo er das gleiche System einzurichten versuchte wie in Spanien. Seine

Schwester, Doña Juana, vertrat ihn als Regentin und sollte an diesem Tag die königliche Autorität repräsentieren. In den Straßen, die sich vom Gefängnis der Inquisition zur Plaza Mayor hinzogen, waren hohe hölzerne Tribünen aufgestellt; die Menschenmenge war riesengroß. Doña Magdalenas Platz war auf der Plaza, denn es sollte ein auffälliger Ort sein. Langsam schritten die Opfer, Kapuzen auf dem Kopf, in einer langen Prozession vom Gefängnis zur Plaza. Durch eine schmale Gasse zogen sie Reihe um Reihe zwischen Menschenmengen auf Magdalenas erhöhten Standpunkt zu, und alle Schaulustigen riefen im Chor: »A muerte – Tod! Tod!«

Hernando de Valdés hatte das Volk von Valladolid geschickt in diese hysterische Stimmung versetzt. Mittlerweile war sich jeder sicher, daß diese Menschen Verräter waren. Die letzte Nacht vor der Hinrichtung hatten hundert Freiwillige das Gefängnis der Inquisition bewacht. Es sei ein Anschlag geplant, erzählte man den Leuten, mit Schießpulver ein Loch in die Gefängnismauer zu sprengen und die Schuldigen zu befreien.

Die prominenteste Persönlichkeit unter den etwa fünfzig protestantischen Sympathisanten, die man in Valladolid gefaßt hatte, war Dr. Agustín de Cazalla, ein Priester aus einer bedeutenden Familie von getauften Juden und einstmals der Lieblingsprediger Karls V. Das Haus seiner Mutter, Doña Leonor de Vivero, hatte als Treffpunkt dieser Gruppe gedient. Von Doña Leonors zehn Kindern waren sechs von der Inquisition festgenommen worden; die anderen ließ man laufen, und Doña Leonor starb, bevor sie verurteilt werden konnte. Aber an diesem Tag führte eine Figur, welche die Witwe darstellen sollte, angetan mit einer bemalten Narrenkappe und dem Trauergewand, die Prozession an. Hinter der ausgestopften Puppe folgte der Sarg mit Doña Leonors sterblicher Hülle. So näherte sich der Zug der Plaza, wo Magdalena und Jerónimo zuschauten. Die Leiche Doña Leonors sollte auf dem Scheiterhaufen verbrannt werden.

Hinter dem Sarg der Mutter schritt ihr Sohn, Dr. Agustín de Cazalla. Er trug eine brennende Kerze und war angetan mit einem *sanbenito,* dem mit Flammen und Teufeln bemalten Kapuzenmantel der für das Feuer Bestimmten. In Yuste hatte Magdalena den Sohn Doña Leonors gut gekannt. Er hatte seine theologischen Irrtümer widerrufen, daher war seine Strafe abgemildert worden: Er sollte stranguliert werden, bevor das Feuer unter ihm entfacht wurde. Sein Bruder und seine Schwester sollten gleichfalls verbrannt werden. Von den dreißig Personen, die in der Prozession einherzogen, waren vierzehn für das Feuer bestimmt.

Gegen Ende des Zuges kamen die sechzehn, die unter gewissen Bedingungen ihr Leben behalten durften. Einer von ihnen war ein englischer Protestant namens Anthony Baker. Er war mehr durch Zufall gefaßt worden und sollte Buße tun. Dann war noch eine Freundin von Magdalena darunter, María Henriquez. Barfuß lief sie einher, mit einer einfachen schwarzen Kutte angetan, eine brennende Kerze in der Hand. Ihre Festnahme wegen ›Ketzerei‹ – im Grunde war es gemäßigte intellektuelle Neugier – war ein schlauer Schachzug von Valdés, denn er traf damit die Granden und die Jesuiten mit einem Schlag. Marías Bruder, der Marqués de Alcañices, war ein Schwiegersohn von Pater Francisco, vormals Herzog von Gandía, später Testamentsvollstrekker Karls V. und jetzt Generalkommissar der Jesuiten für Spanien, Portugal und die Westindischen Inseln. Die Dominikaner, die der Inquisition vorstanden, betrachteten die Jesuiten – den neuen Orden, dessen Macht beständig zunahm – als ihre Rivalen.

Der traurigste Anblick dieses Tages muß für Doña Magdalena der Mann gewesen sein, der den großen Platz erhobenen Hauptes betrat, wie ein Soldat bei der Parade, aber eingehüllt in einen *sanbenito,* der mit hochzüngelnden Flammen bemalt war: Es war ihr Bruder, Don Juan de Ulloa, ein Malteserritter, der für Karl V. bei Tunis und bei Algier gekämpft hatte. Die Malteserritter waren ein geistlicher Ritterorden, »die Ritter des Glaubens«, sie unterstanden nicht dem spanischen König; ihre Treuepflicht schuldeten sie unmittelbar ihrem Großmeister und dem Papst. Don Juans Anwesenheit unter den Verurteilten sollte eine Warnung dahingehend sein, daß niemand sich zu hoch dünken sollte und glauben konnte, er könne sich der Inquisition entziehen. Don Juan war zu lebenslänglichem Gefängnis verurteilt worden, und seine gesamten Güter sollten beschlagnahmt werden. Dank solcher Konfiskationen gelang es der Inquisition, gewöhnlich einen Gewinn herauszuschlagen. Aber diesmal war Valdés etwas zu weit gegangen: Don Juans Familie wandte in Rom ihren Ein-

fluß auf, Don Juan de Ulloa wurde schließlich freigelassen und
erhielt seinen Rang im Orden zurück.

Dann mußten die schaurig gekleideten Opfer und die riesige
Menschenmenge einer Predigt zuhören; sie dauerte eine Stunde
und wurde von einem Dominikaner, Pater Melchior Cano, gehalten, der die rechte Hand von Valdés war und als der beste
Prediger Spaniens galt. Melchior Cano hatte sich durch seine
kühne Behauptung, König Philipp habe es nicht nötig, sich in
Kirchenfragen dem Papst zu beugen, einen Namen gemacht. Das
war genau das, was der König hören wollte. Des Königs Regentin, Doña Juana, und sein rechtmäßiger Thronfolger, Don Carlos, schwuren daraufhin im Namen des Königs, daß sie helfen
wollten, die Ketzerei mit Stumpf und Stiel auszurotten, und zwar
ohne Rücksicht auf Rang und Namen. Unter den Jubelrufen von
Zehntausenden wurden die zum Tode Verurteilten auf Esel gesetzt und auf einen Platz vor den Stadtmauern hinausgeführt, wo
die Scheiterhaufen aufgerichtet waren. Für Jerónimo war damit
das Spektakel vorbei.

Man kann nur vermuten, welchen Eindruck diese schaurige
Vorstellung auf ihn gemacht haben mag. Was er da sah, hat ihn
gewiß nicht eingeschüchtert: In seinem späteren Leben sprach er,
wenn es um König und Kirche ging, immer aus, was er dachte.
Möglicherweise hatte das Autodafé auf den Knaben sogar eine
Wirkung, die der beabsichtigten völlig entgegengesetzt war.
Später, als er zu Macht gelangt war, versuchte er, wann immer er
konnte, sich so zu verhalten, daß es – gemessen an der damaligen
Zeit – tolerant war, ja sogar barmherzig.

Die Anwesenheit Jerónimos bei diesem Autodafé war bemerkt
worden und sollte noch zu einer kleinen Sensation führen. Eine
Dame von höchstem Rang kam auf ihn zu und hob, als sie näher
kam, ihren Schleier. Es war die Regentin. Einen Augenblick lang
sah Jerónimo ein Paar Augenbrauen, die sich über eine große,
gekrümmte Nase wölbten, einen sinnlichen Mund und ein flie-
hendes Kinn. Bevor Doña Magdalenas Begleiterin ihn unter einem übergeworfenen Umhang verbergen konnte, hatte ihn die
Regentin umarmt. Ihre Neugier, diesen faszinierenden Halbbruder zu sehen, der von König Philipp hartnäckig verborgen wurde
und unter den Höflingen den Spitznamen »Der Unbekannte«

trug, war so groß, daß sie die strengen Regeln der spanischen Hofetikette durchbrach. Der junge und stets mißgünstige Thronerbe, Don Carlos, war empört.

Ein weiteres Mal gelang es Luis Quijada, den König anzustoßen. Am 8. Juli, das war sechs Wochen später, schrieb er ihm wegen der Erziehung des Knaben. »Wiewohl er hervorragend begabt ist«, berichtete Don Luis über Jerónimo, »kommen seine Studien doch nur mühsam voran; es gibt nichts, was er widerwilliger tut als lernen.« Das bißchen Französisch, das er beherrsche, »spricht er sehr gut aus«, aber »auf einem Pferd zu sitzen wie ein Kavallerist ist sein größtes Vergnügen, und wenn Eure Majestät ihn sehen, werden Eure Majestät finden, daß er die Lanze in großem Stil führt«. Das klang nicht so, als ob er ein vielversprechender Anwärter für einen reformierten Mönchsorden sei.

Die Begegnung zwischen König Philipp und Jerónimo wurde sorgfältig vorbereitet, sollte jedoch wie ein freundlicher Zufall aussehen. Am Tage des hl. Lukas des Jahres 1559 nahm Luis Quijada Jerónimo mit zum Jagen in einen Wald unweit von Valladolid. Als sie alleine waren, stieg Luis ab und bat Jerónimo, ihm die Hand küssen zu dürfen. Feierlich versicherte er ihm: »Du wirst bald vom König selber erfahren, warum ich dies tat.«

In der Nähe des Felsenpasses von Torozos trafen sie, wie zufällig, auf eine Jagdgesellschaft, angeführt von einem kleinen, mageren Mann in Schwarz, mit einem bleichen Gesicht, einem rötlichen Bart, kalten, rotgeränderten grauen Augen und der vorstehenden Unterlippe der Habsburger. Das war König Philipp. Auf Anraten seines Arztes ging er manchmal auf die Jagd, was gut war gegen sein Asthma; aber er konnte niemals den Gedanken loswerden, daß vor nicht allzu langer Zeit ein König von Frankreich bei einem Jagdunfall ums Leben gekommen war. Unter dem Jubelgeschrei einiger Bauern, die in der Nähe waren und vielleicht einen Hinweis erhalten hatten, was bevorstand, stieg der König vom Pferd, umarmte Jerónimo und erklärte laut: »König Karl der Fünfte, mein Herr und Vater, war auch der Eure. Ihr hättet keinen erlauchteren Herrn haben können. Ich muß in Euch meinen Bruder erkennen.« Dann fügte Philipp unter dem Beifall der Bauern und der Höflinge (in gewissenhafter Erfüllung der schriftlichen Verfügung seines Vaters) hinzu: »Erkennt und ehrt diesen Jüngling als den natürlichen Sohn des Kaisers und als den Bruder des Königs!«

Jerónimo wurde von nun an Don Juan d'Austria genannt. Mit der umsichtigen, freilich auch pedantischen Aufmerksamkeit für die höfische Zeremonie, die König Philipp eigen war, wurde die genaue Stellung des Jünglings bei Hofe jedermann deutlich gemacht. Indem Philipp den Halbbruder in einsamer Stellung über die Köpfe der Granden erhob, gewann er noch einen politischen Vorteil, denn nun waren sie noch weiter von der königlichen Familie entfernt als vorher. Aber auch Don Juan mußte in der richtigen Distanz gehalten werden. Im allgemeinen wurde er wie ein Infant behandelt, also wie ein königlicher Prinz, ohne jedoch den tatsächlichen Rang eines solchen innezuhaben oder dessen augenfällige Privilegien zu genießen. So wurde er beispielsweise mit ›Exzellenz‹ angesprochen, nicht mit dem königlichen Titel ›Hoheit‹. Er residierte weder in einem königlichen Palast, noch durfte er in der Kirche unter dem Baldachin der königlichen Familie stehen. Das alles stand keineswegs im Widerspruch zu den Anordnungen, die Karl v. hinterlassen hatte, und doch war ihm damit der Platz zugewiesen, der ihm zustand.

Zu Villagarcia war Don Juan sorgfältig in den Geboten ritterlicher Treue und in guten Manieren unterwiesen worden. Diese Erziehung kam ihm nun sehr zustatten. Die Höflinge waren der Auffassung, daß er die Problematik seiner Stellung erstaunlich gut meisterte. Gegenüber König Philipp – dem Bruder, den er bisher nicht gekannt hatte, dem Monarchen, der ihn unversehens zu einer wichtigen Persönlichkeit gemacht hatte – zeigte Don Juan so viel Loyalität, wie sie Philipps kaltes Wesen nur selten erwidern konnte. Zeitweise schien es so, als ob König Philipp es für klug hielt, Don Juan zu mißtrauen, wiewohl dazu weder ein Anlaß noch ein Grund bestand.

König Philipps einziger Sohn, Don Carlos, benahm sich damals bereits so wunderlich, daß selbst unerschütterliche Anhänger des Königshauses bei dem Gedanken erschauerten, ihn eines Tages als ihren Herrn ansehen zu müssen. Don Carlos war seelisch wie körperlich verkrüppelt. Als er einmal neue Schuhe erhielt, die ihn drückten, hielt er es für einen guten Scherz, sie kochen zu lassen und den Schuhmacher zu zwingen, sie aufzuessen. Manchmal verschlang er irgend etwas Ekelerregendes – und befahl sodann den Dienern und Höflingen in Reichweite, ein Gleiches zu tun. Einen Diener, den er nicht leiden konnte, warf er fast aus einem hohen Fenster; einem anderen drohte er damit, ihn zu entmannen. Dr. Mann, der englische Botschafter, berichtete nach England, er habe »niemals mit einem liederlicheren, rasenderen und uneinsichtigeren Menschen zu tun gehabt«. Don Juan ließ sich nie von Don Carlos herumstoßen; durch seine Geduld schaffte er es, gut mit ihm auszukommen, bis er schließlich eines Tages beinahe der einzige Mensch war, dem sich dieser unglückselige Jüngling noch anvertrauen konnte.

Es gab jedoch einen weiteren jungen Mann bei Hofe, mit dem sich Don Juan in enger Freundschaft verband, und das war Alexander Farnese, der Sohn von Karls v. dunkelstimmiger, natürlicher Tochter Margarete von Parma. Alexander war dunkelhaarig, klein, dünn, stark gefühlsbetont und sehr lebhaft, ein Knabe von hoher Intelligenz mit großer Leidenschaft für das Soldatenleben.

Im Jahr 1561, als Don Carlos sechzehn war, wurde er, zusammen mit Alexander Farnese und Don Juan, die ihn als Studiengefährten begleiten sollten, auf die neugegründete Universität von Alcalá gesandt; eine Bildungsstätte durchdrungen vom Geist und vom Wissen der Renaissance. Don Juans Tutor war Honorato Juan, inzwischen ein gelehrter Kleriker, der in jüngeren Jahren Karl v. auf seinem Feldzug gegen Tunis begleitet hatte. Die drei jungen Scholaren nahmen im erzbischöflichen Palast Quartier, und Don Carlos verliebte sich sogleich in ein Mädchen im Pförtnerhaus. Dieses willigte ein, sich mit ihm nach Einbruch der Dunkelheit im Garten zu treffen, doch auf dem Weg dorthin stürzte Don Carlos die Treppe hinunter und brach sich dabei den Schädel. Zahllose Gebete wurden für ihn gesprochen, und sein Schädel wurde fachmännisch trepaniert. Nach seiner Genesung erfüllte er sein Gelöbnis, das Vierfache seines Körpergewichtes in Gold und das Siebenfache in Silber den Klöstern zu stiften, die so eifrig für seine Heilung gebetet hatten. Aber nach dieser Kopfverletzung wurde sein Verhalten, das auch vorher niemals ganz normal gewesen war, gänzlich unmöglich.

In der Umgebung seiner Kinder zeigte sich König Philipp von seiner gefühlvolleren Seite. Als Monarch mußte er manchmal rücksichtslos sein, als Vater aber durfte er sich weichherzig erweisen. Doch Don Carlos zeigte nach seinem Schädelbruch einen krankhaften Haß gegen seinen Vater. Die Gründe, die er dafür anzuführen begann, überzeugten niemanden. So war beispielsweise einmal davon die Rede gewesen, ihn mit der seinerzeit erst fünfzehnjährigen Elisabeth von Valois zu vermählen; doch dann hatte König Philipp sie geheiratet, obschon er viel älter war als sie. Königliche Heiraten waren keine Liebesverbindungen, sondern Staatsangelegenheiten. Don Carlos nahm dies als einen weiteren Grund, seinen Vater zu hassen. Melodramatisch tat er so, als sei er in seine eigene Stiefmutter verliebt, was ihm freilich niemand abnahm. Er tat auch alles, was ihm zu Gebote stand, um König Philipp politisch zu reizen: So brüstete er sich, ketzerische Bücher gelesen zu haben, oder er ließ vermuten, seine Sympathien lägen bei Wilhelm von Oranien und den Aufständischen in den Niederlanden.

Das alles spitzte sich am Weihnachtsabend des Jahres 1567 zu, als Don Carlos versuchte, Don Juan – seinen einzigen Freund, mit dem er nicht heillos zerstritten war – in eine operettenhafte Verschwörung zu verstricken, deren Ziel es war, König Philipp zu ermorden. Don Carlos versprach, er werde Don Juan für dessen Hilfe vielleicht die eine oder andere von Spaniens entfernteren Besitzungen überlassen, womöglich das Königreich Neapel oder das Herzogtum Mailand.

Don Juan war klug genug, dies nicht nur als einen schlechten Witz aufzufassen, sondern schnurstracks zum König zu gehen und seinen Halbbruder zu warnen, der jedoch bereits unterrichtet war. In der gleichen Nacht überraschte König Philipp, in vollem Kriegsornat und von ein paar Männern begleitet, denen er absolut vertrauen konnte, darunter Luis Quijada, Don Carlos in seinem Schlafgemach und ließ den Infanten entwaffnen und gefangensetzen. »Künftig werde ich Euch nicht als Vater gegenübertreten«, sagte Philipp kalt, »sondern als König.«

In der Zeit seiner Gefangenschaft nahm die Geisteskrankheit des Infanten einmal zu, einmal ab, offensichtlich aber gab es keine Heilung für ihn. Geisteskrankheit war in der königlichen

Familie schon früher aufgetreten: Johanna die Wahnsinnige, Juana la Loca, die Mutter Karls v., war jahrelang hoffnungslos von ihr befallen gewesen. Auch im Kerker benahm sich Don Carlos wie ein verzerrtes Ebenbild des Königs: Er ließ alles Wilde, Böse, Widersinnige, Ketzerische offen heraus, was König Philipp mit seinem starren Pflichtbewußtsein und äußerster Beherrschung in sich selber wie in der ganzen Welt zu unterdrücken suchte.

In ganz Europa griff das Gerede über Don Carlos um sich. Italiener, Engländer und Niederländer, die guten Grund hatten, Philipp von Spanien zu hassen, sagten ihm nach, er behandle seinen eigenen Sohn wie ein Ungeheuer. Romantiker von Schiller bis Verdi zeigten eine Vorliebe, Don Carlos als einen Menschen zu schildern, der insgeheim ihre revolutionären Neigungen teilte und deswegen mißhandelt wurde. Aber zutreffend war, wie König Philipp kurz und richtig an den Papst schrieb, daß sein Sohn und Erbe »gänzlich ungeeignet ist, die Regierungsgeschäfte zu führen, und daß es keine Hoffnung gibt auf eine Besserung«. Spanien mit dem größten Reich der Welt konnte sich einen geisteskranken König einfach nicht leisten. Don Carlos starb im Gefängnis – und böse Zungen behaupteten, er sei vergiftet worden. Aber alles spricht dafür, daß die ekelerregenden Dinge, die der junge Prinz so gerne verschlang, ihn letztlich umbrachten.

Noch immer war eine kirchliche Laufbahn für Don Juan vorgesehen. Hinter den Kulissen gab es Verhandlungen mit der Kurie, um sicherzustellen, daß er, wenn er erst einmal diese Laufbahn eingeschlagen hatte, schnell Kardinal werden würde. Aber im Jahr 1565, als Don Juan achtzehn war, sollte etwas geschehen, was König Philipp an diesem Vorhaben zweifeln ließ.

In jenem Jahr entzündete sich die Phantasie aller kühnen jungen Männer am Widerstand der Malteserritter gegenüber der riesigen Flotte und Heeresmacht, die Sultan Suleiman der Prächtige zur Eroberung ihrer Inselfestung aussandte. So klein Malta war, so versperrte es dem großen Sultan doch den Weg ins westliche Mittelmeer und hemmte damit seine weiterreichenden Eroberungspläne.

Aus allen Teilen der christlichen Welt strömten grauhaarige Veteranen und junge Freiwillige herbei. Etliche von ihnen trafen

rechtzeitig auf der Insel ein und konnten am Kampf gegen die
Türken teilnehmen. Die Nachzügler warteten bei der Flotte, die
König Philipps Vizekönig in Sizilien, Don García de Toledo,
zusammenzog, um Malta zu entsetzen, sobald König Philipp den
Befehl dazu erteilte. Die Unentschlossenheit, mit der dieser auf
eine Entscheidung zuging, empörte ganz Europa. Als Don Juan
leidenschaftlich darum bat, sich der Flotte auf Sizilien anschließen zu dürfen, war die Antwort des Königs ein kaltes Nein. Er
sei zu jung und sei für eine kirchliche Laufbahn vorgesehen. Statt
dessen sandte er den jungen Mann, zusammen mit Alexander
Farnese, aus, um seine königliche Gemahlin Elisabeth von Valois
auf einer Reise in den Norden zu begleiten, denn sie wollte mit
ihrer Mutter, Katharina von Medici, in Bayonne zusammen-
treffen.

Mit Alexanders Einverständnis schlich sich Don Juan aus dem
Begleitzug davon und ritt in Richtung Barcelona; dort wurde
gerade ein Geschwader von königlichen Galeeren für Sizilien
ausgerüstet. Aber wie es das Unglück wollte, warf ihn unweit
von Saragossa ein Fieber nieder. Der Erzbischof von Saragossa
besuchte ihn an seinem Krankenlager und berichtete ihm, daß die
Galeeren nach Sizilien bereits ausgelaufen seien. Von Luis Quijada traf ein Brief ein: Don Juan solle zurückkommen, wenn er
sich die Gunst des Königs nicht verscherzen wolle.

Doch Don Juan gab seine Absicht nicht auf. Als das Fieber
wich, entwickelte er einen neuen Plan: Spornstreichs wollte er
durch Frankreich reiten und auf die Galeeren stoßen, wenn sie in
Genua vor Anker gingen. Aber da traf ein scharfer Befehl König
Philipps ein: Entweder er kehre sofort zum Hof zurück, oder
ihm drohe Ungnade und Kerker. Der Kommandant der Galeeren hatte vom König den Befehl empfangen, Don Juan – falls
dieser tatsächlich rechtzeitig in Genua eintreffen sollte – nicht an
Bord zu lassen. Niedergeschlagen kehrte Don Juan zurück. Er
bat den verärgerten König um Vergebung und mußte sich von
dessen junger Gemahlin Elisabeth die neckende Frage gefallen
lassen, ob er die Mauren und Türken als tapfere Soldaten kennengelernt habe.

Keine der Küsten im westlichen Mittelmeer war zu dieser Zeit
vor Piratenüberfällen sicher. Von nordafrikanischen Häfen wie

Algier, die der Oberhoheit des Sultans unterstanden, sandten die Korsaren Sommer für Sommer ihre Flotten aus, um an den Küsten der Christenheit zu rauben, zu entführen und zu vergewaltigen. Das unsichere Leben dort wurde zum ständigen Alptraum. Jetzt, da die Türken vorhatten, ihre Herrschaft vom einen Ende des Mittelmeeres zum anderen auszudehnen, geschahen diese Überfälle häufiger denn je zuvor.

Selbst im Inneren Spaniens war das Leben keineswegs mehr sicher. Im gleichen Jahr, in dem Malta belagert wurde, standen dreißigtausend gewaltsam bekehrte Mauren – Moriscos, wie sie gemeinhin genannt wurden – bereit, sich auf ein Wort des Großtürken hin zu erheben; so zumindest berichtete der französische Botschafter. Ganz bestimmt verfügten die Moriscos über versteckte Waffen. 1563, als man vorsichtshalber 16377 Häuser von Moriscos durchsuchte, wurden 14930 Säbel und 3854 Armbrüste beschlagnahmt.

Nicht weniger bedenklich war – und König Philipp war sich dessen immer schmerzlich bewußt –, daß Spanien kaum genügend Getreide erntete, um sein tägliches Brot zu sichern. Jedes Jahr brachten große Kauffahrtsschiffe Getreide von Sizilien zu den spanischen Häfen; und der Seeweg parallel zur nordafrikanischen Küste war das beliebte Jagdrevier der Korsaren.

Allem Anschein nach war in künftigen Jahren größerer Ruhm zu ernten, wenn man zur See kämpfte statt zu Lande. Im Oktober 1567, nachdem König Philipp den Charakter des jungen Don Juan gründlich kennengelernt hatte, machte er ihn zum Admiral. Don Juan war damals zwanzig. Bald lebte er wieder mit dem Geruch, den er seit frühesten Kindheitstagen in lebendiger Erinnerung hatte, dem Geruch einer Masse nackter, kahlgeschorener Galeerensklaven, die sich im Bauch eines schmalen Kriegsschiffes plackten und die bestialisch stanken. Die Malteserritter, deren Sinn für Sauberkeit in der damaligen Zeit ungewöhnlich war, pflegten ihre Schiffe so oft zu reinigen, wie sie nur konnten. Dazu setzten sie ihre Galeeren in seichten Wassern auf Grund. Spanische Kapitäne waren gelassener und versuchten, den Gestank einfach nicht wahrzunehmen.

Es war noch gar nicht lange her, da gab es in Spanien großen Widerwillen dagegen, Männer auf die Galeeren zu schicken. Die

Katholischen Könige Ferdinand und Isabella hatten zu ihrer Zeit
die Haltung der Dominikaner anerkannt, die gegen die Schaf-
fung einer »Hölle auf Erden« waren. Aber diejenigen, die anderen ihren Willen mit Hilfe des Staatsapparates aufzwingen wollen, sind niemals abgeneigt – nicht einmal Atheisten –, ihre Gegner mit einer künstlichen Hölle auf Erden zu schrecken: so die
ehemaligen Jakobiner und Kommunarden mit den Teufelsinseln,
die irischen Rebellen mit Botany Bay, die Altbolschewisten mit
Gulag. Eine Regierung wie die Philipps – emsig bemüht, ihre
königliche Ordnung durchzusetzen und immer um Geld verlegen – fand Galeerensklaven billiger als den Bau neuer Gefäng-
nisse. Auf den Galeeren der Seeräuber waren die meisten Ruderer
Verschleppte; auf den Galeeren Don Juans waren nahezu alle
Rudersklaven Sträflinge.

Ein paar kamen freiwillig, um ihren Lebensunterhalt zu verdienen; andere trieb ein Übermaß an verrücktem Leichtsinn auf
die Galeeren. Der englische Dichter Thomas Nashe, gut vertraut
mit der europäischen Unterwelt seiner Zeit, beschreibt eine Art
russisches Roulette, bei dem ein Soldat, der eine Menge Geld
besaß, einen Gewinn aussetzte, und zwei Kameraden, die zufällig
ohne einen roten Heller waren, die Würfel rollen lassen mußten.
Dem Sieger gehörte das Geld, der Verlierer ging auf die Galeeren.

Die bedauernswertesten Opfer in dieser schwimmenden
›Hölle auf Erden‹ waren die Verurteilten der spanischen Inquisition. In ihrer Herkunft und in ihren ›Verbrechen‹ ähnelten die
meisten von ihnen den Häftlingen in den deutschen Konzentra-
tionslagern der jüngsten Vergangenheit: Menschen mosaischen
Glaubens, Ketzer, Homosexuelle, Priester, die sich unbotmäßig
verhalten oder unliebsam geäußert hatten, Zauberer, Falschmün-
zer. Auf Gotteslästerung – oft nur ein paar Worte, gedankenlos
hingeworfen und zufällig gehört – stand die Höchststrafe, wie
für Ehebruch: zehn Jahre auf der Ruderbank. In Wirklichkeit
konnte die Strafe lebenslang dauern, denn selbst wenn ein Sträfling seine Zeit abgeleistet hatte, kam es oft vor, daß der Kapitän,
der dringend Leute brauchte, ihn einfach nicht freiließ.

Der vorsichtige König hatte, um Don Juan auf seinem Flaggschiff nicht aus dem Auge zu verlieren, einen aristokratischen

Katalanen namens Don Luis de Requeséns, einen vertrauenswür-
digen Diener des Königs, zum Vizeadmiral ernannt. Don Juan
sollte auf seiner ersten Fahrt ein mächtiges Geschwader von dreiunddreißig Galeeren südlich und östlich von Gibraltar gegen die
nordafrikanischen Piraten führen, und Don Luis sollte den jungen Mann vor Fehlern bewahren. Was er über ihn berichtete, war
günstig: Er hatte sich im gefahrenreichen Einsatz bewährt; offensichtlich besaß er eine Begabung für diese Art von Kriegführung.

König Philipp entschloß sich, für seinen Vater ein Mausoleum
erbauen zu lassen, das auch in künftigen Jahrhunderten Mitglieder der königlichen Familie aufnehmen sollte. Er fand einen Ort,
der ihm gefiel: auf hohen, grauen Felsen, unter der Kette der
schneebedeckten Sierra de Guadarrama, eine gute Tagesreise von
Madrid entfernt, Escorial genannt. Dort war die Luft rauh, das
Wasser rein, und die Kahlheit dieser Stätte entsprach nur zu gut
Philipps eigener Gemütsverfassung. Nach dem Tode von Don
Carlos, so berichten Höflinge, war das Lächeln des Königs wie
ein Messerstich.

Philipp beschloß auch, dort ein Hieronymitenkloster erbauen
zu lassen, wo Mönche ständig Messen für die Seele Karls v. und
die all seiner Nachkommen lesen konnten. Er selbst wollte dort
oben in den Bergen höchst einfach leben, so mönchisch wie nur
möglich – abgesehen von der Mätresse, die er gelegentlich her-
einschmuggeln ließ. Der Grundriß des Escorialpalastes sollte eine
Kopie des Rostes sein, auf dem der hl. Laurentius den Märtyrer-
tod erlitten hatte. Der Heilige war von Geburt Spanier, und am
Tag des hl. Laurentius war die Schlacht von St. Quentin geschlagen worden, welche die strittigen Fragen zwischen Spanien und
Frankreich zu Philipps Zufriedenheit geregelt hatte.

Von nun an gab es für Philipp keine größere Wohltat, als dem
Hof mit seinem ermüdenden Zeremoniell den Rücken zu kehren
und sich in seine Zelle in den Bergen zurückzuziehen. Er behauptete, er könne im Escorial viermal soviel arbeiten wie in
Madrid. Hier duldete er Mönche, die auf ihrer Wanderschaft
einkehrten, und Gruppen von Bettlern, und zu seinen Arbeitern
war er liebenswürdiger als zu irgendeinem Granden, der ihn stö-

ren mochte. Es dauerte zwanzig Jahre, bis das große Gebäude zu
seiner Zufriedenheit fertiggestellt und ausgestattet war. Wann
immer es nicht weiterging, gab Philipp regelmäßig ketzerischen
ausländischen Spionen die Schuld daran.

Die Reformbestrebungen innerhalb der römischen Kirche gaben dem Kirchenbau rings um die Erde neue Impulse – von den
Philippinen bis Peru. Es wuchsen neue Kirchen und Kathedralen
mit erstaunlichen Fassaden und dramatischen Innenräumen empor. Der Baustil der meisten neuen Gotteshäuser orientierte sich
an Il Gesù, der Jesuitenkirche Roms, die einen neuen Stil ins
Leben rief, der zugleich erhaben und verblüffend war: das Ba-
rock. Im Escorial gibt es einige Anlehnungen an diesen neuen
Stil; so ist beispielsweise die Kuppel durch Michelangelos Peters-
kuppel angeregt worden. Aber das Kloster und das Mausoleum
König Philipps stehen in strengem Kontrast zur Pracht des Ba-
rock. Sie sind weniger überschwenglich, ernster und auf eine
neurotische Weise überwältigend. Philipp hatte sein eigenes Por-
trät aus Stein errichtet.

Philipp besaß, was Kunst und Wissenschaften anbelangte, ein
vorzügliches Urteil. Er sandte seine Agenten in alle Teile Europas, um für die Bibliothek des Escorial Bücher und Manuskripte
aufzukaufen – zu Sonderpreisen, wenn es irgend ging. Er selber
bemühte sich um Meisterwerke von Tizian, Tintoretto, Raffael
und El Greco und war fasziniert von Hieronymus Bosch. Er
machte allerlei Anstrengungen, um Reliquien von Heiligen zu
erwerben: Gebeine der Heiligen Petrus, Jakobus und Bartholo-
mäus sowie einen ganzen Arm des hl. Laurentius. Im Escorial
gab es eine Schule, Werkstätten und ein Krankenhaus; doch Philipp lebte und starb schließlich dort in einer winzigen Zelle von
zwölf Fuß im Quadrat. Der bescheidenste Mönch, so sagte man
gerne, hätte ein schöneres und besser ausgestattetes Zimmer als
der König von Spanien. Aber Philipp hatte dort oben in den
Bergen etwas gefunden, was in jenen Tagen der Hof nicht bieten
konnte: den Luxus der Zurückgezogenheit und inneren Ruhe.

Wenn Philipp im Escorial weilte, trafen für ihn tagtäglich
wahre Fluten von Botschaften ein. Sie stammten von Vizeköni-
gen, Generälen, Gerichtsherren und Gesandten aus aller Welt.
Der Eingang dieser Briefe wurde registriert, ihr Inhalt entschlüs-

selt und die Schreiben wurden auf einem langen Tisch in dem freudlosen kleinen Zimmer des Königs zu kleinen Häufchen aufgetürmt. Dort saß Philipp stundenlang, mutterseelenallein, eine Feder in der Hand. Sein Fleiß duldete keine Pause. Manchmal überwältigte ihn fast die bloße Menge dieser Akten und Berichte; trotzdem gelang es ihm, seine Aufmerksamkeit auf den Inhalt der meisten zu konzentrieren und sich langsam und gewissenhaft zur richtigen Entscheidung vorzutasten.

In seiner nervösen, manierierten Handschrift machte Philipp manchmal eine Randnotiz, die tief in das Schicksal eines weit entlegenen Volkes eingriff. Aber ebensooft korrigierte er nur die Rechtschreibung oder verschaffte seinen Gefühlen Erleichterung, indem er einen kleinen Scherz hinkritzelte. Philipp war sich immer tief bewußt, daß er als König die Aufgabe hatte, Gottes Willen auf Erden auszuführen. Flotten und Armeen mochten warten, der königliche Rat verzweifelt harren – Entscheidungen fällte einzig und allein der König von Spanien, der lange darüber gebrütet und gebetet und die verschiedenen Möglichkeiten gewissenhaft erwogen hatte, denn Gott erwartete von Königen mehr als von anderen Menschen.

Das spanische Reich zu verwalten, war eine gewaltige Aufgabe, und das Zaudern König Philipps wurde geradezu notorisch. »Wenn der Tod aus Madrid käme«, sagte ein sarkastisches geflügeltes Wort aus Südamerika, »hätten wir alle das ewige Leben.« Aber dieses rigorose persönliche Regiment eines hochintelligenten Menschen im Zentrum der Entscheidungen hatte auch sein Gutes: Wenn König Philipp wie ein Einsiedler in seinem kahlen, düsteren Zimmer in den Bergen saß, hatte er stets ein Bild des gesamten Reiches vor seinem geistigen Auge. Keinem Minister war es je gestattet, mehr zu sehen als nur einen Ausschnitt dieses Bildes. Daher konnte niemals ein Teilinteresse oder persönlicher Ehrgeiz vorrangig sein vor dem, was König Philipp als das Wohl des Ganzen erachtete. Minister und Gouverneure mochten vor Enttäuschung in Wut geraten – alle wichtigen Entscheidungen waren einzig und allein Sache des Königs. Hier im Escorial, seinem eigenen Denkmal aus grauem Granit, konnte König Philipp als der Beauftragte Gottes »von einer Mönchszelle in Spanien aus die halbe Welt mit einem Blatt Papier regieren«.

III
Der große Widersacher

Die Eroberten sind die Sklaven des Eroberers, ihre gesamte Habe, ihre
Frauen und Kinder sind sein rechtmäßiger Besitz. Indem man ihre Kinder
gewaltsam zum Islam bekehrt, macht man sie zu Soldaten im Dienst des
Glaubens und läßt sie teilhaben am Glück dieser Welt
und wirkt für ihr Heil in der Ewigkeit.

KARA KHALIL CHANDERELI, *nach der Überlieferung der Gründer der
Janitscharen*

Im Mittelmeer gab es in jenen Tagen nur das Osmanische Reich,
mit Suleiman dem Prächtigen an seiner Spitze, das groß genug
war, das Spanien König Philipps zu bedrohen. Suleiman war im
Alter von sechsundzwanzig Jahren Sultan geworden; er starb als
ein alter Mann von zweiundsiebzig Jahren im Feldlager, als man
das Jahr 1566 schrieb. Wie König Philipp war er ein leidenschaftlicher Verfechter des Gesetzes – die Türken gaben ihm den Beinamen ›Der Gesetzgeber‹ –, und er hatte auch, wie Philipp, große
Schwierigkeiten mit seinem Thronerben.

In einem Brief, den er am 27. November 1562 an Kaiser Ferdinand I. sandte, schrieb der Sultan über sich selber mit einiger
Übertreibung: »Ich, der Herr des Ostens von dem Lande Tsin
[China] bis zu den Grenzen Afrikas ...« In Wirklichkeit reichte
das Osmanische Reich nicht bis China oder bis zur atlantischen
Küste Afrikas, aber es erstreckte sich doch vom Jemen am Ausgang des Roten Meeres beinahe bis zur Straße von Gibraltar. In
seiner langen Regierungszeit führte Suleiman die türkische Armee persönlich in dreizehn Feldzügen, und er fügte seinem Reich
Aden, Algier, Bagdad, Budapest und die Insel Rhodos hinzu.

Suleiman war nicht nur Sultan, sondern auch Kalif, der von
Gott bestellte Verteidiger des Glaubens, der im Namen des Islam
die Pflicht hatte, mit dem Schwert in der Hand den Wahren
Glauben zu verbreiten. Aber es gab in seinem eroberungsreichen
Leben auch Niederlagen: Es gelang ihm nie, der islamischen
Sekte der Schiiten, die er als Ketzer betrachtete – und die damals
wie heute Persien regierten –, seinen Willen aufzuerlegen, wie es

auch Karl v. nicht glückte, die Lutheraner in die Knie zu zwingen. Ein russisches Heer – orthodoxe Christen, die dem Zaren
Iwan dem Schrecklichen untertan waren – durchkreuzte seinen
Plan, zwischen Don und Wolga die türkische Oberherrschaft zu
errichten, um die Karawanenstraßen nach China in seine Hand
zu bekommen und in Persien gleichsam durch die Hintertür,
über das Kaspische Meer, einzudringen. Und obschon seine Reiterei tief nach Europa vorgestoßen war, bis nach Regensburg –
wo die kleine, fünfjährige Barbara Blomberg sie vielleicht vor-
beigaloppieren sah, mit ihren Turbanen und Krummsäbeln und
ihren riesigen Schnauzbärten –, hatte Kaiser Karl v. doch die
Türken von den Toren Wiens zurückwerfen können. Die Angriffe der Türken erlahmten, wenn sie auf Völker anderen Glaubens trafen, die sich mit allen Kräften zur Wehr setzten.

Der christliche Balkan, dessen Völker untereinander völlig
zerstritten waren, fiel vor den Türken um wie eine Reihe von
Dominosteinen. Griechen und Slaven lebten auf dem Balkan
Seite an Seite, waren sich aber alles andere als freundlich gesonnen. Die ketzerischen Bogomilen, Vorfahren der Baptisten von
heute, wurden von all ihren Nachbarn verachtet. Der Islam legte
großen Wert auf persönliche Reinlichkeit, er lehrte die Unantast-
barkeit der Verträge und die Brüderlichkeit aller Menschen; all
dies zog die gleichsam protestantischen Bogomilen an. In Bos-
nien liefen sie in großen Scharen über zum Glauben des Propheten; einige der puritanischer gesonnenen Ortschaften, die zum
Islam übertraten, verzichteten freilich darauf, die Vielweiberei
einzuführen.

Was aber Suleimans Armeen den Balkan noch mehr öffnete,
war der ständige Konflikt zwischen den habgierigen Grundbesitzern und ihren Bauern. Den Leibeigenen wurden soviel Fronar-
beit und Besteuerung auferlegt, daß sie die türkischen Soldaten
oftmals als ihre Befreier begrüßten – was sie freilich später wohl
zu bereuen hatten.

Anno 1514 beispielsweise versammelte Kardinal Bakócz Tausende von ungarischen Bauern zu einem Kreuzzug gegen die
Türken. Doch ihr Anführer, Georg Dózsa, beschloß statt dessen,
mit seinen Leuten gegen den ungarischen Adel zu rebellieren.
Dózsa wurde besiegt und zu Tode gefoltert. Auf einem Landtag

verurteilten die siegreichen Adeligen all ihre Bauern »zu wirklicher, immerwährender Dienstbarkeit«. Als 1526 die Türken unter ihrem Sultan Suleiman dort anrückten, zeigten die zu »immerwährender Dienstbarkeit« Verurteilten wenig Kampfeseifer.
In der Schlacht bei Mohács ließ Suleiman seine Feldgeschütze
Seite an Seite auffahren und zerschlug die ungarische Armee binnen zweier Stunden; der Jagellonenkönig Ludwig II. blieb auf
dem Felde, und der Weg nach Budapest stand offen. In der Nacht
nach der Schlacht schlief Sultan Suleiman in einem Zelt, das von
zweitausend aufgespießten Ungarnköpfen eingerahmt war. Er
nahm 105000 Gefangene mit nach Konstantinopel und ließ eine
Wüstenei hinter sich zurück.

Die Türken brauchten die Fertigkeiten der Fremden. Ein Jude,
der Spanien lieber verlassen hatte als seinem Glauben abzuschwören, soll Suleiman die Konstruktion der leichten französischen Lafette vermittelt haben, und dies ermöglichte die Massie-
rung seiner Feldgeschütze bei Mohács. Die Kriegsgaleeren des
Sultans wurden von Schiffbaumeistern entworfen und gebaut,
von denen die meisten ihr Handwerk im Arsenal von Venedig
gelernt hatten. Die besten türkischen Kanonen waren von Ein-
wanderern gegossen worden; das Eibenholz, das die Türken für
ihre Bogen verwendeten, kam über Venedig aus Süddeutschland, und die Langruder für die Galeeren der Korsaren wurden
aus Marseille nach Algier geschmuggelt. Handwerker auf der
Suche nach höheren Löhnen, Glaubensfreiheit und einem besseren Betätigungsfeld verließen das von starren Klassengrenzen
geprägte Europa und wurden in dem unterbevölkerten Türkischen Reich willkommen geheißen, gleichgültig, ob sie ihren
Glauben aufgeben und den Islam annehmen wollten oder nicht.
    Schon seit Jahrhunderten, seit sie ihre unfruchtbare Heimat in
Zentralasien verlassen und sich im nördlichen Anatolien angesiedelt hatten, von wo aus sie nach Westen vorgestoßen waren und
die große Stadt Konstantinopel belagert und schließlich erobert
hatten, waren die Türken unter der Herrschaft der Osmanen ein
Volk der Krieger. Die Regierung, ja selbst die Richter, folgten
dem Heereszug. Ein türkisches Kabinett, Diwan genannt, konnte
sehr wohl auf Pferderücken tagen. Minister waren gleichzeitig

Generäle; der Sultan war Monarch und Oberkommandierender in einer Person. Der Krieg war das Lebenselement der Osmanen geworden, und bis jetzt lohnte er sich reichlich.

In seiner langen Regierungszeit verlangte Suleiman nur eine einzige neue Steuer: eine geringe Kopfsteuer, um die Kosten seines dritten Ungarnfeldzuges zu decken. Die Steuern blieben niedrig, weil Beutegut und Tributzahlungen laufend eintrafen. Die Türken waren zwar wegen ihrer Rücksichtslosigkeit berüchtigt, aber sie sahen sich nicht als bloße Eroberer, sondern als bewaffnete Missionare. Sie waren in ihrem Selbstverständnis von den gleichen edlen Motiven durchdrungen wie die militanten Anhänger Mohammeds sieben Jahrhunderte vorher. Indem sie die Grenzen des Islam ausdehnten, brachten sie anderen Völkern, Unwissenden, die Kenntnis des Wahren Glaubens.

Zusammengehalten wurde das Osmanische Reich in seinen täglichen Belangen von einer großen Kraft: von der moralischen Autorität des koranischen Gesetzes, der Scharia, die zwar konservativ, dennoch außerordentlich anpassungsfähig war, denn die Äußerungen des Propheten wurden jeweils in dem Licht betrachtet, das neu entstandene soziale und politische Konstellationen auf sie warfen. Allem äußeren Anschein nach besaß Sultan Suleiman die absolute Gewalt; trotzdem trat der Mufti, die oberste Autorität des Reiches für koranisches Recht, oftmals gegen den Sultan auf und widersprach ihm, wenn es ihm nötig erschien. Ein Sultan, der gegen den Koran verstieß, konnte nach islamischem Recht abgesetzt werden. Es war der Mufti – nicht der Sultan! –, dem das Recht zustand, einen bestimmten Feldzug zum Heiligen Krieg gegen die Ungläubigen zu erklären. Die Moschee hatte Anspruch auf ihren Beuteanteil nach dem Sieg. Nach einer so langen Reihe beutereicher Siege war die Folge davon, daß ein großer Teil des Volksvermögens Allgemeingut war.

Schenkungen an religiöse Einrichtungen durften später weder besteuert noch beschlagnahmt werden, so machten diese mittlerweile ein Drittel von Suleimans Reich aus. Sie unterhielten allerlei soziale und karitative Einrichtungen: sie finanzierten Schulen und Hospitale, erbauten Brücken und gründeten Bibliotheken, unterhielten Brunnen und Karawansereien und öffentliche Badehäuser. Eine städtische Moschee, die eine große Stiftung als

Rückhalt hatte, konnte sehr wohl ein Hospital, ein Asyl für Geisteskranke, eine höhere Schule und eine Suppenküche für die Bedürftigen unterhalten. Alle Moslems waren Brüder, und die gottgefällige Art und Weise, wie die Moschee über ihre Einkünfte verfügte, machte das Leben für die Armen erträglich.

Im großen und ganzen waren die moslemischen Untertanen Sultan Suleimans gebildeter als die christlichen Untertanen König Philipps. Und ganz gewiß waren sie toleranter. In des Sultans Ländern konnten Juden und Mauren, die Spanien lieber verlassen hatten als zur Taufe zu gehen, in ihren eigenen, autonomen Religionsgemeinschaften leben. Mohammed hatte sowohl Moses als auch Jesus zu seinen prophetischen Vorläufern erklärt; daher waren auch ihre Anhänger, die Christen, zwar irregeleitet, aber doch zu respektieren.

Tausende von Venezianern trieben mit dem Osmanischen Reich Handel. Sie besaßen die Erlaubnis, in ihrem Stadtteil in Konstantinopel, in Galata jenseits des Goldenen Horns, ihre eigene römisch-katholische Kirche zu erbauen. Am Fronleichnamstag entlohnten die Italiener die Janitscharen für das Freihalten der Straßen, wenn während der Prozession die Gläubigen vor dem Allerheiligsten niederknieten. Zur gleichen Zeit warf sich auf der anderen Seite des Goldenen Horns, in den vierhundert wunderbaren Moscheen um den Basar, eine riesige Menge von weißbeturbanten Gläubigen vor Allah zum Gebet nieder.

Suleiman der Prächtige war eine stattliche, schlanke und strenge Erscheinung mit zumeist düsterem Gesichtsausdruck. Er hatte gelernt, die Schwankungen des Schicksals zu ertragen und sich äußerlich stets ungerührt zu zeigen: die Nachricht von einem großen Sieg konnte ihm kein Lächeln abgewinnen, wie ihn auch eine Niederlage nicht zu einem Stirnrunzeln bewegte. Der anhaltende Zustrom von Beutegut, den die einstmals bescheidenen Türken zu seinen Lebzeiten sahen, weckte in ihnen allmählich den Wunsch nach größerem Luxus. Es sollte nicht mehr lange dauern und »der Pantoffel einer Türkin kostete mehr als das gesamte Gewand einer christlichen Prinzessin«. Aber Suleiman selber war die Einfachheit in Person. Er trug Gewänder aus Baumwolle und verbot die Verwendung golddurchwirkter

Stoffe. Silberne Teller wollte er bei Tisch nicht zulassen, und im Jahr 1562, gegen Ende seines Lebens, bemühte er sich, das Weintrinken, das in Konstantinopel in Mode gekommen war, obwohl es im Widerspruch zum Gesetz des Korans stand, auszutilgen. Einem seiner Söhne, Selim, einem Trunkenbold, der jedermann ein schlechtes Beispiel gab, schrieb er, er solle vom Weine lassen und sich strenger an die Vorschriften des Korans halten. Außerdem legte der Sultan seinem Sohn beiläufig nahe, seinen Saufgenossen Murat vom Leben zum Tod befördern zu lassen. Murat fiel dieser Anweisung zum Opfer, Selim aber hörte nicht auf zu trinken.

Für einen osmanischen Sultan war Suleimans Harem eher bescheiden. Er hielt sich hundert Frauen, junge und alte, die von vierzig schwarzen Eunuchen bewacht wurden. Zu ihren Lebzeiten stand die Valide-Sultan, die Sultanin-Mutter, als wichtigste Frau dem Harem vor. Sie überwachte die Ausbildung der schönen und klugen Mädchen, die in allen Teilen des Reiches ausgewählt und nach Konstantinopel gebracht wurden. Sie unterwies sie in allem, was sie als Haremsfrauen wissen mußten: vom Nähen eines feinen Saums und dem guten Benehmen bis hin zum Raffinement des Liebesspiels. Ein Mädchen, das diese Ausbildung durchlaufen hatte, erhielt bis zu ihrem fünfundzwanzigsten Lebensjahr Gelegenheit, das Auge des Sultans auf sich zu lenken. Wenn ihr dies nicht gelang, wurde sie mit irgendeinem Offizier seiner Reitergarde verheiratet.

Da alle Frauen im Harem Sklavinnen waren, stammten alle regierenden Sultane mütterlicherseits zwangsläufig von Sklavinnen ab, und die Untergebenen, die selber Sklaven waren, vergaßen das nicht: sie hatten etwas Wichtiges mit ihrem Herrn gemeinsam. Die Janitscharen beispielsweise, die Elite-Einheit in der Armee des Sultans, waren auch seine Sklaven – und sie waren stolz darauf. Die überwältigende Macht, die der Sultan psychologisch wie faktisch besaß, gründete sich daher zum einen auf die grausame Tatsache der Sklaverei, zum anderen auf die moralische Autorität des koranischen Gesetzes. Aber so mächtig er auch war, seine eigene Familie zu beherrschen, war für einen Sultan niemals leicht. Manchmal mußten seine Söhne sich erheben, um ihren eigenen Kopf zu retten.

Jede Sklavin im Harem besaß den Ehrgeiz, dem Sultan einen Sohn zu gebären. Wenn es dann ihrem Sohn gelang, im Laufe der Zeit selber Sultan zu werden, dann war sie Sultanin-Mutter und konnte den Harem beherrschen. Aber jeder Sohn eines Sultans schwebte in tödlicher Gefahr. Seit den Tagen Mehmet II., der im Jahr 1453 Konstantinopel erobert und die osmanischen Türken somit zur Weltmacht emporgetragen hatte, mußten, sobald einer der Söhne zum Sultan bestimmt worden war, alle seine Brüder sterben, um weitere potentielle Anwärter auf den Thron auszuschalten und dadurch einen Bürgerkrieg zu vermeiden. Es konnte nur ein Sohn aus dem Harem Sultan werden – alle anderen wurden umgebracht.

Das koranische Recht machte keinen Unterschied zwischen dem Sohn einer einfachen Haremskonkubine und dem Sohn einer Haremsfrau, die mit dem Sultan rechtmäßig vermählt war. Sie alle waren gleichermaßen legitime Nachkommen und mögliche Thronfolger. Die Mutter des ältesten Sohnes von Sultan Suleiman – er hieß Mustafa – war eine zirkassische Schönheit namens Gul-bahar, Frühlingsrose. Anfangs hielt es jedermann für selbstverständlich, daß Mustafa der Nachfolger sein werde. 1533 erklärte Suleiman erwartungsgemäß sein ausdrückliches Einverständnis.

Inzwischen hatte aber Khurrem, die den Rang einer bevorzugten Haremssklavin genoß und ›Die Fröhliche‹ genannt wurde – in die Literatur ging sie unter dem Namen Roxellane ein –, dem Sultan zwei weitere Söhne geboren, Selim und Bayazit, und eine Tochter, Mirhmah. Khurrem war die Tochter eines orthodoxen russischen Priesters und war einst als Gefangene in den Harem gebracht worden. Als Sultan Suleiman älter und frömmer wurde, heiratete er Khurrem und lebte mit ihr in Einehe zusammen. Khurrem hatte ihre Tochter Mirhmah mit Rustem verheiratet, dem Großwesir, über den die türkischen Dichter klagten, daß er niemals lächele. Khurrem war sich hinter ihrem stets lächelnden Gesicht, ihrer Maske, sehr wohl bewußt, daß ihre beiden Söhne nach dem Tode Suleimans nach geltendem Recht sterben mußten, um den Thron für Mustafa zu sichern. Mit feingesponnener Intrige schickte sich Khurrem an, den rechtmäßigen Thronfolger aus dem Weg zu räumen.

Mustafa besaß alle alten guten Eigenschaften eines Türken: Mut, Frömmigkeit und Traditionsbewußtsein. Er sah gut aus und war intelligent; unter dem Decknamen ›Der Aufrichtige‹ schrieb er wohlmeinende Gedichte, die freilich niemandem Entzückensrufe entlockten. Konservative türkische Lehnsherren auf dem Lande hofften darauf, daß Mustafa den Einfluß des Mammons eindämmen werde, der seit neuerem von Konstantinopel und Kairo ausgehend verderblichen Umfang annahm und, wie sie es verstanden, die asketischen Charaktereigenschaften untergrub, welche die osmanischen Türken groß gemacht hatten. Auch den Janitscharen gefiel Mustafa. Aber Mustafa war wohl zu ehrlich, zu vertrauensselig, um einer Intrige zu entgehen, wie sie Khurrem jetzt gegen ihn spann. Seitdem wurde der Harem in der osmanischen Geschichte ein wichtiger Machtfaktor, da die Haremsdamen – obgleich selbst nur Sklavinnen – alle ihre Phantasie und ihren Geist bemühten, um ihren Herrn und Meister und seine höchsten Staatsdiener an der Nase herumzuführen.

Khurrem begann damit, das Leben im Harem für Mustafas Mutter, Gul-bahar, derart unerträglich zu machen, daß diese Stambul verließ und sich nach Magnesia begab, der Provinz, die ihr Sohn seit 1534 im Auftrag Suleimans regierte. Somit war niemand mehr im Harem, der eifersüchtig über die Interessen Mustafas hätte wachen können. Nun ließ Khurrem mit lächelnder Miene eine Andeutung nach der anderen fallen, und es gelang ihr, im Herzen Suleimans einen Argwohn zu wecken, der scheinbar gerechtfertigt war. Wenn Magnesia augenscheinlich ein Zentrum der Opposition war – und Khurrem ließ sich Argumente einfallen, um das zu beweisen –, konnte da nicht Mustafas Beliebtheit bei den Janitscharen und den konservativen Grundbesitzern ein politisches Risiko darstellen? Während sie diesen Argwohn gegen Mustafa schürte, benützte sie ihren Schwiegersohn Rustem, den Großwesir, als Quelle für vertrauliche Informationen, damit sie in allen Fragen Suleiman so beraten konnte, daß er ihre Kenntnisse als zutreffend und ihren Rat als klug und in seinem Interesse gegeben ansehen mußte. Sie griff nur dann zur Lüge, wenn es sich um Mustafa handelte – und da sie in allen anderen Fällen offenkundig die Wahrheit sprach, bekamen diese Lügen noch mehr Gewicht.

Als sich Mustafa bewußt zu werden begann, daß er aus einem ihm unbekannten Grunde das Vertrauen seines Vaters langsam verlor, handelte er überstürzt – genau das hatte Khurrem von ihm erwartet. Mustafas bedeutendster politischer Rückhalt war seine Beliebtheit bei den Janitscharen – doch in dem Augenblick, da er diesen Faktor einsetzen wollte, wurde er zum Rebellen. Aber die Versuchung war zu groß; und das war die Gelegenheit, die Khurrem am Schopf packte. Als der Mufti befragt wurde, wie zu verfahren sei, falls einmal ein Sohn eines Sultans sich gegen diesen erhebe, verwies der Mufti auf einen Text, in dem es hieß: »Abfall ist schlimmer als Hinrichtung.« Das konnte man so drehen, daß es Khurrems Zwecken dienlich war. »Abfall« sollte in diesem Zusammenhang wohl eher heißen: Abfall vom Wahren Glauben, aber der Text genügte, Suleiman zu überzeugen, daß die Hinrichtung eines möglicherweise aufrührerischen Sohnes wie Mustafa moralisch gerechtfertigt sei.

1553 führte Sultan Suleiman einen Feldzug gegen die Perser; sein Sohn Selim, der ältere, ausschweifende der beiden Söhne, die Khurrem ihm geschenkt hatte, begleitete ihn. Der seinerzeit beinahe vierzigjährige Mustafa erhielt nun den Befehl, sich ihnen anzuschließen. Am Abend des 12. September traf er in ihrem trostlosen Lager in Eregli ein, gelegen zwischen salzigen Sümpfen und den Bergen des Taurus-Gebirges. Rustem und die anderen Wesire ritten am nächsten Morgen zu Mustafas Zelt, um seine Hände zu küssen und ihm kostbare Geschenke zu überbringen. Dann ritten sie mit ihm und in der Begleitung der sie bewundernden Janitscharen zum Zelt seines Vaters. Mustafa erwartete eine Privataudienz und trat alleine in das Zelt.

Suleiman war zwar im Zelt, aber er saß hinter einem seidenen Vorhang verborgen. Mustafa sah sich sieben Stummen gegenüber, von denen jeder eine Bogensehne bei sich trug. Sie fielen über ihn her, überwältigten und erwürgten ihn, während Sultan Suleiman durch den durchsichtigen Vorhang schweigend zusah. Der letzte Akt wurde andernorts gespielt. Mustafa hatte einen kleinen Sohn. An diesem gleichen Morgen nahm ein Eunuch seines Harems namens Ibrahim den kleinen Jungen der Mutter unter einem Vorwand aus den Armen und erdrosselte ihn, was sie, hilflos und zu Tode erschreckt, mitansehen mußte.

Der große türkische Dichter Yahya, ein gebürtiger Albanier, der selber bei den Janitscharen gedient hatte, schrieb anläßlich der Beerdigung Mustafas ein Klagelied. Rustem, Khurrems Schwiegersohn, wollte Yahya töten lassen, doch der Sultan ließ es nicht zu, und nach dem Tode Rustems gewährte er dem Dichter sogar eine Leibrente. Reue erfüllte sein Herz. Suleiman begann sich zu fragen, ob er Mustafa richtig eingeschätzt hatte.

Noch immer war die Thronfolge offen, allerdings gab es jetzt nur noch zwei Bewerber. Die Ränkeschmiede des osmanischen Hofes wußten, daß ihre künftige Laufbahn nur dann gesichert war, wenn sie jetzt den richtigen Mann unterstützten. Konnte man nicht einen dem Alkohol verfallenen Sultan wie Selim leichter gängeln? Die Fäden der Verschwörung liefen jetzt nicht mehr allein durch Khurrems Hände, und sie würde, gleichgültig wie die Würfel fielen, einen ihrer Söhne verlieren. Die durchtriebensten Höflinge suchten bereits nach Wegen, den Verdacht Sultan Suleimans gegen ihren Lieblingssohn Bayazit zu lenken.

In den christlichen Heeren waren in jenen Tagen beinahe alle höheren Kommandostellen Aristokraten vorbehalten. Der türkische Janitschar war zwar nur ein Sklave, aber er wußte, daß seinem Weg nach oben fast keine Grenzen gesetzt waren. Er wurde regelmäßig besoldet; das geschah alle drei Monate bei einer feierlichen Parade, wobei sich der Sultan selber in die Reihen stellte und symbolisch den Sold eines einfachen Soldaten empfing. Die Janitscharen durchliefen eine gründliche Ausbildung, und sie besaßen gute Waffen. Die meisten anderen türkischen Truppen kämpften noch immer mit Pfeil und Bogen; die Janitscharen hingegen hatten schon gelernt, mit der neuartigen Waffe der Arkebuse umzugehen, deren Bleikugeln kerzengerade schossen, mit großer Wucht auftrafen und eine Rüstung glatt durchschlagen konnten. Fast überall auf der Welt ließ man ausgediente Soldaten bettelnd am Straßenrand liegen; die Janitscharen hingegen erhielten bezahlten Urlaub und am Ende ihrer Dienstzeit eine großzügig bemessene Rente. Und dabei waren des Sultans Janitscharen – der Name kommt übrigens aus dem Türkischen, *yeni çeri* bedeutet soviel wie ›neue Truppen‹ – nicht nur Sklaven, sie waren nicht einmal Türken.

Einige wenige von ihnen waren in jungen Jahren in türkische Kriegsgefangenschaft geraten. Ein Drittel aller Gefangenen gehörte dem Sultan, und er nahm gerne Knaben von vierzehn und mehr Jahren, die für die Ausbildung zum Janitscharen geeignet zu sein schienen. Aber die meisten von ihnen waren Kinder aus christlichen Familien auf dem eroberten Balkan – Albanier, Serben, Kroaten, Bulgaren, Griechen –, die man ihren Eltern gewaltsam weggenommen hatte. Jedes Jahr verlangte der Sultan von den eroberten Christen als ›Blutzoll‹ Tausende ihrer Söhne; oftmals waren es zehntausend in einem Jahr, und in Jahren, in denen die Kriegsverluste besonders hoch waren, sogar bis zu vierzigtausend.

Ein Beamter erschien in einem christlichen Dorf und verlangte im Rahmen der *devşirme,* der alle vier Jahre stattfindenden ›Knabenlese‹, eine bestimmte Anzahl geeigneter Jünglinge, die er sodann als Sklaven fortführen ließ. Dieser Beamte war ein Fachmann in Sachen Knaben, wie ein anderer ein Experte für Pferde ist. Bis in die letzten Jahrzehnte des sechzehnten Jahrhunderts hinein waren Armenier und Juden davon befreit; doch in den christlichen Dörfern benützte der Beamte die Taufmatrikeln der Dorfkirche, um sicherzugehen, daß ihm kein Knabe einer Altersgruppe durchs Netz ging.

Eltern, die ängstlich darauf bedacht waren, ihren Sohn zu retten, verheirateten ihn manchmal, gleichgültig wie alt er war, oder sie bezahlten für ihn eine saftige Bestechungssumme. Andere, die mit ihrem Sohn Größeres im Sinne hatten, ließen ihn nicht ungern wegführen, da er sich in Konstantinopel sehr wohl verbessern konnte. Diese teuflisch klug ausgeheckte Politik der Türken machte aus der Familie – dem pochenden Herzen der christlichen Gemeinde – eine Art Knabenzuchtanstalt. Die Eltern erzogen ihre klügsten und stärksten Söhne lediglich für die Dienste des Sultans, und da Jahr für Jahr die besten Söhne weggeführt wurden, wurde das ›Zuchtgut‹ immer minderwertiger, und die christlichen Gemeinden verloren immer mehr an Lebenskraft, was auch die Gefahr einer Revolte immer geringer werden ließ.

Das *devşirme*-System machte aus christlichen Knaben im Pubertätsalter Sklaven, in einem Lebensabschnitt also, da sie gerade im Begriff waren, die Autorität der Eltern abzustreifen und auf

Abenteuer auszugehen, in einem Lebensalter, in dem religiöse
Bindungen am schwächsten und Liebesbande noch nicht dauer-
haft sind. Die Türken betrachteten die Knabenlese als eine Form
der Glaubensbekehrung, indem sie die Blüte des Volkes für den
Islam beanspruchten.

Die Knaben wurden von ihren Dörfern nach Konstantinopel
gebracht und dort gründlich geprüft. Wenn ein Knabe besonders
gutaussehend und begabt war – gleichgültig aus welch armseli-
gem Elternhaus er kam –, konnte er als einer der zweihundert aus
Tausenden von Neuankömmlingen ausgewählten ein Page am
Hofe des Sultans werden, und später vielleicht Spahi, ein Kavallerist im Dienste der Hohen Pforte. Aus diesem Reiterkorps
wurden die hohen Beamten ausgesucht, die das Osmanische
Reich verwalteten.

Ein Page am Hof erhielt die gleiche Erziehung wie ein Prinz.
Seine literarische Bildung erstreckte sich auf das Arabische und
das Persische – das war das Latein und das Griechisch der türkischen Kultur –, ferner wurde er unterwiesen in Mathematik,
Rhetorik und Musik. Lehrmeister schulten ihn im Waffendienst,
und einer islamischen wie auch jüdischen Tradition folgend
wurde er auch in einem Handwerk unterwiesen, damit er notfalls
einmal seinen Lebensunterhalt auf diese Weise verdienen konnte.
Gute Manieren wurden ihm eingebleut, er erhielt ein festes Ta-
schengeld und bald auch ein kleines Amt bei Hofe. Ein Page
kümmerte sich um die Papageien, ein anderer um die Nachtigal-
len, ein dritter um die diamantene Brosche, die den Turban des
Sultans zierte. Unversehens, aber Schritt für Schritt, wurde so
aus dem Bauernjungen ein Höfling und ein Soldat.

Die von ihren Dörfern weggeholten Knaben wurden allesamt
beschnitten, aber es wurde keinerlei Zwang ausgeübt, um sie
dazu zu bewegen, die heilige Formel auszusprechen, die sie zu
Moslems machen würde. Doch ein Page, der in einer Gesellschaft lebte, in der Religion und Staat ein und dasselbe waren,
stand immer unter einem sanften Druck, sich so zu verhalten wie
alle anderen. Unweigerlich wurde er dazu gebracht, auf den
Glauben seiner Ahnen aus freien Stücken zu verzichten. Wenn
dies geschah, wurde er dazu beglückwünscht, und er erhielt eine
Belohnung, denn er hatte, indem er freiwillig seine tiefsten

Bindungen aufgegeben hatte, die Macht des Islam wieder einmal unter Beweis gestellt.

Die Ausbildung eines Pagen am Hofe dauerte bis zu seinem fünfundzwanzigsten Lebensjahr. Dann erhielt er einen gestickten Rock sowie ein Rassepferd aus des Sultans Gestüt und wurde auf eine freie Stelle in der Reitertruppe berufen. Von Steuern war er befreit. Die höchsten Stellen des Landes standen ihm offen. Seinem gesellschaftlichen Rang nach mochte er nur ein *köle* sein, ein Sklave; aber das Auge des Sultans ruhte auf ihm, und er konnte sogar Großwesir werden. Zwischen 1453 und 1623 waren von den achtundvierzig Großwesiren nur fünf von Geburt Türken. Aber ihnen wurde Leistung mittels Terror abverlangt: je höher ein *köle* in osmanischen Diensten stieg, desto größer wurde die Wahrscheinlichkeit, daß er für einen Fehler, den er begangen hatte, mit seinem Kopf bezahlen mußte. Die Pagen sahen während ihrer Ausbildung im Palais häufig, wie Todesurteile in alle Teile des Reiches ausgesandt wurden, und es kam vor, daß an einem einzigen Tag vierzig oder fünfzig Köpfe eintrafen: das waren die ›Quittungen‹ dafür, daß die wegen Unfähigkeit oder eines Versäumnisses verhängte Todesstrafe tatsächlich vollzogen worden war.

Die meisten durch die Knabenlese in die Sklaverei gelangten Christenknaben waren aufgrund ihres muskulösen Körperbaus ausgewählt worden, und sie wurden daher auch nicht Pagen, sondern Janitscharen, Soldaten für den Kampf. Der Knabe erhielt eine rote Uniform und wurde auf das Gut eines wohlhabenden Landmannes geschickt, wo er die nächsten drei Jahre damit zubrachte, Türkisch zu lernen, Schliff zu bekommen und im Umgang mit Waffen vertraut zu werden; unbezahlte Feldarbeit sollte seinen Körper stärken. Dann ging es zurück nach Konstantinopel, wo er sich einer weiteren Prüfung unterziehen mußte. Daraufhin wurde der eine oder andere von ihnen zu den Kriegsgaleeren befohlen, als Matrose, oder zur Arbeit auf den Schiffswerften. Andere kamen in einen der drei Paläste des Sultans als Gärtner, Holzarbeiter oder in den Küchendienst. Der Waffendienst ging indessen weiter. Im Alter von fünfundzwanzig Jahren – oder bei großen Kriegsverlusten auch früher – wurden sie dann schließlich dem Janitscharenkorps zugeteilt.

Ein Janitschar mußte glattrasiert sein und er durfte nicht heiraten – wenngleich gegen dieses Verbot immer häufiger verstoßen wurde. Sie lebten in Gruppen von zehn Mann zusammen; jede Kompanie, bestehend aus zehn Zehnergruppen, wurde von einem Offizier befehligt, der aus den Mannschaftsreihen hervorgegangen war. Janitscharen waren nicht der Zivilgerichtsbarkeit unterworfen, sie konnten nur von ihren Offizieren abgeurteilt werden. Nach oben hin war ihre Laufbahn unbegrenzt – doch je höher ein Janitschar im Rang stieg, desto schwerer wurde auch bei Pflichtverletzungen seine Strafe. Die eine Hälfte des Korps diente in weit entfernten Provinzen, im Garnisons- oder im Polizeidienst. Mit den Menschen, die sie dort überwachten, hatten sie nichts gemein, und daher war die Gefahr der Beteiligung an Aufständen gering. Ein Janitschar, der hervorragende Tapferkeit gezeigt hatte, durfte eine Straußenfeder in goldener Fassung vorne auf seinem Turban tragen.

Die Janitscharen machten zwar selten mehr als ein Viertel der Truppen aus, die ein Sultan ins Feld führen konnte, aber sie waren das Rückgrat seiner Armee. Im Orient, wo die Reiterei die Hauptwaffe war, gab es wenig gute Fußsoldaten, und es waren die Janitscharen, die den Heeren des Sultans ihre außergewöhnliche Kampfkraft verliehen. Von ihnen wurde erwartet, daß sie auf dem Schlachtfeld durch ihr Beispiel zeigten, wie der islamische Glaube aus einem furchtsamen Christenjungen einen moslemischen Helden machen konnte, der seinen Kameraden ein Vorbild der Opferbereitschaft war. Der Großteil der türkischen Armee bestand aus Rekruten, die von türkischen Feudalen ausgehoben wurden, von den gleichen Feudalherren, die auch die Janitscharen zu Männern gemacht hatten. Diese Grundbesitzer hatten vom Sultan Land erhalten, und sie schuldeten ihm dafür Heeresdienste. Die jungen Männer, die sie aushoben, waren tapfere und folgsame Soldaten; aber sie wurden nicht so regelmäßig besoldet und kannten nicht die Aufstiegsmöglichkeiten, die lange Ausbildung und die Disziplin der Janitscharen. Ausländische Besucher im Reich des Sultans berichten über ihre hohe Disziplin, über die Ruhe in ihrem Lager, über ihre Bescheidenheit, ihre Reinlichkeit und ihren unbedingten Gehorsam. Ihre ganze Loyalität gehörte dem Herrscher; sie waren seine Sklaven.

Wem aber sollten die Janitscharen gehorchen, solange zweifelhaft war, wer als nächster den Sultansthron einnehmen würde? Die Janitscharen waren bitter enttäuscht, als ihr Liebling, Mustafa, des Thrones verlustig ging. In den letzten Regierungsjahren Suleimans machten sie die gefährliche Entdeckung, daß sie Königsmacher werden könnten. Mit diesem berauschenden Wissen setzte langsam der Niedergang des Janitscharenkorps ein.

Suleiman der Prächtige war niemals der Unzucht verfallen, die Koran und Bibel gleichermaßen verdammen. Aber es gab vor ihm und nach ihm auf dem Sultansthron Männer, welche schöne Knaben, die jedes Jahr nach Konstantinopel gebracht wurden, neben ihrem Harem mißbrauchten. Die etwas seltsame Weise, die man bei Aushebung der Janitscharen anwandte, erniedrigte und schwächte nicht nur die christlichen Dörfer, von denen die Jünglinge weggeholt wurden; sie pflanzte auch am Sultanshof eine weitere Korruption ein. Solange jedoch Suleiman lebte und herrschte, konnte man den Verfall im Harem und bei den Janitscharen kaum bemerken. Nur wenige fürchteten damals, ein Sultan könne sich von anderen einschüchtern oder gängeln oder gar irgendwie korrumpieren lassen, Als Suleiman, noch als Greis, mit seinem juwelenbesetzten Krummschwert umgürtet, inmitten seiner ergebenen und furchtlosen Janitscharen, die mit eisenbeschlagenen Schuhen marschierten, ins Feld zog, da war diese Elite der osmanischen Armee allem Anschein nach noch immer unbesiegbar.

Khurrem starb im Jahr 1558. Sie war sich im klaren, daß einer ihrer Söhne der nächste Sultan werden mußte. Sie erwartete, daß die Wahl auf ihren jüngeren Sohn fallen würde, auf Bayazit, ihren Liebling. Er war groß und schlank wie sein Vater, während Selim, der ältere der beiden, kurz und beleibt war wie die Mutter. Wein, Weib und Gesang waren Selim lieber als der Krieg, daher auch sein Beiname: Selim der Säufer. Wenn er das wachsame Auge seines Vaters, des Sultans, nicht auf sich spürte, blieb er bis in die frühen Morgenstunden auf, umgeben von trunkenen Dichtern, Witzbolden und schönen Mädchen. In seinen dienstlichen Obliegenheiten ließ er die Zügel schleifen. Dieser Lebenswandel war zwar schändlich, aber er lenkte politischen Argwohn

von ihm ab. Bayazit hingegen, Vater von fünf Söhnen, war mehr
Soldat, doch weniger geschickt und immer in Gefahr, vom Temperament her das Falsche zu tun.

Die Frage, welcher von den beiden Söhnen Suleiman nachfol-
gen würde, wurde durch eine verwickelte und ungewöhnlich
heimtückische Intrige entschieden, die Lala Mustafa übertragen
war, der die Charaktere der beiden Prinzen seit ihrer Kindheit
kannte, denn er war ihr Hauslehrer gewesen. Es gelang ihm,
Bayazit davon zu überzeugen, daß seine Loyalität ihm, dem jüngeren, mehr soldatischen seiner ehemaligen Schüler gehörte, auch
wenn die Umstände ihn manchmal zwängen, sich zu verstellen.
Dieses Geständnis kam für Bayazit nicht überraschend, denn er war
vollkommen überzeugt, daß das Osmanische Reich einen Mann
brauchte, wie er einer war – und nicht einen Gewohnheitstrinker
wie seinen Bruder. Er sagte zu, Lala Mustafas geheimen Ratschlä-
gen zu folgen, und damit war sein Schicksal besiegelt.

Lala Mustafa nahm am Hofe Prinz Selims eine Stellung an,
und eine der ihm von vornherein zugedachten Aufgaben war es,
den Sultan laufend über den Lebensstil Selims vertraulich zu unterrichten. Gleichgültig was geschah, Lala Mustafa wurde vom
Sultan angehört. Während er nun Suleiman über das ausschweifende Leben Selims informierte, begann er auch, die Stellung
Bayazits in den Augen seines Vaters vorsichtig zu untergraben:
Er veranlaßte Bayazit, Dinge zu tun, an denen Bayazit an sich
keinen Anstoß nehmen konnte, die aber ein geschickter Intrigant
zu seinen Ungunsten auslegen konnte. Von Anfang an wurde
Bayazit an der Nase herumgeführt, denn er folgte Lala Mustafas
Rat und war dessen Marionette. So sandte er beispielsweise seinem Bruder Selim ein witziges, aber verletzendes Geschenk:
Frauenkleider, Rock, Bluse und Kopfputz. Sollte das nicht ganz
eindeutig besagen, daß niemand einen unkriegerischen, weibi-
schen Sultan wollte? Legte das nicht nahe – so deutete Lala Mustafa gegenüber dem Sultan an –, daß sich Bayazit allzu sicher sei,
den Thron seines Vaters zu erben? Offensichtlich war der kriege-
rische Bayazit eine Gefahr, vor Selim hingegen hatte niemand
Angst.

Ein eigentlich durchschaubares Manöver Selims bewegte
Bayazit dazu, einen buntgewürfelten Haufen von zwanzigtau-

send Rekruten zusammenzutrommeln: Kurden, Turkmenen und
Syrer. Das war offene Rebellion, damit hatte er den Stein ins
Rollen gebracht. Jetzt entschied sich der klügste unter Suleimans
Wesiren, Mehmet Sokollu, offen für Selim. Am 8. Mai 1559 marschierte Sokollu gegen die große, aber schlecht ausgerüstete
Truppe Bayazits. Zahlenmäßig war seine Streitmacht unterlegen, aber er hatte tausend Janitscharen, ein Korps von Spahis und
vierzig Kanonen. Seine Soldaten waren gut ausgebildet, und Sokollu, der dem Sultan bisher als General, Richter, Statthalter und
selbst als Admiral gedient hatte, wußte sie vortrefflich einzusetzen. Am 29. und 30. Mai zerschlug Sokollu bei Konya in Kleinasien in einer zweitägigen Schlacht die Rebellenarmee. Mit nur
einundzwanzig Kamelen, sechzig Pferden und zwanzig Maultieren, die seine engsten Gefolgsleute trugen, eilte Bayazit in Richtung persischer Grenze; seine vier ältesten Söhne, gleichfalls Aufständische, deckten seinen Rückzug. Sokollu und Selim hefteten
sich an ihre Fersen und schlossen hinter ihnen die Grenze ab.

Schah Tahmasp hieß Bayazit in Täbris mit offenen Armen
willkommen. Er goß über ihn dreißig Gefäße voll Gold, Silber,
Perlen und Juwelen aus und schenkte ihm neun Rassepferde.
Aber trotz dieses Willkommens hatte der Schah vor, diesen uner-
wünschten Gast zum Höchstpreis zu verkaufen. Verhandlungen
begannen über die Auslieferung des Prinzen.

Im Namen seines Vaters schrieb Prinz Selim einen förmlichen
Brief an den Schah und zitierte darin eine passende Stelle aus den
Schriften des persischen Dichters Sa'ad: »Den Bösen Gutes erweisen heißt den Ehrlichen Böses antun.« Schah Tahmasp antwortete mit einem Zitat aus dem Koran, wo es sinnigerweise
hieß: »Töte Götzenanbeter und Rebellen« – eine vielverspre-
chende Andeutung. Aber der Schah gab noch nicht nach; in
seiner Position könne er kaum einen Gast verraten. Aber vielleicht konnte man Bayazit austauschen – etwa für die Stadt Bagdad? Damit verlangte er freilich viel zuviel. Aber das orientali-
sche Feilschen hatte begonnen, und da pflegt man sich schließlich
auf einen Preis zu einigen.

Am 25. September 1561 lieferte der Schah Bayazit samt seinen
vier Söhnen aus. Vorher hatte er befohlen, Bayazit all seiner
Würden zu berauben und ihn von Kopf bis Fuß zu rasieren –

nicht einmal Augenbrauen und Bart wurden ihm gelassen –, und
ihn armselig zu bekleiden: statt eines Gürtels mußte er einen
Strick um den Leib tragen. Kaum waren sie in den Händen der
Türken, da wurden Vater und Söhne umgebracht; und um seinen Triumph vollständig zu machen, ließ Selim auch noch den
fünften Sohn töten, einen dreijährigen Knaben, der in Bursa zu-
rückgeblieben war. Selim, Khurrems ältester Sohn war nunmehr
der einzige von Suleimans Söhnen, der noch am Leben war, und
der einzige lebende Prinz des Hauses Osman. Niemand konnte
mehr an seiner Thronfolge zweifeln.

Die Männer, die für Selim zuerst intrigiert, dann auch gekämpft hatten, sollten in den Jahren, als die Rivalität mit Spanien
im Mittelmeer zum Ausbruch von Kriegen führte, an führender
Stelle in der türkischen Politik stehen. Selim belohnte schließlich
seinen treuesten Gefolgsmann, Mehmet Sokollu, indem er ihm
seine sechzehnjährige Tochter Esmakhan zur Frau gab. (Die
Tochter eines Sultans durfte niemals einen Sohn haben: das unglückliche Knäblein wurde bei der Geburt beseitigt, indem man
seine Nabelschnur nicht abband.) Selims zweite Tochter, Genhir, wurde mit Piali Pascha, dem Admiral der osmanischen
Flotte, vermählt. Selims Schwiegersöhne waren in ihrer Kindheit
beide den Weg des *devşirme* gegangen: Sokollu war der Sohn
eines orthodoxen Priesters aus dem bosnischen Sokolic, das heißt
der ›Falkenhorst‹; Piali war vor den Toren von Belgrad auf einem Pflug gefunden worden, ein Findelkind.

Lala Mustafas Stern war im Steigen: binnen kurzem war der
Erzieher der Prinzenkinder und der Spion des Sultans Gouverneur von Provinzen des Sultans und Befehlshaber über Armeen.
Mirhmah, die Tochter Suleimans, die mit dem Großwesir Rustem verheiratet gewesen war, war inzwischen verwitwet. Sie
hatte gute persönliche Gründe, einen Angriff auf Malta glühend
zu befürworten. Diese kleine befestigte Insel verhinderte das
Vordringen der türkischen Flotte ins westliche Mittelmeer. Die
Türken waren zwar zu Land und zu Wasser noch immer beunruhigend stark, aber von jetzt an durften Hofschranzen und Kon-
kubinen in der großen Politik mitreden – und dies gab den bedrohten Mächten im Abendland eine günstigere Chance, als sie
sie eigentlich hätten erwarten können.

IV
Von Löwen zu Hennen

Wiewohl Gott gegen alle Verfolgungen ist, die den Glauben unter den
Völkern zu erhalten oder zu verbreiten suchen, müssen christliche Fürsten
doch nicht dabei zusehen, wenn katholische Christen von Türken oder von
Ketzern, die schlimmer sind als die Türken, unterdrückt werden.

SIR THOMAS MORE, *The Dialogue Concerning Heretics*, 1528

Am 15. Juni 1497 zogen Fischer eine prächtig gekleidete Leiche
aus dem Tiber, und zwar genau gegenüber dem Ghetto, wo
normalerweise Abfall in den Fluß gekippt wurde. Der Tote war
erstochen worden. Da er noch goldene Sporen trug und auch
seine Börse bei sich hatte, handelte es sich ganz offensichtlich
nicht um Raubmord. Die Leiche wurde identifiziert: es war Juan,
2. Herzog von Gandía.

Die Mutter des ermordeten Herzogs, Vanozza dei Catanei,
war eine Schankmagd gewesen. Sein Vater war Rodrigo de
Borja (Borgia), Papst Alexander VI., ein Mann, der mit seinem
fleischigen, sinnlichen Gesicht, seiner riesigen Hakennase und
seinem gewaltigen Stiernacken selbst auf Bildnissen ungewöhnlich abstoßend wirkte. Der Herzogstitel stammte von einem Gut,
Gandía, bei Valencia, an Spaniens Mittelmeerküste; es war für
fünfzigtausend Dukaten aus den Geldern des Papstes für seinen
frühverstorbenen älteren Bruder erworben worden. Wahrscheinlich war Juan, Herzog von Gandía, auf Befehl seines jüngeren
Bruders erdolcht worden, des berüchtigten Cesare Borgia, dessen schwerbewaffnete Meuchelmörder damals auf Geheiß des
Papstes die Gassen Roms unsicher machten.

Für die Römer bedeuteten die Borgias Gewalttätigkeit und
Laster. Insgeheim waren sie überzeugt davon, daß Cesare, aber
auch sein Vater, mit seiner Schwester Lucrezia, einer engelhaft
aussehenden, hellblonden, blauäugigen Dame, Blutschande begangen hatte. Als Alexander VI. auf dem Stuhl des hl. Petrus saß
und diesen rücksichtslos dazu benützte, seine unehelichen Kinder
zu bereichern, sank das Papsttum auf seine tiefste Stufe herab.

Die protestantischen Reformatoren des frühen sechzehnten
Jahrhunderts machten so schnelle Fortschritte, weil eine ansehnliche Minderheit von katholischen Priestern ein schändliches Leben führte, wiewohl sie nicht ganz so bösartig waren wie der
Borgia-Papst selber. Auch in Spanien gab es Priester, die der
weltlichen Verderbtheit verfallen waren. Der Schwiegervater des
dritten Herzogs von Gandía war, um nur ein Beispiel zu nennen,
Alfonso, der Erzbischof von Saragossa. Er war ein unehelicher
Sohn Ferdinands von Aragon, des ›Katholischen Königs‹, und
war im zarten Alter von neun Jahren durch die Vermittlung
seines Vaters als Erzbischof inthronisiert worden. Nur einmal in
seinem Leben hat man Alfonso eine Messe lesen hören, und das
war dreiundzwanzig Jahre später, als er reichlich spät einwilligte,
sich zum Priester weihen zu lassen.

Die Gemahlin des dritten Herzogs von Gandía, Johanna von
Aragon, war eines der vier unehelichen Kinder, die Ana de Guer-
rea ihrem Geliebten, dem Erzbischof Alfonso, geboren hatte.
Zwei von Anas Söhnen wurden nacheinander wiederum Erzbischof von Saragossa. Das Erzbistum, das mit seinen Einkünften
und seinem enormen politischen Einfluß eine große Macht darstellte, blieb also in der Familie und unter der unmittelbaren
Aufsicht der Krone. Das soll nicht heißen, daß es in der spanischen Kirche jener Zeit keine ernsthaften Männer und Frauen
gegeben hätte, die um bessere Tage beteten und durch ihr eigenes
Leben versuchten, ein Beispiel zu geben.

Eine solche Frau war Doña Maria, die Witwe des zweiten
Herzogs, der in Rom gemeuchelt worden war. Sie lebte in Gandía, im wilden Klima Valencias, wo sie das Erbe ihres Mannes
für ihren kleinen Sohn verwaltete. Das aus Rom reklamierte mo-
bile Vermögen betrug allein dreißigtausend Dukaten; ein Drittel
davon gab sie für wohltätige Zwecke aus. Sie ließ in Gandía eine
Kirche errichten und machte dem ortsansässigen Kloster der Klarissinnen eine fromme Stiftung. Am 28. Oktober 1510 schenkte
ihre Schwiegertochter Johanna von Aragon Doña Marias Sohn,
dem dritten Herzog – einem langweiligen, gewissenhaften Menschen – einen Erben, der auf den Namen Francisco getauft
wurde. Welchem seiner Vorfahren würde er wohl einmal
ähneln?

Der kleine Francisco erbte die vorspringende Nase der Borgias. Er war ein großer, lebhafter Junge, der sich für das Lateinische ebenso interessierte wie für das Reiten, für die Falkenjagd so sehr wie für die Musik. Als er zehn Jahre alt war, wurde das ruhige, geordnete und interessante Leben auf dem Familiengut bei Gandía jählings gewaltsam gestört.

Die Steuereintreiber des Königs hatten die Einwohner des nahegelegenen Valencia derart ausgepreßt, daß diese eine Brüderschaft gebildet hatten, die *germanía,* und einen Aufstand wagten. Sie hofften, sie könnten sich vom Königreich Spanien, das damals von Karl v. aus weiter Ferne mit ziemlich losem Zügel regiert wurde, loslösen. Das bewaffnete Bürgertum war namentlich den einheimischen Grundbesitzern feindlich gesonnen, Leuten wie Franciscos Vater, deren Loyalität zu allererst der Krone gehörte. Sie wollten aus Valencia einen demokratischen Stadtstaat machen.

Die Kathedrale von Valencia – sie hütet neben vielen anderen Reliquien den Heiligen Gral, wenngleich ein Heiliger Gral auch in Genua verehrt wird – wurde von Aufständischen geplündert. Da die Männer der *germanía* ihr Leben lang mitangesehen hatten, wie die Kathedrale und die Verwaltung ihrer Güter zur Domäne der Begüterten geworden war, machten sie keinen Unterschied zwischen den Interessen der Kirche und denen der Großgrundbesitzer. Franciscos Vater ritt voller Selbstvertrauen an der Spitze einer königlichen Armee gegen die Bürgerwehr der *germanía,* doch wurde er besiegt. Aber einer zweiten Armee, die von Andalusien herbeimarschiert war, gelang es, die revolutionäre Brüderschaft zu zerschlagen und die Bewohner Valencias mittels Terror in den Gehorsam von ehedem zurückzuzwingen. Der Herzog und der junge Francisco kehrten heim nach Gandía, wo die Rebellen ihren Palast auf den Kopf gestellt hatten. Der junge Francisco hatte eine Lektion erhalten: Das tägliche Leben war keineswegs so sicher, wie man es sich gemeinhin vorstellte.

Aber es sollte noch schlimmer kommen. Im Alter von zwölf Jahren wurde Francisco als Page nach Tordesillas gesandt, wo die geisteskranke Mutter Karls v., Juana la Loca, in kerkerähnlicher Abgeschiedenheit gehalten wurde. Francisco sollte der fünfzehnjährigen Tochter Johannas, Katharina, der nachmaligen Königin von Portugal, Gesellschaft leisten. Das Leben dieses Mädchens war bisher schrecklich gewesen. Immer hatte Katharina mit ansehen müssen, wie ihre königliche Mutter mit wilden, grauen Haaren umherging, in Lumpen gekleidet, unglaublich schmutzig, und ständig Gotteslästerungen auf den Lippen, die jedem das Herz stocken ließen. Francisco, als Zwölfjähriger ein reizender, fröhlicher Junge voller Gelassenheit, war Katharina ein guter Freund, damals wie später. Aber er war vielleicht in allzu jungen Jahren mit der Nachtseite der Fürstenhäuser in Berührung geraten.

Karl v. war zehn Jahre älter als Francisco, doch wandte er sich Francisco freundschaftlich zu, als er ihn später kennenlernte. Karl und Francisco hatten vieles gemein: Sie waren nicht nur Vettern, sondern auch idealistisch gesonnene, religiöse junge Männer voller Tatendrang. Beide stammten von unglücklichen, unseligen Vorfahren ab, und beide versuchten, dieser Belastung durch eine strenge und aufrechte Lebensführung Herr zu werden. Francisco brillierte im Tanzen und Lanzenstechen, er wurde – mit Ausnahme des Kaisers – als der beste Reiter bei Hofe angesehen. Der kleine Philipp, der nachmalige König von Spanien, wurde von Francisco zum ersten Mal auf ein Pony gesetzt – aber der junge Prinz sollte sich nie im Reiten auszeichnen.

In einer Hinsicht war Francisco eine große Ausnahme: Er war nie hinter Frauenzimmern her. An einem Kaiserhof voll schöner, lebensgieriger junger Frauen sah man ihn niemals irgendeiner den Hof machen. Seine Freunde waren daher erleichtert, als er sich in Eleonor de Castro, eine portugiesische Hofdame, leidenschaftlich verliebte und sie zur Frau nahm. Er war damals neunzehn Jahre alt. Bei Hof waren die beiden ein großer Erfolg. Während Karls v. langen Abwesenheiten von Spanien führten Francisco und Eleonor seinen Haushalt zu seiner größten Zufriedenheit. Sie waren einander von Herzen zugetan. Eleonor gebar ihrem Gemahl binnen zehn Jahren acht Kinder, indessen Francisco immer mehr an Leibesumfang zunahm. Seinen Diener hatte man sich einmal brüsten hören, der Ledergürtel seines Herrn reiche für drei gewöhnliche Sterbliche. Aber diese Zufriedenheit wurde durch neue Erfahrungen von der Vergänglichkeit des Menschen und seines Glücks erschüttert.

Am 1.Mai 1539 starb Kaiserin Isabella, die Karl v. sehr geliebt hatte, am Kindbettfieber. Es gehörte zu Franciscos Pflichten, auf die Nachricht von ihrem Ableben hin sofort nach Toledo zu reisen und sie in aller Form als die Gattin seines Vetters zu identifizieren. Als das Leichentuch von ihrem Antlitz entfernt wurde, konnte man nur noch eine Menge Gewürm erkennen. Unter dem Eindruck derartig ernüchternder Geschehnisse wandte sich Francisco in der Folge immer mehr dem Glauben zu. Er war damals fast dreißig Jahre alt.

Karl v. ernannte ihn zum Vizekönig von Katalonien, einem besonders schwierigen Amt. Der wohlbeleibte junge Edelmann mußte nun höchst geschäftig werden. Katalonien war ein Fürstentum beiderseits der Pyrenäen. Die Katalanen hatten ihre eigene Sprache, ihre eigene Literatur und waren sehr auf ihre Unabhängigkeit bedacht. Viele von ihnen litten in jenen Tagen Hunger. Dies war zum Teil auf die Piraten zurückzuführen, die dem Handel an der Küste übel mitspielten. Auch die Vertreibung der Juden hatte der Bedeutung des altberühmten Hafens von Barcelona großen Abbruch getan. Aber am verhängnisvollsten war die Tatsache, daß der Handelsstrom sich allmählich auf andere Seewege verlagerte und nicht mehr durch das Mittelmeer führte, sondern die Atlantikroute von Sevilla nach Amerika bevorzugte. Dadurch wurden die Lebensbedingungen in Katalonien entscheidend härter, und die Katalanen lasteten die Schuld daran nur zu gerne der fernen Obrigkeit an. Francisco sollte nun als Vizekönig diesen Groll der Katalanen durch strenge Anwendung der königlichen Gesetze überwinden helfen. Aber er mußte feststellen, daß die Katalanen höchst eifersüchtig über ihre örtlichen Privilegien wachten, und daß in den Bergen ein ganz eigenes Gesetz herrschte.

Wegelagerei war in Katalonien ein wohlorganisiertes Geschäft. Die Straßen, die von Spanien nach Frankreich über die Pyrenäen führten, waren ständig von *bandoleros* bedroht, die in Banden bis zu fünfzig Mann stark auftraten, darunter einige mit Arkebusen, gegen die eine Rüstung keinen Schutz bot. Diese Banditen standen oftmals in Diensten eines Landedelmannes, dem man auf seinem festen Turm irgendwo in den Bergen schwer beikommen konnte. Sie hatten Komplizen in hohen Stellen in Barcelona, manchmal sogar im Rat der Stadt, die das Beutegut mit Freuden weiterverkauften.

Obschon Francisco das Reiten aufgrund seiner Beleibtheit schwerfiel, ritt er doch in Begleitung von dreißig Soldaten, seiner gesamten Streitmacht, zur Banditenjagd in die Berge, wie andere auf Wildschweinjagd gingen. Auf Wegelagerei kannte er nur eine einzige kurze Antwort: den Strick des Henkers. Einmal machte er so viele Gefangene, daß es in Barcelona kaum genügend Galgen gab. Außerdem kam er dahinter, daß einer der Komplizen der Räuber der Bischof von Barcelona war, ein Spieler und ein weiteres Beispiel jener weltlichen Geistlichen, die man bestenfalls einmal in ihrem Leben eine Messe lesen hörte; die Kathedrale war die Freistatt der *bandoleros.* »In Katalonien«, schrieb Francisco an Karl v., »finde ich gleichermaßen Mangel an Getreide wie an Recht.« Der Kaiser war, wie üblich, derart um Barmittel verlegen, daß Francisco die Verwaltung aus seiner eigenen Tasche bezahlte.

Nach außen hin war Francisco nichts weiter als ein fleißiger Diener der Krone: Er führte Reformen durch, unterdrückte Aufruhr und sorgte dafür, daß die Menschen Brot hatten und Räuber aufgehängt wurden. Er ließ Kanonen gießen, und am 10. Oktober 1542 übergab er Karl v. ein Dutzend Geschütze, welche die Namen der zwölf Apostel trugen. Er belebte den Schiffsbau in Barcelona, insbesondere den Bau von Galeeren, und es gab sogar das phantasievolle Projekt, ein Schiff zu bauen, das von Dampfkraft angetrieben würde. Doch Francisco führte mittlerweile ein Doppelleben. Die Todesfäulnis der Kaiserin Isabella, der sinnlose Tod Garcilasos de la Vega bei einem Angriff auf einen Turm unweit von Fréjus, seines Freundes, dessen wunderbare Gedichte den Ruhm des Soldaten gefeiert hatten – diese Ereignisse und die noch unvergessenen Kindheitserlebnisse gaben seinem Geist eine Wendung, die man beinahe als krankhaft bezeichnen könnte. Der reich gekleidete Vizekönig, der über die Pflaster von Barcelona ritt oder einem Festbankett vorsaß, trug unter den prachtvollen Gewändern ein härenes Hemd. Das beständige Kratzen auf der nackten Haut, so schrieb er in sein Tagebuch, solle ihn daran erinnern, daß er Tag und Nacht sein Borgia-Erbe bekämpfen müsse, »jene beiden Raubtiere: Jähzorn und Wollust«.

Das gute Einvernehmen zwischen ihm und Eleonor bestand unverändert fort. Sie teilte seine glühenden religiösen Überzeugungen mit Inbrunst. Aber nach einer Fehlgeburt wagte er nicht mehr sie anzurühren, und sie schliefen fortan getrennt. Bevor er zu Bett ging, zog er sein härenes Hemd aus und verriegelte die Tür. Dann geißelte sich der Vizekönig, um seine Fleischeslust abzutöten.

Unterdessen hatte er auch einiges geschrieben. Während er in Barcelona tätig war, hatte er ein kleines Erbauungsbüchlein verfaßt und veröffentlicht, *Las obras muy devotas y provechosas para qualifier Christiano,* das ihm später viel Kummer bereiten sollte. Im Jahr 1541 lernte er einen jungen Priester aus Savoyen kennen, Petrus Lefèvre, der durch die Pyrenäen nach Spanien zog. Er gehörte zu den wenigen Gefährten des Ignatius von Loyola, die sieben Jahre zuvor auf dem Hügel des Montmartre vor den Toren von Paris gelobt hatten, die Gesellschaft Jesu zu gründen. Diese zählte, alles zusammengenommen, noch immer keine sechzig Anhänger; doch die Lehre der Jesuiten, auf welche Weise man in einer grausamen und verderbten Welt bestehen konnte, wie sie ihm Pater Petrus vortrug, beeindruckte den Vizekönig.

Die Überhöhung von soldatischer Zucht und Reformgeist eines aufgeklärten Staatsdieners, indem man Christus bewußt nachstrebte, und die Verbindung von mystischer Hingabe mit dem praktischen Leben – genau das war es, was Francisco suchte. Die Jesuiten lehnten alle kirchlichen Ämter ab – sie wollten keine Neunjährigen als Bischöfe! Sie folgten ihrem Ordensgeneral wie Krieger in der Schlacht, und der General stellte die Glaubensgemeinschaft ganz in den Dienst der Reformpäpste, die sich um die Reinigung der Kirche bemühten. Im Jahr 1542 schrieb Pater Petrus an Ignatius von Loyola, daß der Vizekönig von Katalonien »uns zugetan ist, wie auch seine Frau«.

Etliche Jahre früher, 1527, könnte Francisco in Alcalá de Henares Ignatius von Loyola gesehen haben, einen mageren, armselig gekleideten baskischen Edelmann, der infolge einer Kriegsverletzung hinkte. Er war schon vorgerückten Alters, als er die Universität bezog; zweimal war er von der Inquisition festgesetzt worden, weil er eine kleine Gruppe von Studenten angeführt hatte, die ihren Glauben, für den Geschmack der Behörden, allzu ernst nahm. Die spanische Inquisition hatte Ignatius für die nächsten drei Jahre verboten, sich mit Gleichgesinnten zu treffen, gleichgültig, ob privat oder öffentlich. Um derlei Nachstellungen zu entgehen, beendete er seine Studien in Paris, wo – so seltsam es anmutet – zur gleichen Zeit Jean Calvin studierte, der freilich völlig andere theologische Auffassungen vertrat.

Ignatius von Loyola war einst Page am Hof gewesen. Als junger Mensch hatte er Duelle ausgefochten, dem Glücksspiel gehuldigt und Mätressen gehalten; aber das lag jetzt lange hinter ihm. Er hatte eine mystische Ader. Er war nicht gerade ideenreich, aber er war ein Genie, was Menschenführung und Organisation anbelangt. Sein Buch *Exercicia spiritualia* (Geistliche Übungen) hinterließ bei seinen Anhängern einen großen Eindruck und führte sie zu einer längeren und gründlichen Meditation über das Leben und den Tod Jesu, was nicht selten eine Persönlichkeit lebenslang verwandelte. Selbstaufgabe und bewußt gewähltes Heldentum – was konnte Francisco, niedergedrückt vom Zustand der Menschheit und gequält von seinem Borgia-Erbe, mehr verlangen? Er entschloß sich, aus dem Dienst seines Vetters, des Kaisers, auszuscheiden und Besitz und weltliche Macht aufzugeben, um Christus dem König zu dienen.

Aber sein Vater starb, und Francisco wurde 4. Herzog. Er mußte also zuerst nach Gandía gehen und dort auf seinen Gütern nach dem Rechten sehen. Loyola war in Rom bereits davon in Kenntnis gesetzt worden, daß der Herzog allem entsagen und dem Orden beitreten wolle. Seine Antwort lautete: Der Herzog von Gandía sei in erster Linie seiner Familie verantwortlich; erst müßten die jungen Söhne den Weg ins Leben gemacht haben und die Töchter gut verheiratet werden; der Herzog sei aber gut beraten, die theologische Doktorwürde zu erwerben. Nur nichts überstürzen! Ignatius wollte jedes Aufsehen vermeiden. Die Regierung Spaniens würde keineswegs erfreut sein, einen tüchtigen Staatsdiener wie den Herzog an einen neugegründeten Orden zu verlieren, den viele Hochgestellte noch immer mit großem Zweifel betrachteten. »Die Ohren der Welt«, schrieb Ignatius, »könnten eine derartig heftige Explosion nicht ertragen.« Überdies seien es Herzöge gewohnt, daß nach ihrem Willen gehandelt werde; ein paar Jahre geduldigen, gehorsamen Wartens könnte die Ernsthaftigkeit seiner Berufung unter Beweis stellen.

Der Besitz in Gandía war eine kleine Welt für sich. Dort war der Herzog unumschränkter Herr. Auf dem Gut wurden zwei Produkte hergestellt, mit denen man Geld verdienen konnte: Zucker und Seide. Die Frauen in den kleinen, weißgetünchten Häusern, die über die Huerta verstreut lagen, hatten gelernt, den Seidenwurm zu züchten; sie beherrschten auch die schwierige Kunst, den klebrigen Seidenfaden zu reinigen und zu spinnen. Im Winter, von Ende November bis Mitte Januar, waren 550 Männer und 200 Maultiere damit beschäftigt, Zucker zu kochen. Von vier bis acht Uhr morgens war Francisco tief im Gebet versunken, den Rest des Tages verbrachte er mit seinen Gutsgeschäften.

In den Ställen standen vierzig Vollblutpferde; das Herzogshaus beschäftigte 140 Edelleute und Pagen. Francisco ließ die Mauern des Ortes instandsetzen und sie mit sechzig Kanonen bestücken, damit man vor algerischen Seeräubern sicher sei. Deren Anführer, Dragut, hatte erst kurz zuvor diese Küste geplündert und Ortsbewohner in die Sklaverei verschleppt, die Männer auf die Galeeren, die Frauen in den Harem. Sollte er es wieder einmal versuchen, so würde er es mit einer Bürgerwehr von sechshundert Mann zu tun bekommen, der vierzig erfahrene Kriegsleute unter dem Kommando des Herzogs zur Seite standen.

Viele Landarbeiter auf dem Gut waren Moriscos. Sie waren bescheidene, geschickte und fleißige Leute. Das hervorragende Bewässerungssystem, das die Huerta so ungewöhnlich fruchtbar machte, hatten die Mauren ausgetüftelt und erbaut, als sie dort noch die Macht in Händen hielten. In der Provinz Valencia gab es ein Sprichwort: *que tiene moro, tiene oro* – Mauren zu besitzen ist Goldes wert. Aber ihre Nachkommen waren inzwischen zu der tiefsten Schicht der Gesellschaft herabgesunken; von den einhundertfünfzig ärmsten Familien in Gandía waren einhundertzwanzig Mauren.

Diese armen, geschlagenen und entfremdeten Menschen wurden trotzdem gebraucht. Ihre Not lastete schwer auf dem Herzog, und er gab viel Geld aus, um sein Gewissen zu besänftigen: Er ließ eine Schule bauen und stellte zehn Dominikanerbrüder

an, welche die Maurenkinder unterrichten und ihnen den Weg
ins Leben ebnen sollten. Wo gab es damals etwas Ähnliches?
Dem Hospital des heiligen Markus machte er eine fromme Stiftung: neunundneunzig Betten für bedürftige Kranke. In den Jahren in Gandía, während er darauf harrte, alles aufzugeben, dürfte
Francisco fünfzigtausend Dukaten für barmherzige Zwecke aus-
gegeben haben.

Er war beschämt, daß er so dick war. Die *Exercicia spiritualia*
rieten dem Herzog hinsichtlich des Essens, »man sollte, um allem
unmäßigen Begehren und jeglicher Versuchung des Feindes zu
widerstehen, weniger essen, wenn man mehr essen möchte«.
Noch 1543 hatte man Francisco als den »größten Fettwanst von
Valencia« bezeichnet; nun verzichtete er auf Fleisch, und dank
dieser neuen Diät gelang es ihm schließlich, seinen großen Ledergürtel eine Handbreit enger zu ziehen.

Die Jesuiten kannten noch andere Wege, an die Seele eines
Menschen zu rühren: Musik, die Wissenschaften und die Künste.
Auch diese Dinge wurden in Gandía nicht vernachlässigt. Für die
Bibliothek des dortigen Jesuitenkollegs ließ der Herzog aus
Frankreich und aus Flandern eine ganze Schiffsladung Bücher
heranschaffen. (Das Kolleg stand auch den Moriscos offen.)
Francisco ließ seiner Leidenschaft für Musik freien Lauf; er kom-
ponierte Orgelstücke, die während der Heiligen Messe in der
Kirche gespielt wurden, und was heute noch davon erhalten ist –
acht Motetten und eine Messe für vier Stimmen – stellt ihn an die
Seite der Meister spanischer Musik seiner Zeit.

Er hatte selber ein Oratorium in Gestalt eines Sarges gebaut,
etwa so groß wie – nach der Überlieferung – das Heilige Grab zu
Jerusalem. Er fastete und geißelte sich mit derartiger Härte, daß
Ignatius ihm aus Rom schreiben und ihn ermahnen mußte: »Tugendhafter ist es, wenn man sich an Gott bei verschiedenen Be-
schäftigungen und an allen Orten erfreuen kann und nicht nur
beim Gebet, das du in deinem Gestühl verrichtest. Was das Fasten und die Abstinenz angeht, so wünsche ich, daß deine Kraft
zunimmt und nicht nachläßt.« Noch nach seiner Aufnahme in
die Gesellschaft Jesu fastete Francisco zu streng und verbrachte
zuviel Zeit im Gebet. Schließlich rief ihn Ignatius zur Ordnung.
Was Speisen, Kleidung und Schlaf anbetraf, mußte Francisco

künftig den Anordnungen eines einfachen, aber vernünftigen Laienbruders namens Marcos gehorchen, der früher einmal in Gandía Chorknabe gewesen war. Zur Nacht, wenn Francisco lieber auf seinen Knien im Gebet verharrt wäre, pflegte Marcos das Licht auszulöschen und ihn zu Bett zu schicken.

Eleonor war am 27. März 1546 gestorben. Anno 1548 kam in Spanien das Gerücht auf, Karl V. wolle den Herzog von Gandía als seinen ersten Minister berufen. Da diese große Auszeichnung das letzte war, was Francisco begehrte, trat er, allerdings im geheimen, dem Jesuitenorden bei. Kurz darauf heiratete Carlos, sein Sohn und Erbe, und so konnte er Karl V. um die Erlaubnis bitten, Rang und Besitz auf seinen Sohn zu übertragen.

Er wußte, daß Karl V. für die Gesellschaft Jesu wenig übrig hatte. Nach seinem großen Sieg über die lutherischen Fürsten bei Mühlberg hatte der Kaiser gehofft, das Konzil von Trient werde mit den Protestanten zu einem lebensfähigen Kompromiß kommen, indem es die katholische Lehre etwas verwässerte. Aber auf dem Konzil trat ein Jesuit namens Bobadilla den Vorstellungen des Kaisers scharf entgegen, was ihn verdutzte und beleidigte. Schließlich wurden die deutschen Lutheraner von Fürsten geleitet, wie er selber einer war: von vernünftigen Männern, die zu Zugeständnissen bereit und zur Beilegung der trennenden Auffassungen willens waren. Mit den Kalvinisten – jenen Bolschewisten des sechzehnten Jahrhunderts – hatte Karl V. noch nichts zu tun gehabt. Mit ihnen wäre kein Kompromiß möglich gewesen.

Im Herbst 1550, als er schließlich auf dem Weg nach Rom war, nach außen ganz und gar ein Herzog, im Herzen ein Jesuit, stattete er seinem Vetter Ercole d'Este, Herzog von Ferrara und Sohn der goldblonden Lucrezia Borgia, einen flüchtigen Besuch ab. Das Spanien, das Francisco sein ganzes Leben lang gekannt hatte, war zwar gewalttätig und voller Fleischeslust, aber seine Verderbtheit war niemals zur Dekadenz entartet. Aber hier in Ferrara, wo Lakaien in der scharlachroten Livree der Borgia bei Tisch servierten, bekam er eine erste Andeutung jenes Verfalls zu spüren, den er in seinem Geist immer verbunden haben muß mit ›Jähzorn und Fleischeslust‹.

An den Wänden des Palastes befanden sich wunderliche astro-
logische Fresken von Dosso Dossi. Frauen mit nackten Armen
und Brüsten und mit gelockten Haaren und geschminkten Gesichtern saßen mit ihm zu Tisch mit Tafelgeschirr aus der Werk-
statt des Benvenuto Cellini. Die Herzogin Renée, Tochter des
französischen Königs Ludwig XII. und brillante Gesprächspart-
nerin, brüstete sich vor Francisco, sie sei eine Bewunderin Calvins und wolle hier in Italien alles tun, die Handvoll geheimer
Protestanten zu beschützen. Diese Äußerung bei Tisch war zweifellos als ein kühner Scherz gedacht, aber solche intellektuellen
Ausschweifungen von jemandem aus seinem eigenen Stand, der
regierenden Oberschicht, müssen Francisco tief erschreckt haben. Jedermann, gleichgültig auf welcher Seite er stand, mußte
sich mittlerweile darüber im klaren sein – was die kommenden
Jahrzehnte des Glaubenskriegs in Frankreich erweisen sollten –,
daß der Protestantismus hier in Italien nur nach einem mörderi-
schen Bürgerkrieg Fuß fassen könnte. Francisco war damals vierzig Jahre alt, Witwer, Herzog und doch auch Jesuit, ein unruhiger
Wanderer zwischen zwei Welten. Nach seiner Abreise aus Ferrara wandte er seinem alten Hofleben voller Abscheu den Rükken zu.

Francisco bemerkte bald, daß Rom kaum weniger lasterhaft
war als zu jener Zeit, da Cesare Borgias Bravados die Straßen
beherrschten, wenn vielleicht auch weniger gewalttätig. Der
Papst, Julius III., interessierte sich für die Kirchenreform weniger
als für seine prächtige Villa, die er sich draußen vor der Porta del
Popolo erbauen ließ und die er mit Kunstgegenständen voll-
stopfte. Das kirchliche Rom hatte jedoch ganz entschieden eine
Wendung zum Besseren genommen. Die Vorwürfe der Protestanten hatten getroffen, und einige der älteren Orden entschlossen sich, künftig in strenger Übereinstimmung mit ihren Ordensregeln zu leben. Bald wurden von jungen Männern, die sich
nach einem frommen Leben sehnten, neue Orden gegründet, wie
zum Beispiel die Theatiner. Die Gesellschaft Jesu wuchs schnell:
binnen eines Jahrzehnts war sie von sechzig auf fünfzehnhundert
Mitglieder im Jahre 1556 hochgeschnellt, die meisten davon waren hochintelligente Menschen aus guten Familien, überaus gebildet und von großem Mut.

Francisco lernte den Ordensgeneral Ignatius von Loyola persönlich kennen, einen kleinen, hinkenden, soldatischen, höflichen und weitblickenden Mann, den andere, die mit seinem Tun nicht einverstanden waren, als verschlagen bezeichneten. Von seinem baufälligen, überquellenden Haus im Herzen der Stadt Rom führte er einen umfangreichen Briefwechsel mit seinen Anhängern in aller Welt. Sein Sekretär, ein glänzender, feinsinniger Geist namens Pater Juan de Polanco war ein getaufter Jude. Gleichfalls konvertierter Jude war Diego Laínez, der einstmals auf dem Tripolisfeldzug gegen den Piratenhäuptling Dragut als Kaplan dabeigewesen war; später nahm er als Theologe im Dienst der Kurie an dem Konzil von Trient teil. Er war der scharfsinnigste Geist des Ordens. Wie Pater Petrus war er einer der sieben Gründungsmitglieder. Als Ignatius 1556 starb, wurde Laínez sein Nachfolger als Ordensgeneral.

Am ersten Abend, den Francisco unter Loyolas Dach verbrachte, legte der frühere Herzog seine prächtigen Gewänder ab, band sich eine Schürze um seinen schlanker gewordenen Leib und wartete seinen schwarzberockten Brüdern bei Tische auf. Danach wusch er das Geschirr ab (und zerbrach zu seinem Leidwesen eine Schüssel). Von diesem Zeitpunkt an schlug ihn die Hausarbeit in ihren Bann, wie sie später noch andere reuevolle Aristokraten anzog, etwa den Grafen Tolstoi. Auch im Städtchen Oñate im Baskenland, wohin Francisco als Pater entsandt wurde, »weit entfernt von meiner alten Umgebung und meinen Freunden, da ich all meine Besitzungen aufgegeben habe«, wusch er regelmäßig das Geschirr; in der nicht minder nützlichen Kunst des Kochens brachte er es freilich nie sehr weit. Die Äbtissin der Armen Klarissinnen zu Gandía schickte ihm einen Besen als Geschenk, als sie davon erfuhr, daß der Herzog gerade das Zimmerauskehren lernte. Francisco fuhr Mist auf einer Schubkarre davon, aber die Kunst des Pflügens schaffte er nicht. Mit einem Bettelsack über der Schulter durchwanderte er die Straßen der kleinen Stadt und bat um Almosen; und er stieß sich nicht daran, als ihm ein lebendiges Schwein geschenkt wurde; das war ein grober Bauernscherz, doch nahm er die Gabe dankbar an.

Die einheimischen Bauern verstanden nur ihr Baskisch, Pater Francisco hingegen predigte in einem Kastilisch, wie man es bei

Hofe sprach; aber was ein wunderlicher Herzog wie dieser an-
packte, das gelang ihm auch, und so war seine Kirche immer
zum Bersten voll. Pater Francisco war nicht nur riesengroß, er
war inzwischen auch ziemlich dünn geworden. Er hatte den Berg
von Fleisch, den er einstmals vor sich hergetragen hatte, herun-
tergehungert, bis er nur noch Haut und Knochen war. Er war
einer der Armen geworden.

Die Borgia – Borja, wie sie sich spanisch schrieben – in Gandía
verhielten sich, nachdem sie dem Einfluß Franciscos entzogen
waren, wieder so, wie es ihnen im Blut lag: Der neue Herzog,
Carlos, verstrickte die Familie in blutigen Familienzwist, wie es
ihn nur in Valencia gab. Diego Borgia mußte nach wechselseiti-
gen tödlichen Streichen bei den Armen Klarissinnen zu Madrid
Unterschlupf suchen. Selbst sein Sohn Juan, von dem Francisco
hoffte, daß er Jesuit würde, machte ihm Kummer. Nachdem er
sich an der Universität mit zehntausend Dukaten verschuldet
hatte, war er mit einer Großnichte des Ignatius von Loyola
durchgebrannt. Ignatius fühlte plötzlich wieder das Blut des baskischen Edelmanns in seinen Adern und war höchst erzürnt.

Prinz Philipp, der gerade im Begriff war nach England abzu-
reisen, um dort seine – freilich nur kurze – Ehe mit Maria Tudor
einzugehen, bat Francisco nach Tordesillas, wo dieser dreißig
Jahre früher als Page gewesen war, um zu versuchen, den verdü-
sterten Verstand seiner Großmutter Johanna der Wahnsinnigen
zu beruhigen. Man glaubte damals, Wahnsinnige seien von Teufeln besessen. Ein Arzt war da am Ende seines Lateins, aber ein
Priester könnte unter Umständen mit diesen Teufeln fertig werden. Francisco brachte zwei Monate mit Fürbitten in Tordesillas
zu, aber die Irre kroch bis zum letzten Tag herum, redete närri-
sches Zeug und schrie ihre Gotteslästerungen hinaus.

Nach seinen Lehrjahren in Oñate kehrte Pater Francisco in die
große Welt zurück. Er wurde geistlicher Berater der Regentin
Johanna, die stets verschleiert ging und nur darauf wartete, von
ihren politischen Pflichten entbunden zu werden und in ein Kloster eintreten zu können. Francisco hatte niemals, nicht einmal als
junger Höfling, als Frauenheld gegolten; inzwischen war er zu
einem wandelnden Skelett abgemagert. Trotzdem waren die Lä-
stermäuler nicht zu stopfen. Prinz Philipp, der auf die geringste

Bedrohung seiner Autorität empfindlich reagierte, hörte das Gerücht aus der Ferne, und er merkte es sich. Ein Herzog, der Priester, schlimmer noch Jesuit geworden war, der zudem das Ohr und das Vertrauen der Regentin besaß – das mußte in dem rational organisierten und zentralisierten Staatswesen, das Philipp Spanien auferlegen wollte, beunruhigend wirken.

In den Fastenwochen des Jahres 1555, als Johanna die Wahnsinnige im Sterben lag, wurde Pater Francisco noch einmal nach Tordesillas gerufen. Dieses Mal zeitigte die hingebungsvolle Beschäftigung des Priesters, den sie schon als Jungen gekannt hatte, bei der Kranken eine Wirkung: Johannas lebenslange Geistesstörung hörte zumindest kurzzeitig auf. Als sie gefragt wurde, ob sie im katholischen Glauben sterben und die Letzte Ölung empfangen wolle, antwortete sie deutlich hörbar mit einem Ja. Pater Francisco konnte Karl v. mit der Kunde trösten, daß nach Jahrzehnten hinausgeschriener Gotteslästerungen die letzten Worte seiner Mutter waren: »Gekreuzigter Jesus, steh mir bei!« Der Wandel, den die Anwesenheit Pater Franciscos in der bedauernswerten Frau bewirkt hatte, wurde in ganz Spanien als ein Wunder betrachtet. Ein Mann, der sich diesen Ruf erwarb, machte sich unweigerlich Feinde.

Im Jahr 1556 setzte Karl v. zu guter Letzt seinen Willen durch und zog sich in das Kloster von Yuste zurück. Sein Beichtvater, der Hieronymitenpater Juan de Regla, der früher ein kleiner Bauer gewesen war, hatte eine böse Zunge. In Pater Francisco vermutete er einen Widersacher. Er gab sich alle Mühe, dem Kaiser einzureden, diese neuen Ordensleute, die Jesuiten, seien vielleicht nicht gerade die Gefolgsleute des Satans, sie seien aber zumindest Spione des Großtürken. Der Umstand, daß einige der prominentesten Jesuiten getaufte Juden waren, schien diesen Argwohn zu bestätigen.

Melchior Cano, der Dominikaner, der während des Autodafés von Valladolid so langatmig gepredigt hatte, fing damals an, den Hieronymitenmönchen zu Yuste heimlich Argumente zu geben, die Pater Francisco in Verruf bringen sollten. Die Jesuiten, so schrieb Cano, der darauf hoffte, seine Worte würden das Ohr des Kaisers erreichen, »verwandeln die Männer, die sie in ihre Finger bekommen, von Löwen zu Hennen, aus Soldaten machen sie

Weiber und aus Edelleuten Krämerseelen«. Als Karl wieder einmal seinen alten Freund Don Luis Quijada traf, vertraute er ihm
an, er finde, »Pater Francisco habe sich stark verändert«. Immerhin hatten die beiden Männer dieses gemein: Auf der Suche nach
dem Seelenfrieden hatte der eine ein Herzogtum, der andere ein
Weltreich aufgegeben.

Am 28.Dezember 1556 führten Karl und Francisco ein drei-
stündiges, sehr ernsthaftes Gespräch miteinander, in dem Francisco versuchte, alle Mißverständnisse auszuräumen. »Ich erzählte ihm alles über die Gesellschaft Jesu«, schrieb er an seine
Oberen nach Rom, »er hatte keine gute Meinung von uns, denn
er wurde ungünstig beeinflußt. Dank der großen Kraft, die Gott
der lauteren Wahrheit und Ehrlichkeit verleiht, habe ich gewonnen.«

»Ich muß Euch glauben«, hatte Karl seinem Vetter geantwortet, »da ich Euch stets die Wahrheit sagen hörte.« Francisco hatte
ihm zu erklären versucht, daß »die Gesellschaft Jesu das aktive
mit dem kontemplativen Leben verbindet, Maria mit Martha,
damit sie am vollkommensten in der Nachfolge Christi stehe«.
Um ihm die Vorstellung auszutreiben, die Jesuiten seien ›Hennen‹, stellte Francisco seinen Mitbruder Pater Bartolomé Busta-
mente vor, den Karl v. vor einundzwanzig Jahren beim Kampf
um die Eroberung von Tunis zuletzt gesehen hatte. Nach diesem
kühn ausgeheckten Gegenzug, der eines Höflings würdig gewesen wäre, gewann Karl die Einsicht, die Jesuiten könnten aus
dem gleichen Holz geschnitzt sein wie er selber, und er befahl
Don Luis Quijada, ihnen in seinem Namen zweihundert Dukaten zu stiften. Das war keine große Summe, aber Karl v. war
damals – wie immer – knapp bei Kasse. Als er im September
1558 starb, stellte man fest, daß er Pater Francisco als Testamentsvollstrecker eingesetzt hatte; er wollte sicher sein, daß seine
Wünsche weisungsgemäß erfüllt würden.

Als Pater Francisco in Valladolid eintraf, um am Sarg des Kaisers
die Leichenpredigt zu halten, fand er eine üble Stimmung vor.
Melchior Cano, der Theologe, der den spanischen König gegen
den Papst unterstützt hatte, nahm nun in der Inquisitionshierar-
chie eine hohe Stellung ein. Er wiederholte das Argument, das

man oft gegen die Jesuiten gebrauchte – das Geld, das sie für ihre Zwecke sammelten und nach Rom sandten, sei Gold, das dem Königreich verlorengehe – und goß damit Öl ins Feuer. Aber dies war nur ein Argument für einfache Gemüter.

Der wirkliche Vorwurf König Philipps an die Adresse der Jesuiten, den er freilich nicht laut äußerte, war der gleiche wie der gegenüber den Malteserrittern oder den getauften Juden, denen er auch mißtraute: daß sie Kosmopoliten seien, die er niemals völlig unter seine Fuchtel bekommen würde. Philipp wollte seinen Nachfolgern ein gut durchorganisiertes Staatswesen und ein unversehrtes Reich hinterlassen. Sich selbst sah er als Gottes Statthalter in Spaniens riesengroßem Reich an, der in seiner Zelle im Escorial an einem über und über mit Papierstößen bedeckten hölzernen Tisch bei jeder weltlichen Entscheidung, die die eine Hälfte der bekannten Welt betraf, das letzte Wort sprach.

Aber auch die Jesuiten betrachteten sich als Diener Gottes. Da König Philipp – sieht man von kleineren Fehltritten ab – stets nach seinem Gewissen handelte, wie ein gerechter Fürst dies tun sollte, mußten sie ihm in weltlichen Dingen Gehorsam leisten. Aber zuvörderst galt ihr Gehorsam hier auf Erden dem Papst als dem Sprecher der gesamten Christenheit. Das war es, was Philipp wurmte. Der Nationalstaat war damals etwas Neues, und die Inquisition, die sich letzten Endes auf die Folter stützte, war sein wichtigstes Werkzeug. Die moralische Verpflichtung, die sich von Zeit zu Zeit den andern stellte, gegen den Leviathan – das Ungeheuer Staatsgewalt – aufzutreten, war ein Hindernis auf Philipps Weg, und das wußte er.

Man schrieb 1558, als Francisco angesichts der unheilvollen Stille vor dem spektakulären Autodafé zu Valladolid einen anderen Jesuiten, Ribadeniera, warnte: »Hier wurden Lutherische entdeckt, und viele Leute sagen hier vor Gericht und in ganz Kastilien, wir seien die Ursachen jener Irrlehren; man hört, daß ich schon festgenommen sei oder daß der Scheiterhaufen auf uns wartet. Davon ist gemeinhin die Rede.« Der Großinquisitor hinderte ihn daran, Valladolid zu verlassen. Er wurde vielmehr aufgefordert, in das Gefängnis zu gehen, in dem die Inquisition die Schwester seines Schwiegersohnes, Doña María Henriquez, gefangenhielt. Er mußte ihr sagen, welche Strafe sie erwartete. »Ich mußte sie trösten und ihr Mut zusprechen«, schrieb er an Pater Laínez nach Rom, »mußte ihr helfen, es tapfer zu ertragen«. Melchior Cano, der die Gabe des Starpredigers zu schneidender Formulierung besaß, hatte die Jesuiten bereits die »Vorgänger des Antichrist« genannt. Die Inquisition schickte sich gerade zu einem sorgfältig vorbereiteten Schlag auf Pater Francisco an.

Das kleine Erbauungsbüchlein, *Las obras muy devotas y provechosas para qualifier Christiano,* das Francisco verfaßt hatte, als er noch in Barcelona als Vizekönig Dienst tat – das war lange bevor er die theologische Doktorwürde erworben hatte –, war kurz vorher in dem kleinen Provinznest Medina del Campo durch einen Raubdruck heimlich neu aufgelegt worden. Dabei hatte ein Unbekannter in den Text Passagen mit einer lutheranischen Tendenz eingeschmuggelt, die in der ersten Auflage nicht vorhanden waren.

Als *Las obras muy devotas* nun als ein ketzerisches Werk verdammt wurden, mußten Franciscos viele Freunde in dieser Atmosphäre der Angst, die damals herrschte, ihre Zunge hüten. Inzwischen schickten sich einige Gerüchteköche an, in einem sorgsam geplanten Stimmungsausbruch alles vorzubringen, was Pater Franciscos Ruf zerstören konnte: alte Geschichten tauchten wieder auf von seiner dicken Freundschaft mit der Regentin Johanna, von dem unheilvollen Einfluß, den er auf den verstorbenen Kaiser ausgeübt habe; es war die Rede davon, daß er bei Johanna der Wahnsinnigen ein Wunder bewirkt habe. Für König Philipp können derartige Klagen gegen Pater Francisco bestenfalls ärgerliche Nadelstiche gewesen sein; aber sie wurden nun geschickt in Vorwände verwandelt, die der Inquisition gegen ihn dienen konnten.

Trotz seiner abgewetzten Kutte und dem asketischen Gesicht eines Heiligen hatte Francisco noch immer das hochempfindliche Gespür eines alten Hofmannes. Unversehens entschlüpfte er der ihm drohenden Gefahr, aber nicht in Richtung Rom, wie die Inquisitionsbeamten erwartet hatten, sondern gewissermaßen durch die Hintertür, nämlich nach Portugal, wo Katharina, seine Freundin seit Kindertagen, jetzt Königin war. Sobald Pater Laínez davon erfuhr, befahl er ihm, irgendwie nach Rom zu kommen, denn er stünde in der Gehorsamspflicht des Ordens. Aber der politische Einsatz der Inquisition in Spanien hatte ihn zu tief erschüttert: unter dieser Anspannung zerbrach seine Gesundheit. Vielleicht klammerte er sich, psychologisch gesprochen, an diesen Strohhalm, denn nun wurde er zum Ungehorsam gezwungen, während er doch als Jesuit den Gehorsam gelobt hatte.

Während er sich in Portugal von Fieber, Gicht, einer Blasenerkrankung und einer nervösen Lähmung erholte, erfuhr er, daß König Philipp gerade ausholte, die flüchtigen Angehörigen der Borgia-Familie zu treffen: Niemand, gleichgültig wie reich er war, welchen Rang er besaß oder welche Dienste er geleistet hatte, durfte sich der Justiz des Königs entziehen. Diego Borgia wurde aus seiner Zuflucht, dem Klarissinnenkloster zu Madrid, geholt; sein Kopf fiel unter dem Streich des Henkers. Felipe Borgia, der in dem Geschlechterstreit auch des Mordes schuldig geworden war, entkam gerade noch rechtzeitig nach Afrika. Pater Francisco, der sich inzwischen im friedvollen Portugal wieder halbwegs erholt hatte, fand Möglichkeiten, nach Rom zu gelangen, wo ihn in dieser krisenreichen, dramatischen Zeit eine noch größere Rolle erwartete.

V
Das Königreich in der Schlinge

Die Welt ist nicht gerecht aufgeteilt. Von den drei Teilen halten unsere Feinde Asien als ihren Erbteil. Dennoch ist dort dereinst unser Glauben hervorgegangen; alle Apostel, bis auf zwei, starben dort. Aber heute können die Christen in jenem Teil der Welt – wenn es dort überhaupt noch welche gibt – dem Boden kaum ihren bloßen Unterhalt abringen; sie zahlen ihren Feinden Tribut und blicken schweigend und sehnsüchtig auf uns, da sie die Freiheit verloren haben. Auch Afrika, der andere Teil der Welt, wird seit zweihundert Jahren oder länger von unseren Feinden mit Waffengewalt gehalten, eine um so größere Gefahr für die Christenheit, da dort früher Menschen lebten, deren Werke die Heilige Schrift davor bewahrt, in Vergessenheit zu geraten, solange die lateinische Sprache am Leben sein wird. Dann gibt es, drittens, Europa. Dieser kleine Teil der Welt, der unser ist, wird von kriegerischen Türken und Sarazenen bedrängt: seit dreihundert Jahren herrschen sie über Spanien und die Balearen, und sie geben sich der Hoffnung hin, auch noch den Rest zu verschlingen.

WILLIAM OF MALMESBURY, *Gesta Regum, 1125*
(mit diesen Worten zitierte er die Rede Papst Urbans II.
vor dem Konzil von Clermont, 1095)

Für die italienischen Kaufleute des elften Jahrhunderts waren, wenn sie zwischen Amalfi und dem Heiligen Land ihren Handel trieben, die christlichen Pilger eine gewinnbringende Fracht. Aus Barmherzigkeit ließen sie in Jerusalem, unweit der Kirche des heiligen Johannes des Täufers, ein Hospital für kranke Pilger errichten. Im Laufe der Zeit wurden entlang der Pilgerstraße, welche die Provence durchquerte und durch ganz Italien führte, weitere solcher Hospitäler gestiftet. Am 15. Februar 1113 nahm Papst Paschalis II. den Edlen Orden der Ritter des heiligen Johannes von Jerusalem unter seinen Schutz. Er beauftragte sie, für die Pilger zu sorgen, die auf ihrer Reise erkrankten, und sie unterwegs mit ihren Waffen zu beschützen. Als Abzeichen trugen die Ritter das weiße achtspitzige Kreuz mit nach der Mitte spitzzulaufenden Armen, voll frommer Symbolik, das auch auf dem Banner von Amalfi flatterte; heute ist es als Malteserkreuz bekannt.

Im Jahr 1099 gelang es Kreuzrittern aus dem westlichen Europa, Jerusalem von den Moslems zurückzuerobern, die vor mehr als vier Jahrhunderten die heiligen Stätten in ihre Gewalt gebracht hatten, als die Anhänger Mohammeds von Arabien nach Norden drängten. Die Kreuzritter errichteten an den östlichen Küsten des Mittelmeers kleine lateinische Königreiche und machten aus dem Mittelmeer, was es in der Spätantike schon einmal kurzzeitig gewesen war: einen Lebensraum des Christentums. Die Ritter des Johanniterordens waren, zusammen mit ihren Rivalen, den Templern, die Elitetruppen der lateinischen Königreiche in der Levante. Aber noch bevor die osmanischen Türken von ihrem kleinen Fürstentum im nördlichen Anatolien auszogen und wieder damit begannen, den Islam mit dem Schwert zu verbreiten, warfen die Araber unter Saladin die Kreuzritter hinaus.

Die kleinen Königreiche auf dem asiatischen Festland brachen zusammen; das Heilige Land fiel zum zweiten Mal unter die Herrschaft der Moslems, und die Ritter des Johanniterordens zogen sich auf die nahegelegenen Inseln zurück, zuerst auf Zypern, dann auf Rhodos, wo sie von 1310 und 1522 ihren Sitz hatten. Fromme Kreuzritter und zurückkehrende Pilger machten ihnen aus Dank für ihre Dienste Stiftungen: Güter, die sich inzwischen über ganz Europa erstreckten und dem Orden große Einkünfte brachten, von denen traditionsgemäß ein Drittel für Waffen, für die Erhaltung des Hospitals und des Ordenssitzes verwendet wurde. Die Rivalen der Johanniter, die Templer, befaßten sich mit internationalen Bankgeschäften, machten sich hierdurch allzu viele Feinde und gingen daran zugrunde. Aber die Johanniter waren nicht nur Freunde des Krieges und des Erwerbs von Gütern, sie waren auch mildtätig. Während sie auf Rhodos auf die nächste Gelegenheit zur Befreiung Jerusalems warteten, pflegten sie alle Kranken, die sich am Eingang ihres Hospitals zeigten, gleichermaßen, ob sie nun Christen, Juden oder Moslems waren, ja sie kümmerten sich sogar um ihre verwundeten Feinde, bis diese wieder gesund und bei Kräften waren.

Die Ritter fuhren auch zur See. Von den Häfen von Rhodos und von Halikarnassos aus lauerten sie moslemischen Schiffen auf. Die hauptsächlichsten Opfer ihrer Beutefahrten aber waren die osmanischen Türken, die Konstantinopel erobert hatten und ihr Reich entlang den Küsten von Griechenland bis Ägypten und noch darüber hinaus ausdehnten. Schließlich wurden den Türken die Kaperfahrten der Johanniter zu gefährlich, und so landete 1480 ein türkisches Expeditionsheer mit 140 Schiffen auf Rhodos. Aber nach zehnwöchigem Kampf waren die Türken wieder vertrieben. Die Ritter unter ihrem Ordensmeister Pierre d'Aubusson – »Ihr habt Schwerter, Messires, gebraucht sie!« – hatten sechshundert Janitscharen den Garaus gemacht. Sultan Mehmed II., der Eroberer Konstantinopels, schwor Rache, aber die Ritter konnten nicht nur mit dem Schwert umgehen, sondern verstanden sich auch auf Feuerwaffen und den Festungsbau. Der türkische Angriff von 1485 wurde erneut abgeschlagen.

Aber 1522 landete Suleiman der Prächtige mit 200000 Mann auf der Insel; seine Armee übertraf die der Johanniter und ihrer Gefolgsleute um das Zwanzigfache. Trotzdem dauerte die Belagerung von Rhodos sechs Monate; sie kostete Suleiman 90000 Mann, fast die Hälfte seiner Armee. Als die Ritter schließlich aufgeben mußten, zeigte Suleiman keinen Groll: großmütig erlaubte er ihnen, Rhodos mit allen militärischen Ehren zu verlassen. »Ich bin nicht ohne Bedauern«, sagte der achtundzwanzigjährige Suleiman, als er zusah, wie der weißhaarige Großmeister des Ordens, Philippe Villiers de l'Isle Adam, seine Männer zu den Schiffen hinunterführte, »daß ich hierhergekommen bin, um diesen alten christlichen Krieger aus seiner Heimat zu vertreiben.«

Für gewöhnlich waren es die nachgeborenen Söhne aus großen Familien, die als Ritter in den Johanniterorden eintraten. Ihren makellos adeligen Stammbaum mußten sie beim Eintritt nachweisen. Geistliche Ordensmitglieder trugen keine Waffen. Von ihren Laienbrüdern, die dienende Aufgaben hatten, erwarteten sie lediglich eine achtbare Herkunft. Jeder Ritter wurde – je nachdem, ob er aus Frankreich kam, aus der Provence oder aus der Auvergne, aus Italien, Aragon oder Kastilien, aus Deutschland oder aus England – einer Sprachnation zugeteilt, einer ›Zunge‹, wie es hieß. Wer der gleichen ›Zunge‹ angehörte und in der gleichen Herberge der Ritterschaft im Zölibat lebte, der verrichtete auch an einer bestimmten Stelle der Burgmauern seinen Wachdienst. Sie alle unterstanden einem Großmeister, den die Ritter ins Amt wählten und der vom Papst bestätigt wurde. In allen sonstigen Belangen war der Orden souverän; auf Rhodos hatte er sogar eigene Münzen geprägt.

Im Laufe der Jahrhunderte hatten die Johanniter große und weniger große Zeiten erlebt. Zeiten des wirtschaftlichen Wohlstandes schwächten vielleicht ihren Kampfeswillen – bis schließlich ein energischer Großmeister die Zügel wieder fester anzog und ihren Kreuzfahrergeist aufs neue belebte. Die religiöse Verpflichtung, die ihnen auferlegt war, nämlich die Kranken zu pflegen, hatte auf lange Sicht eine heilsame Wirkung auf den Orden. Im Umweg über die Araber hatten sie viel von der griechischen Medizin der Antike gelernt. Aber die Ritter hatten auch von sich aus wertvolle Entdeckungen gemacht. Das Sezieren von Leichen wurde damals weder von Moslems noch von Christen gutgeheißen; doch die Ritter führten einen Brauch fort, dessen Bedeutung für die Wissenschaft nicht überschätzt werden kann: Sie erlaubten ihren Rittern, ihren Körper auf dem Totenbett den Kameraden als letzten Dienst an der Medizin zur Sektion zur Verfügung zu stellen.

Nach der Vertreibung von der Insel Rhodos war der greise Großmeister des Ordens, de l'Isle Adam, von einem europäischen Hof zum anderen gezogen und hatte die Dienste des Ordens angeboten. Aber in einer Zeit der entstehenden Nationalstaaten hatte eine Truppe freiwilliger Kämpfer – und das waren die Ritter – zwei schwerwiegende Nachteile: ihr Treueid band sie nicht an den Monarchen, der sie in seine Dienste nahm, sondern nur an den Papst. Und ihr Eid verbot es ihnen, gegen andere Christen Krieg zu führen: Sie durften nur gegen Feinde der gesamten Christenheit kämpfen.

In Karl v. fand ihr Großmeister schließlich eine wohlwollende Seele. Wenn Sultan Suleiman die nordafrikanischen Seeräuber als Freischärler zur See einsetzte, warum sollte er dann diese Ritter nicht auf ähnliche Weise verwenden? Anno 1530 erhielt der Orden die Erlaubnis, sich auf der kahlen, windumtobten Inselgruppe von Malta niederzulassen, »damit sie in Friedenszeiten ihren religiösen Pflichten nachgehen und ihre Streitkräfte und ihre Waffen gegen den heimtückischen Feind unseres heiligen Glaubens einsetzen können«, schrieb Karl v. Sein Vizekönig in Sizilien sollte ihnen nur einen symbolischen Pachtzins abverlangen: jedes Jahr einen Falken.

Zwei steinige, windgepeitschte Inseln, Malta und Gozo, heben sich aus der Meeresenge zwischen Europa und Afrika empor, sechzig Meilen von Sizilien, hundertachtzig von Tunesien entfernt. Von ein paar Quellen abgesehen, waren die Einwohner auf das Regenwasser angewiesen, das in Zisternen gesammelt wurde. In jenen Tagen gab es auf Malta so wenig Vegetation, daß man Disteln und getrockneten Dung zum Kochen verwendete. Wie kümmerlich die Landwirtschaft auch immer sein mochte, so besaß die Insel doch einen großen Vorzug: Sie hatte einen idealen Hafen. Solange die Ritter auf Malta saßen, konnte keine türkische Flotte in das westliche Mittelmeer eindringen, ohne ihre Nachschublinien der kampfesfreudigen Unternehmungslust der Ritter und deren Flotte auszusetzen.

Die Bewohner waren glühende Katholiken, und sie wollten unter allen Umständen ihre Unabhängigkeit bewahren. Die Angriffe der Korsaren hatten ihnen schwer zugesetzt. In Mdina, der alten Hauptstadt, hatte der Großmeister sein Wort gegeben, Maltas alte Rechte und Freiheiten zu achten; und obschon die einheimische Aristokratie scheelen Auges auf die Ritter schaute, war es den einfachen Leuten um diesen Schutz nicht leid.

In einer Welt, in der das Schießpulver und die Druckerpresse zu Herrschaftsinstrumenten wurden, wo Nationalstaaten sich immer stärker ausbildeten, Weltumsegler die ersten Karten von Amerika schufen, mußten die Malteserritter wie aus einer Welt von gestern erscheinen. Noch immer gingen sie in schwerem Harnisch in den Kampf, und sie kämpften nur gegen Moslems. Sie waren ein Überbleibsel aus der Zeit der Kreuzzüge. 1540 verfügte der englische König Heinrich VIII., daß alle englischen Ritter, die sich weigerten, der Treue gegenüber dem Papst abzuschwören, ihren Kopf verlieren sollten. Dieses Gesetz erleichterte es ihm, das Land wegzunehmen, das der englische Großprior im

Namen des Ordens verwaltete. Die deutsche ›Zunge‹ des Johanniterordens überlebte Luthers Reformation nur, weil sie protestantisch wurde. Die Ritter paßten einfach nicht mehr in diese Zeit: sie waren ein letzter Rest adelig geprägter Gesellschaft. Vertrieben aus Rhodos von Sultan Suleiman, später auch verjagt aus Tripolis, verfolgt von deutschen Lutheranern und von einem englischen König, der sich *Defensor fidei,* Verteidiger des Glaubens, zu nennen die Stirn hatte, mochte es so aussehen, als seien ihre Tage gezählt. Was konnten ein paar hundert Männer in Ritterrüstung ausrichten gegen einen massiven Angriff von See her, den der unbesiegbare Türke eines Tages, in naher Zukunft, gegen sie unternehmen würde?

Zwischen Tripolis und den Grenzen Marokkos betrachteten die Korsaren Suleiman den Prächtigen als ihren Oberherrn. In Algier, dem wichtigsten Hafen der Piraten, lag eine türkische Garnison mit zweitausend Janitscharen. Die Seeräuber waren die Augen und die Ohren des Sultans und die tastende Spitze seines Schwertes. Am anderen Ende des Mittelmeeres, weit entfernt von Konstantinopel, bildeten sie eine Art Vorposten – den Suleiman immer verleugnen konnte, wenn das diplomatische Ränkespiel dies vielleicht verlangte. Die Piraten kosteten ihn keinen roten Heller – im Gegenteil: Da er ihr Oberherr war, überließen sie dem Sultan ein Fünftel ihrer Beute.

Im Sommer, wenn die Korsaren auf Beutejagd gingen, waren sie vor allem auf Gefangene aus. Für reiche Gefangene konnte man um ein Lösegeld feilschen, und die armen konnte man, wenn sie ihrem christlichen Glauben nicht abschwören wollten, als Sklaven schuften lassen. Während der meisten Zeit des Jahres wurden sie als Bauarbeiter oder im Gartenbau verwendet; in den drei, vier Sommermonaten konnte man sie als Galeerensklaven brauchen. Diese Sklaven wurden in Algier in nicht allzu unbequemen Lagern, den *bagnios,* untergebracht. Ein Priester, Gefangener wie sie, durfte täglich die Messe lesen. Es war den aufmerksamen Korsaren nämlich nicht entgangen, daß ein gottesfürchtiger Sklave seine Arbeit weitaus williger verrichtete. Auf dem Sklavenmarkt von Algier erzielte ein dickköpfiger Engländer, der vermutlich noch dazu ein Ketzer war, ein Drittel des Preises für einen spanischen Katholiken.

Nur fünfzig Jahre zuvor war Algier ein kleiner, gefährdeter Ankerplatz gewesen. Das hatte sich geändert, seitdem von jenseits des Mittelmeeres Vertriebene eingetroffen waren: Mauren aus Granada, Juden vor allem aus Aragon, die ihren Glauben weder aufgeben noch einen andern heucheln wollten. Manche der Mauren aus Spanien fuhren nun zur See und nahmen als Piraten Rache für das, was man ihnen angetan hatte. Juden, die sich jetzt in Algier niedergelassen hatten, benützten ihre weitreichenden Verbindungen dazu, Lösegelder zu vermitteln, Beutegut zu verhökern und Waffen herauszuschmuggeln, vor allem aus Marseille. Der unaufhörliche Strom geraubter Güter, der Fluß von Lösegeldern und der Überschuß an billiger Arbeitskraft ließen Algier wirtschaftlich erblühen, und bald wurde es eine schöne Stadt, die umgeben war von prächtigen Villen in weiten Gärten. Massen von Christensklaven wurden zum Bau einer Hafenmole eingesetzt, die bis zu einer kleinen Insel hinausreichte; 1560 war dieser künstliche Hafen groß genug, um einer Flotte Schutz zu bieten.

Die Korsaren waren früher einmal in Galeoten ausgefahren; offenen Booten mit einem Lateinsegel, einem Dutzend Rudern, manchmal auch mit einem Rammsporn. Die Galeote war, sieht man von ihrem Lateinsegel ab, dem Ruderschiff nicht unähnlich, in dem Odysseus und seine Gefährten ihre Fahrten gemacht hatten. Aber seit Algier und andere Piratennester an der Küste prosperierten, fingen sie an, Kriegsgaleeren auszurüsten, gerudert von bis zu hundert Sklaven, weniger robust als die spanischen, auch mit weniger Kanonen bestückt, dafür aber beweglicher. Zwei solcher Kriegsgaleeren, randvoll mit Bewaffneten gefüllt, führten eine Flottille von flinken, angriffslustigen kleinen Galeoten auf offener See. Eine derartige Raubflottille brauchte sich vor nichts und vor niemandem zu fürchten – außer vor einem großen Geschwader, wie es Don Juan bei seinem ersten Einsatz befehligte.

Gleichgültig ob eine neue Kriegsgaleere in Barcelona oder in Algier vom Stapel ging, seetüchtig wurde sie erst durch eine vollständige Rudermannschaft, geradeso wie ein modernes Kriegsschiff erst durch Elektronik brauchbar wird. Als die Galeerenflotten auf beiden Seiten wuchsen, setzte im westlichen

Mittelmeer eine unheilvolle Jagd auf menschliche Ruderkraft ein. 1555 sandte Sultan Suleiman den Korsarenführer Dragut zusammen mit seinem eigenen Admiral, Piali Pascha, aus, um Sklaven aus Süditalien herbeizuschaffen. Aus der Stadt Reggio an der Straße von Messina versklavten sie jede Menschenseele, derer sie habhaft werden konnten. Bei einem ähnlichen Überfall auf Korsika führte Dragut sechstausend Bürger der Stadt Bastia in die Sklaverei. Weder auf Land noch zur See war man vor ihnen sicher.

Selbst berühmte Kapitäne liefen Gefahr, sich auf eine Ruderbank geschmiedet zu finden. Jean Parisot de la Valette, 1557 Großmeister der Malteserritter, war sechzehn Jahre zuvor von einem Korsaren namens Kust-Ali gefangengenommen worden. Zwölf Monate lang mußte La Valette unter dem Knallen einer Peitsche an einem türkischen Riemen ziehen, bevor er ausgelöst wurde. Und auch der größte Anführer der Piraten, Dragut, hatte einige Zeit auf der harten Ruderbank einer genuesischen Galeere gesessen.

Dragut war als Sohn griechischer Eltern, orthodoxer Christen, in Charabulac an der kleinasiatischen Küste geboren worden, aber ein hoher türkischer Gouverneur nahm den Knaben mit nach Ägypten. Dragut lernte das Handwerk des Kanoniers und diente eine Zeitlang bei den Mamelucken (die früher die Artillerie als eine »unehrenhafte Waffe« verachtet hatten und daher von den Türken besiegt wurden) und fuhr dann mit dem berühmten Admiral des Sultans, Chaireddin – seines roten Bartes wegen im Westen ›Barbarossa‹ genannt –, zur See. Von den Männern unter seinem Kommando sagte man, »sie fürchten Dragut mehr als den Tod«; seine kühnen Streiche gegen Christen trugen ihm den Ehrennamen ›Das blanke Schwert des Islam‹ ein. Trotzdem hatte man ihn, den berühmten Dragut, 1549 in Gefangenschaft geführt, als die dreizehn Schiffe, die ihm unterstanden, unter den Kanonen einer korsischen Festung dem wenig reputierlichen Verwandten des Andrea Doria, Gianantino, in die Falle gingen. (»Was! Ich soll der Sklave dieses Hurenbengels sein?« wütete Dragut, als er sah, daß es kein Entrinnen mehr gab.) Vier Jahre mußte Dragut auf die Galeere, bis Barbarossa das enorme Lösegeld von 3000 Dukaten hinlegte, das die Genuesen verlangten.

Im Jahre 1559 brachten es eine Reihe christlicher Staaten, die unter diesen Piratenüberfällen zu leiden hatten, zuwege, ihrer Streitigkeiten Herr zu werden. In Maltas Großem Hafen trafen Kriegsschiffe aus Spanien, der Toskana, Genua, Sizilien, Neapel und Monaco ein, sogar ein Geschwader des Kirchenstaates, und vereinigten sich dort mit den Galeeren der Malteser. Diese insgesamt zweihundert Schiffe nahmen Kurs gen Süden und gelangten in die Nähe von Djerba, einem wichtigen Piratenstützpunkt, der im Altertum als die Insel der Lotosesser bekannt war.

Das plötzliche Auftauchen der christlichen Flotte und die stattliche Anzahl ihrer Schiffe ließ die Piraten auf Djerba schnell die Segel streichen. Die Sieger forderten eine jährliche Tributzahlung von sechstausend Dukaten, ferner vier Strauße, vier Gazellen, vier Hengste und ein Kamel (einige der verbündeten Monarchen hielten sich nämlich Tiergehege). Doch im folgenden Frühjahr erschienen Piali Pascha und Dragut mit einer türkischen Flotte vor Djerba, und am 14. Mai 1560 unternahmen sie einen Überraschungsangriff auf die bewegungslosen christlichen Schiffe. Sie versenkten oder verbrannten zwanzig christliche Galeeren und siebenundzwanzig Versorgungsschiffe, darunter das ganze päpstliche Geschwader. Sie landeten mit vierzehntausend Mann und kämpften achtzig Tage um die Insel, bevor Don Alvaro de Sande und seine Männer aufgaben, nachdem ihr letzter Vorrat an brackigem Wasser völlig aufgebraucht war. Djerba war verloren und die alliierte Flotte eine Weile kampfunfähig.

Mast- und ruderlos wurden die in Djerba erbeuteten christlichen Galeeren im Triumph den Bosporus hindurch nach Konstantinopel geschleppt. Das erste Schiff zog ein den Spaniern abgejagtes Banner als Zeichen der Demütigung im Wasser hinter sich her, das den gekreuzigten Christus zeigte. Don Alvaro de Sande und seine Männer wurden, jeweils zu dreien in Ketten gelegt, durch die Straßen von Konstantinopel geführt. Aber Don Alvaro hatte vor Djerba derart wacker gefochten, daß ihm die Türken das Kommando über eine ihrer Armeen anboten, die gerade gegen Persien im Kampf lag. Freilich müsse er zuerst seinem Treueid auf König Philipp und seinem Glauben abschwören. Don Alvaro erwiderte, er werde lieber künftig weiter in Ketten liegen.

In den letzten Sitzungen des Tridentiner Konzils war wiederum erörtert worden, ob nicht die Christenheit vereint den Türken die Stirn bieten könne. Darüber war schon viel geredet worden, doch wenn man es versuchte, führte es zu nichts. Die Tage der Kreuzzüge waren endgültig vorbei, und die klägliche Niederlage vor Djerba war nicht gerade eine Ermutigung, größere Bündnisse zu schmieden. Realistisch denkende Köpfe wiesen darauf hin, damals wie schon früher, daß dies ein politisches Rechenexempel sei: Spanien sei zwar der mächtigste christliche Staat im Mittelmeer, könne aber aus eigener Kraft einfach nicht genug Galeeren bauen, um es mit den Türken aufzunehmen, selbst wenn König Philipp Willen und Geld genug hätte, sich auf einen solchen Rüstungswettlauf einzulassen – aber ihm fehlte es an beidem. Das katholische Frankreich, das Spanien immer beargwöhnte, sei ein geheimer Verbündeter des Sultans, und in der Vergangenheit hätte es sogar der türkischen Flotte gestattet, seinen Marinestützpunkt in Toulon zu benutzen. Das katholische Venedig habe zwar eine große Flotte, aber die meisten seiner Kriegsgaleeren seien auf Land gelegt; indessen schlössen Türken und Venezianer – denen der Sultan bedeutende Handelsvorteile eingeräumt hatte – miteinander einträgliche Geschäfte ab. Der Vorschlag einiger visionärer Priester zu einer Heiligen Liga gegen die Angriffswut der Türken erwies sich daher als völlig unrealisierbar.

König Philipp II. hatte mit seiner Kriegsflotte kein Glück. 1562 verlor er dreiundzwanzig Galeeren in einem schweren Sturm an der felsigen Küste von Herradura. Im Jahr darauf eroberten die Korsaren sieben weitere Galeeren, denen sie bei den Liparischen Inseln aufgelauert hatten. Spaniens gesamte Seestreitkräfte im Mittelmeer waren daher zu diesem Zeitpunkt schwächer als Draguts Korsarenflotte, die damals gerade vor Süditalien kreuzte, und über die der spanische Vizekönig aus Neapel berichtete: »Dragut hält mit seinen fünfunddreißig Schiffen das Königreich in einer Schlinge.« Solange er für seine verlorenen Schiffe keinen Ersatz hatte, mußte König Philipp vorsichtig operieren. Während eines Besuches in Valencia, 1563, hatte der König mitansehen müssen, wie eine Galeote der Korsaren drei Meilen vor der

Küste ein Küstenschiff aufbrachte und es ausraubte. Er mußte erfahren, Seeräuber seien an der Küste unweit von Granada gelandet und hätten viertausend Bewohner verschleppt; Malaga sei am offenen Tag überfallen worden. Von Agenten kamen damals die ersten Berichte nach Madrid, wonach die Mauren in Granada, die während der vergangenen dreißig Jahre ziemlich friedfertig gelebt hatten, die Überfälle der Piraten als eine Zusicherung dafür betrachteten, daß die Türken ihnen ganz bestimmt zu Hilfe kämen, wenn sie sich nur nicht unterkriegen ließen.

Die Malteserritter, die nur wenige hundert Mann zählten und weniger als ein Dutzend Galeeren besaßen, waren damals die einzigen, die den Krieg aktiv ins Lager des Feindes trugen. Der Chevalier Mathurin Romegas, ein meisterhafter Mann des Seekriegs, führte sie auf kühne Piratenfahrten, mit denen sie die Türken in helle Wut versetzten. 1561 nahm er ihnen selbst im Flußdelta des Nil einige wertvolle Frachter ab. 1563 erbeutete er dort acht weitere Handelsschiffe des Sultans. Er brachte fünfhundert Sklaven, weiße und schwarze, nach Malta zurück, die die Galeeren der Ritter rudern und mit Schaufel und Pickel an den Hafenbefestigungen arbeiten mußten.

Mit seinem nächsten Abenteuer zog sich der Chevalier Romegas die bittere Feindschaft der Haremsdamen des Sultans zu. Als sein Geschwader aus sieben Schiffen zwischen Zakynthos (Zante) und Kephallenia kreuzte, stieß es auf ein großes türkisches Kauffahrteischiff, das mit Gütern im Wert von achtzigtausend Dukaten beladen war: venezianischen Luxuswaren auf dem Weg nach Konstantinopel. Der Kampf war heftig und die Verluste hoch, denn an Bord des Türken befanden sich zum besonderen Schutze zweihundert Janitscharen. Als das türkische Schiff aufgebracht war, entdeckte Romegas mehrere Notabeln an Bord, die den Türken vermutlich ein saftiges Lösegeld wert waren, darunter das Kindermädchen von Mirhmah, der Lieblingstochter des Sultans. Die kostbare Fracht war ein Spekulationsgeschäft, das Kustir Aga, der Obereunuch des Serail, finanziert hatte, und an dem Mihrmah und weitere Haremsdamen beteiligt waren in der Hoffnung auf einen schönen Gewinn.

Die Damen waren wütend und versuchten sogleich, Sultan Suleiman an seiner empfindlichsten Stelle zu treffen, seiner

Frömmigkeit. Er konnte kaum seinen Harem betreten, ohne massiv daran erinnert zu werden, daß die Sklaven, die jetzt die Galeeren der Malteserritter ruderten, gefangene Türken seien. Wenn er des Freitags vom Topkapi hinunterging in die große Moschee, die zwischen dem Bosporus und dem Goldenen Horn liegt und seinen Namen trägt, dann hörte er während der Predigt nach dem Gebet das gleiche Thema wieder. »Nur Dein unbesiegbares Schwert«, verkündete der Imam, »kann die Ketten dieser Unglücklichen zerbrechen, deren Schreie zum Himmel aufsteigen und in den Ohren des Propheten Allahs widerhallen.«

Das türkische Kabinett, der Diwan, trat viermal die Woche zusammen, um über die Politik des Reiches zu beraten. Diese Sitzungen fanden sehr häufig statt, ohne daß – allem Anschein nach – der Sultan persönlich anwesend war; aber die Wesire wußten sehr wohl, daß er vielleicht hinter einem hölzernen Gitter, das in die Mauer eingelassen war, versteckt saß und ihren Worten lauschte. Sie gaben also ihre Meinungen in vorsichtig formulierten Worten von sich und bedachten dabei auch die Zwänge, unter denen selbst der Sultan stehen mochte. Ein unüberlegtes Wort konnte einem Mann den Kopf kosten. Da die Wesire sich bewußt waren, welch aufgeregte Stimmung im Harem herrschte, neigten sie dazu, die Vorteile zu betonen, die ein Angriff auf Malta mit sich bringen würde, und etwaige Schwierigkeiten herunterzuspielen. Es gab noch weitere politische Zielrichtungen, und wenn der Sultan seine Entscheidung hätte in Ruhe treffen können, dann hätte er es womöglich vorgezogen – so dachten einige der Wesire, und Sokollu war einer von ihnen – an der ungarischen Front anzugreifen. Der Kaiser, der 1562 den Frieden mit Suleiman gesucht hatte, versuchte ihn mit Geschenken stillzuhalten. Die Türken hielten nicht viel von den Soldaten, die sich ihnen zwischen ihrer Reichsgrenze und Wien entgegenstellten. (»Alles nur Weiber, die wir jedesmal, wenn es zum Kampf kam, geschlagen haben.«) Im wilden ungarischen Grenzland gab es immer genügend Zwischenfälle, die Vorwände für einen Krieg boten. Aber je länger sich die Diskussion innerhalb und außerhalb des Diwans hinzog, desto klarer wurde, daß der Harem obsiegte: Das nächste Ziel sollte Malta sein.

Die Meinung des alten Dragut war bereits erkundet worden. Hinsichtlich Maltas hatte er kurz und bündig geraten: »Solange wir dieses Schlangennest nicht ausgeräuchert haben, werden wir nirgends etwas zuwege bringen.« Ein anderer Schiffsführer Suleimans hatte den Sultan davor gewarnt, die Ritter zu unterschätzen. Ihre Galeeren, sagte er, »sind nicht wie andere. Sie haben eine große Zahl von Arkebusieren an Bord und viele Ritter, die sich dem Kampf bis auf den Tod verschrieben haben.« Ein weiterer Ratgeber des Sultans – er beschimpfte Malta als »diesen vermaledeiten Felsen« – hatte ihn wissen lassen: »Wenn Ihr Euch nicht entschließt, es schnell zu nehmen, dann wird es binnen kurzem alle Verbindungen zwischen Afrika, Asien und dem Ägäischen Meer unterbrechen.«

Für Suleiman persönlich bedeutete das westliche Mittelmeer sowohl eine Menge verführerischer Beute als auch eine religiöse Pflicht. Es hatte Zeiten gegeben, da hatten alle die größeren Inseln – Sizilien, Sardinien, Mallorca – unter der Herrschaft des Islam gestanden, wie auch Spanien selbst. Im Oktober 1564 fand eine Sitzung des Diwan statt, auf der die förmliche Entscheidung fallen sollte: Wohin sollten die osmanischen Türken, ein Volk, das ganz auf Krieg eingestellt war, angesichts der gegebenen Tatsachen ihren nächsten Angriff richten? Das felsige Eiland mochte zwar kaum Früchte tragen und das Wasser dort knapp sein; doch wenn es den Türken gelänge, Malta schnell einzunehmen, dann könnten sie dessen Großen Hafen als Sprungbrett für einen weiteren Satz nach vorn benützen, beispielsweise für eine Landung auf der Weizeninsel Sizilien. Diese lag nur sechzig Meilen weiter nördlich. Die Korsarenkapitäne kannten die Küste Siziliens wie ihre Westentasche; und man wußte, daß die Sizilianer ihre spanischen Oberherren nicht ausstehen konnten. Zwischen Malta und Sizilien gab es nichts, was sich der türkischen Flotte in den Weg stellen konnte, lediglich ein Geschwader von dreißig Galeeren, die dem spanischen Vizekönig unterstanden, einem alten Veteranen und Zauderer namens Don García de Toledo. Von Malta aus wäre es möglich, an der Südküste Italiens zu landen oder nach Spanien hinüberzusegeln, wo die Moriscos warteten. Wenn sie erst einmal Malta in ihrer Gewalt hatten, lag den Türken im folgenden Jahr das ganze westliche Mittelmeer offen.

Das türkische Oberkommando hatte mittlerweile neueste und genaue Angaben über den Zustand von Maltas Großem Hafen eingeholt, an dessen Befestigungsanlagen La Valette und seine Männer im Wettlauf gegen die Zeit noch immer arbeiteten. Zwei Baumeister des Sultans, ein Slawe und ein Grieche, beide abtrünnige Christen, waren erst kurz zuvor als Fischer verkleidet auf Malta gelandet und hatten sich »jedes Geschütz notiert und jede Batterie ausgemessen«. Die Befestigungsanlagen, so berichteten sie, seien noch lange nicht fertig. Nach Meinung dieser Fachleute »konnte Malta in wenigen Tagen erobert werden«.

Suleiman der Prächtige war siebzig Jahre alt, und trotz seines enthaltsamen Lebenswandels begann er, über Gicht zu klagen. Da die Eroberung Maltas nur ein rascher vorbereitender Streich für eine weitere, wichtigere Landung sein sollte, war niemand über die Entscheidung des alten Sultans erstaunt, diesmal seine Truppen nicht persönlich anzuführen. Die Flotte wurde Piali Pascha anvertraut; dies gefiel sowohl dem Harem als auch dem Kreis um Prinz Selim, dem Thronfolger. Piali Pascha wurde vom Harem unterstützt, weil er mit Selims Tochter Genhir verheiratet war. Diese Auszeichnung war ihm im Alter von fünfunddreißig Jahren zuteil geworden, da er die Ritter aus ihrem vorgeschobenen Stützpunkt Tripolis vertrieben hatte – wiewohl er, hätte er seinerzeit nicht den Beistand des alten Dragut gehabt, vielleicht weniger erfolgreich gewesen wäre. Seine Sklavenraubzüge waren zwar einträglich, aber sie waren immer nur ein Spaziergang gewesen. Er war ein Admiral, dessen Stärken sich bislang niemals unter widrigsten Umständen zu beweisen hatten.

Dragut war beinahe achtzig. Man hielt ihn für zu alt, vielleicht auch für zu halsstarrig, um das Oberkommando gegen Malta zu führen; aber er sollte mit seinen Männern dort zur Unterstützung erscheinen. Der alte Seeräuber gab noch zwei gute Ratschläge: mit dem Unternehmen frühzeitig zu beginnen und mit fünfzig Galeeren die Spanier selber zu bedrohen, um es ihnen zu erschweren, eine größere Hilfsflotte nach Malta zu schicken.

Am 29. März 1565 begab sich Suleiman der Prächtige mit einem großen Gefolge hinunter zum Goldenen Horn, wo sich die Flotte vor ihrem Auslaufen nach Malta zur Inspektion bereitgestellt hatte. Von den 180 Schiffen, die in der berühmten, hornförmig gekrümmten Bucht lagen, waren 130 Kriegsgaleeren. Einige der Versorgungsschiffe am Schwanz der Flotte waren von den Juden Konstantinopels als Dank an den Sultan verproviantiert worden. Auch sie waren aufgebracht über die Malteserritter – »jene überaus bösen Malteser Mönche« –, weil diese in letzter Zeit sogar christliche Kauffahrteischiffe durchsucht hatten, um, wie sie scherzten, *ropa de judios,* das heißt alle Waren, die Eigentum der unter dem Schutz des Sultans handeltreibenden Juden waren, zu beschlagnahmen. Bislang hatten diese christlichen Schiffe als sicher gegolten. Ali, der aufgeräumte und verschlagene Großwesir, kam herunter, um den beiden Befehlshabern ein Lebwohl zu entbieten: Piali, dessen Fähigkeiten als Admiral er insgeheim bezweifelte, und dem fünfundsechzigjährigen Armeeführer Mustafa, der tapfer, aber kein großes Licht war, ein leiblicher Nachfahre des Standartenträgers des Propheten, daher eine glückhafte Persönlichkeit. 1522, als junger Mann, hatte Mustafa auf Rhodos gegen die Ritter gekämpft. Als die beiden Führer an Bord des Flaggschiffes gingen, hörte man Ali spöttisch sagen: »Da gehen zwei fröhliche Gesellen, die gern miteinander Kaffee und Opium genießen, auf eine vergnügliche Inselfahrt.«.

Die Flotte, die Suleiman nach Malta entsandte, führte 40 000 Soldaten mit sich, darunter 6 500 Janitscharen, die mit deutschen Arkebusen mit langen Läufen ausgerüstet waren, den besten, die es gab. Ein Schiff trug das Belagerungsgeschütz, ein anderes 6000 Fässer Schießpulver. Traditionsgemäß trat der Sultan in die Reihen der Janitscharen, um wie jeder andere gemeine Soldat seinen Sold zu empfangen. Dann trank er ihnen aus einem großen Becher zu, den er dann mit Goldstücken angefüllt den Janitscharen zurückgab. »Wir werden uns wiedersehen«, rief er ihnen zu, wie es in dem alten Trinkspruch hieß, »beim Roten Apfel.« Der Rote Apfel war reif, glänzend und voller saftiger Beute. Der Rote Apfel, das war die Stadt Rom.

In den letzten Tagen des Jahres 1564 war es nach Wien durchgesickert, eine große türkische Kriegsflotte werde zur Ausfahrt zusammengestellt. Don García erfuhr unabhängig davon in Sizilien diese Neuigkeit durch seine eigenen Kundschafter und riet König

Philipp, sich bis April 1565 von allen anderen Verwicklungen im Mittelmeer freizumachen, denn es stehe Gefahr bevor. Im Januar 1565 wußten die spanischen Spione mit Gewißheit, daß Malta das Ziel war. Kaufleute aus dem neutralen Ragusa berichteten noch vor Ende März, daß die ersten zwanzig türkischen Galeeren die windgepeitschten Dardanellen passiert hatten; offensichtlich hatten die Türken Draguts Rat befolgt und waren früh aufgebrochen. Dann erhielt der Großmeister La Valette von einem Kaufmann in Konstantinopel, der den Rittern wohlgesonnen war, eine Abschrift des türkischen Kriegsplanes; er war mit Zitronensaft zwischen die Zeilen eines Frachtbriefes geschrieben.

VI
Die Belagerung Maltas

*Viele und schwierigere Siege sind Eurem Schwert zugefallen als die
Überwältigung einer Handvoll Männer auf einer winzigen Insel,
die nicht einmal gut befestigt ist.*

Wesire des Diwan an Suleiman den Prächtigen, Oktober 1564

Jean Parisot de la Valette, der Großmeister des Malteserordens,
wurde von dem französischen Kriegsmann und Schriftsteller
Brantôme, der ihn von seinem Dienst auf Malta her kannte, als
ein »stattlicher, ruhiger, gutaussehender Mann ohne Gemütsre-
gungen« beschrieben. Er war mit den Grafen von Toulouse verwandt, deren Vorfahren mit Ludwig dem Heiligen auf den
Kreuzzug gegangen waren. La Valette hatte als Zwanzigjähriger
seine Heimat, die Gascogne, verlassen, um dem Orden beizutreten; jetzt war er einundsiebzig.

Seine Mitbrüder waren sich bewußt, daß sie mit La Valette
einen Großmeister wählten, der ein aufgeklärter Zuchtmeister
war, ein Mann, der – wie sie sagten – »in der Lage war, einen
Protestanten zu bekehren oder ein Königreich zu regieren«. La
Valette verpflichtete seine Ritter, sich streng an ihre Gelübde zu
halten. Er verbot das Duell, Trunk und Würfelspiel und sorgte
dafür, daß die religiösen Pflichten eingehalten wurden. Die
strenge, eifernde Stimmung, welche die römisch-katholische
Kirche der Gegenreformation überall begünstigte, war in Malta
schon 1565 zu spüren, in dem Jahr also, da die Insel in so großer
Gefahr schwebte.

Der türkische Kriegsplan, den sie aus Konstantinopel heimlich
erhalten hatten, wurde von La Valettes lateinischem Sekretär ent-
schlüsselt und übersetzt. Dieser ältere Ritter gehörte der englischen ›Zunge‹ an und hieß Sir Oliver Starkey; ihm war es gelungen, dem Fallbeil der Henker Heinrichs VIII. zu entgehen. Kopien
des Planes wurden als vertrauliche Warnung an alle gekrönten
Häupter Europas gesandt. Dann ließ La Valette Sir Oliver eine
Einberufung aussenden, die jedem Malteserritter, der sich zufäl-

Malta, der große Hafen.
Die Karte zeigt Stadt und Festungen
nach dem Wiederaufbau mit historisch
bedingten teils einglischen, teils
maltesischen Ortsbezeichnungen.
Aus Quentin Hughes: Malta (Prestel-Verlag).

lig an einem Königshof aufhielt oder auf einem Gut des Ordens
tätig war, anbefahl, sofort zum Hauptquartier zu reisen und seine
Pflicht zu tun. In allen Teilen Europas brachen Mitglieder des
Ordens zu Pferde oder zu Schiff auf und nahmen Kurs auf Malta.

Der spanische Vizekönig in Sizilien, Don García de Toledo,
fuhr zu Beratungen nach Malta hinüber. Er brachte seinen jüngeren Sohn Federico mit. Der Junge – »ein vielversprechender
Jüngling, der die geistliche Laufbahn wählte« – hatte Don García
gesagt, daß er dem Johanniterorden beizutreten wünsche. Federico blieb in Malta, um die Belagerung mitzuerleben. Don García
teilte die Meinung La Valettes, daß man alle nutzlosen Esser von
der Insel wegschaffen und Getreide herbeibringen müsse. Die
Ritter hatten in den Felsen unterirdische Getreidespeicher ausge-
hauen, die man mit Sandsteinquadern verschloß. Auch Wasser
war auf dieser trockenen Insel ein lebenswichtiges Vorratsgut.
Zu beiden Seiten des Großen Hafens, innerhalb der noch unfertigen Befestigungsanlagen, standen große irdene Gefäße, die mit
Trinkwasser gefüllt und versiegelt dort geschützt eingelagert
waren. Von ihren einflußreichen auswärtigen Freunden erbaten
sich die Ritter Munition und Lebensmittel. Der Herzog der Toskana sandte ihnen zweihundert Fässer mit vortrefflichem Schießpulver – lächerlich wenig, wenn man bedenkt, daß die Türken
eine ganze Schiffsladung mit sich führten; und doch sollte der
Inhalt dieser Fässer schicksalsentscheidend werden.

Im Frühjahr ergab die erste Zählung, daß sich 541 Ritter auf
der Insel befanden. Dreitausend bis viertausend Einwohner Maltas wollten sich gleichfalls dem Kampf gegen die Türken anschließen. Das Schießpulver war derart knapp, daß man diesen
Freiwilligen nur fünf Probeschüsse mit einer Arkebuse auf eine
Zielscheibe gestatten konnte, bevor man sie in den Kampf
schickte. Am 18. Mai 1565 – das war der Tag, an dem man der
riesigen türkischen Armada ansichtig wurde, die in drei Verbän-
den heransegelte – hatten sich siebenhundert Ritter auf ihrem
Verteidigungsabschnitt in Malta eingefunden.

Zuerst wurden die türkischen Galeeren im Morgengrauen
fünfzehn Meilen von der Küste entfernt von einem Wachposten
gesichtet, der hoch oben auf den Mauern von S. Elmo stand,
einer Festung in Gestalt eines vierzackigen Sternes auf den Sce-

berras-Höhen, gegenüber von La Valettes Hauptquartier im Castel S. Angelo, jenseits des Großen Hafens. Langsam kamen in einer halbmondförmigen Formation, die sich entlang des Horizontes spannte, die Türken näher. Sie warfen in einer Bucht südlich des Großen Hafens, einem malariaverseuchten Ort namens Marsasirocco Anker, und begannen ihre Truppen zu landen. Ein italienischer Ritter namens Giovanni Castrucco durchbrach im Schutz der Dunkelheit mit einem kleinen Fischerboot die unzulänglichen Sperren, die Piali Pascha um die Insel gelegt hatte, und fuhr in Richtung Sizilien davon. Bei sich trug er eine persönliche Botschaft von La Valette an Don García, in der es hieß: »Die Belagerung hat begonnen. Die türkische Flotte ist fast zweihundert Schiffe stark. Wir erwarten Eure Hilfe.« Piali Pascha hatte mit seiner Flotte von der Levante her eine unerwartet rasche Fahrt genommen; genuesische Kaufleute hatten nur zwei Wochen zuvor berichtet, er nehme gerade auf der Insel Chios Schiffszwieback und Truppen auf. Er hatte die Ritter überrascht.

Während die türkische Flotte sich noch langsam näherte, hatte La Valette seine siebenhundert Ritter in die Kirche gerufen, zur Beichte und zur heiligen Messe. Freimütig und dennoch ermutigend sprach er nun davon, was ihnen bevorstünde. »Eine fürchterliche Armee aus tollkühnen Barbaren«, so werden seine Worte überliefert, »fällt über diese Insel her. Diese Menschen, meine Brüder, sind die Feinde Jesu Christi. Heute geht es darum, unseren Glauben zu verteidigen, sonst wird der Koran das Evangelium verdrängen. Heute fordert Gott unser Leben, das wir ja schon in Seinen Dienst gestellt haben. Glücklich werden diejenigen sein, die zuerst dieses Opfer vollbringen«. Als die Messe vorüber war, so schrieb ein Augenzeuge, »strömten die Ritter hinaus wie Menschen, die neu geboren waren«.

Castel S. Angelo am südlichen Ufer des Großen Hafens war La Valettes Hauptquartier. Die Festung wurde von der Landseite her durch eine lange Kurtine, einen Zwischenwall, geschützt und die Verteidigung dieser Anlage war Aufgabe der kastilischen »Zunge«. Gegenüber, am nördlichen Ufer des Großen Hafens lag der Sceberras-Berg, eine schmale, hohe, felsige Landzunge, auf deren etwas niedrigeren, steilabfallenden Spitze das sternförmige Fort S. Elmo stand, das sich noch im Bau befand und das als

Vorwerk des Großen Hafens diente. Auf der andern Seite dieser felsigen Landzunge, die man vom Großen Hafen her nicht einsehen konnte, befand sich eine weitere, längliche Hafenbucht, genannt Marsamxett. Malta ist den Winden ausgesetzt, und Piali Pascha, der türkische Admiral, der um seine Schiffe bangte, hielt Marsamxett für einen besseren Ankerplatz als die Bucht im Süden, in der man gerade die Soldaten anlandete. Aber der Ankerplatz von Marsamxett lag im Schußfeld der Kanonen von S. Elmo. Piali machte daher der Truppenführung den Vorschlag, zuerst dieses störende Fort zu stürmen. Das sei eine Sache von vier, fünf Tagen, ließ sich der Kommandeur der türkischen Pioniere vernehmen.

Inzwischen machte Mustafa, der Befehlshaber der Armee, versuchsweise einen ersten, jedoch vergeblichen Frontalangriff gegen Castel S. Angelo, gegen die Kurtine, die von der »Zunge« Kastiliens verteidigt wurde.

Ein Ritter namens Adrien de la Rivière hatte die Türken absichtlich zu dieser falschen Entscheidung verleitet. La Rivière hatte an der Spitze einiger maltesischer Freiwilliger die Türken beim Landen observiert, war dabei verwundet worden und in Gefangenschaft geraten. Mustafa, der Befehlshaber, übergab ihn seinen Folterknechten und befahl ihnen, aus ihm herauszuquetschen, welches die Schwachstelle von Castel S. Angelo sei. Der gefangene Ritter wurde der Bastinade unterzogen, Rutenschlägen, die langsam, aber ständig Bauch und Fußsohlen trafen und zu inneren Blutungen und schließlich zu einem überaus qualvollen Tod führten. La Rivière schaffte es, bevor er starb, seine türkischen Peiniger glauben zu machen, was in Wahrheit zwei heroische Lügen waren: die Schwachstelle des Kastells sei die Kurtine, und Don García werde mit seinen Galeeren angreifen und in Kürze ein Entsatzheer herbeischaffen; genau das, was die Türken am wenigsten zu hören wünschten.

An der Kurtine stießen die Türken auf größten Widerstand. Sie mußten unter dem unerwarteten Feuer der beiden neuen Batterien angreifen, die La Valette auf dem Dach des Forts hatte auffahren lassen und die alle Zufahrtswege der Landseite bestreichen konnten. Dann tat sich in der Kurtine, welche sie für schwach besetzt hielten, eine Ausfallpforte auf, aus der die spani-

schen Ritter mit derartiger Vehemenz herausstürzten, daß dieser
erste türkische Angriff eine demütigende Niederlage wurde.

Die Oberbefehlshaber des Sultans vertraten inzwischen zwei
Auffassungen: Mustafa glaubte, man könne S. Elmo gefahrlos
links liegenlassen; er wolle seine Kräfte lieber darauf konzentrieren, das Fort S. Angelo zu stürmen und von dort aus den Großen
Hafen zu erobern. Piali Pascha, der seine hohe Stellung zuvörderst den Haremsintrigen verdankte, wollte nicht, daß man ihm
den Verlust von Galeeren vorhielt. Wenn seine Schiffe bedroht
wären, dann wäre es auch die Armee und überhaupt das ganze
Unternehmen. Er wollte unbedingt sofort einen besseren Ankerplatz haben. Schiffe, so meinte er, seien teuer, Mannschaften nicht.

Nach der Niederlage vor S. Angelo glaubten die Armeebefehls-
haber, sich Piali beugen zu müssen; sie willigten ein, S. Elmo für ihn
zu nehmen. Das war grundfalsch. La Valette, der ihre Gedanken
erriet, schickte bei Dunkelheit fünfundsechzig Ritter und zweihundert Soldaten in Booten über den Großen Hafen und den Steilhang
des Sceberrasberges hinauf zur Verstärkung der Garnison von
S. Elmo. Solange die Türken ihn daran nicht hindern konnten,
sollte S. Elmo ihnen ein Stachel im Fleische sein. Unterdessen hatte
eine große Unzahl beturbanter Soldaten die Höhen vor dem
Sceberrasberg besetzt. Während sie in den Fels Stellungen für ihre
Belagerungsgeschütze schlugen, blickten sie hinunter auf das Fort.

Selbst zu seinen besten Zeiten konnte Malta sich selber kaum
ernähren, geschweige denn eine Invasionsarmee, die fünf- bis
sechsmal größer war als die gesamte Bevölkerung der Insel. Die
Türken mußten, um ihre vierzigtausend Mann ernähren zu können, riesige Mengen von Bohnen und Reis herbeischaffen, und
wenn sie in Malta viel länger aufgehalten würden, als ihre Führung vorgesehen hatte, dann würden die Soldaten hungern müssen. Aber noch schrieb man Mai, und als Ochsengespanne und
lange Reihen von angeschirrten Sklaven damit begannen, die
Belagerungskanonen die sieben Kilometer vom Ankerplatz bei
Marsasirocco zur neuen Stellung auf den Sceberrashöhen hinauf-
zuziehen, wuchs zwischen den Felsen noch immer hellgrünes,
unversengtes Gras, und die schreckliche Hitze des Sommers
stand noch bevor. Die türkischen Führer hatten die volle Feldzugssaison zu ihrer Verfügung. Der gewachsene Fels unter

S. Elmo ließ sich nicht tief genug unterminieren, um die Mauern des Forts in die Luft jagen zu können. Sie mußten also durch unablässigen Beschuß gebrochen werden. Unter großen Anstrengungen hatte man einige Feldschlangen auf den Scheitel der Höhen gebracht: zwei Sechzigpfünder, zehn Achtzigpfünder, ferner einen riesigen, berühmten Basilisken, der Kugeln aus Eisen, Stein oder Marmor bis zu 180 Pfund schwer abschießen konnte. Die Erde zur Anlage von Schutzwällen um die Geschützstellungen wurde in Tausenden von Säcken auf den Schultern von Männern herangeschafft, die ständig dem Scharfschützenfeuer der Brustwehr des Forts ausgesetzt waren.

Die ersten türkischen Kanonenkugeln hatten bereits die Sandstein- und Kalkwände des kleinen Forts zu Staub werden lassen, als der alte Dragut mit fünfzehnhundert seiner Korsaren vor dem Großen Hafen eintraf. Er hatte erwartet, daß die Eroberung Maltas inzwischen weit fortgeschritten sei. Als er sah, wie sich Mustafa und Piali hatten in die Irre führen lassen, indem sie das unwichtige Fort S. Elmo angriffen, zeigte er nur Verachtung. Sie hätten besser daran getan, warf er ihnen vor, die ganze Insel zu besetzen und eine vollständige Seeblockade durchzuführen, um jeglichen Nachrichtenverkehr mit Sizilien zu unterbinden, und zu verhindern, daß von außen her Hilfe kommen könne. Dann wäre S. Elmo eines Tages zwangsläufig gefallen. Von seinen Spionen in Sizilien wußte Dragut bereits, daß Adrien de la Rivières »Entsatzstreitmacht« – die Drohung, die Mustafa und Piali hatte zögern lassen – frühestens in zwei Monaten einsatzbereit sein konnte. Der König von Spanien hatte bislang keine ernsthafte Bereitschaft gezeigt, seine Galeeren zu gefährden. »Es ist ein Jammer«, erklärte Dragut, »daß S. Elmo überhaupt angegriffen wurde, aber da es nun einmal geschehen ist«, räumte er ein, »wäre es eine Schande, den Angriff abzubrechen«. Die Türken hatten wie üblich eine Überzahl an Mannschaften nach Malta gebracht – was ihnen aber fehlte, das war Zeit.

Dragut brachte von seinen Galeeren schweres Geschütz an Land und befahl seinen Kanonieren, S. Elmo auch von einer seewärts gelegenen Batterie her zu beschießen. Die Batterien auf den Sceberrashöhen verstärkte er auf sechzig Kanonen. Mustafa, der Truppenbefehlshaber, hatte sein Quartier in einem mit Seide ausgeschlagenen Zelt; der achtzigjährige Dragut hingegen lebte in den vordersten Gräben gemeinsam mit seinen Kanonieren. Unter ihrem unbarmherzigen, gut abgestimmten Beschuß wurde S. Elmo »wie ein Vulkan, der Feuer und Rauch speit«. Aus einem von einem Ritter sorgfältig geführten Tagebuch geht hervor, daß innerhalb von vierundzwanzig Stunden die kleine Festung durchschnittlich von mehr als sechstausend Kanonenkugeln getroffen wurde. Bald würde es dort nicht viel mehr zu verteidigen geben als eine sternförmige Masse von Schutt.

Im Kampf trugen die Ritter eine Rüstung, die etwa 150 Pfund wog. Unter dem äußeren Metallpanzer trugen sie ein Koller aus Leder oder ein gestepptes Wams, um Quetschungen zu vermeiden. Jede Rüstung war eigens für den betreffenden Ritter angefertigt, sozusagen maßgeschneidert, und mit ihren Scharnieren, die ihm an Knöcheln, Knien, an den Handbeugen und Ellenbogen Bewegungsspielraum ließen, paßte sie ihm gut. Ein derart gerüsteter Ritter war zwar von Kopf bis Fuß mit Stahlplatten bedeckt und konnte sich daher nur mit großer Anstrengung fortbewegen, aber im Kampf von Mann gegen Mann konnte er damit die Stöße und Hiebe gut abfangen, da sich das schwere Gewicht des Panzers über seinen ganzen Körper gleichmäßig verteilte. Auf ihn herabprasselnde Schläge machten wenig Eindruck auf ihn, und das Gewicht gab ihm, wenn er selber zuschlug, große Wucht. Nur die Kugel einer aus nächster Nähe abgeschossenen Arkebuse konnte vielleicht tödlich werden.

Jeder Ritter wurde, wenn er sich in das Getümmel stürzte und dabei seinen Zweihänder schwang, von seiner Schar von Kriegern unterstützt, die weniger gut geschützt waren als er, dafür aber beweglicher. Sie trugen einen Topfhelm und ein Lederwams oder ein Panzerhemd als Körperschutz. Sie hatten die gleiche Funktion beim Angriff wie heute die Panzerbegleitinfanterie; da sie verwundbarer waren als der sich langsamer bewegende Ritter in seiner Rüstung, waren ihre Verluste entsprechend höher.

Unter den Rittern war man sich nicht einig, welchem Helm man den Vorzug geben sollte. Einige waren für einen geschlossenen Helm mit einem beweglichen Visier, das man schließen konnte, so daß das ganze Gesicht geschützt war. Andere zogen den venezianischen vor, die *celata* (die Franzosen nannten ihn *salade*), der, wie der klassische Helm der Griechen, einen langen Nasenschutz hatte, der zwar nur einen Teil des Gesichtes schützte, dafür aber ein größeres Sehfeld freiließ. Sein Nachteil bestand darin, daß ein Schlag aus einem ganz bestimmten Winkel den Helm vom Kopfe wirbeln konnte.

Im Fort S.Elmo wartete eine Gruppe sorgfältig ausgewählter Ritter in voller Rüstung, jeder mit seiner Schar von Kriegern in Lederkoller oder Kettenhemd; unter der endlosen, monotonen Beschießung der großen Türkenkanonen zogen sie die Köpfe ein. Sie wußten, was sie zu erwarten hatten, wenn der Feind zum Angriff überging: Eine riesige Horde türkischer Soldaten würde über die aufgeschütteten Erdwälle ihrer Geschützstellungen hinweg von der kleinen Anhöhe her auf sie herabstürmen und dabei mit erstaunlicher Schnelle von ihren kurzen Bogen Pfeile auf sie abschießen oder den Krummsäbel schwingen, ein paar mit Brustpanzern, viele mit Rundschilden, und sehr viele mehr mit Turbanen als mit Helmen. Falls auch Janitscharen an diesem Angriff beteiligt sein sollten, würden die tapfersten von ihnen selbstmörderisch herausragen, und zwar durch ihre Straußen- oder Reiherfedern, die sie selbst auf dem Schlachtfeld als Ehrenzeichen trugen.

Am frühen Morgen des 3.Juni 1565 verstummten die Kanonen. Den felsigen Abhang des Sceberrashügels hinab wälzte sich auf die teilweise geborstenen Mauern von S.Elmo eine Flut von wallenden Gewändern, Brustpanzern, großen Federn und weißen Turbanen zu, auf die jedermann gewartet hatte. Bei diesem ersten Angriff gingen die Türken frontal auf den Ravelin los, einen unvollendeten Schutzwall außerhalb der Mauern von S.Elmo, der nach Süden schaute. Wenn sie ihn nahmen, konnten sie dort Kanonen aufstellen und die Südmauer der Festung aus großer Nähe beschießen.

Unter einem Feuerhagel stießen die Janitscharen bis zu den Mauern der Festung vor. Einige knieten nieder, um ihre Arkebusen durch das Gitter des Falltors abzuschießen, andere riefen nach Sturmleitern, um damit die Mauern zu ersteigen. Viele Janitscharen kletterten schon hoch, als sich ein verheerendes

Feuer – das unheimliche ›griechische Feuer‹ – von oben herab über ihre Köpfe ergoß. Aus Kämpfern wurden im Nu lebende Fackeln, die aus den Angriffsreihen ausbrachen und brüllend bergab zurückrannten. Die wenigen Janitscharen, die auf die Mauer hinaufgelangten, stießen dort mit Männern in voller Rüstung zusammen, deren Panzer die Schneide des kalten Stahls stumpf werden ließ. Zu Mittag, als der Kampf aufhörte, hatten die Türken zwar den Ravelin genommen und konnten jetzt einige Geschütze sehr viel näher heranbringen, aber über die Festungsmauer gelangte an diesem Tag kein einziger. Der geringe Vorteil hatte sie zweitausend Mann gekostet. Die meisten von ihnen waren Elitesoldaten. Die Abwehr des Angriffes wurde mit dem Leben von siebzig Soldaten und zehn Rittern teuer bezahlt.

Nach Einbruch der Dunkelheit ließ La Valette zweihundert ausgeruhte Männer über den Großen Hafen übersetzen und den steilen Weg zum Fort S. Elmo hinaufklimmen. Im Morgengrauen schien es den Türken, als ob sich die Besatzung, gegen die sie am Tag zuvor so hart gekämpft hatten, über Nacht auf wunderbare Weise erneuert habe.

Die künstliche Feuersbrunst – »griechisches Feuer«, wie man es nannte – war eine Waffe, die lange zuvor in Byzanz entwickelt worden war und die man ganz besonders wirkungsvoll gegen einen Feind in langen, wallenden Gewändern einsetzen konnte. Die Malteserritter, die durchaus auch Forscher waren, hatten sich seit den Tagen der Kreuzzüge darum bemüht, diese Waffe zu vervollkommnen. Als die Türken am Tag zuvor die Schanze angegriffen hatten, waren sie mit dreierlei Arten von »griechischem Feuer« empfangen worden: In einen enghalsigen Tonkrug von der Größe, daß er zwanzig bis dreißig Schritt weit geworfen werden konnte, war eine raffinierte Mischung aus brennbaren, zum Teil klebrigen Stoffen – Salpeter, Schwefel in Pulverform, Pech, Harz, Terpentinöl – gestopft worden. Eine an den Krug gebundene Zündschnur wurde sodann vor dem Wurf angezündet, und wenn der Krug sein Ziel traf, zerbrach er, und die glimmende Schnur entzündete seinen Inhalt. Die Explosion hatte von jeher demoralisierende Wirkung.

Als die Ritter auf den Mauern von S. Elmo in großer Not waren, hatten sie auch ihren Trumpf eingesetzt: eine längliche Metallhülse, die als Flammenwerfer diente. »Sie bläst lange«, heißt es in einer Beschreibung, »und gibt heftige Flammen mehrere Schritt weit von sich.« Aber die neueste Art griechischen Feuers – und sie erwies sich für die Türken, welche die zerborstenen Mauern von S. Elmo erstiegen, als die verheerendste Waffe – war der erst kurz zuvor vervollkommnete Reifen »aus ganz leichtem Holz, das man zuerst mit Branntwein getränkt, sodann mit Wolle und Baumwolle umwickelt hatte, welcher Reifen wiederum mit brennbarer Flüssigkeit getränkt und mit Schießpulver und Salpeter angereichert wurde«. Der Reifen wurde angezündet, mit Zangen ergriffen und auf die Köpfe der Männer hinabgeworfen, die außen hochklettern wollten. Im Nu befanden sie sich in einem tödlichen Feuerring.

Die Türken empfanden für diese weiberlosen Piraten, die ein unerklärliches Kreuz – das Malteserkreuz – auf ihrem Großsegel führten, in Harnisch gingen, riesige Schwerter schwangen und vor der Schlacht beteten, immer so etwas wie hilflosen Haß. In Mustafas Armee begann das Gerücht umzulaufen, La Valette müsse mit dem Satan verbündet sein: wie sonst könnten Ungläubige wie diese den Erwählten des Propheten widerstehen. Die Derwische, herumziehende Wanderprediger, auf die mit ihren fanatischen Lehren und Äußerungen allgemeiner Unzufriedenheit vor allem die Armen hörten, gaben der weniger vernunftbetonten Seite des Islam Ausdruck. Sie folgten dem Heerlager; sie waren als nützliche religiöse Aufpeitscher geduldet. Als die Elitetruppen des Sultans am 7. Juni einen zweiten Angriff starteten und, mit der Masse der Zwangsrekrutierten im Gefolge, ein weiteres Mal wie die Teufel gegen die Mauern von S. Elmo anstürmten, wurden sie von den Derwischen, die sich selber in Ekstase versetzt hatten, mit lauten, kreischenden Stimmen angefeuert. »Löwen des Islam, nehmt das Schwert des Herrn und trennt ihre Seelen von ihren Leibern, ihre Köpfe von ihren Rümpfen! Befreit Geist von Materie!« Der Krieg des Sultans gegen die Malteserritter war bereits zum Heiligen Krieg, zum *jihad*, erklärt worden, und jeder Moslem, der im Kampfe fiel, konnte sicher sein, geradewegs ins Paradies zu kommen, wo er in den Armen von Huris endlosen Freuden entgegensehen durfte. Wieder wurden die Janitscharen zurückgeworfen. Drei Tage später, am 10. Juni, versuchten die Türken, im Dunkeln anzugreifen: In dieser Nacht fanden im Fort S. Elmo sechzig Männer den Tod; aber von den Streitern des Sultans erreichten gleich fünfzehnhundert das Paradies, das ihnen die Derwische versprochen hatten.

Auch die christlichen Soldaten hatten besonderen Anlaß, tapfer zu sein: Papst Paul IV. hatte kurz zuvor eine Bulle erlassen, die jedem einen Generalablaß gewährte, der im Kampf gegen den moslemischen Eindringling sein Leben verlor. Die maltesischen Freiwilligen, damals wie heute tiefgläubige Katholiken, vertrauten darauf, daß mit ihrem Tod alle Sünden vergeben seien. Auch ihnen war die Ewigkeit sicher – obschon ihr Himmel mit weniger sinnlichen Freuden aufwarten konnte.

La Valette mußte beobachten, daß die sich hinziehende Verteidigung von S. Elmo auch Gefahren in sich barg. Seine Mitbrüder waren bis zum letzten Mann gewillt, in der Dunkelheit das Hafenbecken zu überqueren und den Sceberrasberg hinaufzusteigen, um dort unweigerlich dem Verderben ins Auge zu sehen. Indem er sie, Mann für Mann, in den Tod sandte – wie Spieler in einem Spiel um Leben und Tod –, gewann er Zeit für Europa. Kunde von dem außerordentlich zähen Widerstand im Fort S. Elmo hatte bereits den Kontinent erreicht und erregte dort atemlose Bewunderung. Aber die Ritter waren nur eine Handvoll Männer, und wenn es so weiterging, dann waren sie aufgebraucht – allesamt verspielt –, bevor aus Sizilien Hilfe eintraf. Wo blieb das Entsatzheer?

Nach dem Angriff vom 7. Juni war der Rat des Ordens im Castel S. Angelo zusammengetroffen, um zu besprechen, ob man das Fort S. Elmo aufgeben solle. Nachdem die Ritter ihre Meinungen vorgetragen hatten, las ihnen La Valette einen Brief vor, der soeben durch die Blockade hindurch aus Sizilien eingetroffen war. Was Dragut von seinen Spionen erfahren hatte, war in der Tat richtig: Der frühestmögliche Termin, zu dem Hilfe eintreffen konnte, war – so ließ Don García de Toledo wissen – der 22. Juni.

Der Brief enthielt eine wichtige, doch unheilvolle Bitte. Don García bat die Ritter, ihm die fünf Galeeren zu schicken, die ihnen verblieben waren, obschon das Bemannen und Ausrüsten dieser Galeeren, welche die türkische Blockade durchbrechen mußten, den Verteidigern Maltas ungefähr tausend Mann kosten würde. Don García wußte das sehr gut; und La Valette verstand diese Worte zu deuten: Don García mußte einfach die Befehle wiederholen, die er aus Madrid erhielt. Offensichtlich hatte König Philipp Malta abgeschrieben; er rechnete damit, daß die Ritter besiegt würden. Die Spanier hoben in Neapel zehntausend Mann aus, die aber waren alle für die Verteidigung dieses Königreiches bestimmt, falls die Türken so weit vordringen würden. Nun gut, sagte La Valette, und die Ritter verstanden, warum er es sagte und was es heißen sollte: Jede verteidigungsfähige Stellung auf Malta mußte bis zum letzten Mann gehalten werden! Die Alternative dazu hieß, die Türken ins westliche Mittelmeer hineinzulassen. Die verbissene Verteidigung von S. Elmo durch die Malteserritter war nicht allein ein Prellbock für die Türken, sondern inzwischen für ihre Freunde auf dem Festland auch zu einem großartigen Symbol geworden.

Für Don García, der in diesem Sommer tat, wie ihm als Vizekönig von Sizilien geheißen wurde, bedeuteten Galeeren ziemlich genau das gleiche, was für die Briten des Jahres 1940 in der »Schlacht um England« Jagdflugzeuge bedeuteten. Falls die Türken später versuchen sollten, auf Sizilien oder auf dem italienischen Festland zu landen, konnten nur Galeeren sie daran hindern, daher war jede einzelne von ihnen kostbar. Was für König Philipp, der in seiner kargen Zelle im Escorial saß und über alle Facetten dieser Gefahr nachdachte, wobei er über mehr Informationen verfügte als irgendein anderer, wirklich zählte, das war nicht der tollkühne Mut romantischer junger Hitzköpfe – wofür er auch seinen Halbbruder Don Juan hielt –, sondern das, was unabdingbar notwendig war: das stärkstmögliche spanische Galeerengeschwader bis zum letzten Augenblick bereitzuhalten. Piali Pascha schirmte jetzt Malta mit hundert türkischen Galeeren ab. Wollte man mit einem wirklich nützlichen Entsatzheer zu Hilfe kommen, so konnte dies eine teuere Seeschlacht bedeuten. Ging in dieser Schlacht eine große Zahl Galeeren verloren, dann ständen die Küsten Italiens und die Inseln dem Feind weit offen. Und wann waren die Türken zum letztenmal zur See besiegt worden – oder auch zu Lande?

Don García folgte den Befehlen seines Königs, den man in
Spanien »el prudente«, den Vorsichtigen, nannte, mit äußerstem
Widerwillen. Er befolgte selbst jene unerträgliche Weisung, die
fünf Kriegsgaleeren der Malteserritter zu verlangen, denn er war
ein für seine Zeit wackerer Mann, und er hatte persönlich mehr
Vertrauen in die Ritter, als der König zeigte. Zudem befand sich
sein junger Sohn Federico auf Malta. Don García umging also,
wann immer es ging, die Befehle. Im Juni konnten zwei Galeeren, die den Rittern gehörten und daher, im engeren Sinne, Philipps Befehlsgewalt nicht unterstanden, zusammen mit zwei weiteren Schiffen, die Don García gehörten, Pialis Blockade durchbrechen und Männer aus allen Teilen Europas nach Malta bringen, die bereit waren, mit La Valette zu sterben. Darunter befanden sich zweiundvierzig Ritter. Viele dieser Nachzügler kamen
aus Deutschland, zumindest zwei aus England; sie hatten erst die
Alpen überqueren müssen. Diese Neuankömmlinge gelangten
also durch die türkischen Linien und bedeuteten für Castel
S. Angelo eine willkommene Verstärkung.

Mittlerweile hatten beinahe alle Verteidiger in dem vollständig
zerstörten Umkreis von 800 Meter um S. Elmo herum zumindest kleine Verletzungen; und jetzt ging das Schießpulver zur
Neige. Bei ihrem nächtlichen Angriff am 10. Juni hatten die Türken *sachetti* eingesetzt, kleine, klebrige Granaten, die am Panzer
hängenblieben und sich durch den Aufprall entzündeten. Ein
Ritter, der von einem *sachetto* getroffen wurde, mußte sofort in
ein möglichst nahegelegenes Wasserfaß springen, wollte er nicht
bei lebendigem Leib in seiner Rüstung geröstet werden.

Am 14. Juni sandte das türkische Oberkommando einen He-
rold mit einer Parlamentärsfahne zu dem Schutthaufen hinüber,
der einmal ein Fort gewesen war, und ließ den Rittern freies
Geleit anbieten, wenn sie bereit wären, S. Elmo aufzugeben. Die
Türken hatten davon gehört, daß die Verteidiger unter sich zerstritten seien, und sie wollten jetzt diese Meinungsverschieden-
heit ausnützen. Die jüngeren, ungeduldigeren Ritter hatten in der
Tat zu zweifeln begonnen, ob die Festung noch länger gehalten
werden könnte. Sie wollten, daß alle zusammen mit gezücktem
Schwert einen Ausbruch aus den Ruinen machten, sich auf die

Türken stürzten und bis zum letzten Mann kämpften. Erfahrene Ritter glaubten dagegen, daß S. Elmo noch eine Weile gehalten werden könne, und ihre Argumente überzeugten La Valette. »Die Gesetze der Ehre sind nicht unbedingt erfüllt«, sagte er dem Chevalier Vitellino Vitelleschi, dem Sprecher der jüngeren, heißblütigen Ritter, »indem man bei erstbester Gelegenheit sein Leben wegwirft. Die erste Pflicht eines Soldaten ist es, zu gehorchen. Ihr werdet Euren Kameraden sagen, daß sie auf ihrem Posten bleiben sollen.«

Der Preis an Menschenleben, der dafür zu bezahlen war, daß S. Elmo gehalten wurde, mochte hoch sein, und die Aussicht auf ein Entsatzheer gering; aber auch die Türken dort oben auf dem Sceberras wurden immer weniger. Die Ritter konnten ganze Haufen Toter vor ihren Wällen sehen. Am ungesunden Landeplatz der Türken, in Marsasirocco, wurden ständig wachsende Zeltreihen für die Kranken und Verwundeten errichtet. Es gab eine, freilich nur geringe Aussicht, daß die Gleichung zwischen Leben und Tod trotz der gewaltigen Armee, welche die Türken an Land gebracht hatten, doch noch zugunsten von La Valette aufgehen könnte.

Am frühen Morgen des 16. Juni, einem Samstag, machten die Türken einen Angriff, den sie für den letzten und siegbringenden hielten. Zuerst einmal stellten sie viertausend Scharfschützen mit Arkebusen im Umfeld der Mauern auf, die jeden Verteidiger, der seinen Kopf aus den Ruinen herausstreckte, wegputzen würden. Die Janitscharen, das Rückgrat der türkischen Armee, hatten auf dem Sceberras-Berg bereits derart große Verluste hinnehmen müssen, daß bei diesem Angriff der Ehrenplatz den Iayalaren überlassen wurde, einer Truppe, die weniger gut ausgebildet war als die Janitscharen, aber berühmt für ihre Tollkühnheit.

Die Iayalaren stürmten den Berg hinab auf die Ruine zu, die von dem Fort übriggeblieben war, »gekleidet in die Felle von wilden Tieren«, bewaffnet mit »vergoldeten Helmen aus Stahl, mit runden Schilden und ihren Krummsäbeln«. Sie schrien, daß einem das Blut in den Adern stockte, während Trommeln, Trompeten und das Geheul der Mullahs den Lärm noch vergrößerten. Die Haschisch-berauschten Iayalaren zeigten höchste Tollkühnheit, doch wurden sie unter hohen Verlusten zurückgeschlagen. Dann warf Mustafa seine Janitscharen in die Schlacht; auch sie wurden zurückgeworfen. Das Gemetzel kostete den Rittern hundertfünfzig Menschenleben, den Türken eintausend.

Für die nächtliche Verstärkung von S. Elmo suchte La Valette Freiwillige, wo immer er nur konnte. Wer jetzt den Großen Hafen überquerte, ging in den sicheren Tod. Dreißig Ritter und dreihundert Soldaten meldeten sich, darunter viele Malteser, ferner zwei junge Juden, ungediente Freiwillige, die – obwohl sie den Glauben der Ritter nicht teilten, ihn sogar verabscheuten – sich vom kühnen Widerstand der Ritter so beeindruckt zeigten, daß sie bereit waren, in guter Gesellschaft zu sterben.

Am 18. Juni wurde von S. Elmo eine Kanonenkugel auf eine Gruppe hochrangiger türkischer Offiziere abgeschossen, die auf einer Mauer in ihrer nächsten Nähe krachend aufschlug. Ein fliegender Stein traf Dragut so stark am Kopf, daß ihm das Blut aus Mund und Ohren quoll. Sie trugen den Verwundeten in ein nahegelegenes Zelt. Damit war der alte Mann, dessen Ansehen und Erfahrung das türkische Oberkommando auf Malta zusammenhielt, von der Bühne verschwunden. Er blieb allerdings noch so lange am Rande des Bewußtseins, daß er erfuhr, bei einer letzten Attacke am 23. Juni seien die Ruinen des Forts von S. Elmo gefallen. Draguts Leiche wurde nach Tripolis geschafft. Dort ließ ihn der Mann begraben, der sein Nachfolger als Korsarenführer werden sollte: ein verschlagener, grausamer, grätzköpfiger Renegat, gebürtiger Italiener, seinen Feinden bekannt unter dem Namen Ochiali.

Während der einunddreißig Tage der Belagerung hatten die Türken vor den Mauern der Bastion mehr als achttausend Mann verloren, das war fast ein Viertel der Streitkräfte, die vor den Augen des Sultans in Konstantinopel an Bord der Schiffe gegangen waren. »Wenn ein so kleiner Sohn uns so teuer zu stehen gekommen ist«, stöhnte Mustafa, »welchen Preis werden wir dann für den Vater zahlen müssen?«

In dieser Nacht nahmen die erbitterten Türken blutige Rache. Von den Ruinen von S. Elmo konnten sie jetzt des Nachts über das Wasser des Hafens blicken und die glitzernden Lichter in La Valettes Hauptquartier und der nahegelegenen maltesischen

Vorstadt sehen. Nach dem letzten Angriff der Türken lagen verwundete und getötete Ritter auf dem Schutt der Festungsanlagen umher. Ihnen wurden die Rüstungen ausgezogen, die Herzen aus dem Leib gerissen, Köpfe abgehackt und in die nackte Brust eines jeden von ihnen ein Kreuz geritzt. Die toten Ritter wurden an Händen und Füßen auf zwei gekreuzte Bretter genagelt. Dann ließ man sie ins Wasser gleiten, damit die nächtliche Brise die gräßlich anzusehende kleine Flotte über den Großen Hafen treibe. Als der Tag anbrach, waren bei S. Angelo vier Kreuze mit ihrer enthaupteten menschlichen Last angespült worden.

Diese schreckenerregende Grausamkeit war, wie auch anderwärts, ein Akt türkischer Staatspolitik. Ihre Führer wußten genau, was sie taten. Diese grausame theatralische Geste war zunächst ein Tribut an ihre eigenen Männer, so etwas wie eine Belohnung dafür, daß sie so wacker gekämpft und so viel dafür gegeben hatten, etwas zu erobern, was sich letzten Endes als nutzlos erweisen würde. Handlungen wie diese konnten kaum die Ritter dort drüben im Castel S. Angelo erschüttern, fromm, hochmütig und voller Verachtung wie sie waren, und fest davon überzeugt, daß die Seele – anders als der Körper – unsterblich sei; doch es würde sie in Wut versetzen. Die Türken wollten zum andern mit dieser Grausamkeit die Kampfmoral der einheimischen Bevölkerung untergraben. Hatten diese störrischen katholischen Bauern und Fischer in den letzten fünfundzwanzig Jahren nicht immer wieder mitansehen müssen, wie ihre Weiber vergewaltigt und ihre eigenen Kinder und Nachbarn in die Sklaverei verschleppt wurden? Waren sie nicht, von frühester Kindheit an, erfüllt von einer instinktiven Angst vor der Fahne, die jetzt über S. Elmo flatterte: dem Halbmond und dem Stern, die sich in einem Strom von Blut spiegelten? Wenn es erst einmal gelang, die maltesischen Waffengefährten der Ritter zu entmutigen, dann würde die Ritter die ganze Wucht treffen.

Wir wissen nichts weiter über La Valette, was uns die Annahme erlaubte, er habe sich persönlich an der Rache ergötzt, die ihm nun, wie er glaubte, aufgezwungen war. Er brachte zwar damit die einheimische Bevölkerung hinter sich, befleckte aber auch sein Ansehen. Er befahl, alle gefangenen Türken herauszuführen und sie zu enthaupten. Dann ließ er die Köpfe von

der Batterie auf dem Dach von S. Angelo als schreckliche Kanonenkugeln über den Hafen zum Feind in S. Elmo schießen.

In Malta herrschte inzwischen die größte Sommerhitze. In der
Umgebung des Sceberras-Berges und beim türkischen Heerlager
stank es nach Verwesung, denn die Erde auf Maltas Felseninsel
war zu dünn, als daß man die Leichen von Tausenden von Gefallenen hätte in Massengräbern beisetzen können. Man wußte, daß
die Türken an der Ruhr, an Typhus und Malaria litten. Die Malteserritter, die sich im Gesundheitswesen auskannten, hatten
Konstantinopel immer als einen großen Pestherd betrachtet, als
das Sammelbecken aller Seuchen Asiens. In La Valette regte sich
jetzt die Furcht vor der Pest.

Die Flotte türkischer Kriegsgaleeren, die Piali Pascha nach Malta
geführt hatte, war etwa um die Hälfte größer als jede Flotte, die
König Philipp möglicherweise gegen sie zusammenzutrommeln
hoffen konnte. Philipps Entscheidung, die Ritter erst einmal die
ganze Wucht auffangen zu lassen, statt seine eigenen Galeeren zu
gefährden, zeigte nur sein ganz normales Maß an Vorsicht. Aber
seine Entscheidung hatte dem übrigen Europa vor Augen geführt, wo die Grenzen von Philipps vielgerühmter Bereitschaft
lagen, für den Glauben zu kämpfen. Die Anliegen der Christenheit würde König Philipp nur dann verteidigen, wenn sie mit den
lebenswichtigen Interessen des spanischen Reiches zusammenfie-
len. Am 3. September 1565 berichtete der englische Gesandte aus
Madrid an die Regierung Königin Elisabeths, der König habe
»ein gut Teil seines Ansehens eingebüßt, weil er Malta nicht
beigestanden« sei. Als die Belagerung ihren Höhepunkt erreichte, warnte Elisabeth, die immer ein Gespür für die Realitäten der europäischen Politik besaß, »es steht in den Sternen, was
mit der Christenheit geschieht, falls die Türken im Kampf gegen
die Insel Malta die Oberhand gewönnen«. Elisabeth, die Tochter
jenes Heinrich VIII., der sich von Rom losgelöst hatte, wurde mit
Hilfe rabiater Protestanten, Anhängern Calvins, auf ihrem Thron
gehalten; privatim jedoch rückte sie von ihnen ab. Elisabeth
konnte feine Unterscheidungen machen, und sie war sich bewußt, daß ein Sieg der Türken – der dem Halbmond gegenüber
dem Kreuz die Oberhand gäbe – Europa gänzlich verändern

würde: seine Gesellschaft, wie sie sie kannte, mit ihren ererbten Moralvorstellungen, würde sich zum Schlechten wenden; die Welt, wie man sie gekannt, würde heillos untergehen.

Den Türken auf Malta wurden die Lebensmittel knapp, und das Fieber setzte ihnen schwer zu. Aber sie konnten noch immer fünfzehntausend Mann ins Feld führen. La Valette hatte bisher ein Drittel seiner Schützen im Kampf verloren. Von seinen siebenhundert Rittern – und viele von ihnen waren natürlich bejahrte Männer und Invaliden – waren hundertzwanzig gefallen. Noch immer hielten sie Castel S. Angelo und die nahegelegenen Vorstädte; aber wenn S. Angelo fiel, dann fiel ganz Malta. Und wo blieb das versprochene Entsatzheer?

Es war ein grausamer Zufall, daß am gleichen Tag, an dem die Türken ihren entscheidenden Angriff auf Castel S. Angelo machten, in Messina von Don García de Toledo ein Kriegsrat einberufen wurde, um zu einer Entscheidung über die Hilfe für Malta zu kommen. Die Spanier hatten Galeeren aufgetrieben, wo sie nur konnten, und wenn Gianandrea Doria mit seinem genuesischen Kontingent in Messina einträfe, stünde Don García eine Flotte von mehr als neunzig Kriegsschiffen zur Verfügung. Das war mehr als genug, die Blockade zu durchbrechen und ein Expeditionsheer auf Malta zu landen, falls Don García das Risiko übernehmen wollte. Er hatte die erste Galeere befehligt, als er neunzehn war; jetzt war er alt und vom Rheumatismus gelähmt. In seinem ganzen langen Leben hatte er mitansehen müssen, wie christliche Galeeren in die Flucht geschlagen wurden, wenn immer sie sich türkischen Schiffen gegenübersahen. Philipp hatte zum Vizekönig von Sizilien Don García berufen, weil dieser vorsichtig war. Zwar mochte ihn einmal der Pfeffer jucken, aber er tat nie etwas Unüberlegtes.

An diesem Tag standen sich im Rat in Messina zwei Parteien gegenüber: die »Kühnen«, die sofort sechzig Galeeren losschikken wollten, vollgepfropft bis zum obersten Rand mit Bewaffneten; und die »erfahrenen Seeleute«, wie sie sich selber nannten, die Schwarzseher, die sich mittlerweile eingeredet hatten, daß die Ritter auf Malta sicherlich soeben ihren letzten Atemzug taten. Einige ließen sich sogar zu dem Vorschlag herbei, die Ritter sollten sich den Türken unter gewissen Bedingungen ergeben,

wie sie es auch schon vor Jahren auf Rhodos getan hatten, als
Sultan Suleiman sie hatte ehrenhaft abziehen lassen. Aber die
Tage waren vorbei, da man von den Türken solch ritterlichen
Großmut erwarten durfte. Und Malta war wichtiger als Rhodos:
Malta war der Schlüssel zum westlichen Mittelmeer.

Es zeigte sich, daß der Kriegsrat in zwei gleichgroße Parteien
zerfiel – daher traf man die Entscheidung, nichts zu tun, bevor
Gianandrea Doria eintraf. Dorias Ruf als einer, der ein waches
Auge für seine eigenen Handelsinteressen hatte und niemals ein
längerfristiges Risiko einging, war so groß, daß die »erfahrenen
Seeleute« sich ganz sicher waren, er werde mit ihnen stimmen.

Gianandreas Onkel, der große Fürst Andrea Doria, war im
vierundneunzigsten Lebensjahr nach langem Siechtum gestorben. Sein Tod, so sagte man, wurde beschleunigt durch die
schlimme Nachricht von 1559, das christliche Unternehmen in
Tripolis sei gescheitert und viertausend spanische Gefangene
seien nach dieser schrecklichen Niederlage als Sklaven nach Konstantinopel verschleppt worden. Gianandrea Doria, damals erst
einundzwanzig, war von seinem berühmten Onkel das Kommando über vierundfünfzig wertvolle Kriegsgaleeren anvertraut
worden. In dem Verlaufe der Schlacht hatte Gianandrea alles
getan, was er konnte – selbst auf die Gefahr hin, als Feigling zu
erscheinen –, seine genuesischen Galeeren heil herauszubringen.
Doch dieses schimpfliche Verhalten Gianandreas – der nicht nur
häßlich war, sondern auch hochmütig und gerissen, mit dunklen,
tiefliegenden Augen – hatte ihm keineswegs das Vertrauen seines
nicht weniger vorsichtigen Kriegsherrn gekostet, des Königs
Philipp von Spanien.

Noch weitere zehn Tage mußte der Kriegsrat in Messina auf
Gianandreas Ankunft warten, zehn Tage, in denen der Kampf
seinen Höhepunkt erreichte. Als jedoch der junge genuesische
Admiral in das Ratszimmer trat, da war er zu jedermanns Überraschung voller Tatendrang. Die Genuesen waren Bankiers, sie
waren nicht risikofreudig; aber sie sahen die Dinge nüchtern und
klar. Die erstaunliche Widerstandskraft der Ritter hatte sie offenbar überzeugt, daß der türkische Stoß in Richtung westliches
Mittelmeer abgefangen werden konnte, und daß Malta zu wertvoll sei, einfach verlorenzugehen. Don García, dessen Sohn Fede-

rico im Juli bei der Verteidigung von S. Angelo gefallen war, ergriff plötzlich gleichfalls Partei zugunsten der »Kühnen«. Die »erfahrenen Seeleute«, die sich nach verlorener Abstimmung frugen, ob König Philipp vielleicht seinen Sinn geändert und neue Geheiminstruktionen gegeben habe, waren nun überstimmt. Der Rat beschloß, daß noch vor Ende des Monats achtzehntausend Mann zum Entsatz Maltas ausgesandt werden sollten.

La Valette brauchte die Hilfe, sollte sie überhaupt je eintreffen, auf jeden Fall früher. Doch er hatte einen genialen Einfall, wie man diese halbherzige und verspätete Entscheidung zum Vorteil kehren könnte. Er ließ so überzeugend falsche Nachrichten ins Türkenlager einsickern, daß die Generale des Sultans im Glauben handelten, Don García werde jeden Tag auf Malta sechzehntausend neue Truppen landen, zumindest aber mehr, als die Türken in ihrem derzeitigen Zustand verkraften konnten.

Um an die Mauern des Castels S. Angelo heranzukommen, mußten die Türken jeden Zentimeter erkämpfen: von der einen Seite her durch die maltesischen Vororte, von der anderen Seite durch die ganze Länge des Großen Hafens. An dem Tag, als sie das Kastell selbst angriffen, es war der 7. August 1565, blies im Innern der Festung die Trompete zum Gegenangriff. Der einundsiebzigjährige La Valette hatte seine Rüstung angelegt und stand, wie die anderen Ritter, bereit, an der Spitze seiner Waffenbrüder einen Ausfall zu wagen. Bevor das blutige Getümmel begann, protestierten die nächststehenden Ritter, das Leben ihres Großmeisters sei zu wertvoll, um im Kampf aufs Spiel gesetzt zu werden. Ein Chonist berichtet, La Valette habe darauf geantwortet: »Ich bin mir gewiß, daß Ihr, falls ich und die Kommandeure fallen werden, für die Ehre des Ordens und die Liebe zu unserer heiligen Kirche weiterkämpfen werdet.« Mit diesen Worten, ob er sie nun gesagt hat oder nicht (und sie klingen vielleicht ein bißchen zu absichtsvoll edel, um wortwörtlich genommen zu werden), hob La Valette einen wichtigen Grund des ritterlichen Kampfesmuts hervor. Seine Führungskraft zählte sicherlich viel, aber er führte eine militärische Elite an, in der jeder einzelne nicht nur bereit war, für die erwählten Glaubenslehren bedenkenlos in den Tod zu gehen, sondern auch bereit, in jedem Ernstfall selbständig zu handeln und die anderen anzuführen. Solange ein einziger Malteserritter noch am Leben war und Waffen trug, war Malta nicht verloren.

Als der greise La Valette an diesem 7. August seinen Zweihänder ergriff, um in dem großen Ausfall aus S. Angelo seinen Teil zu leisten, da hörten die Türken, die am Fuß der Burgmauern in tödlichem Ringen kämpften, daß berittene maltesische Freischärler aus Mdina hervor einen vernichtenden Überfall auf das türkische Lager gemacht hatten. Das war entmutigend. Von Anfang an hatten die Türken befürchtet, durch den Verlust ihrer Schiffe könnten sie vom Heimweg abgeschnitten werden; nun war auch noch ihre Anlegestelle gefährdet. Viel zuviel Zeit war schon vertan; die Belagerung Maltas war schlecht geführt, der große Schwung war verloren. Nur wenn sie den Großen Hafen besetzen und benützen konnten – und dazu mußten erst einmal die Ritter aus Castel S. Angelo herausgeworfen werden, denn von dort wurden Hafen und Ankerstelle beherrscht –, durfte es die türkische Flotte wagen, vor Maltas windgepeitschter Küste zu überwintern. Wenn sich die Belagerung bis zum Herbst hinzog, dann gingen die Vorräte zu Ende; ohne Schiffe, die Reis und Bohnen herbeischaffen konnten, mußte die Armee sehr bald verhungern. Schon waren viele Türken erkrankt. Alles, was sie zum Leben brauchten, wurde knapp – und sie waren weit, weit von ihrem Heimatland entfernt.

Don García willigte ein, seine sechzig besten Galeeren, jede mit 150 Bewaffneten an Bord, nach Malta hinüberzuschicken; dort allerdings sollten die Männer schnellstens ausgeschifft werden. Die verbliebenen Galeeren, etwa dreißig an der Zahl, sollten inzwischen die italienischen Besitzungen des Königs von Spanien vor unerwarteten Aktionen der türkischen Flotte abschirmen. Aber man sah zu, wie die Ausrüstung dieser Hilfsflotte sich hinschleppte, und als das Expeditionsheer an Bord und Sizilien endlich verließ, schrieb man den 26. August 1565.

Der Wind in der Meeresenge zwischen Sizilien und Malta ist heftig und unberechenbar; auf Malta selber ist nur jeder zehnte Tag windstill. Als sie ihren Weg nach Süden machten, gerieten die sechzig Galeeren in »einen Sturm, wie ihn nur wenige Seeleute schon einmal erlebt haben«. Das Unwetter hielt ohne Unterlaß zwei Wochen lang an. Es war ein Glück, daß der Sturm auch der türkischen Flotte vor Malta heftig zusetzte und die türkischen Soldaten an der Küste zermürbte, die sich zu fragen begannen, ob sie ihre Heimat je wiedersehen würden. Don Garcías Galeeren kehrten um und landeten, völlig überraschend, bei Trapani, am äußersten westlichen Ende Siziliens. Tausend Soldaten, die von der Seekrankheit genug hatten, desertierten unverzüglich.

Gianandrea Doria jedoch, der sich entschlossen hatte, Malta beizustehen, wandte nun all seine organisatorischen Fähigkeiten auf, und am 5. September segelten die sechzig Galeeren abermals nach Süden. Wenige Tage später, nach ein, zwei Dummheiten, die nun einmal passieren, wenn nicht alle Führer der gleichen Meinung sind, trafen sie alle in der Enge zwischen Malta und Gozo ein. Don García gelang es, seine Truppen in der Bucht von Mellieha am entfernten Nordende der Insel in nur neunzig Minuten an Land zu bringen. Da der gliedersteife alte Admiral wußte, wie krankhaft König Philipp um die Sicherheit seiner Galeeren besorgt war, vermeldete er ihm stolz, er habe 9600 Mann an Land gebracht, »ohne ein einziges Ruder zu verlieren«.

Die Galeeren ließen die Truppen an der Küste zurück und machten sich so schnell sie nur konnten, aus der Gefahrenzone davon: die Ruderreihen stiegen und fielen in exaktem Rhythmus, als wären sie riesige Wasserkäfer aus Holz. Die Soldaten an der Küste hatten keine Tragtiere, und sie wußten auch nicht so recht, wo sie sich befanden. Aber sie schafften es nach Mdina hinüber, der Inselhauptstadt, um zu ihrer Überraschung festzustellen, daß die Belagerung eigentlich schon vorbei war.

Die Türken waren der Streitmacht, die Don García an Land gebracht hatte, zahlenmäßig noch immer überlegen, aber sie hatten genug. Sie brachen ihr Lager ab und schifften sich ein. Die Infanteristen aus Sizilien und Neapel, die gerade auf dem Kriegsschauplatz eingetroffen und voller Kampfgeist waren, wollten zumindest ein paar heldenhafte Schläge mit den sich eilig zurückziehenden Türken austauschen, doch La Valette hielt sie zurück. Laßt die feindlichen Soldaten abziehen, riet er. Laßt die Finger von ihnen! Sollen sie ihre Pestilenz mitnehmen! Am 12. September war das letzte Lateinsegel der Türken verschwunden.

Zu dieser Jahreszeit, gegen Ende der Feldzugssaison, war der Mob von Konstantinopel freudige Siegesnachrichten gewohnt; oftmals gab es sogar großartige Triumphzüge durch die Straßen mit Sklaven und Beutegut. Aber das Desaster von Malta konnte nicht verheimlicht werden. Die Türken hatten dort 31000 Mann verloren, drei Viertel ihrer Streitmacht, und alles was die Überlebenden vorzuweisen hatten, waren Wunden und ansteckende Krankheiten. Die totale und beispiellose Niederlage wurde am 6. Oktober offiziell am Goldenen Horn bestätigt. Von diesem Tag an »konnte kein Christ durch die Straßen der Stadt gehen, ohne zu befürchten, daß die Türken, die allesamt den Tod eines Bruders, eines Sohnes, des eigenen Ehemannes oder eines Freundes beklagten, mit Steinen nach ihm warfen«. Suleiman der Prächtige hatte es sich zur Regel gemacht, alle eintreffenden Nachrichten mit unbewegtem Gesicht entgegenzunehmen, gute wie schlechte. Diesmal aber trieb es ihn zu einem Ausruf: »Ich sehe, daß mein Schwert nur in meiner eigenen Hand unbesiegbar ist!« Sofort begann er Vorbereitungen zu treffen, diese Demütigung durch einen Sieg auszulöschen.

Ein diplomatischer Bericht vom 12. Dezember aus Konstantinopel sprach davon, eine Armee von 200000 Mann werde für das kommende Frühjahr aufgestellt, und der Sultan persönlich werde sie nach Ungarn führen. Zur gleichen Zeit setzte Suleiman ein bedenklich großes Flottenbauprogramm in Gang, als wolle er den Ländern des westlichen Mittelmeers zeigen, daß er wiederkommen werde.

Zweihundertfünfzig Malteserritter, welche die Insel verteidigt hatten, erlebten das Ende der Belagerung nicht mehr; und die es überlebten, waren fast alle von schweren Wunden gezeichnet. Die waffenfähigen Männer Maltas, einschließlich der Freiwilligen La Valettes, waren an dem Tag, als die Türken landeten, etwa neuntausend Mann stark; nur sechshundert von ihnen waren jetzt noch einsatzfähig. In ganz Europa wurden diese Männer zu Helden der Stunde. Als in London die Nachricht eintraf, Malta sei außer Gefahr, ließ man vor Freude die Kirchenglocken läuten, und auf die Bitte der Königin hin ordnete der Erzbischof von Canterbury Dankgottesdienste an, die in den englischen Kirchen »sechs Wochen lang dreimal die Woche« gelesen werden sollten. Philipp II. von Spanien versuchte die Scharte wieder auszuwetzen: er übersandte dem Großmeister ein Ehrenschwert, das später von Napoleon, als er Malta plündern ließ, entführt wurde und heute in der Bibliothèque Nationale ausgestellt ist. Darin ist eine Widmung in Form eines – unübersetzbaren – Wortspiels eingraviert: *Plus quam valor valet Valette* (Mehr wert als der Mut ist Valette).

König Philipp entließ Don García aus seinen Diensten als Vizekönig von Sizilien. Des Königs alternder und ergebener Sündenbock ging nach Neapel, um dort seinen rheumatischen Leib in den heißen Wassern zu baden. Der letzte Dienst, den er seinem König erweisen konnte, bestand darin, die Schuld stillschweigend auf sich zu nehmen. Seine Stelle als General zur See erhielt der junge Don Juan.

Spenden zum Wiederaufbau der Inselfestung Malta strömten aus allen Teilen Europas herbei. König Philipp, der mit seiner falschen Einschätzung der Ritter kaum zufrieden sein konnte, übersandte ihnen persönlich dreißigtausend Dukaten in bar, den Gegenwert von weiteren zwanzigtausend Dukaten in Form von Lieferungen, und lieh ihnen sechstausend Infanteristen zur Verstärkung ihrer Garnison. Er begann ernsthaft mit dem Bau von Galeeren: vierzig in Barcelona, zwanzig in Neapel, zwölf in Sizilien. Der Papst bot La Valette den Kardinalspurpur an, aber dieser lehnte die Ehrung ab und zog es vor, den Rest seines Lebens darauf zu verwenden, im Norden des Großen Hafens ein uneinnehmbares Bollwerk zu errichten, das heute ihm zu Ehren Valetta heißt. Der alte Held starb am 21. August 1568 an einem Schlagfluß, der ihn traf, nachdem er den ganzen Tag lang in der heißen Sonne prüfend von Ort zu Ort gegangen war. Begraben liegt er in der Krypta der Kathedrale des heiligen Johannes neben seinem engen Freund und lateinischen Sekretär, dem englischen Ritter Sir Oliver Starkey!

Seine Pläne für die Festung sahen auch ein großes Spital mit einem 170 Fuß langen Krankensaal vor. Dort sollten die Kranken und die Verletzten eines jeden Glaubens und jedweden Standes – ob Katholiken, Protestanten, Orthodoxe, Moslems oder Juden, ob Freie oder Sklaven – unter gleichen Bedingungen gesundge-

pflegt werden. Die Katholiken aber wollte er jetzt abgesondert
von Orthodoxen, Ketzern und Moslems betten, als ob in Zeiten
wie diesen abweichender Glaube ein weiterer Infektionsherd sei,
den es zu meiden galt. Die Ritter – kampferprobte Adelige, die
als Krankenpfleger ihre Glaubenspflicht erfüllten – führten in der
Behandlungspraxis bemerkenswerte Neuerungen ein. Sie speziali-
sierten sich auf Augenkrankheiten und sie zählten zu den ersten,
die den Wert der Quarantäne im Kampf gegen die Pest erkannten. Die geistig Umnachteten, die fast überall sonst auf der Welt
brutale Behandlung erfuhren, wurden auf Malta als Menschen
betrachtet, die von einer Krankheit des Verstandes befallen waren. Jeder Patient hatte ein Bett für sich – das war für die damalige Zeit ungewöhnlich –, und die Ritter speisten die Kranken
von silbernen Tellern »wegen der Würde des Hospitals und der
Reinlichkeit der Kranken«.

1566, in dem Jahr nach der türkischen Niederlage auf Malta,
setzte die einzige Münzstätte des Osmanischen Reiches, die
Goldmünzen schlug, nämlich Kairo, den Goldgehalt ihrer Münzen um dreißig Prozent herab. Für die Türken hatte sich der
Krieg diesmal nicht bezahlt gemacht, die Münzverschlechterung
war darüber hinaus ein Warnzeichen dafür, daß ihr Staat von
dem Übel Inflation befallen war. Von nun an wurde es für die
Handelsfirmen überaus einträglich, mit ihren Goldmünzen in der
Levante einzukaufen. Und es zahlte sich daher gewaltig aus, als
Seeräuber von einem günstig gelegenen Nest an der Atlantikküste aus – sei es der französischen, der englischen, niederländischen oder der irischen – gegen aus Amerika heimkehrende spanische Goldtransporte zu operieren. So hatte die türkische Niederlage auf Malta ein fernes Echo: Kanonendonner, der bis zur
Karibik hallte.

Als die Malteserritter bewiesen hatten, daß die Türken nicht
unbesiegbar waren, wuchs in Europa ein neues Selbstvertrauen
heran, namentlich bei den Jungen, und in den Köpfen der Menschen verband sich dies bald mit den großen Reformbestrebungen, welche die katholische Kirche entfaltete, um sich selbst zu
erneuern. Die Stimmung war überschwenglich; es war ein
Hochgefühl im Angesicht der Gefahr.

VII

Aufstand der Moriscos

Eher denn etwas zu dulden, das den wahren Glauben und den Dienst an Gott beleidigen könnte, würde ich mein ganzes Reich verlieren, eher würde ich mein Leben hundertmal hingeben, wenn ich könnte, denn ich bin kein Herrscher über Ketzer, und ich will es auch hinfüro nicht sein.

KÖNIG PHILIPP II. *an Papst Pius IV.,1564*

Als die Maurenkönige von Granada 1492 den neumodischen Belagerungskanonen unterlagen, die Ferdinand und Isabella gegen sie eingesetzt hatten, da gingen siebenhundert Jahre moslemischer Herrschaft in Spanien zu Ende. Den besiegten Mauren in der Gegend von Granada wurde vertraglich zugesichert, daß sie ihr Eigentum behalten durften. Sie konnten weiterhin nach eigenem Gesetz und Brauch leben, ihre arabische Kleidung tragen und ihrem Glauben nachgehen.

In anderen Teilen Spaniens, namentlich in Murcia und Valencia, waren die Moriscos viele Jahre vorher gewaltsam »bekehrt« worden. Vermutlich waren es an die hunderttausend, die meisten Landarbeiter oder kleine Krämer – Menschen, die einen Glauben verloren hatten, ohne einen neuen zu gewinnen, Menschen, die verzweifelt waren. In Granada hingegen schritten die reichen Mauren, mochte ihr König auch besiegt worden sein, in Seide gekleidet zur Moschee. Die Inquisition verlor zwar keine Zeit und veranstaltete Autodafés mit arabischen Manuskripten, doch die Mauren von Granada waren tief erfüllt von islamischer Kultur und lebten im Bewußtsein ihrer Geschichte. Ein Volk, das seine eigene Literatur besitzt, seinen eigenen Glauben und seine Geschichte, ist mit sich selbst im reinen und kann lange Zeit Bestand haben. In stürmischen Zeiten erwachsen ihm dann nicht selten eigene Führer.

In den Jahren, die auf die Reconquista folgten, kam es in Granada mehrmals zu kleinen Aufständen. Diese gaben den spanischen Behörden den erwünschten Vorwand, die allzu maurenfreundlichen Bestimmungen des Vertrags zu ändern. Die Mauren wurden vor die schicksalhafte Wahl gestellt, sich taufen zu lassen oder das Land zu verlassen. Da die Mauren von Granada wohlhabend waren, unterwarfen sich die meisten lieber diesem Theater und wechselten die Religion, statt ihre ganze Habe zurückzulassen. Manchmal wurden sie einfach in einen Pferch getrieben, wo ihnen statt der Einzeltaufe ganze Kessel mit Weihwasser über den Köpfen ausgegossen wurden. Im ganzen Stadtgebiet gab es vierzigtausend Moriscos, getaufte Mauren; sie übertrafen damit die Altchristen von Granada vielleicht um das Zehnfache. Wann immer eine türkische Flotte nach Westen segelte, wurden die Moriscos besonders scharf beobachtet. Jedermann wußte, daß ihre Bekehrung nicht tief unter die Haut reichte.

Das Kind einer Moriskenfamilie mußte dem Gesetz zufolge zur Pfarrkirche gebracht und dort getauft werden. Danach begab sich die ganze Familie nach Hause, sperrte die Türen zu und gab dem Kind einen moslemischen Namen, den es künftig, inoffiziell freilich, als seinen wahren Namen tragen sollte. Die Knaben wurden, sobald sie das Pubertätsalter erreicht hatten, insgeheim beschnitten. Ein junges Moriskenpaar feierte nach der pflichtgemäßen Trauung durch einen katholischen Priester zu Hause dann eine geheime islamische Hochzeitszeremonie. 1526, als die Korsaren sich drohend in Algier und an anderen Orten der südlichen Mittelmeerküste breitmachten, fühlte sich Karl v. veranlaßt, die Pragmatica zu veröffentlichen, ein Dekret, das die Gefährdung durch diese inneren Feinde verringern sollte. Maurische Kleidung und moslemische Namen sollten nun verboten sein, desgleichen ihre alten Lieder und ihre Tänze. Die Pragmatica schaffte sogar das *hammam* ab, das öffentliche heiße Bad, das einfach zu einer moslemischen Stadt gehörte, wo man sich einmal in der Woche traf, um sich im Wasser gütlich zu tun, zu plaudern – und vielleicht auch ein Komplott zu schmieden.

Die Pragmatica wurde nie wirklich angewandt, aber sie hing als Drohung über den Köpfen der Moriscos. Einem Gerücht zufolge soll ein wohlhabender maurischer Geschäftsmann aus Granada dem Kaiser, der wie immer schlecht bei Kasse war, eine größere Summe zugesteckt haben, und dies soll ihn freundlicher gestimmt haben. Ob Karl v. nun sein Geld nahm oder nicht –

möglicherweise hat er es nicht genommen –, auf jeden Fall unterwarf der Kaiser sich nicht so gern abstrakten Grundsätzen wie sein Sohn Philipp.

Nach 1526 war es im Land der Moriscos ziemlich ruhig, den Einwohnern ging es ungewöhnlich gut. Dann griffen die Türken Malta an, und königliche Galeeren der Küstenwache wurden nach Sizilien entsandt, wodurch die Südküste Spaniens beinahe ungeschützt blieb. In diesem Sommer landeten daraufhin auch Korsaren aus Tetuan in Motril und beherrschten die Stadt, die in der Nähe von Granada liegt, eine ganze Weile lang demonstrativ. Kurz darauf entdeckten Spione des Königs, daß einige der schneidigeren Moriscos vorhatten, die Macht in Granada an sich zu reißen, wenn Malta von den Türken genommen würde.

Die Altchristen waren zwar in Granada eine Minderheit, aber sie blickten auf die Moriscos herab als auf ein Volk, das von ihren Vorfahren besiegt worden war; für sie waren die Moriscos eine Herde, die darauf wartete, geschoren zu werden. Namentlich die Frauen der Moriscos betrachteten sie als Freiwild, und da diese auf den Straßen verschleiert gingen, sofern sie nicht zu Hause eingesperrt waren, ertrugen die Moriscos diese Beleidigungen nur schwer. »Die Altchristen haben sie mit ihrem Hochmut, ihren Diebereien und durch die Unverschämtheit, mit der sie ihre Frauen behandelten, zur Verzweiflung getrieben«, berichtete Francisco de Alava, ein Ortskundiger und zukünftiger spanischer Gesandter am französischen Hof, vertraulich dem Sekretär König Philipps. »Selbst Priester«, so berichtete er weiter, »sind davon nicht ausgenommen: ein ganzes Dorf bat den Erzbischof, den Pfarrer zu versetzen oder ihn mit irgend jemandem zu verheiraten, ›denn die Augen all unserer Kinder sind so blau wie die seinigen‹.« Auch in Granada hatte sich unterdessen die Inquisition des Königs verhaßt gemacht. Es war ein einträgliches Geschäft, einen Menschen, der offiziell Christ war, insgeheim aber dem Islam anhing, die Daumenschrauben anzusetzen, denn ein Schuldspruch gab der Inquisition das Recht, sein gesamtes Eigentum einzuziehen.

Im Jahr 1564 sah sich Pius IV. gezwungen, König Philipp wegen der rücksichtslosen Art, mit der die Inquisition gegen die

Moriscos von Valencia vorging, Vorwürfe zu machen. Der Papst teilte die Auffassung von Erzbischof Tavera, dem einstmaligen Gegner von Kardinal Jimenez, man solle den Moriscos den Religionsunterricht in arabischer Sprache geben, damit sie keine ihnen nichtssagenden Glaubenshandlungen vollziehen mußten.

Am 1. Januar 1567, dem fünfundsiebzigsten Jahrestag der Eroberung von Granada, erfuhren die Moriscos, daß die Pragmatica in den folgenden beiden Jahren Stück für Stück in Kraft gesetzt werden solle. Der erste Minister des Königs, Kardinal Espinosa – er sollte bald sein Großinquisitor werden –, hatte beschlossen, dieses alte Gesetz durchzusetzen, ohne sich vorher mit Iñigo López de Mendoza, Marqués de Mondéjar, zu beraten, der seit fünfundzwanzig Jahren Generalkapitän von Granada war und damit der zuständige Mann.

Mondéjar warnte unverzüglich davor, daß man bei der strikten Anwendung der Pragmatica einen Aufstand riskiere. Doch war es König Philipps Leidenschaft für Recht und Ordnung einfach zuwider, ein gültiges Gesetz nicht anzuwenden. Sein verehrter Vater Karl v. hatte beabsichtigt, mit der Pragmatica die alltäglichen Reibereien zwischen den Moriscos, potentiellen Verrätern, und seinen loyalen, altchristlichen Untertanen von Granada zu beseitigen. Was nun den Marqués de Mondéjar anging, der, wie die ganze Familie der Mendoza, ein Grande aus Andalusien war, so vergaß er wohl, wer sein Herr und Meister war.

In den Moriscovierteln von Granada begann man, die öffentlichen Bäder abzureißen; auch das *hammam* jenes atemberaubenden architektonischen Meisterwerkes, der Alhambra, erlitt das gleiche Schicksal. Die Moriscos traf diese Demütigung um so tiefer, als für sie das *hammam* mehr war als ein Badehaus und eine Stätte der Begegnung. Anders als das Christentum ist der Islam eine Religion, die rituelle Waschungen kennt. Daher war für sie Reinlichkeit etwas, wodurch sie sich von ihren Eroberern deutlich unterschieden; sie redeten sich sogar ein, einen Christen schon von ferne riechen zu können.

König Philipps Verhalten gegenüber Malta hatte bei ihnen den Eindruck der Unentschlossenheit, der militärischen Schwäche, des chronischen Mangels an Galeeren hinterlassen. Dazu kam, daß aus Unzufriedenheit mit der spanischen Herrschaft in den

Niederlanden ein Bürgerkrieg ausgebrochen war und unter dem Befehl des Herzogs von Alba sechzigtausend der besten spanischen Soldaten dorthin geschickt wurden, um die Niederländer niederzuschlagen. Indem er die Pragmatica schrittweise über einen Zeitraum von zwei Jahren hinweg in Kraft treten ließ, machte also Kardinal Espinosa einen schweren taktischen Fehler: er gab den Moriscos Zeit, sich zu dem Entschluß durchzuringen, den Kampf ums Überleben zu wagen. Die Niederlage der Türken auf Malta deuteten sie als einen vorübergehenden Rückschlag. Die Korsaren, die ungestraft an den Küsten Spaniens landeten, waren nahebei über dem Meer, und ihr großer Beschützer, der Türke, stand in dem Ruf des immer Siegreichen.

Die kühnsten Geister unter den Moriscos begannen, Getreidevorräte anzulegen. Sie beauftragten Schmuggler, ihnen Arkebusen aus Nordafrika zu beschaffen, und sie errichteten in Berghöhlen Depots mit Waffen und Schießpulver.

Manchem leichtsinnigen jungen Burschen schien es letzter Schrei, einen türkischen Turban zu tragen. Mondéjar merkte, woher der Wind wehte; er hielt es daher für angezeigt, bei der königlichen Regierung um Verstärkung nachzusuchen. Diese Truppen warfen ein helles Licht auf die gegenwärtige militärische Schwäche König Philipps: um einen nach Zehntausenden zählenden, möglichen Feind in Schach zu halten, hatte der König Mondéjar je 150 Berittene und Fußsoldaten geschickt.

Zwischen dem weiten, fruchtbaren Tal von Granada, das von den Schmelzwassern der Sierra Nevada reichlich versorgt wird, und der spanischen Südküste, die keine zweihundert Kilometer von der afrikanischen Nordküste entfernt ist, verläuft ein wilder Landstrich, etwa hundert Kilometer lang und dreißig breit, der von mehreren tief eingegrabenen Flüßchen durchzogen wird, Las Alpujarras. Diese Landschaft reicht nach Osten hin bis zu den trockenen, armseligen Grenzgebieten von Murcia. Moriscos und Altchristen hatten in den Alpujarras unbehaglich Seite an Seite gelebt; sie bestellten ihr bißchen Land entlang den Ufern der Flüßchen und weideten droben in den Bergen ihre Schafe und Ziegen. Jeder Morisco, der mit dem Gesetz in Konflikt geraten war, ging in die Alpujarras und lebte von Schmuggel oder

Banditentum. Dort oben in den Berghöhlen hatten die Unzufriedenen Granadas ihre Proviant- und Waffenverstecke.

Der Marqués de Mondéjar, der so unzulängliche Verstärkung
erhalten hatte, war sich sicher, daß Unruhen bevorstanden. Seine
Agenten hatten im Hafen von Almeria einen Brief abgefangen,
der sich »An alle moslemischen Mächte« wandte und die Klagen
der Moriscos aufzählte. Auch waren fünfzig seiner Männer auf
Patrouille in den Bergen aus dem Hinterhalt überfallen worden.
Aber er hätte kaum vorhersehen können, auf welch possenhafte
Weise der Aufstand tatsächlich beginnen würde.

Am Weihnachtstag des Jahres 1568 fiel in Granada Schnee.
Nach Einbruch der Dunkelheit passierte eine Reihe Männer eine
unbesetzte Pforte in der Stadtmauer. Sie waren mit Krummsäbeln und Arkebusen bewaffnet und wie Türken gekleidet. Der
Mann, der sie an dieser Stelle in die Stadt und in das Maurenviertel führte, war ein wohlhabender Morisco, ein Färber namens
Farax. In dieser Nacht feierten alle Christen in Granada Weih-
nachten, daher war es ein günstiger Augenblick, die Stadt zu
überrumpeln und den Aufstand auszurufen.

Die 180 Männer, die hinter ihm mit weißen Turbanen durch
den Schnee stapften, waren in Wahrheit keine Türken, sondern
Tunichtgute, die in Phantasiekostümen aus den Alpujarras her-
untergekommen waren. Farax hatte verabredet, seine Anhänger
in der Stadt gegen Mitternacht zu treffen. Er hatte versprochen,
mit achttausend Türken anzukommen – aber diese 180 Möchte-
gern-Türken war alles, was er auftreiben konnte. Selbst diejenigen im Maurenviertel, die mit einem Aufstand sympathisierten,
hielten sich zurück; sie spürten, daß es schiefgehen würde. Sieht
man davon ab, daß diese pittoresken Taugenichtse ein paar Wachen umbrachten, die sich gerade an einem Feuerchen wärmten,
und den Laden eines Apothekers plünderten, der allgemein als
Spion galt, so richteten sie wenig Schaden an, es war mehr eine
Operettenarmee. Unerschrocken verkündete Farax von einer hö-
hergelegenen Stelle nahe des Tores der Alcazaba unter Trompe-
tenstößen und Trommelwirbel feierlich die Erhebung der Moriscos. Dann marschierte er mit seinen Leuten und ein paar Freiwilligen, die sich ihnen angeschlossen hatten, davon, indem er die
Moriscos Granadas als Feiglinge und Verräter verfluchte. Als

sich die »Türken« wieder in die Berge verzogen, feuerten Mondéjars Männer aus sicherer Entfernung ein paar Schüsse hinter ihnen her.

Aber diese Komödie war Anlaß genug, die Alpujarras in Flammen zu setzen. Von Dorf zu Dorf lief die Kunde, eine türkische Armee sei gelandet. Moriscos, die in kleinen Bergdörfchen kümmerlich lebten, ergriffen an improvisierten Waffen, was nur immer dazu taugen wollte, und eilten zum nächstgelegenen altchristlichen Dorf. Wenn sie ihre ärgste Wut ausgetobt hatten – und das hieß zwangsläufig: mittels eines blutigen Massakers –, liefen sie in die Berge davon, um sich dieser sagenhaften türkischen Armee anzuschließen.

Die Moriscos nahmen gründlich Rache an der Religion, die seit fünfundsiebzig Jahren Symbol ihrer Niederlage war. Als Übungszielscheiben benützten sie jetzt am liebsten Madonnen, und heilige Gefäße dienten ihnen als Nachttöpfe. Am Altar so mancher Dorfkirche schlachteten sie ein Schwein, dieses unappetitliche Tier, das nur Christen verspeisten. Den Priestern erging es schlecht: einigen wurden Ohren, Nase und Zunge abgeschnitten, andere wurden bei lebendigem Leib verbrannt. Einem wurde der Mund mit Schießpulver vollgestopft und sodann das Schädeldach in die Luft gesprengt. Ein anderer Dorfpriester, der verhaßt war – vielleicht seiner blauen Augen wegen –, wurde in ein Schwein eingenäht und am Rost gebraten. Rache nahmen sie auch an den Frauen der Christen. Zwei berühmte Schönheiten des Ortes Guacijas, Schwestern und beide Altchristinnen, wurden nach Marokko verschleppt, um dort den Sultan zu ergötzen; zuerst aber mußten sie mitansehen, wie ihr Vater in kleine Stücke zerhackt wurde. Ein paar Altchristen entkamen, sie rannten durch den Schnee nach Granada; aber sehr viele mehr wurden in langen Reihen als Gefangene zur Küste hinabgetrieben und dort an Schmuggler aus Algier verschachert: Der übliche Preis betrug eine Arkebuse für einen Sklaven. Die Frauen wurden in die Harems von Algier verschleppt, die Männer kamen auf die Galeeren.

Es gab zumindest einen Ort in den Alpujarras, wo aus irgendeinem Grund – vielleicht war es enge persönliche Freundschaft seiner Einwohner oder ein guter Pfarrer – die Einheimischen gleich von Anfang an erklärten, sie wollten in Einvernehmen miteinander weiterleben. Dort, wie auch in Granada, waren viele Moriscos gegen den bewaffneten Aufstand. Aber diese wohlmeinenden Minderheiten kamen nicht zu Wort. Je mehr sich der blutige Bürgerkrieg ausbreitete, desto schwieriger wurde es, neutral zu bleiben. Allesamt mußten sie leiden, die guten Nachbarn nicht anders als die Fanatiker und die Sadisten.

Nachdem er womöglich mehr ins Rollen gebracht, als er ursprünglich gewollt hatte, war Farax klug genug, die Führung der Revolte einem gutaussehenden Zweiundzwanzigjährigen mit großen melancholisch blickenden Augen zu überlassen, dem schwarzen Schaf einer reichen Familie, dessen offizieller Name Hernandez de Valor war. Erst unlängst war er mit dem Gesetz zusammengestoßen und hatte in die Alpujarras fliehen müssen – mit einer Konkubine und einem schwarzen Sklaven. Aber er war ein direkter Nachkomme der Maurenkönige von Cordoba, und dies gab dem Aufstand den Anschein von Legitimität. Der junge Mann wurde unter seinem moslemischen Namen Mohammed ibn Umaiya zum König der Moriscos und zum Herrn über Andalusien und Granada ausgerufen. Würdig thronte er in Gala unter einem Olivenbaum und empfing dort die Huldigung seiner Gefolgsleute.

Ibn Umaiya kleidete sich in ein blutrotes Gewand, um den Leib band er eine Schärpe in scharlachroter Farbe; so ritt er auf einem weißen Araber in den Alpujarras umher. Er legte sich einen Harem zu, bestehend aus den besseraussehenden jungen Christinnen, die noch nicht ins Ausland verschachert worden waren. Von Granada aus zogen forsche junge Soldaten in die Berge. Anstelle der zerstörten Kirchen wurde eine Moschee errichtet. Die wenigen altchristlichen Dörfer, die immer noch aushielten, wurden belagert oder einfach von der Außenwelt abgeschnitten. Banditen, die sich schon lange in den Alpujarras versteckt hielten, fingen an, ihren bislang gesetzestreuen Mitbürgern die Kunst des Guerillakrieges beizubringen. In diesem kleinen Winkel Andalusiens war das alte Königreich der Mauren gespensterhaft wiedererstanden, – aber wie lange würde das Ganze dauern?

Am Neujahrstag 1569 hatte Mondéjar ungefähr 3800 Mann zusammen, ein Sechstel davon waren Berittene. Am üppigsten ausgestattet waren die genuesischen Kaufleute, die sich aus beruflichen Gründen in Granada aufhielten: geschäftstüchtige, aber unbeliebte Ausländer, Geldleute, die in den Diensten des Königs standen. Aber neben den Genuesen sahen auch andere diese Revolte als eine Möglichkeit an, daraus Profit zu schlagen. Viele Jahre lang hatten die Altchristen die sich abrackernden, wohlhabenden Moriscos als ihnen von Natur aus unterlegen behandelt; nun waren sie darauf aus, sie auszunehmen.

Bei einem Scharmützel mit einer schwächeren Moriskenstreitmacht, die gegen sie unter der rotweißen Fahne des neuen kleinen Königreiches antrat, gelang es Mondéjars Männern, den Feind in die Berge zurückzuwerfen. Dabei machten sie alle unbewaffneten Moriscos, auf die sie unterwegs stießen, zu Gefangenen und verkauften sie gegen bares Geld in die Sklaverei. Jedes feindliche Dorf, durch das sie kamen, wurde zerstört, und alle bewegliche Habe, selbst Kochtöpfe und Matratzen, wurden an die Profitgeier verkauft, die hinter der Armee herzogen. Ein Fünftel des Rebbachs gehörte dem König. Ein, zwei der belagerten altchristlichen Ortschaften wurden entsetzt. Dann marschierte Mondéjar mit seinen Leuten zurück ins Winterquartier, bevor ihm allzu viele Soldaten davonliefen.

Eine größere altchristliche Armee zog von Murcia her gegen die Rebellen. Angeführt wurde sie vom Vizekönig, dem Marqués de Los Velez, einem großen einheimischen Grundherrn. Los Velez hatte fünftausend Mann ausgehoben und marschierte, ohne den König lange zu fragen, in Richtung der Alpujarras. Er verlor keine Minute, denn er befürchtete, die Revolte könne sich wie eine ansteckende Krankheit auf seine eigenen moriskischen Landarbeiter ausbreiten und von dort aus nach Valencia. Gegen eine geschlossene Erhebung der 140000 Moriscos hätte eine Armee, wie sie König Philipp möglicherweise auf die Beine stellen könnte, keinen Erfolg gehabt.

Der Marqués de Los Velez war ein Hüne von einem Mann und ein berühmter Reiter; er war unerträglich hochmütig, ein Grande, einer dieser einheimischen Magnaten, deren Macht König Philipp zu beschneiden versucht hatte. In jüngeren Jahren hatte Los Velez in den Diensten Karls v. gestanden. Als Korsaren die Unverschämtheit besaßen, an der Küste von Murcia zu landen, erschlug er fünfzig von ihnen eigenhändig, was ihm bei den Moriscos den Spitznamen »Des Teufels Eisenhaupt« eingebracht hatte.

Los Velez hatte seine Soldaten nicht allzu fest in der Hand; sie würden also vermutlich, wenn sich der Sieg nicht leicht und schnell einstellte, langsam verschwinden und wieder nach Hause gehen. Aber in ihrer ersten Feldschlacht, bei Ohanez, warfen sie die Rebellen entscheidend zurück, töteten tausend, versklavten noch viel mehr und befreiten dreißig christliche Jungfrauen, die für den Harem bestimmt waren.

Der Tag nach der Schlacht war der Festtag der heiligen Jungfrau Maria. Die siegreichen Murcianos gingen in geschlossener Prozession zur Kirche, die befreiten Jungfrauen voran in Blau und Weiß, den Farben der Unbefleckten Empfängnis, und Los Velez und seine Offiziere schritten in voller Rüstung hinterher, Kerzen in den Händen. Dieser kleine Sieg kam zur rechten Zeit: er hielt die Moriscos von Granada vorläufig davon ab, den Aufstand zu ihren Brüdern weiter im Norden zu tragen – und dies war schließlich für sie eine größere Schlappe, als es den Anschein hatte, denn ein Aufstand, der seinen Schwung verliert und ins Stocken gerät, ist gewöhnlich zum Scheitern verurteilt.

Im März 1569 hatten sich die Vorstöße Mondéjars und von Los Velez von entgegengesetzten Seiten her in die Alpujarras hinein im Sand verlaufen. Los Velez war ein pittoresker, grausamer, kühner, gleichsam überlebensgroßer, aber unbedachter General. Mondéjar dagegen war ein kompetenter, gutgeschulter Soldat; er war auch ein anständiger Mensch, der die Brutalität und die Habgier seiner Soldaten nach Kräften zu zügeln suchte. Wiewohl die beiden Generäle aus der gleichen Gesellschaftsschicht kamen und den gleichen Rang hatten, waren sie doch grundverschieden voneinander und haßten sich. Diese persönliche Abneigung tat dem Feldzug nicht gut. Hier wäre ein Oberbefehlshaber nötig gewesen, der diese beiden dickköpfigen Aristokraten zur Ordnung gerufen und ihre schlecht geführten Armeen einer strengen Disziplin unterworfen hätte. Die Gefahr war für eine solche Rivalität zu akut, denn solange das kleine Moriskenkönigreich in den Alpujarras sich am Leben hielt, hatten die Türken einen Fuß in der Türe Spaniens.

• Ibn Umaiya, der König der Moriscos, hatte mittlerweile etwa doppelt so viele Männer unter Waffen wie Mondéjar und Los Velez zusammen. Auf jeden Moriskensoldaten, der in den Bergen kämpfte, kamen zwei oder auch drei geheime Sympathisanten, die in der Ebene das Land bebauten oder in der Stadt wohnten. Die Guerillakrieger in den Bergen bekamen ihren Proviant von Moriscos, die allem äußeren Anschein nach friedfertige Bürger waren, Händler oder Bauern, und die ihnen auch über jede Bewegung der Altchristen berichteten, so daß sie immer im voraus Bescheid wußten. Aber Ibn Umaiya mochte gut und würdevoll aussehen und keineswegs dumm sein, doch fehlte es ihm an Charakter und vor allem an Kühnheit und an der Energie, die den erfolgreichen Rebellenführer ausmachen. Unter günstigeren Bedingungen wäre er als Repräsentationsfigur durchaus tragbar gewesen, aber die Hilfe aus dem Ausland, die jedermann so vertrauensselig erwartet hatte, traf nicht ein. Ibn Umaiya hatte seinen Bruder Andalla nach Algier gesandt, um dort ihre Sache zu vertreten, doch er brachte nur eine Handvoll türkischer und algerischer Freiwilliger mit heim, Idealisten die einen, Abenteurer die anderen. In den Alpujarras gab es keinerlei Anzeichen jener vielberedeten türkischen Armee. Noch während des Winters ebbte das Kämpfen langsam ab, im März war es gänzlich vorbei.

In Konstantinopel, Andallas nächstem Ziel, war die Lektion von Malta noch immer nicht ganz verdaut. Man sprach über einen Angriff von See her auf ein einfacheres, lohnenderes Ziel; es war von Zypern die Rede. Sokollu, inzwischen Großwesir, der scharfsinnigste politische Rechner, den die Türken jemals besaßen, zeigte Andalla die kalte Schulter. Wenn man, wie Sokollu das tat, in machtpolitischen Vorstellungen dachte, dann war der Aufstand der Moriscos etwas Nebensächliches, etwas, das sich als eine gefährliche Falle entpuppen konnte, wenn sich der Sultan allzu weit darauf einließ. Sokollu empfand persönliches Mitgefühl mit den Moriscos; doch das Netz von Intrigen war seinerzeit in Konstantinopel komplizierter als je zuvor. Und das Pathos von der islamischen Solidarität fand viel weniger Resonanz als in der Vergangenheit. Die Glaubensgemeinschaft mußte vor den härteren Tatsachen zurücktreten.

In Madrid hingegen hielt man die Gefahr für echt. Der päpstliche Nuntius am Hofe König Philipps wurde am 26. Oktober 1569 vertraulich davon in Kenntnis gesetzt, daß das Königreich in eine bedrohliche Lage geriete, wenn der Kampf in den Alpujarras sich noch einen Winter lang hinzöge und auf weitere Regionen ausbreite.

Elisabeth von Valois, die fünfzehnjährige französische Prinzessin, die König Philipp nach dem Tod von Maria Tudor geehelicht hatte, starb acht Jahre später, am 3. Oktober 1568, im Wochenbett, als die Revolte der Moriscos zwar schon brodelte, aber noch nicht ausgebrochen war. Don Juan, der eine Patrouillenfahrt zur See gegen die Korsaren geleitet hatte, kehrte – den Gestank der königlichen Galeeren noch in der Nase – von dieser Mission gerade rechtzeitig zurück, um an den Begräbnisfeierlichkeiten teilzunehmen. Elisabeth war die heitere junge Königin, die ihn voller Bewunderung geneckt hatte, als er, als junger Mensch, davongesaust war, um im Kampf um Malta dabeizusein. Für Don Juan war sie so etwas wie eine ältere Schwester gewesen, wie sein hochintelligenter Verwandter Alexander Farnese bei ihm den Platz eines älteren Bruders einnahm. Elisabeths Beerdigung muß für Don Juan ein erschütterndes Ereignis gewesen sein.

König Philipp, sein Halbbruder, hatte lange zuvor angeordnet, Don Juan dürfe beim Gottesdienst nicht unter dem Baldachin stehen, dieses Recht sei den legitimen Angehörigen der königlichen Familie vorbehalten. Aber bei den Bestattungsfeierlichkeiten für die Königin – sie fanden in der Kirche der Barfüßigen Karmeliterinnen statt – wurde Don Juan, der soeben erst vom Waffendienst zurückgekehrt war, ein Platz zugewiesen, der nicht nur in beträchtlicher Entfernung vom königlichen Baldachin war, sondern auch derart abseits lag, daß Don Juan dies als einen beabsichtigten Affront auffassen mußte, als einen weiteren Versuch Philipps, den Halbbruder unter geschicktem Einsatz der Hofetikette auf einen minderen Rang zu verweisen. Philipp war geschickt, wenn es darum ging, mit Hilfe des höfischen Zeremoniells der Eitelkeit eines Höflings zu schmeicheln oder einen anderen herabzusetzen. Diese Demütigung war kein Zufall.

Es bleibt uns zwar letztlich verborgen, aus welchem Grund Don Juans Feingefühl bei der Beerdigung der toten Königin absichtlich verletzt wurde, aber vielleicht kann man das Motiv erraten. Der junge Mann hatte sich auf See bewährt, und das war nach Madrid berichtet worden. Der einundvierzigjährige König genoß als Monarch zwar den Gehorsam seiner Streitkräfte, aber ihre Achtung hatte er bisher noch nicht erworben. Außerdem konnte er wohl kaum Don Carlos vergessen, von dem sich sein Halbbruder immer so vorteilhaft unterschieden hatte. Und würde sich Don Juan letzten Endes als so loyal erweisen, wie es jetzt den Anschein hatte? Hatte sich der ernste König, als seine Frau, fast noch ein Kind, noch am Leben war, vielleicht manchmal ausgeschlossen gefühlt, wenn er die jungen Leute miteinander so fröhlich lachen hörte?

Das Geflüster und Kichern und die Demütigung in der Öffentlichkeit, das war zuviel für Don Juans leicht erregbares Gemüt. Ohne beim König förmlich um Erlaubnis nachzusuchen, verließ er in der gleichen Nacht den königlichen Hof und ritt zum Franziskanerkloster Santa María de Scala-Cocli, unweit von Valladolid, in dem seine Ziehmutter Doña Magdalena häufig zu Gast war. Don Juan war mit einem der Mönche befreundet, mit Juan de Calahorra, einem asketischen, klugen Franziskanermönch.

Bruder Juan hatte großen Einfluß auf den verstörten jungen Mann. Die nächsten Monate blieb Don Juan bei den Franziskanern und verrichtete eifrig seine Glaubenspflichten. Die Einfachheit des franziskanischen Alltags, das Mitgefühl mit den Armen und die Verachtung, welche die Brüder dem Geld entgegenbrachten, gefielen ihm. Lange und ernst sprach er mit Bruder Juan de Calahorra; es schien, als ob die erste kurze Erfahrung mit den Dingen dieser Welt – mitansehen zu müssen, wie nackte Galeerensklaven im Rumpf des Schiffes ausgepeitscht wurden, während vornehme Herren mit parfümierten Handschuhen scherzend im Heck saßen und plauderten – ihn ernüchtert hätte. Bei Hof ging das Gerücht um, Don Juan wolle noch einmal über die religiöse Laufbahn nachdenken, die sein Vater für ihn vorgesehen hatte. Aber wollte König Philipp, so fragten sich die Leute bei Hof, wirklich seinen begabten und mutigen Halbbruder der Welt verlorengehen lassen und ihn in ein Franziskanerkloster eintreten sehen?

Dabei wurde Juan als eine Persönlichkeit genügend hohen Ranges in Granada mittlerweile dringend benötigt. Er war gerade der richtige Mann, die Unterstützung dieses wohlmeinenden alten Soldaten, Mondéjar, zu gewinnen und die verletzte Eitelkeit von Los Velez zu besänftigen. Er hatte einmal davon gesprochen, er wolle sein Schwert in den Dienst des Königs stellen. Dies war jetzt kaum der richtige Augenblick für einen Sinneswandel.

Bruder Juan de Calahorra kannte seinen Freund. Er predigte ihm nicht Armut und Keuschheit, sondern Pflichtbewußtsein, und Don Juans Sekretär Quiroga fand die Worte, die seinen Herrn schließlich zu einem Entschluß bewegten: »Es wird Euren Namen in ganz Europa berühmt machen.« Als er erst einmal die Entscheidung getroffen hatte, den Ruhm zu wählen und nicht die Entsagung, da schrieb er einfach und pflichtbewußt an König Philipp, er nehme das schwierige Kommando an: »Ihr könnt auf mich vertrauen wie auf wenige andere, und keiner wird gegen diese Schurken entschlossener vorgehen als ich.« Don Luis Quijada sollte Don Juan auf diesem Feldzug als sein persönlicher Berater begleiten. Requeséns, der während der Piratenjagd über ihn gewacht hatte, sollte ein Kontingent regulärer Soldaten auf dem Seeweg von Italien nach den Alpujarras bringen, um der Armee Don Juans als zuverlässiges Rückgrat zu dienen, und die Galeeren sollten dann eine Blockade vor der feindlichen Küste bilden. König Philipp gedachte den Hof für einige Zeit nach Cordoba zu verlegen, damit Don Juans Depeschen ihn so schnell wie möglich erreichen würden.

Am 6. April 1569 verließen Don Juan und Luis Quijada den königlichen Palast von Aranjuez. Sie benötigten sechs Tage, um im kurzen Frühling Kastiliens die Mancha und die Berge von Jaén, die auch Sierra Morena genannt werden, zu überqueren. Der Marqués von Mondéjar empfing sie, umgeben von seinen wichtigeren Offizieren, vor Granada, und geleitete seinen so überaus jugendlichen Oberbefehlshaber respektvoll in die Stadt. Man konnte bemerken, daß die Offiziere in ihrer Anrede sehr freigebig mit dem Titel »Exzellenz« waren, während sie »Hoheit«, die Anrede der legitimen Prinzen, sorgfältig vermieden. Sie selber waren Landedelleute, und wenn sie Don Juan in diesem Feldzug wie jemanden behandelten, der von Geburt wegen über ihnen stand, dann konnte es nicht schaden, den jungen Mann daran zu erinnern, daß die königliche Familie noch einiges über ihm stand.

In voller Rüstung, einen karmesinroten samtenen Umhang lässig über die Schulter geworfen, den blitzenden Helm mit Federbusch und Einlegearbeit unterm Arm, so paradierte er sein Pferd vor der Front der zehntausend Soldaten seines verstärkten Heeres, die vor den Toren der Stadt zur Musterung Aufstellung genommen hatten. Dann ritt er durch die teppichgeschmückten Straßen von Granada, wo neugierige Altchristen ihn laut hochleben ließen. Im Hintergrund donnerten Geschützsalven und hinter düsteren Eisengittern an den Fassaden großer Häuser blickten die dunklen, feurigen Augen reicher junger Frauen auf ihn herab. Alle Keuschheitsgelübde, die er vielleicht einmal hatte ablegen wollen, waren jetzt vergessen, und es dauerte nicht lange, da hatte der junge Oberbefehlshaber eine Geliebte, eine bildschöne und intelligente Verwandte Mondéjars, Margarete de Mendoza. (Sie schenkte ihm ein Mädchen, Ana de Austria, das später Äbtissin des königlichen Klosters von Las Huelgas in Burgos wurde.)

Der tote Punkt im Moriscokrieg – und im Leben Don Juans – sollte bald überwunden sein.

Die Führer der Moriscos waren sich mittlerweile im klaren, daß ihre moslemischen Brüder in Algier und Konstantinopel bei aller Freude, Spanien durch eine Revolte in den Alpujarras gelähmt zu sehen, ihnen nur soviel Hilfe zukommen lassen wollten, als nötig war, um die Erhebung auf Sparflamme zu halten. Ein Landeunternehmen am anderen Ende des Mittelmeers mit Hilfe einer Flotte von Galeeren, das war für die Türken damals zu viel.

Hernando al Habaqui, der spätere Oberbefehlshaber der Moriscos und der beste Soldat, der jemals in ihren Reihen kämpfte, hatte in Algier die Sache der Aufständischen vertreten. Sein Gesprächspartner war der Gouverneur, Ochiali, vormals Draguts

rechte Hand, der seit dessen Tod unter den Piraten die erste
Geige spielte. Ochiali sagte al Habaqui mit grausamer Gleichgül-
tigkeit, es bereite ihm »mehr Sorgen, seinen eigenen Staat zu
verteidigen, als sich in die Belange anderer einzumischen«.
Ochiali, der über 4500 Janitscharen verfügte, machte also Habaqui gegenüber keinen Hehl daraus, daß er nicht einen einzigen
davon hergeben werde. Tatsächlich hatte er Pläne, sie anderwärts
zu seinem eigenen Vorteil einzusetzen. Ebensowenig war er bereit, auch nur eine einzige Arkebuse aus dem Arsenal der Stadt
herauszurücken. Da aber Ochiali die erregten Moslems von Algier beschwichtigen wollte, ließ er verkünden, daß jeder, der
selbst zwei Waffen sein eigen nenne, eine davon in der Moschee
für die Moriscos abgeben dürfe. Ochiali gab ferner acht Galeeren
die Erlaubnis, die Blockade zu unterlaufen; sie führten freilich
Handelsgüter an Bord, die sie mit Profit verkaufen wollten. Außerdem gestattete er al Habaqui, vierhundert Algerier als Arkebusiere anzuwerben; aber dann sorgte er dafür, daß sich nur
Männer fanden, die man aus dem Gefängnis entließ, wenn sie in
den Alpujarras kämpfen wollten. Diese Männer wurden im Felde
bald wegen ihrer Plünderungen und Vergewaltigungen berüchtigt. Auf beiden Seiten nahm die Grausamkeit sprunghaft zu.

Ochiali, der sich bald in einer entscheidenden Situation als See-
held des Sultans erweisen sollte, nimmt in der Geschichte
einen weniger auffälligen Platz ein als Barbarossa oder Dragut,
vielleicht, weil sein Name in den Quellen in vielerlei Schreibwei-
sen auftaucht: als Ali Pascha, Uluchali, El Louck Ali, Euldj'Ali
und Ochiali. Miguel de Cervantes nennt ihn im 39. Kapitel seines
Don Quijote Uchali. Zu seinen Lebzeiten munkelte man unauf-
hörlich – und möglich ist es, obschon unwahrscheinlich –, daß er
ein entsprungener Dominikanermönch oder Novize dieses Ordens gewesen sei. Schreibt man seinen Namen Ochiali, so erinnert dies zumindest daran, daß er – und alles weist darauf hin –
von Geburt Italiener und Katholik war, aus Licastelli, einem kleinen Dorf in Kalabrien. Dort hatte er als Fischer seinen Lebensunterhalt verdient, bevor Ali Ahmed den jungen Burschen verschleppte und ihn vor Algier an die Ruderbank einer Galeote
schmieden ließ.

Er muß ungeheuer kräftig gewesen sein, denn als Galeerensklave war sein Platz am Steuerbord-Bugriemen, an den man immer die besten Ruderer setzte, damit sie ein gutes Tempo vorgaben. Offenbar war sein Kopf durch eine Pilzflechte verunstaltet, denn auf den Galeeren war sein Spitzname »Räudiger Schädel«. Seine Stimme, so wissen wir, war derart heiser, daß man ihn aus einer Entfernung von wenigen Schritten kaum mehr verstehen konnte. Die Geschichte von der großen Wende in seinem Leben wurde oft erzählt. Eines Tages war dieser häßliche, muskulös gebaute und rauhstimmige italienische Galeerensklave christlichen Glaubens von einem moslemischen Seemann tödlich beleidigt worden, und Ochiali, ein zutiefst nachtragender Kalabrese, sann auf Rache.

Der Islam verpflichtet zur Brüderlichkeit, daher konnte kein Moslem einen anderen moslemischen Mann als Sklaven halten. Ochiali sprach nun die vorgeschriebene Konvertierungsformel, worauf er zwar weiterhin das gleiche Ruder ziehen mußte, aber von diesem Augenblick an ein Freiwilliger war – und jemand, der seine Ehre verteidigen durfte. Sofort verlangte er nach dem Mann, der ihn beleidigt hatte, und tötete ihn im Zweikampf Mann gegen Mann. Durch diese Gewalttat verschaffte er sich einen Namen. Er wurde zum Sklavenaufseher einer Korsarengaleere befördert: jetzt wurde er nicht mehr ausgepeitscht, jetzt schwang er selber die Peitsche. Mit seinem Anteil aus den Beutezügen kaufte er sich bei einer Galeote ein und stieg schnell zum Anführer der Piraten auf.

In den Jahren, als Dragut seine schrecklichen Menschenjagden veranstaltete, diente ihm Ochiali, der die Südküste Italiens gut kannte, als seine rechte Hand. Er verhielt sich fast so, als ob er einen Groll gegen das Land und den Glauben seiner Kindheit hegte, als ob die dramatischen Ereignisse, die ihn zum Religionswechsel genötigt hatten, ihn auch innerlich verwandelt hätten. Ein Fischer, der wie Ochiali im katholischen Italien unter spanischer Herrschaft geboren war, mußte damals erwarten, auch als Fischer zu sterben. Mehr durfte er sich vom Leben nicht erhoffen – es sei denn, er trat in die Kirche ein und brachte es dort zu etwas (der neue Papst, Pius V., war als Kind ein Hirtenjunge gewesen). Aber ein kühner Geselle in den Diensten des Sultans, wie niedrig er auch geboren sein mochte, konnte, wenn ihm das Glück hold war, zu den höchsten Ämtern aufsteigen. Einzig und allein das Osmanische Reich bot einem armen Mann die Möglichkeit, emporzusteigen; die Risiken dabei waren zwar schrecklich hoch, aber die möglichen Gewinne auch entsprechend groß.

Ochiali blieb unbeweibt, doch nannte er die Seeräuber, die unter ihm dienten, gern seine Kinder. Mit seinem alten Lehrmeister Dragut scheint er sich leidenschaftlich verbunden gefühlt zu haben. Im März 1568 wurde Ochiali Gouverneur von Algier. Es dauerte nicht lange, und die Rebellen in den Alpujarras gingen ihn um Hilfe an.

Wenn man erraten konnte, was die führenden Köpfe Konstantinopels dachten, konnte man an Ochialis Stelle sogar noch höher aufsteigen. Er war sich vollkommen darüber im klaren, daß das, was die Türken nach dem Debakel auf Malta, das er mit angesehen hatte, brauchten, nicht ein kleiner innerspanischer moslemischer Aufstand war, in den sich einzumischen gefährlich sein mochte, da er leicht scheitern konnte. Was sie brauchten, das war ein spektakulärer und gefahrloser Sieg, und zwar an einem Ort, der vor aller Augen lag. Der Glanz eines solchen Sieges würde den Ruhm des Sultans – der Unbesiegbare zu sein – erneuern. Wenn ihm das gelänge, dann stünde ihm, Ochiali, eine große Zukunft bevor.

Die spanische Regierung hatte ihre eigene geheime Vertretung in Algier, und die Gewährsleute König Philipps bestachen den neuen Gouverneur großzügig, um ihn von der Unterstützung der Moriscos abzuhalten. Ochiali nahm die Gelder ohne Zögern, warum auch nicht? Er hatte ja ohnehin nicht vor, den Moriscos groß zu helfen. Aber die Spanier glaubten jetzt, sie hätten ihn in der Tasche. Später erwogen sie ernsthaft, ob sie ihn nicht ganz auf ihre Seite ziehen könnten, indem sie ihn zum spanischen Marqués machten. Gab es Größeres, wovon ein emporgekommener italienischer Fischer träumen konnte? Ochiali nahm das Geld, hörte ihren Versprechungen zu – und lachte sich ins Fäustchen.

Im Oktober 1569, als der Piratensommer vorüber war und niemand recht auf sie achtete, überraschte Ochiali den König von Spanien und überhaupt jedermann. Zusammen mit seinen Korsaren und seinen Janitscharen verließ er Algier, nahm zehn leichte

Feldgeschütze mit und führte seine kleine Armee auf dem Landweg nach Osten, Richtung Tunis, der afrikanischen Stadt, die Karl v. etliche Jahre zuvor in seinem einzigen großen Sieg am Mittelmeer erobert hatte. Tunis wurde noch immer von einem König aus jener Marionettendynastie regiert, die Karl v. auf den Thron gesetzt hatte, und dieser König hatte sich in letzter Zeit sehr unbeliebt gemacht.

Zwischen Malta und Tunis liegt die Meerenge, durch die die Türken in das westliche Mittelmeer gelangten. Beides waren Stützpunkte in der Hand von Verbündeten des spanischen Königs. Die Kapitäne des Sultans mußten also, wenn sie diese Meerenge durchfuhren, gleichzeitig über beide Schultern blicken. In Konstantinopel schmerzte also der Verlust von Tunis noch immer.

Von See her war Tunis durch ein starkes Außenwerk gesichert, der Festung La Goletta, in der eine spanische Garnison lag. Aber von der Landseite her konnte man die Stadt angreifen, und falls dies geschah, würden nur wenige Untertanen des Marionettenkönigs Muley Hamid für diesen ihr Leben aufs Spiel setzen. Während Ochiali die nordafrikanische Küste in Richtung Tunis entlangmarschierte, kamen mehr als tausend Kabylen aus den Bergen herab, um sich ihm anzuschließen. Als er noch zwei Tagesmärsche von der Stadt entfernt war, gab der Marionettenkönig unverzüglich auf und eilte mit seinem Schatz und einer Handvoll seiner Anhänger in die Festung La Goletta. Im Januar 1570 hatte Ochiali seine eigene kleine Seeräubergarnison in Tunis; sie unterstand dem Kommando eines Abtrünnigen aus Sardinien, der den islamischen Namen Cayto Ramadan angenommen hatte. Im Palast des Sultans, welcher das Goldene Horn überblickte, wurde die Kunde von der Rückeroberung von Tunis wie ein froher Trommelwirbel aufgenommen, der die aus der Ferne vorgetragenen Bitten der Moriscos übertönte.

Kurz nach dem Ausbruch des Kleinkrieges in den Alpujarras hatte sich Mahomet ibn Umaiya in dem Bergdorf Mecina-Bombaron versteckt, und zwar in dem Hause eines Sympathisanten namens ibn Abu. Als Mondéjars Leute durch dieses Dorf zogen und ihn suchten, gelang ihm die Flucht, aber sein Gastgeber ibn

Abu wurde festgenommen. Die altchristlichen Soldaten verhörten ihn lange und brutal, doch als er sich standhaft weigerte, ihnen zu sagen, wo sie den Gesuchten finden konnten, da hingen sie ihn mit dem Kopf nach unten an einen Maulbeerbaum in seinem Garten und entmannten ihn. Einem zeitgenössischen spanischen Historiker zufolge, der den Krieg in den Alpujarras selber miterlebt hat, konnte man aus ibn Abu nichts weiter herausbekommen als die Worte: »Möge es Allah gefallen, mich sterben zu lassen, damit meine Freunde am Leben bleiben.«

Jetzt aber, da der Krieg ins Stocken geraten war, lösten sich alte Bindungen auf, und nun war ibn Abu das Haupt einer Verschwörung zum Sturz des jungen, genußsüchtigen Königs, dessentwegen ibn Abu verstümmelt worden war. Seine Komplizin war Zahara, eine Sängerin im Harem des Zaunkönigs, und mit einem Trick brachte er die ehemaligen Sträflinge aus Algier auf seine Seite. Eines Tages, als sich der König in seinem Harem vergnügte und den Krieg vergaß, wurde er mit einer Bogensehne erdrosselt; seine Leiche wurde auf den nächsten Misthaufen geworfen. Während die ehemaligen Sträflinge mit den Frauen im Harem des Toten eine wilde Orgie feierten, proklamierte sich ibn Abu selber öffentlich zum König. Sein erstes war, Hussein, der die paar türkischen Freiwilligen in den Alpujarras befehligte, mit einem großzügigen Bestechungsgeld für den Großmufti nach Konstantinopel zu schicken. Wenn schon die türkischen Staatsmänner der Sache der Moriscos den Rücken kehrten, so sollte zumindest die gute Meinung der religiösen Führer gewonnen werden.

Unter ihrem neuen König setzten sich die Moriscos entschlossener zur Wehr. Auf Rat ihrer türkischen Pioniere begannen sie, wichtige Stützpunkte zu befestigen, namentlich die kleine Stadt Galera, wodurch die beste Straße zwischen der Stadt Granada und den Alpujarras gesperrt wurde. Ibn Abu sandte ferner Kommandos aus, die bis nach Murcia vordrangen, wo die Truppen des Los Velez mittlerweile so weit in Auflösung begriffen waren, daß sie sich solcher Stoßtrupps nicht mehr recht erwehren konnten. Ibn Abu führte persönlich einen kühnen Stoß zur Küste an, um einen Hafen in seine Hand zu bringen und dadurch seinen Kontakt zur Außenwelt zu verbessern.

Aber der Angriff auf die Hafenstadt Almeria schlug fehl. In einem wahnsinnigen Wutanfall ließ ibn Abu diejenigen ergreifen, die er für die Niederlage verantwortlich machte, ließ sie bis zum Hals eingraben und als lebende Zielscheiben benützen. Den Klügeren unter seinen Anhängern war dies ein schlimmes Zeichen. Ibn Abu mochte sich zwar König nennen, aber königlichen Geblüts war er deswegen noch nicht. Seine Autorität beruhte allein auf Erfolg; in der Niederlage war keine Aussicht, über seine Leute durch Terror zu herrschen.

Geschickt fischten die Feinde Spaniens in den trüben Wassern, die aus den Alpujarras flossen. Der französische Botschafter an der Hohen Pforte berichtete am 14. März 1569, Wilhelm von Oranien, der Anführer des Aufstands der Niederlande gegen Spanien, habe einen persönlichen Vertrauten zu Joseph Micas gesandt. Micas war das reichste Mitglied der jüdischen Gemeinde Konstantinopels und ein enger Freund Selims II. Wilhelm, der die Unterstützung vieler nach Antwerpen emigrierter spanischer Juden besaß, bat Joseph Micas, durch seinen Einfluß am Hof des Sultans die Türken zu bewegen, in den Alpujarras einzugreifen, denn dies könnte Spanien veranlassen, einige der Truppen abzuziehen, die jetzt die Niederlande terrorisierten. Drei jüdische Geschäftsleute, die Micas nach Frankreich sandte, um fällige Gelder einzutreiben, setzten dort das alarmierende Gerücht in die Welt, die türkische Flotte werde im folgenden Jahr ganz sicherlich nach Spanien segeln, um den Mauren von Granada beizustehen. Doch ein Gerücht ist keine Armee. Alle Feinde Philipps II. waren voll Mitgefühls für die Moriscos – doch nur wenige schickten Hilfe oder kamen, ihnen beizustehen.

Von da an wußten die Moriscos, daß sie sich nur auf sich selber verlassen konnten. Murcia und Valencia hatten sich an ihrem Aufstand nicht beteiligt; auch die Unterstützung, die sie von den Moriscos Sevillas erwartet hatten, war nicht eingetroffen. Im August 1569 hatten sie trotzdem dreißigtausend Mann unter Waffen. Am 18. Oktober befahl König Philipp – ein Schreibtischmensch, der vielleicht bei seinem Grübeln allzu leicht dem Gedanken verfiel, mit Grausamkeit ließe sich alles lösen –, in den Alpujarras »Krieg mit Feuer und Blut« zu führen. Im gleichen

Monat Oktober berief er die Cortes nach Cordoba ein, in nächste Nähe des Kriegsschauplatzes. Wollte man »Krieg mit Feuer und Blut«, dann bedurfte es besonderer Anreize durch den König. Der Sold eines regulären Feldsoldaten wurde erhöht: auf drei Kronen für Hellebardiere, auf vier Kronen für Arkebusiere. Jeder Soldat durfte seine Gefangenen als Sklaven verkaufen und den Erlös einstecken. Die altchristlichen Milizsoldaten des Königs konnten von nun an das ganze Beutegut behalten; sie mußten nicht mehr das übliche Fünftel an die Krone abführen.

Der Winterfeldzug begann am 19. Januar 1570 mit dem Marsch des Hauptteils der spanischen Armee in Richtung auf das befestigte Galera, das von einer Moriscobesatzung von 3000 Mann gehalten wurde, darunter zweihundert Arkebusieren. Angeführt wurden die Spanier von Don Juan und seinem Ziehvater Luis Quijada; sie waren gut gerüstet und hatten inzwischen etwas bessere Disziplin. Galera stand auf einem schmalen Felsen, der sich zwischen den Flüssen Huescar und Orce erhob; der Name Galera rührte von der Ähnlichkeit dieses hochgelegenen felsigen Standortes mit einer Galeere her. Ein weißgetünchtes Haus mit flachem Dach stand dort über dem anderen; das Ganze sah aus wie aus einer Spielzeugschachtel, und jedes Dach war etwas höher als das andere. Als sich Don Juan und Luis Quijada zu Pferd an der Spitze ihrer Truppen der Stadt näherten, konnten sie die Turbane, Gewänder und dunklen Bärte der Scharfschützen sehen, die über die flachen Dächer verstreut ihre Büchsen auf sie richteten.

Das höchstgelegene Gebäude Galeras war eine Steinkirche, in deren Glockenturm die Moriscos eine Kanone aufgestellt hatten. Die Hauptstraße des Ortes führte zur Kirche hinauf; sie war jetzt allerdings alle funfzig Schritt durch Barrikaden gesperrt. Türen und Fenster der Häuser waren in Schießscharten verwandelt und die Mauern zwischen den Häusern durchbrochen worden, damit die Verteidiger sich in Deckung vom einen Ende der Straße bis zum anderen bewegen konnten. Was besonders auffiel, waren die langhaarigen Freiwilligen des Frauenbataillons: Wenn ihre Männer geschlagen wurden, dann war diesen Frauen Vergewaltigung und Sklaverei sicher; daher hatten sie den vergitterten und verriegelten Harem mit dem Platz an der Schießscharte vertauscht. Die

Verteidiger hatten zwar nur wenige Feuerwaffen, und das Schießpulver war knapp, da aber die kleine Stadt der spanischen Armee den Zugang zu den Alpujarras versperrte, hatten die türkischen Pioniere sie so gut befestigt, wie es nur irgend ging.

Don Juan, damals noch keine dreiundzwanzig Jahre alt, hatte von König Philipp strengste Anweisung erhalten, sich während des Kampfes keiner Gefahr auszusetzen. »Ihr müßt auf Euch achtgeben«, hatte der König vor dem Feldzug betont, »denn ich brauche Euch noch zu Größerem.« Der König hatte seinem Halbbruder eine rein repräsentative Rolle zugedacht, die Entscheidungen sollten seine kriegserfahrenen Kommandeure treffen. Don Juan hatte auf diesen Befehl des Königs respektvoll, aber kühl geantwortet: »Ich verstehe, daß es das Interesse Eurer Majestät verlangt, daß mich die Soldaten beim Ruf nach den Waffen oder bei jedem anderen Auftrag an ihrer Spitze sehen.« Requeséns' Galeerengeschwader, das vor der Küste patrouillierte, hatte aus Cartagena Belagerungsgeschütze herbeigeschafft. Maultiergespanne zogen die schweren Kanonen nach Galera hinauf, für drei Batterien wurden Stellungen ausgehoben, und dann begann die systematische Beschießung der Stadtmauern. Aber selbst wenn es den spanischen Kanonieren gelänge, eine begehbare Bresche in die Mauer zu schlagen – ein Loch und ein Stück verschütteter Graben davor, so daß die Soldaten in die Stadt eindringen könnten –, selbst dann müßten sie sich noch Haus für Haus blutig vorwärtskämpfen.

Die Scharfschützen der Moriscos schossen mit ihren Arkebusen so zielgenau von den Hausdächern herab, daß man die Laufgräben zwischen den einzelnen Batterien mit Schanzkörben bedecken mußte, mit Bündeln von Reisig, das man auf einem nahegelegenen Hügel schnitt. Dabei stellte sich übrigens heraus, daß dieser auch in der Reichweite der Scharfschützen lag. Don Juan führte nicht nur unter einem wahren Hagel von Kugeln ein Arbeitskommando dorthin, sondern er schnitt auch selber ein Reisigbündel und trug es mit zurück. Das beeindruckte seine Männer, auch wenn es kaum dem Verhalten entsprach, das König Philipp vorgesehen hatte.

Die Ratgeber Don Juans empfahlen ihm, nur viertausend Infanteristen durch die Bresche in die Stadt zu werfen, die sich dann Haus für Haus vorankämpfen müßten. Er solle sich aber zuvörderst auf einen unterirdischen Stollen verlassen, den sie weiter oben, wo die Stadtmauer in nackten Fels überging, ausheben ließen. Der größere Teil seiner Männer sollte dann durch diese zweite, obere Bresche, die man mittels des Stollens heraussprengen wollte, in die Stadt eindringen und die Verteidiger im Rücken angreifen.

Die große Sprengladung, welche die Pioniere oben in den felsigen Hügel eingegraben hatten, explodierte zwar, aber sie ging in die falsche Richtung los. Der obere Teil der Mauer blieb heil. Don Pedro Zapata führte ein Himmelfahrtskommando in die untere Bresche, das dort eine Fahne aufpflanzte und eine Gasse für die Nachkommenden freischlug. Aber die Männer hinter ihm wurden, zu ihrem Ärger und ihrer Schande, von den Moriscofrauen zurückgeworfen. Unter der persönlichen Führung Don Juans stießen die viertausend Fußsoldaten nacheinander in zwei Angriffen in die Stadt hinein, freilich ohne das erhoffte Unterstützungsfeuer von der anderen Seite. Ein Geschoß aus einer Arkebuse traf Don Juans Brustpanzer; er wurde nach hinten umgeworfen, zog sich aber nur Prellungen zu. Beide Angriffe schlugen fehl. Die Spanier hatten hohe Verluste: vierhundert Tote, darunter fünfzehn Offiziere, und fünfhundert Verwundete.

Die Männer, mit denen Don Juan an diesem Abend Kriegsrat hielt, besaßen viel größere Erfahrung als er, und etliche von ihnen machten lange Gesichter. Der König saß beunruhigend nahe in Cordoba und wartete auf Siegesnachrichten. Wenn er erfuhr, was an diesem Tag geschehen war, könnte die Laufbahn von einigen über Nacht beendet sein. Vielleicht lag es daran, daß Don Juan sich weniger vor dem Groll des Königs fürchtete als die anderen an diesem Tisch, jedenfalls gelang es ihm, ihnen wieder Mut einzuflößen. »Wenn wir so klug sind, wie wir sein sollten«, soll er zu ihnen gesagt haben, »dann wird die Nachricht von einem Sieg Seine Majestät zur gleichen Zeit erreichen wie die Zeitung unseres heutigen Mißgeschicks.«

Wenn die Spanier jetzt noch mehr Fässer mit Schießpulver brauchten, um eine weitere Bresche in den oberen Teil der Mauern von Galera zu sprengen, dann ließ sich das ganz einfach bewerkstelligen: ihre Schiffe und ihre Maultierkarawanen konnten sie herbeiholen. Aber auch die Moriscos mußten an diesem ersten Tag ihrer Abwehr viel Pulver verbraucht haben, und am nächsten Kampftag würden manche ihrer Soldaten nun auf Pfeil und Bogen angewiesen sein. Eine Festung habe, strategisch betrachtet, eine entscheidungsverzögernde Wirkung, aber die Garnison von Galera könnte nur die eine begründete Hoffnung haben, daß die Moriscoarmee zum Entsatz herbeikäme; andernfalls müßte sie wie jede belagerte Stadt über kurz oder lang fallen. Durfte man aber annehmen, daß der Oberbefehlshaber der Moriscos zu ihrer Hilfe herbeieilen würde, da er doch eine offene Feldschlacht vor den Mauern von Galera riskieren mußte, in der eindeutig die regulären spanischen Truppen im Vorteil waren? Don Juans einleuchtende Überlegung machte seinen Ratgebern wieder Mut. Man mußte also noch einmal angreifen, und zwar ohne die geringste Zeit zu verlieren.

Als die Pioniere wieder zur Minierarbeit vorgeschickt wurden, machten zweihundert Moriscos mit Langspießen und Schwertern einen kühnen Ausfall auf sie, der aber fehlschlug. Am 10. Februar wurde Don Juan gemeldet, daß die zweite Sprengladung bereit sei. Er ließ seine zwanzig Feldgeschütze näher auffahren und konzentriertes Feuer auf die kleine Stadt richten. Die Sprengung bewirkte auch diesmal weniger als man sich erhofft hatte, aber jetzt gelang es den spanischen Fußsoldaten zumindest, von zwei Seiten her gleichzeitig in die Stadt einzudringen. Bei diesem Angriff bemerkte jeder, daß Don Juan eine geradezu herausfordernd auffällige Rüstung trug, glänzend, goldverziert, der Helm mit einem Federbusch geschmückt. Dieses stolze Gebaren hob den Kampfesmut. Sein Urteil im Kriegsrat und sein Verhalten auf dem Schlachtfeld bewiesen, daß dieser junge Mann seinen Lehrmeistern entwachsen war. Wie er dem König gesagt hatte, beabsichtigte er, seine Männer in vorderster Front anzuführen.

Von Cordoba aus erhielt Don Juan den Befehl des Königs, kein Pardon zu geben und Galera dem Erdboden gleichzumachen. In einer neunstündigen Schlacht fielen die Verteidiger von Galera Mann für Mann. Die Weiber des Amazonenbataillons brüllten den Angreifern bis zuletzt Flüche entgegen und warfen von den Dächern Steine herab. Der Befehl des Königs, niemanden in dieser Stadt am Leben zu lassen, mißfiel Offizier wie

Mann, denn man hatte gehofft, Gefangene zu machen und sie in die Sklaverei zu verkaufen. Die Kommandeure waren sich der augenblicklichen Grausamkeit des Königs bewußt und wollten seiner Anweisung folgen. Don Juan ließ zwar den Befehl König Philipps – erschreckend wie er war – verlesen, gab ihm aber offenbar schon von Beginn der Schlacht an eine humanere Auslegung. So achtete er beispielsweise darauf, daß die 4200 nicht-kämpfenden Frauen und Kinder von Galera verschont wurden. Die Sieger machten riesige Beute – Gold, Silber und Seide – und erbeuteten genügend Gerste, um die Garnison noch zwei Jahre lang zu ernähren. Wie vom König befohlen, wurde die kleine Stadt dem Erdboden gleichgemacht, und die sie umgebenden Terrassenfelder wurden mit Salz bestreut. Nichts sollte nach des Königs Willen je dort wieder wachsen – freilich war inzwischen auch niemand mehr am Leben.

Der alte Luis Quijada war unterdessen losgezogen, um im Auftrag Don Juans die Sierra de Seron zu erkunden, wo sich die Moriscos zusammengezogen hatten. Bei einem Scharmützel wurde er von einem Arkebusengeschoß in die Achselhöhle getroffen. Ein Pfuscher von einem Wundarzt machte hintereinander fünf Eingriffe, um die Kugel zu finden – vergebens. Doña Magdalena eilte unverzüglich in die Alpujarras und kam gerade noch zur rechten Zeit, um Don Luis die Augen zuzudrücken. »Da wir wissen, wie er lebte und wie er starb, ist es unser bester Trost, daß wir uns sicher sein können, ihn an einem schöneren Ort zu wissen«, schrieb König Philipp an Don Juan, nachdem er von der tödlichen Verwundung Luis Quijadas erfahren hatte. Don Luis und Doña Magdalena waren kinderlos, daher hatte er in seinem Testament verfügt, ihre gesamte Habe zusammenzutun und mit dem Erlös ein Kloster zu gründen. Doña Magdalena handelte seinem Willen entsprechend und legte ihr ganzes Eigentum in Pater Franciscos Hände. 1572 hielt das neugegründete Jesuitenkolleg von Villagarcia eine neun Tage während Totenfeier für den Ziehvater Don Juans. Die sterblichen Überreste des alten Soldaten liegen dort unter dem Hochaltar begraben.

Als König Philipp erfuhr, welchen Gefahren sich Don Juan ausgesetzt hatte, sprach er ihm harten Tadel aus. Er solle doch daran denken, »wie wichtig sein Leben« sei, »da Ihr mein Bruder seid, sollt Ihr es nicht in Gefahr bringen, wie Ihr es bisher immer getan habt«. Don Juan mußte es hinnehmen. Ruy Gómez, dem ersten Minister des Königs, schrieb er aber : »Hättet Ihr an meiner Stelle gestanden und unter den gleichen Umständen, so hättet Ihr ebenso gehandelt wie ich.«

Die Verluste von Galera hatten seine Soldaten entmutigt. Bei ihrem ersten Angriff auf Seron ergriff die spanische Infanterie das Hasenpanier. Beim zweiten Angriff stieß ihnen der fähige General des Feindes, Hernando al Habaqui, mit achtzig Pferden und siebenhundert Mann entgegen in der Hoffnung, die geschwächte Front zu verwirren und zu schlagen. In dieser kritischen Situation, da sich die beiden Befehlshaber beinahe von Angesicht zu Angesicht gegenüberstanden, kam alles auf schnellen Entschluß an. Don Juan befahl rasch, mit den Feldgeschützen den Angriff der Moriscos zu zerschlagen, und ließ gleichzeitig die Reiterei eine Schwenkung vollführen und al Habaqui unerwartet von hinten angreifen.

Dieses Treffen war von beiden Seiten glänzend geführt worden. Don Juans Helm wurde von einem Geschoß getroffen, doch auch diesmal kam er unverletzt davon. Zwei spanische Soldaten, die sich als feige erwiesen hatten, wurden kurzerhand gehängt, um der Armee eine Lektion zu erteilen, vier weitere auf die Galeeren geschickt. Von nun an konnte es an Don Juans Mut und an seiner Führungsfähigkeit im Felde kaum mehr einen Zweifel geben; von rein repräsentativer Rolle des jungen Befehlshabers war keine Rede mehr.

Nach dem Tod Luis Quijadas hatte er niemanden mehr, dem er sich anvertrauen konnte. Das Verhalten seiner Leute kränkte ihn tief. »Sie haben nicht das geringste Ehrgefühl«, schrieb er, »und sie haben für nichts etwas übrig als für Plündern und für ein bequemes Leben. Zuvörderst daran schuld«, so fuhr er fort, »sind die Offiziere. Was die Männer so verdrossen und so mutlos macht, das ist, wie ich sehr wohl weiß, ihre schändliche Lebensweise, die Roheit ihrer Seelen und ihre Gewissenlosigkeit. Wenn man sie nicht verwöhnt und bei guter Laune zu halten versucht, kann man nichts mit ihnen anfangen.«

Langsam begann Don Juan zu erkennen, daß die Ritterlichkeit, in der er seit Kindheitstagen von Luis Quijada erzogen worden war, eine edle Wunschvorstellung war, das Ideal von einigen wenigen. Im Vergleich mit den mutigen und großherzigen Malteserrittern waren diese Männer, die in den Alpujarras jetzt einen ähnlichen Kampf für König Philipp führten, nur selbstsüchtige Söldner. Aber was, wenn nicht Großmut, wahre Seelengröße, war imstande, gegen einen Feind zu obsiegen, der wie die Türken und die Moriscos zumindest teilweise um des Glaubens willen kämpfte?

Hier oben in den Bergen hatten die Soldaten des spanischen Königs, was immer ihre Mängel sein mochten, die größere Zahl und die bessere Ausrüstung auf ihrer Seite. Unaufhaltsam rückten sie in das kleine Königreich der Moriscos vor. Seron fiel, und am 21. März traf Don Juan Vorbereitungen, die Festung Tijola zu belagern, deren Garnison mehr als tausend Mann stark war, davon dreihundert Arkebusiere und vierzig türkische Freiwillige. Die Rebellenführer hatten einen letzten ergreifenden Hilferuf nach Algier und nach Konstantinopel gesandt: Wenn die Sache des Wahren Glaubens in Spanien unterginge, würde dem Sultan am Jüngsten Tage dafür Rechenschaft abverlangt werden.

Hernando de Habaqui, der die Armee der Moriscos befehligte, sah Tijolas Schicksal besiegelt, nachdem selbst eine so gut befestigte Stadt wie Galera in die Hände Don Juans gefallen war – und damit auch das Schicksal des moriskischen Königreiches. Er begann, geheime Verhandlungen über einen Waffenstillstand einzuleiten. König Philipp bot ihm alles andere als großzügige Bedingungen an, aber sie genügten, dem Widerstandsgeist der Moriscos das Rückgrat zu brechen. Jeder aufständische Guerilla-krieger zwischen fünfzehn und fünfzig, der sich innerhalb von zwanzig Tagen mit seiner Waffe ergab, solle zusammen mit zwei weiteren Personen seiner Wahl der Sklaverei entgehen; doch nach Ablauf dieser Frist werde jeder Morisco in den Alpujarras, der das vierzehnte Lebensjahr überschritten hatte, erschossen werden. Dreißigtausend legten ihre Waffen nieder; nur ein paar wenige tausend Guerillos blieben, zusammen mit ihrem König, in den Bergen zurück.

Am 19. Mai näherte sich Hernando al Habaqui an der Spitze von dreihundert Arkebusieren, die in Fünferreihen marschierten, der Stadt Granada. Von der Lanzenspitze des ersten Reiters hing ibn Abus rotweißes Banner herunter in den Staub. Militärmusik spielte laut, und die Kanonen der Spanier schossen feierlich ihre Salven in die Luft. Die ausgediente Fahne wurde vor Don Juans Füße geschleudert. Al Habaqui händigte ihm seinen Krummsäbel aus Damaszener Stahl aus und kniete nieder, um seinem jungen Gegner die Hand zu küssen. Don Juan, der sich bei solchen feierlichen Anlässen geschickt zu verhalten wußte, hob Hernando al Habaqui brüderlich zu sich empor, gab dem Moriscogeneral seinen Säbel zurück und sagte, er möge ihn künftig im Dienst des spanischen Königs benutzen. Nach dieser feierlichen Übergabe »plauderte er liebenswürdig mit ihm«.

Nach dem Kapitulationsabkommen sollten die türkischen und die algerischen Freiwilligen auf spanischen Schiffen nach Hause transportiert werden; für die Kosten der Überfahrt sollten sie selbst aufkommen, indem sie die Hälfte ihres Plündergutes ablieferten. Doch während sie abreisten, trafen heimlich zweihundert Türken ein, die sich ibn Abu anschlossen. Der verstümmelte Moriskenkönig war hartnäckiger als sein Oberbefehlshaber. »Selbst wenn man ihn ganz allein in den Alpujarras zurückließe«, so erinnerte sich ein türkischer Gesandter seiner Worte, »nur mit einem Hemd auf dem Leib, würde er lieber als Maure sterben, als all die Gunstbezeigungen genießen, die König Philipp erweisen könnte.« Ibn Abu hat, das ist bekannt, den Kampfgeist seiner paar tausend Krieger hochgehalten, indem er fortwährend davon sprach, daß der Sultan weitere Unterstützung senden werde. Denn noch war nicht alles verloren: Als Guerilleros, die von Zehntausenden von Sympathisanten passiv unterstützt wurden, konnten diese Unversöhnlichen, die später allesamt ein bitteres Ende finden sollten, noch lange aushalten. »Die Mauren im Tiefland, die sich ergaben«, berichtete der Gesandte der Toskana an Herzog Cosimo I. in Florenz, »hielten den Krieg am Leben, denn sie waren es, welche die Rebellen mit Nahrung versorgten.« Am 14. August mußte Don Juan widerstrebend zugeben, daß es – trotz des günstigen Handels mit Hernando al Habaqui – niemals Frieden geben könne, solange nicht alle Moriscos, die sich zum Schein unterworfen hatten und dennoch die Rebellen weiterhin unterstützten, gewaltsam aus Granada vertrieben sein würden.

Wie weit sich ibn Abu mit seinem Gerede von bevorstehender Hilfe selbst Mut machte und bis zu welchem Grad es die Politik der Hohen Pforte war, in den Alpujarras zumindest einen Kleinkrieg weiterschwelen zu lassen, läßt sich nicht genau feststellen. Einige behaupten – und andere bestreiten es entschieden –, daß zum Beispiel Sokollu, der mächtigste Mann in Konstantinopel nach dem Sultan, sein Mitgefühl mit den Moriscos gut verbarg, es aber dennoch wirklich besaß. Und womöglich sah er politisch einen Vorteil darin, den Kleinkrieg so lange auf Sparflamme zu halten, wie eine Handvoll Moriscos zu kämpfen bereit war. Aber König Philipp, dessen politische Instinkte sicherlich nicht weniger gut entwickelt waren, unterdrückte den letzten Funken von Rebellion erbarmungslos.

Er befahl, eine Strafexpedition in die Alpujarras zu entsenden, die alles rücksichtslos niederbrennen und zerstören sollte. Die Ernte war in diesem Jahr so schlecht, daß einige Moriscos von den Bergen herabstiegen und sich in die Sklaverei verkauften, nur, um zu überleben. Am 2. September marschierte Requeséns von Granada aus mit einer Streitmacht von fünftausend Mann in die Berge. Auf dem Weg machten seine Leute alles nieder und äscherten alles ein, was sie antrafen: jedes Haus, jeden Zaun, jeden Obstbaum, jeden Weinstock. Die Frauen der Moriscos wurden versklavt; die Männer wurden erschossen oder gehängt. Wer sich in den Höhlen der Berge zu verstecken suchte, wurde dort ausgeräuchert. Am Leben gelassen wurden nur die Moriscos, die – auch wenn sie sich nicht ergeben hatten – nachweisen konnten, daß sie die Sache des Königs unterstützt hatten: Sie wurden als Sklaven auf die Galeeren geschickt. Eintausendfünfhundert Männer wurden kaltblütig hingeschlachtet, dreitausend Frauen und Kinder versklavt. Binnen sechs Wochen waren die Alpujarras von einem Ende bis zum andern restlos verwüstet.

Die Spanier fingen an, in den Bergen Festungen zu erbauen, um die letzte Handvoll Rebellen wie wilde Tiere in Zaum halten zu können. Die letzten Freischärler wurden schnell zu Banditen. Der Versuch, ihre Unabhängigkeit zu erkämpfen, hatte die Moriscos 21 000 Menschenleben gekostet. Am 1. November, dem Allerheiligentag, wurden die letzten von ihnen, die in der Provinz Granada noch am Leben waren, ob sie am Aufstand beteiligt gewesen waren oder nicht, gewaltsam nach Norden weggeführt. Es gab seinerzeit derart viele Moriskosklaven, daß sie sogar nach Italien verkauft wurden. Die glänzende arabische Kultur Andalusiens versank in Vergessenheit. Von dem kleinen Fürstentum der Moriscos blieb nichts übrig als eine Handvoll Männer, die ibn Abu durch ein verwüstetes Land von einem Versteck zum anderen folgten.

Don Juan verließ Granada im November 1570; er war nicht unglücklich darüber. Vier Monate später schlich sich einer aus der Guerillabande, ein gewisser el Senix, dem Straffreiheit zugesichert worden war, in einem Höhlenversteck von hinten an ibn Abu heran und schlug ihm mit dem Kolben einer Arkebuse den Schädel ein. Am nächsten Tag brachte er die Leiche des letzten Moriskenkönigs, über den Rücken eines Maultiers gelegt, nach Granada. Die Waffen ibn Abus trug er als Trophäen bei sich. Auf der Plaza Vivarambla wurde dem Verräter öffentlich verziehen. Doch auch er fand ein schlimmes Ende: Er wurde ein paar Jahre später als Wegelagerer in Guadalajara gefaßt, verurteilt, gepfählt und geviertelt.

Als der Krieg gegen die Moriscos langsam zu Ende ging, reisten Geschäftemacher wie die Schmeißfliegen nach Granada, und eine wahre Orgie des Profitmachens setzte ein. Das Eigentum vertriebener Moriscos war für einen Pappenstiel zu haben und wurde an Zuzügler aus anderen Teilen Spaniens zu einem Spottpreis weiterverkauft. Darf man dem Gesandten Venedigs, Donato, glauben, dann erhielt König Philipp noch 1573 jährlich Abgaben in Höhe von 125000 Goldkronen aus dem beschlagnahmten Landbesitz und Vermögen der Moriscos.

Die wohlüberlegte Brutalität, mit der man die Moriscos in Granada auszurotten versuchte, und die bescheidene Leistung der spanischen Soldaten – sieht man einmal von den Siegen Don Juans ab – förderten nicht gerade das Ansehen König Philipps im Ausland. Don Juan hatte sich wenigstens einmal im Rat gegen die Deportationen ausgesprochen; dabei fand er sich allerdings in der Minderheit. Am 5. November, als der größere Teil der moriskischen Zivilisten, Unschuldige ebenso wie Schuldige, vertrieben wurde, und Don Juan selber gerade dabei war, Granada zu verlassen, schrieb er an Ruy Gómez, der Anblick der Ausgewiesenen sei »der traurigste in der Welt, denn als sie gerade losziehen mußten, da blies ein heftiger Wind und eine Mischung aus Regen und Schnee fiel vom Himmel, so daß sie sich jammernd aneinanderklammerten. Man kann nicht bestreiten, daß die Ausweisung eines Volkes aus einem Königreich das Schlimmste ist, was man sich vorstellen kann.« Knapp fügte er noch hinzu, und zwar in einem Spanisch, wie es bei Hofe nicht gesprochen wird und das wie zwischen den Zähnen hervorgepreßt klingt: »al fin, señor, es hecho«; das heißt: »zumindest, Señor, ist es getan und vorbei.« Zuletzt besann er sich auf seine eigenen Fähigkeiten, und so vertraute der junge Mann Ruy Gómez an: »Ich wäre froh, wenn ich Seiner Majestät in einer wichtigen Angelegenheit helfen könnte. Ich wünschte, er sähe ein, daß ich kein Kind mehr bin.« Aber nach diesem schmutzigen Krieg in den Alpujarras möchte er lieber, so schrieb er, seinen guten Namen »in einem Krieg, der die ganze Christenheit angeht«, einsetzen.

Don Juan mag damals schon davon gehört haben, daß der neue Papst, Pius V., den kühnen Plan verfolgte, eine Liga der vom Sultan unmittelbar bedrohten Länder zustande zu bringen, »um den Türken zu zerstören und ihm völlig den Garaus zu machen«. Nüchtern gesonnene Leute glaubten kaum, daß dieser fromme Wunsch zu irgendetwas führen würde. Das wichtigste politische Hindernis dazu bestand weiterhin. Die beiden großen christlichen Seemächte im Mittelmeer waren Spanien und Venedig. Von den gewaltigen Summen, die ihm Pius V. kurz zuvor bewilligt und durch die Kirche Spaniens ausbezahlt hatte, baute König Philipp damals zwar viele neue Galeeren, aber die türkische Flotte war noch immer derart überlegen, daß Spanien niemals gleichziehen konnte. Die venezianische Flotte war ebenso groß wie die spanische, und wenn man die beiden zusammenzählte, dann entsprachen sie ziemlich genau der türkischen – aber bisher waren die Interessen Spaniens niemals mit den Interessen Venedigs zusammengefallen; zwischen den beiden herrschte sogar beständig Zwietracht. Venedig lebte vom Handel mit dem Osmanenreich, wie sein Rivale Genua vom Handel und den Geldgeschäften mit dem spanischen Reich lebte. Die Venezianer würden eher alles andere hinnehmen, als sich mit den Türken anzulegen.

Aber der neue Papst, eine kraftvolle Persönlichkeit und ein tiefer Mystiker, war davon überzeugt, daß man mit Glaubenskraft eine Heilige Liga herbeibeschwören könne. Den Feldzug in den Alpujarras hatte er aufmerksam verfolgt. Durch die vertraulichen Berichte, die er über die Kämpfe bei Galera und anderswo erhielt, war Pius V. zu der Auffassung gelangt, der junge Don Juan mit seiner schwärmerischen Frömmigkeit und seiner Menschlichkeit, mit seiner moralischen wie physischen Tapferkeit und mit des Kaisers Blut in seinen Adern könne von Gott gesandt sein, die Heilige Liga in die Schlacht zu führen – wenn dieser sein ehrgeiziger Traum jemals in Erfüllung gehen sollte.

VIII
Papst und Sultan

Kaum hatte der Pfarrer geendet, so rief Sancho: »Nun, meiner Treu, Herr Lizentiat, der diese Heldentat getan, das war mein Herr, und nicht, als ob ich es ihm nicht vorher schon gesagt und ihn gewarnt hätte, er solle wohl bedenken, was er tue, und es sei eine Sünde, sie zu befreien, denn sie kämen auf die Galeeren, weil sie ausgemachte Schurken seien.«

»Dummkopf«, fiel hier Don Quijote ein, »den fahrenden Ritter geht es nichts an, und es ist nicht seine Sache zu untersuchen, ob die Bekümmerten, mit Ketten Beladenen, Bedrückten, die er auf den Wegen antrifft, um ihrer Schuld willen oder um ihres Unglücks willen in einem solchen Aufzug umhergehen und sich in solchem Elend befinden; es ist seine Aufgabe, lediglich ihnen als Hilfsbedürftigen beizustehen, er hat auf ihre Leiden zu sehen und nicht auf ihre Schelmenstreiche. Ich traf einen wahren Rosenkranz, eine aufgereihte Schnur jammervoller unglückseliger Leute, und mit denen tat ich, was meine Ordenspflicht mir gebeut, und mit allem übrigen mag es werden, wie es will.«

MIGUEL DE CERVANTES, *Don Quijote,* Erstes Buch, 30. Kapitel

»Nur Haut und Knochen«, das waren die Worte, mit denen ein Botschafter in Rom den neuen Papst beschrieb. Die üppigen Gelage am Hofe der Kurie gehörten nun der Vergangenheit an; Pius V. begnügte sich mit einem Ei und einer Schüssel Gemüse. Er besaß zwei rauhe wollene Untergewänder: das eine trug er am Leibe während das andere gewaschen wurde; und er verachtete Geld so sehr, daß er nur ungern darüber sprach.

Die Päpste des sechzehnten Jahrhunderts bewegten sich geistig zumeist in der Welt der Renaissance, viele entstammten einem großen italienischen Geschlecht. Sie hatten die kirchliche Laufbahn eingeschlagen, weil sie ihnen etwas zu bieten vermochte, und nach ihrer Papstwahl waren sie nur allzu bereitwillig in die Fährnisse der großen Politik eingestiegen. Pius V. hingegen war der Sohn eines italienischen Maultiertreibers namens Ghislieri, der Getreide über die Alpen beförderte.

Michele Ghislieri war als junger Mensch, im zarten Alter von vierzehn Jahren, den Dominikanern beigetreten. Nach den üblichen Studien wurde er Professor für Theologie und später Inquisitor. Noch als Bischof und selbst als Kardinal durchquerte er Italien zu Fuß, angetan mit einer ärmlichen Kutte und einem Knappsack auf dem Rücken. Von einem Kirchenfürsten hatte er nichts an sich. Seiner Meinung nach sollte ein Dominikaner arm sein.

Pius V. war zwar hochgelehrt, hatte aber doch die etwas verlegene, eckige Einfachheit eines armen frommen Mannes bewahrt, der davon überzeugt ist, daß der Glaube, in dem er aufgewachsen war, der einzig richtige sei und alle anderen falsch. »Es hat auf Erden immer nur eine einzige wahre Religion gegeben«, erklärte er, nachdem er Pius V. geworden war, »und es kann nur eine einzige geben, und das ist die Religion, welche die Apostel predigten und die uns von den Nachfolgern Petri überliefert wurde.«

Als er im Alter von zweiundsechzig Jahren auf den Stuhl des hl. Petrus gewählt wurde, unterschied er sich in seinem asketischen Äußeren deutlich von den genußsüchtigen Kardinälen des Kollegiums: mit seinem langen, hageren Gesicht, seiner riesigen Nase, die dem Schnabel eines Raubvogels glich, seinem schneeweißen Bart, der bis auf die Brust reichte, seinem kleinen, kahlen Kopf und seinen hellen Augen. Von Natur aus war er jähzornig; aber er hatte es gelernt, sein Temperament zu zügeln, niemals mit Ärger ins Bett zu gehen und niemals einem anderen zu grollen. Seine Gallensteine bereiteten ihm häufig kolikartige Schmerzen, und er wandte seine ganze Kraft auf, sich nichts anmerken zu lassen. »Wer ihn einmal belogen hat«, sagte der venezianische Gesandte – und die Diplomaten der Serenissima waren im Umgang mit der Wahrheit Meister –, »der hat seine Gunst für alle Zeiten verspielt.«

Verstand und Frömmigkeit waren bei Pius V. zu einer Einheit wie Stahl verschmolzen, die ihm half, die Schwierigkeiten des täglichen Lebens aus dem Weg zu räumen. Während des Konzils zu Trient war seine machtvolle Persönlichkeit aufgefallen. Seine Wahl zur Nachfolge Petri, wobei er eminente, einflußreiche Kardinäle aus alten Familien hinter sich ließ, sollte der Welt ein

Zeichen geben, daß der Reformwille der römisch-katholischen Kirche seinen Höhepunkt erreicht hatte. Mancher fragte sich, wie es jetzt wohl weitergehen werde. Am 7. Januar 1566, am Tage, als dieser Papst gewählt wurde, sah man in London – wo die junge Elisabeth I., genaugenommen eine uneheliche Tochter Heinrichs VIII. aus der Verbindung mit Anne Boleyn, ihr noch nicht gefestigtes Regiment führte – im Gefolge der Mittagssonne zwei Kometen mit langen, blutigen Schweifen.

Der spanische Gesandte zu Rom berichtete König Philipp II., der neue Papst, mit dem er es künftig zu tun haben werde, sei »ein Mann von vorbildlichem Lebenswandel und voller Glaubenseifer«. Der Gesandte meinte, die Kirche habe in den letzten dreihundert Jahren kein würdigeres Oberhaupt gehabt. Alle Diplomaten stimmten darin überein, Pius V. werde sich als ein äußerst erfolgreicher Kirchenreformer erweisen. Aber man war sich nicht so sicher, mit wieviel Erfolg er auf der politischen Bühne Europas agieren werde. Vielleicht war er allzu temperamentvoll, vielleicht auch zu starrsinnig.

Pius V. betrachtete sich als ein Werkzeug Gottes, dem es der Heilige Geist zuvörderst zur Pflicht gemacht habe, die Kirche zu erneuern, indem er die Beschlüsse des Konzils von Trient durchführte. Die Kirche müßte, so glaubte er, ihren beiden Erzfeinden entgegentreten: den Türken und den Protestanten. Für die Bewohner der Apenninenhalbinsel waren die Türken damals beinahe eine hautnahe Gefahr. Hatte der Sultan nicht Rom selbst zum militärischen Ziel erklärt, zum Roten Apfel? Hatten die Türken sich nicht lautstark gebrüstet, sie würden eines baldigen Tages aus St. Peter eine Moschee machen? Pius V. selber hatte, als er noch Kardinal war, sein Gepäck, sicher nur ein paar unbedeutende Habseligkeiten, durch einen Korsaren verloren; sein Neffe Paolo Ghislieri fronte als Sklave in Algier. (Pius V. zahlte sofort das geforderte Lösegeld; aber es stellte sich bald heraus, daß der junge Mann allzu »verschwenderisch und unmoralisch« war, um die Bestallung zum Kapitän der päpstlichen Leibwache zu rechtfertigen. Sein Onkel gab ihm zehn Tage Zeit, den Kirchenstaat zu verlassen.)

Die Türken stellten zwar die direktere, unmittelbarere Bedrohung dar, aber die unnachgiebige Haltung Pius' V. den Protestan-

ten und insbesondere den Kalvinisten gegenüber verdient eine
etwas ausführlichere Behandlung, da wir Heutigen noch bis vor
kurzem mit staunender Ungläubigkeit auf einstige »Religions-
kriege« geblickt haben.

Ausgehend von seiner Heimstätte in Genf, war der Kalvinis-
mus damals in weiten Teilen Europas eine Macht geworden. Die
kalvinistischen Anhänger von John Knox beherrschten weite
Teile Schottlands, große Gebiete Frankreichs standen unter der
Kontrolle der Hugenotten. In den aufständischen Niederlanden
waren die tapfersten Soldaten Wilhelms I. von Oranien, des
Schweigers, kalvinistische Freiwillige, darunter Franzosen,
Schotten, Engländer und Deutsche. Jean Calvin und Ignatius von
Loyola hatten die Bänke der Sorbonne gedrückt; sie hatten dort
bei den gleichen Lehrern studiert wie Erasmus und Rabelais. Sie
sind gleichsam die Personifizierung des heftigen Konfessions-
streites jenes Zeitalters. Loyola war Edelmann, im Kriege verkrüppelt, ein spanischer Mystiker; Calvin war der intellektuelle
Sohn eines französischen Juristen, der mit der Verwaltung von
Kirchengütern betraut war. Im Jahre 1559, als in Frankreich die
erste hugenottische Synode zusammentrat, waren dort nur fünfzehn Kirchengemeinden vertreten. Aber der Stern Calvins war
im Aufsteigen. Calvin hatte zwar Theologie und Kirchenrecht
studiert, aber er war der erste französische Intellektuelle der modernen, ja revolutionären Art. Die Klarheit und die analytische
Kraft seines Verstandes und die Präzision seines Stils gewannen
ihm bald ein großes Publikum.

In Frankreich erweckte die katholische Kirche die Verachtung
des kleinstädtischen Mittelstandes: Sie wurde vom König beherrscht, der ihre Ämter an seine Höflinge vergab, als wäre sie
sein Lehnsgut. Auf der hugenottischen Synode von 1561, also
zwei Jahre später, waren 2150 Gemeinden vertreten. Als man das
Jahr 1562 schrieb, war ein Bürgerkrieg zwischen den Anhängern
der traditionellen Kirche, wie widersinnig und korrupt sie auch
sein mochte, und den fanatischen Anhängern der neuen Lehre
ausgebrochen. In den nächsten vierzig Jahren tobte ein zielloser
Kampf durch das Land und trieb das Königreich hierhin und
dorthin, bis es in Frankreich nur noch einen Schatten von königlicher Autorität gab.

Namentlich Spaniern und Italienern kam es damals so vor, als ob die Gefahr der kalvinistischen Ketzerei nicht so sehr in der Herausforderung an die alleinseligmachende Kirche bestehe, sondern vielmehr in ihrer Bedrohung von Recht und Ordnung. Im Süden und im Westen Frankreichs lagen inzwischen viele Kirchen in Trümmern; ihre Kruzifixe waren zerbrochen und ihre Heiligenbilder entstellt. Nach dem Hugenottenaufstand war das Leben für jedermann unsicher geworden – es sei denn, man war selbst Hugenotte. Zwischen 1560 und 1580 wurden allein schon vom Franziskanerorden zweihundert Brüder Opfer des Glaubenskrieges.

Die Katholiken Italiens – und die meisten Italiener waren zutiefst katholisch – wurden immer wieder von dem Alptraum gequält, diese konsequenten und disziplinierten Revolutionäre könnten mit Waffengewalt ihre Glaubensform über die Alpen tragen. Wiewohl diese krankhafte Furcht nicht durch die Ereignisse bestätigt wurde, war sie in Italien und in Spanien doch lebendig, in den Ländern also, in denen die katholische Kirche die Gesellschaft zusammenhielt. Wie es sich in den Alpujarras gezeigt hatte, konnte selbst ein unbedeutender lokaler Aufstand gegen die Kirche im Gebiet des Mittelmeers den Türken leicht eine einzigartige Chance bieten.

Als ehemaliger Inquisitor hatte Pius v. seinen Beitrag geleistet, die gefährlichen Gedanken eines Jean Calvin von Italien fernzuhalten. Graubünden, in der nahegelegenen Schweiz, stand seit etwa 1543 unter protestantischem Einfluß. Schweizer Händler verbargen nicht selten einzelne Exemplare von Calvins *Genfer Kirchenordnung* oder seiner *Christianae religionis institutio* zwischen ihren Waren und schmuggelten sie so nach Italien. Auf ähnlich verschlungenen Pfaden schafften Kaufleute aus Lyon ihr geistiges Schmuggelgut zu ihren Geschäftspartnern nach Genua, Lucca oder Venedig. Der Kalvinismus wollte die Führung der Kirche in die Hände der Gemeinde legen; dies und seine stark rechtliche Orientierung stießen bei Geschäftsleuten und bei Bankiers auf bereitwillige Aufnahme, denn in diesen Kreisen bedauerte man lebhaft, wie wenig ökonomisch die katholische Kirche ihre Ländereien nutzte, und man ärgerte sich über die Auffassung der Kirche vom Zinsnehmen, wovon viele von ihnen lebten.

Schon 1550 war es Michele Ghislieri, gerade erst zum Inquisitor befördert, gelungen, zwölf Ballen solcher Bücher zu konfis-
zieren, welche Schweizer mit einem Kahn über den Comer See
geschafft hatten und die sie nach Cremona, Vicenza und Modena
weiterbefördern wollten. Der Bischof von Bergamo, der intellektuellen Neuigkeiten gegenüber aufgeschlossen war, hielt in
seiner Villa zwei Truhen voll ketzerischer Bücher verborgen.
Ghislieri klagte ihn sogleich wegen Häresie an. Dieser Inquisitor
aus der Unterschicht scheute sich nicht einmal, den Papst zur
Rechenschaft zu ziehen; dafür allerdings wurde er zur Ordnung
gerufen. Aber er rächte sich. Nach seiner Wahl zum Papst war es
eine seiner ersten Handlungen, Minale, den weltlichen und kor-
rupten Schatzmeister seines Vorgängers Pauls IV., für den Rest
seines Lebens auf die Galeeren zu schicken.

Das Rom jener Tage war weder so unsittlich noch so gewalttätig wie das Rom zur Zeit der Borgias, aber für die christliche
Welt war es noch immer ein schlechtes Beispiel. Pius V. versuchte
gleich zu Beginn seiner Regierung, die Rotte von Dirnen, die im
Borgo – der Vorstadt, durch die die Pilger auf ihrem Weg zum
Vatikan ziehen mußten – ihr Unwesen trieben, aus der Stadt zu
entfernen. Sie boten ihre Gunst beinahe auf den Stufen des päpstlichen Palastes feil! Pius V. verfügte, daß sie heiraten oder in den
Orden der Büßerinnen eintreten müßten, wenn sie nicht aus
Rom ausgewiesen werden wollten. Vierzig wohlhabende Bürger
machten dem Papst ihre Aufwartung und klagten, wie nachteilig
die Abschaffung der Prostitution in Rom für den Handel sein
werde. Die Botschafter Portugals, Spaniens und der von Florenz
setzten sich unisono für die Mädchen aus dem Borgo ein. Einige
Dirnen waren sofort nach den päpstlichen Androhungen aus der
Stadt geflohen und waren in den Bergen von Wegelagerern übel
mißhandelt worden. Daraufhin gab der Papst nach. Hinfort durften sie ihrem Gewerbe nur noch in dem Viertel bei der Ripetta
nachgehen, das 1569 mit Mauern umgeben wurde, so daß es
einem Ghetto glich. Dort versuchte man, ihnen mit Predigten
beizukommen, und jede, die ihren Lebenswandel ändern wollte,
erhielt Geld und Gelegenheit, ein neues Leben zu beginnen.

Weder Amt noch Würden konnten Pius V. beeindrucken. Im
Dezember 1568 ließ er einen der reichsten Bankiers Roms, de

Vecchi, wegen Ehebruchs öffentlich auspeitschen. Er tat alles, was in seiner Macht stand, um in den katholischen Ländern den Stierkampf zu verbieten; die spanischen Bischöfe standen damals freilich so sehr unter der Fuchtel Philipps II., daß sie es nicht wagten, diese päpstliche Verlautbarung von ihren Kanzeln zu verlesen. Der Papst bestand darauf, die Indianer in König Philipps amerikanischen Besitzungen müßten menschenwürdig behandelt werden; aber am schärfsten griff er die Mißstände in der Kirche selber an.

Bald war die Engelsburg randvoll mit Priestern und Bischöfen, die sich etwas hatten zuschulden kommen lassen. Sogar ein Kardinal war dort eingesperrt; die Anklage lautete auf Notzucht. Aber Pius V. ließ den Mann wieder laufen, nachdem er die Anklage gründlich studiert hatte: der hätte niemals Kardinal werden dürfen, erklärte er. Ein Index verbotener Bücher wurde erstellt und in Kraft gesetzt; Hunderte von italienischen Druckern flohen in die Schweiz und nach Deutschland. Die Klöster wurden angehalten, ihren Ordensregeln gemäß zu leben, und pflichtvergessene Mönche wurden auf die Galeeren geschickt; dazu hatte die Inquisition auch schon die wenigen Protestanten Italiens verurteilt. Cosimo I. de' Medici wurde taktvoll dazu überredet, italienische Protestanten nicht länger in der Toskana zu dulden: Zwei Jahre später erkannte der Papst ihm den heißbegehrten Titel eines Großherzogs zu, den ihm der Kaiser verweigert hatte.

Im April 1566, drei Monate nach der Wahl Pius' V., herrschte unter den lebenstollen Edelleuten Roms große Bestürzung. Der Papst hatte öffentlich verfügt, daß alle, die sich der Sodomie schuldig gemacht hatten (»diese fürchterliche Sünde, derentwegen Gott all die Stätten verbrannte, die davon befallen waren«), vor den Toren der Stadt verbrannt werden sollten. Wer der »Verbrechen gegen die Natur« angeklagt war, so verfügte er ferner, mußte selbstverständlich auch unter dem Verdacht des Unglaubens und der Ketzerei stehen. (Wer weiß, welche häßlichen Erlebnisse der Knabe zuvor in einem verderbten Kloster gehabt haben mag, die ihn als Papst zu solch unbarmherzigem Haß bewegten.)

Aber wenn er auch religiöse Abweichler verfolgte, so tat Pius V. auf der andern Seite doch viel für die Armen Roms: er schaffte die Weinsteuer ab und verbot die Getreidespekulation, er verbesserte die Wasserversorgung, ließ Sümpfe trockenlegen und die Stadt gegen Piratenüberfälle befestigen. Der päpstliche Haushalt wurde von 1062 auf 601 Bedienstete verkleinert. Pius V. veranlaßte zudem, daß es im Borgo nach dem Aveläuten kein Herumlungern und kein Umherschleichen mehr geben dürfe: nach Beginn der Dunkelheit mußte jedermann zu Hause sein. »Der Apostolische Palast«, berichtete ein Gesandter, »ist wie ein Kloster. Die letzten Spuren des früheren höfischen Lebens sind verschwunden.«

Pius V. mochte die Poeten nicht – seit jeher eine respektlose Gesellschaft –, und jene nackten antiken Statuen, die, peinlicherweise, von seinen Vorgängern so liebevoll zusammengetragen worden waren, schenkte er gekrönten Häuptern, die sich an Plastiken mehr erfreuen mochten als er. Als jedoch in der Decke der Sixtinischen Kapelle Risse auftraten, ließ er sie sofort ausbessern. Er hatte nichts dagegen, theatralische Effekte in Kunst und Architektur zu gebrauchen, wenn es um die Sache des Glaubens ging, beispielsweise in Roms neuer, grandioser Jesuitenkirche, Il Gesù. Aber er bestimmte auch, daß Kirchenmusik nicht die Sinnlichkeit anregen dürfte.

Francisco Borgia, ein Mann, der den Vorstellungen Pius' V. genau entsprach, war seit 1565 General der Jesuiten. Von Anfang an bediente sich dieser Papst der Jesuiten als seiner Moralkommandos: gleichgültig welche Stadt von den Protestanten zurückerobert wurde, unmittelbar hinter den Soldaten kamen die Jesuiten, die mit ihren leidenschaftlichen Predigten und der völligen Kontrolle über das Bildungswesen die Seelen wieder zurückerobern sollten. Als 1566 in Rom die Pest ausbrach, kämpften die Jesuiten auf Geheiß des Papstes dagegen an: sie unterteilten die Stadt in fünfzehn Bezirke, stellten an die Spitze eines jeden einen Jesuiten, der die Hilfsmaßnahmen koordinierte und die Kranken in ein notdürftig errichtetes Hospital einwies, in dem vierzig Jesuiten als Krankenpfleger eingesetzt waren. Während der sieben Jahre, in denen Pater Francisco dem Orden als General vorstand, kamen sechsunddreißig Jesuiten im Kampf gegen Seuchen ums Leben.

Zeitgenössische Beobachter glaubten, es könnte einem entschlossenen Papst gelingen, Rom von allem Unrat zu säubern.
Aber würde nicht die Unerfahrenheit, die Schlichtheit und der
Mangel an Umsicht diesen Reformpapst in der internationalen
Politik in die Irre führen? Die französischen Katholiken brauchten dringend Geld für ihren bewaffneten Kampf gegen die Hugenotten; Pius v. legte dem Kirchenstaat eine Sondersteuer auf. Aus
diesen Einkünften rüstete er fünfhundert Reiter und viertausend
Fußsoldaten aus und sandte sie zu Herzog Henri d'Anjou, dem
sie in der Schlacht von Jarnac beistehen konnten. Dort erlitten
die Protestanten am 13. März 1569 eine solche Schlappe, daß die
Italiener danach sehr viel weniger einen Einfall der Ketzer in ihr
Land befürchten mußten.

Henri aus dem Hause Valois, der 1574 als Henri III. seinem
Bruder Karl auf dem französischen Thron folgte, war kaum das
Ideal eines katholischen Ritters, der das Herz Pius' v. erwärmen
konnte, mochte er auch die Hugenotten bei Jarnac und bei Mont-
contour geschlagen haben. Er überschüttete seine Krallenaffen
und Schoßhündchen mit Liebe, naschte Zuckerwerk, schminkte
sein Gesicht, und stellte, wann immer er sich beobachtet glaubte,
seine langen, schlanken Hände selbstgefällig zur Schau. Noch als
König tanzte er manchmal in Damenkleidern auf Hofbällen.
Aber Heinrich wurde auch von heftigen Gewissensqualen erschüttert, wie sie früher Pater Francisco heimgesucht hatten.
Dann pflegte dieser weibische Fürst bei seinen Kapuzinern in der
Rue Saint-Honoré Tage und Nächte auf den Knien, fastend und
sein sündiges Fleisch geißelnd, zu verbringen. Stets an der Seite
dieses zerquälten jungen Mannes stand seine machthungrige
Mutter, Katharina de' Medici. Sie nahm zwar das Hilfskorps des
Papstes gerne auf, um es gegen die Feinde des katholischen Glaubens einzusetzen; aber, so berichtete der päpstliche Nuntius mit
knappen Worten nach Rom, »die Königin glaubt nicht an Gott«.

Die Königin, die nicht an Gott glaubte, hatte gute Gründe,
zumindest dem Namen nach katholisch zu bleiben, wiewohl sie
zeitweise mit dem Gedanken spielte, Frankreich mit dem Sultan
zu verbünden. Jeder Papst, der die katholische Kirche Frankreichs reformieren wollte, sah sich einem riesigen Hindernis gegenüber: In Zeiten päpstlicher Schwäche hatte die Krone Frank-

reichs sich das Recht der Ämterbesetzung in der Kirche gesichert. Daher, so schrieb ein von Zahlen beeindruckbarer venezianischer Gesandter 1569, verfügt der König von Frankreich über 106 Bischofssitze, siebzehn Erzbischofssitze und über sechs- bis siebenhundert Abteien, mit denen er »seine Schulden bezahlen, seine Magnaten belohnen und seine Töchter gut ausstatten kann«. Einige dieser Pfründen fielen an gottesfürchtige Männer, die ihre Pflicht halbwegs ernst nahmen; aber für die meisten traf das nicht zu, und dies wiederum fanden die Hugenotten unerträglich. »Am französischen Hofe«, bemerkte der Gesandte weiter, »handle man mit Bischofsstühlen und Abteien wie anderwärts mit Pfeffer und Zimt«.

Im alten englischen Gerichtsbezirk von Dublin war eine Garnison Soldaten stationiert; sie machte dort die Rechte der englischen Krone geltend, doch von alters her war Irland päpstliches Lehen. Im Jahr 1569, als der Sieg in den Alpujarras beinahe errungen war, wurde ein Plan ausgeheckt, der Don Juan leicht zum König von Irland hätte werden lassen können.

Bei diesem Unternehmen fiel einem neunundvierzigjährigen Kriegsabenteurer namens Thomas Stukeley eine wichtige Rolle zu. Man hielt ihn allgemein für einen unehelichen Sohn Heinrichs VIII. und der Jane Stukeley, die Ehrendame am Hofe und Geliebte des Königs gewesen war, bevor dieser erst die eine, dann die andere der Schwestern Boleyn mit seiner Gunst überhäufte. Thomas Stukeleys Grundsatz im Leben lautete: »Lieber wäre ich König über einen Maulwurfshügel als der Untertan eines Berges.« Seine Laufbahn als Glücksritter, der von seinen guten Einfällen lebte und von einer Klemme in die andere geriet, hätte viel Ähnlichkeit mit dem Leben Don Juans haben können, wenn König Philipp II. diesen nicht als seinen Halbbruder anerkannt hätte.

Sechs Jahre zuvor, am 14. März 1563, hatte Königin Elisabeth I. von England – von Thomas Stukeley mit der Anrede »meine geliebte Schwester« geneckt – Stukeley das Kommando über fünf Schiffe und ein leichteres Begleitboot anvertraut. Gegenüber der Öffentlichkeit wurde es als Ziel dieser Expedition ausgewiesen, »Florida zu peuplieren«; und Elisabeth hatte dem

Unternehmen Kanonen und Schießpulver im Wert von hundertzwanzig Pfund aus der königlichen Kasse mitgeben lassen. Aber
in Wirklichkeit waren Thomas Stukeley und sein kleines Geschwader in See gestochen, um durch Freibeuterei für die Königin Geld zu verdienen. Ihr Stützpunkt lag in Irland, und sie benützten dort den Stellvertreter Ihrer Majestät dazu, ihr Beutegut
zu versilbern.

Gleichgültig, ob in Thomas Stukeleys Adern königliches Blut
floß oder nicht, er unterhielt auf jeden Fall verwandtschaftliche
Beziehungen zu einer Reihe von Landedelleuten in Devonshire.
Viele von ihnen hatten von der Aufteilung der klösterlichen Län-
dereien gewaltig profitiert, und sie beschäftigten sich jetzt, wie
Stukeley, unter einem nahezu beliebigen Vorwand, der aller-
dings immer einen protestantischen Anstrich hatte, mit Piraterie.
Diese richtete sich gegen den französischen König oder gegen
Philipp von Spanien. Einige dieser Verwandten befehligten spä-
ter als Seeoffiziere die Schiffe Ihrer Majestät im Kampf gegen die
spanische Armada. Was sie am wenigsten wünschten, war die
Restauration des Katholizismus, denn das hätte vielleicht bedeutet, daß sie ihrer Güter wieder verlustig gehen würden. Einer von
Stukeleys Onkeln, ein Sir Hugh Paulet, verwaltete beispielsweise
als Beauftragter der Krone die Ländereien und Häuser des abge-
setzten Abtes von Glastonbury. Ein weiterer Onkel, Richard
Pollard, wurde zusammen mit zwei weiteren Kommissaren im
Auftrag Heinrichs VIII. nach Glastonbury gesandt, um dort versteckte Kirchenschätze aufzuspüren. Familien wie diese neigten
dazu, sich mit allem Nachdruck hinter die protestantische Tochter Heinrichs VIII., Königin Elisabeth, zu stellen. Da aber zur
gleichen Zeit die Iren in dem geläuterten katholischen Glauben
der Gegenreformation das wahre Wesen ihrer eigenen Nationali-
tät entdeckten, mußte es zwangsläufig zu einem Zusammenstoß
kommen.

Tom Stukeley fühlte sich in Irland wohl. Sein Schwadronieren
und seine überlebensgroße Persönlichkeit sagten der irischen
Aristokratie zu; durch seinen Mut und seine Großzügigkeit gegenüber seinen Soldaten machte er sich bei den englischen Truppen beliebt. Von Irland aus plünderte er französische und spanische Schiffe, bis die lautstarken Proteste der Diplomaten einfach

nicht mehr überhört werden konnten. Königin Elisabeth mußte
ihn aus ihren Diensten entlassen. Sie war auch keineswegs zufrieden gewesen mit ihm: Stukeley und seine Mannen hatten sich
allzu gütlich getan an der Beute, und die Königin hielt ihren
Anteil für zu klein.

Viele Jahre lang war Stukeley unschlüssig gewesen, zu welchem Glauben er sich bekennen sollte; seine Zuneigung wechselte mit dem Kriegsglück, aber in Irland blieb er dann beim
katholischen Glauben. In Briefen an die Königin brüstete er sich
sogar mit seinem neuen Bekenntnis, indem er oben auf den Brief
ein Kreuz machte, was damals das Handzeichen der katholischen
Glaubensangehörigen war. Da der erste Minister der Königin,
damals noch Sir Robert Cecil, bald zu Lord Burghley erhoben,
ein starrsinniger Kalvinist war, war dies kaum das, was ein
Mensch tat, der nur an seine eigene Karriere dachte. Stukeleys
spät gewonnene Überzeugung war echt, und sie beherrschte sein
ganzes künftiges Leben.

Da er nun einmal die See verlassen hatte, wollte sich Stukeley
in Irland niederlassen. Aber jeder Versuch, seine Stellung dort
zu verbessern, wurde auf undurchsichtige Weise abgeblockt.
Burghley wollte ihn zweifellos aus Irland vertreiben. Der Minister war zu klug, einem erfahrenen Soldaten, der überdies mit
dem Königshaus verwandt war und mittlerweile starke Bande
zur katholischen Kirche geknüpft hatte, zu gestatten, in einem
Irland zu leben, das vor rebellischem Geist nur so brodelte. 1569
wurde gegen Thomas Stukeley eine wenig überzeugende Anklage erhoben; er wurde verhaftet und im Schloß von Dublin
festgesetzt.

Tom Stukeley geriet dort keineswegs in schlechte Gesellschaft:
Maurice O'Gibbon, der Erzbischof von Cashel, hatte erst kurz
zuvor zusammen mit vier anderen Erzbischöfen, acht Bischöfen
und fünfundzwanzig irischen Edelleuten eine Denkschrift unterzeichnet, in der sie darum ersuchten, daß Irland einen nichtengli-
schen Monarchen erhalte, der unter dem Schutz des Papstes und
des Königs von Spanien stehe, damit Irland »völlig getrennt und
befreit von der Krone und der unsteten Regierung Englands sei
und es zu den Engländern keine anderen Bande habe als die der
christlichen Liebe«. Einige der wichtigeren Unterzeichner dieser

Schrift waren gleichzeitig mit Stukeley im Schloß von Dublin eingekerkert. Der Fürst, an den sie offensichtlich gedacht hatten, war Don Juan. Das war die erste Andeutung einer geheimen Erwartung, die den jungen Edelmann den Rest seines Lebens hindurch verfolgen sollte: die Erwartung eines Thrones.

Im Gefängnis tat sich Thomas Stukeley mit seinen irischen Mitgefangenen zusammen. Er machte sich dessen schuldig, was der oberste Spion Ihrer Majestät, Sir Francis Walsingham, später so feinsinnig als »geheimen Verrat mit Herz und Verstand« bezeichnete. Die Gefangenen hatten einen gemeinsamen Glauben; aber Stukeley besaß etwas, was den andern mangelte und was sie dringend brauchten: militärische Fähigkeiten. Auch war er am englischen Hof einflußreich genug, sich seine Freilassung zu erschleichen. Wieder auf freiem Fuß, kaufte er sich in Waterford ein Schiff und stattete es mit Lebensmitteln aus. Jedermann dachte, er würde damit auf private Kaperfahrt ziehen. Mit großer Sorgfalt suchte er eine Mannschaft aus, darunter zwei höchst erfahrene Seeleute, beides Katholiken, die lange Zeit unter den englischen Seehelden Hawkins und Frobisher gedient hatten. Stukeley nahm seinen achtjährigen Sohn mit und segelte los, nach Süden. Seinen Plan hatte er dem spanischen Botschafter am englischen Hof anvertraut, der folgende Botschaft nach Madrid übermittelte: »Thomas Stukeley, ein englischer Katholik, der in Irland lebt und infolge seines katholischen Glaubens seiner Rechte beraubt wurde, gibt an, er wolle gemeinsam mit seinen Freunden dieses Eiland Eurer Majestät oder einem anderen katholischen Fürsten zu Füßen legen.«

Irland war damals ein wenig bekanntes Eiland am äußersten Rande Europas, wo einander sich befehdende Rinderhirten lebten. Die Tage, als irische Heilige und Gelehrte das Ihre dazu beigetragen hatten, ein barbarisches Europa zur Kultur zu führen, gehörten einer vergessenen Vergangenheit an. Die englische Krone war damals auf der Insel Irland nur mit etwa eineinhalbtausend Mann vertreten. Dem Papst und dem spanischen König bot der irische Hilferuf, wenn sie auch nur mit mäßigem Eifer darauf eingegangen wären, eine über Jahrhunderte nicht wiederkehrende Chance zum Sturz der englischen Herrschaft über Irland. Doch Philipp hatte Mitgefühl mit seiner Schwägerin Elisabeth, deren Herrschaft nur wenige Jahre zuvor begonnen hatte; und sie nährte geschickt gewisse seiner Illusionen über ihre wahren religiösen Überzeugungen und ihre politische Haltung. Philipp kämpfte nur ungern und auch nur dann, wenn ihm der Krieg aufgezwungen wurde; überdies machte ihm der Aufstand in den Niederlanden schon schwer genug zu schaffen. Er zog es vor, England in Neutralität zu sehen, statt einen König aus seinem eigenen Hause auf den irischen Thron zu setzen. Kurz, es war eine Chance, die seiner Natur nicht lag.

Trotzdem beeindruckte ihn Tom Stukeley; das schien ein Mann zu sein, den man gebrauchen konnte. Zwischen 1570 und 1574 zahlte Philipp, der Geld nie sinnlos ausgab, Stukeley und seinen Gefährten – die meisten von ihnen waren englische Katholiken im Exil – die stolze Summe von 27576 Dukaten. Allem Anschein nach hat er Stukeley zum Ritter des halb militärischen, halb religiösen adeligen Ordens der Calaveras geschlagen und stellte ihn damit auf eine Stufe mit vielen der wichtigsten Männer an seinem Hofe.

Sir Thomas Stukeley steckte voll guter Einfälle. Zwischen der Biskaya und den Niederlanden lauerten holländische, hugenottische und englische Piraten den spanischen Kauffahrteischiffen auf. Er bot sich an, den Ärmelkanal zu überwachen; dabei wollte er seine eigenen Piratenerfahrungen in diesen Gewässern nutzen. Er erbot sich, die Scilly-Inseln, etliche Seemeilen westlich von Land's End gelegen, im Handstreich zu nehmen und sie zu seinem Flottenstützpunkt zu machen: Von dort aus konnte man den Kanal gut kontrollieren, gleichzeitig aber auch, wenn dies nötig war, England und Irland in Schach zu halten. Aber der größte Dienst, den er König Philipp schließlich erwies, war im Kampf gegen die Türken.

Mit Stukeley ist es wie mit so vielen anderen, die mit ihrer eigenen Regierung in einer grundsätzlichen Angelegenheit auf dem Kriegsfuß stehen: Das meiste, was wir über seine damalige Tätigkeit wissen, stammt von seinen Feinden, aus den Berichten der Spione, die Walsingham, Königin Elisabeths Abwehrchef, in Spanien auf seine Fährte setzte. (»Sie sagen, ich hätte Ihre Majestät verraten – aber die das sagen, das sind die Verräter. Ich werde sie immer als meine Königin ansehen.«) Im englischen Volk fand

Tom Stukeley freundlichen Widerhall. Er wurde in volkstümlichen Balladen besungen, er wurde der Held von George Peeles ›Battle of Alcazar‹, das ihn als einen etwas großartigen Mann zeichnete, der jene lebendige, ansprechende und gewaltsame Lebenskraft besaß, welche die Engländer damals so anziehend fanden. Sie sahen in ihm einen Mann, der eine steinreiche Erbin heiraten und Tag für Tag die damals noch gewaltige Summe von hundert Pfund ihres Vermögens durchbringen könnte, und der dennoch fähig sei, auf einem Kreuzzug an der Spitze seiner Männer ruhigen Herzens in den Tod zu gehen.

Die Wahl, vor der Thomas Stukeley stand, als er sich unter Verzicht auf eine militärische Laufbahn endgültig dem katholischen Glauben zuwandte, teilte er mit vielen seiner englischen Landsleute. Einige von ihnen gingen lieber ins Exil, als sich in Glaubensfragen dem kunstvollen Kompromiß Königin Elisabeths zu unterwerfen, aus dem die Anglikanische Kirche hervorging: einer der katholischen ähnelnden Liturgie und kalvinistischen Glaubenssätzen. Ein katholischer Landedelmann drückte dieses Dilemma einmal deutlich aus, als er in einem Kreuzverhör sagte: »Ich sollte eher an die Lehre der Kirche glauben als an ein Gesetz des Parlaments.«

Der kühne Versuch Elisabeths I., eine eigene Landeskirche zu schaffen, die für die größtmögliche Anzahl ihrer Landsleute annehmbar war und nur die Extremisten auf beiden Seiten abstieß, kam dem Charakter der Engländer sehr entgegen. Aber dies entsprach keineswegs der kämpferischen Stimmung, die damals im Rom Pius' V. unter den englischen Exulanten vorherrschte. Dort hoffte man darauf, die Uhr noch einmal auf die Zeit Maria Tudors zurückzudrehen, und so erreichten den Papst unzutreffend optimistische Berichte über die Wahrscheinlichkeit der Rückkehr Englands zum Katholizismus. Papst Pius V. stand unter diesem Einfluß, als er Elisabeth exkommunizierte und ihre Untertanen von ihrer Treuepflicht entband. Das war sein größter Fehler.

Philipp, der als Gatte Maria Tudors einiges über England erfahren hatte, tat sein Bestes, den Papst zurückzuhalten. Eine derart kompromißlose Verfügung, so warnte er, könne den englischen Katholiken nur schaden. Aber für Pius V. war Elisabeth das Weib, das »sich als Königin von England geriert – *quae se pro regina Angliae gerit* –, eine Sklavin der Verworfenheit, die sich zu Unrecht die Autorität eines Hauptes der englischen Kirche anmaßt«. Sie habe »die Ausübung des wahren Glaubens, welchen Maria, die rechtmäßige Königin seligen Angedenkens mit Hilfe des Papstes restauriert hatte, nachdem er von Heinrich VIII. abgeschafft worden war, verboten«. Sie habe »jene unterdrückt, die dem katholischen Glauben anhingen; das Meßopfer, die Gebete, Fasten, Zölibat und die katholischen Bräuche abgeschafft«. Dann kam der Hammerschlag, der den Papst in Rom für die Engländer auf Jahrhunderte hinaus zum Popanz machte: »Wir erklären die obengenannte Elisabeth zur Ketzerin. Wir erklären sie ihres angemaßten Rechtes auf die englische Krone verlustig, ihre Untertanen vom Treueid gegen sie entbunden.« Auch Jean Calvin entband seine Anhänger von allen Treuepflichten gegenüber Monarchen, ausgenommen gegenüber solchen, die für den »wahren Glauben ihrer Untertanen« sorgten, womit er praktisch den Verrat sanktionierte, obschon ihm dieser Vorwurf selten gemacht wird. In jenen Tagen waren Glaube und Nationalstaat oftmals rivalisierende Kräfte, die um die Treue eines gewissenhaften Menschen warben; und diejenigen, auf beiden Seiten, die »lieber an die Lehre der Kirche glauben als an ein Gesetz des Parlaments«, waren keineswegs immer die schlechteren.

Ein wagemutiger Londoner Katholik, John Felton, nagelte ein Exemplar der Bannbulle Pius' V. an das Tor des bischöflichen Palastes zu Fulham – und wurde für seine Bemühungen aufgehängt. Die Bannbulle erregte, sieht man vom Tage des Ereignisses am Galgen ab, wenig Aufmerksamkeit. Für Walsingham und Burghley bestand ihr größter Wert darin, daß sie ihnen den Vorwand lieferte, wann immer sie seiner bedurften, jedweden katholischen Landsmann automtisch als Landesverräter zu verurteilen. Mit Spionage, Strafen, der Folter und willkürlichen Verhaftungen schafften sie es, den Katholizismus aufzureiben. Ein Dutzend Jahre später fanden einzelne im Ausland ausgebildete und heimlich nach England gelangte Missionare, die dort unter Lebensgefahr die verbotene Messe feiern wollten, nur noch eine versprengte Herde vor. Die Katholiken, vor gar nicht so langer Zeit die Mehrheit des Volkes, waren auf etwa hunderttausend Personen zusammengeschrumpft. Das größte Dilemma, dem sich die englischen Katholiken seit der Bannbulle Pius' v. gegenübersahen, hatte Thomas Stukeley treffend zum Ausdruck gebracht, als er Walsinghams Spionen unmißverständlich erklärte, er sehe Elisabeth noch immer als seine Königin an. Wenn der Papst den Treueid einfach abschaffen konnte, wenn alle Eidesschwüre, die je auf die Königin geleistet worden waren, durch einen Federstrich der päpstlichen Kanzlei null und nichtig würden, was sollte dann aus England werden? Was sonst sollte eine Nation zusammenhalten, die siebenhundert Jahre lang unter einem Monarchen geeint und von ihm repräsentiert worden war? Der Thron, so dachte man in jenen Tagen, hielt das Ganze wie ein Schlußstein zusammen; löste man ihn, dann brach alles ein.

Die französischen Hugenotten waren bei Jarnac geschlagen worden (der junge Walter Raleigh aus Devonshire behauptete, er habe als protestantischer Freiwilliger mitgekämpft). Bis auf ein paar todesmutige Protestanten in Italien waren alle auf die Galeeren oder auf die Scheiterhaufen geschleppt worden. Elisabeth Tudor war mit lauten, freilich wirkungslosen Donnerworten abgesetzt worden. Die als unmittelbar empfundene Bedrohung durch die Ketzerei begann aus dem leidenschaftlichen Geist Pius' v. zu weichen; die größere Gefahr stellte, wie er es jetzt sah, doch die Angriffswut der Türken dar. Der Papst ergriff die ersten Maßnahmen, um die bedrohten Mächte des christlichen Europa zu einer Heiligen Liga zusammenzuschmieden.

Zuerst jedoch galt es, den Feind im Innern in Schach zu halten. In den Ohren des Papstes hallten noch immer die judenfeindlichen Worte der Inquisition wider. Bisher hatten die italienischen Juden Rom und Venedig als einigermaßen gastfreundliche Orte betrachtet. Ungefähr tausend Juden lebten in den hohen, dichtgedrängten Häusern des Ghettos in Venedig – das Wort selber war venezianischen Ursprungs –, und sie fanden im Handel mit Seide, Wolle, Gewürzen und Getreide ein gutes Auskommen. Sie machten Geschäfte mit ihren Glaubensbrüdern in Konstantinopel, mit denen sie nicht selten auch verwandt waren. Die Hälfte der jüdischen Bevölkerung Italiens lebte aber im Kirchenstaat, wo sie sich schon im frühen Mittelalter angesiedelt hatte;

ihre Geschäftsverbindungen mit dem Osmanenreich waren weniger augenfällig. In Rom gab es zwar strenge Gesetze gegen die Juden, aber sie waren mehr und mehr unbeachtet geblieben.

Für einen eingefleischten Inquisitor wie der Papst waren die Juden nicht nur des Wuchers schuldig – der theoretisch allen Christen verboten war, obschon ihn die italienischen Bankiers dank der Haarspaltereien der Theologen fröhlich praktizierten –, sondern auch der Zuhälterei verdächtig, desgleichen der »Wahrsagerei, Magie, Zauberei und allerlei Hexenkünste«. Angeblich machten sie glauben, sie könnten die Zukunft vorhersagen, Diebe aufspüren und verborgene Schätze finden. Wiewohl die Juden verdächtigt wurden, über derlei beunruhigende Mächte zu gebieten, hatte man sie bisher doch – sieht man einmal von ein paar Verfolgungen ab – in Ruhe gelassen. Die Maßnahmen, die Pius V. 1567 gegen sie ergriff, sahen daher nach erneuter Verfolgung aus. Wie schon die Ripetta, so wurde jetzt auch das römische Ghetto durch eine Mauer streng von anderen Stadtteilen abgesondert. Nur Juden mit »gutem Leumund« – das waren in den Augen des Papstes vermutlich nicht die Wahrsager oder Zuhälter – sollten Hausiergenehmigung erhalten. Alle praktizierenden Juden wurden gedrängt, sich taufen zu lassen, und einige der hartnäckigen Verweigerer kamen an den Galgen.

Am 26. Februar 1567 wurden alle Juden aus dem Kirchenstaat ausgewiesen. Wer blieb, so bestimmte das Dekret, verlor seinen Besitz und wurde Leibeigener der römischen Kirche. Die Juden in der Hafenstadt Ancona oder in Rom selber erhielten einen Aufschub, da ihre sofortige Vertreibung das Wirtschaftsleben empfindlich gestört hätte. Die Drohung war so schrecklich, daß das neue Gesetz oft umgangen wurde. Aber die Herzen aller italienischen Juden – mochten sie nun Hausierer sein oder Handwerker, Kaufleute, Pfandleiher oder Bankiers – waren von lähmender Furcht befallen. Und diese Furcht, so etwa scheinen ihre Verfolger gehofft zu haben, würde sie zweimal darüber nachdenken lassen, ob sie dem Sultan helfen wollten. Die Juden erlitten jetzt die gleiche Not wie der winzig kleine, doch außerordentlich tapfere Überrest italienischer Protestanten, die verborgen lebten und die verbotenen Bücher ihres Glaubens heimlich, als fahrende Händler verkleidet, verbreiteten, manchmal sogar im Priesterge-

Inside image:
PAR ANT. V. LEEST A. MAIN DOR.

D. IOAN. AB AVSTRIA:
FR. PHIL. PPI REGIS HISP. CATHOLICI.

1 *Don Juan d'Austria*
  Holzschnitt von Anthonies van Leest nach 1566

2 *Kaiser Karl V. im fünfzigsten Lebensjahr.*
Gemälde von Giovanni Francesco Terzio, 1550.
Wien, Kunsthistorisches Museum

3 *Philipp II. als Infant;* er wird 1555 König von Spanien.
  Gemalt 1551 von Tizian in Augsburg während des dortigen
  Aufenthalts des Prinzen. Madrid, Prado

4 *Karl v. in der Schlacht bei Mühlberg, 1547*. Gemalt 1548 von Tizian in Augsburg in Anwesenheit des Kaisers. Madrid, Prado.

Der Kaiser gab dieses »gemalte Reiterstandbild« in Auftrag zur Erinnerung an seinen entscheidenden Sieg an der Elbe über Kurfürst Johann Friedrich von Sachsen und den Schmalkaldischen Bund.

5 *Karl v. nach der Abdankung in San Yuste*. Flämischer Bildteppich
aus einer Serie von sieben Teppichen nach Kartons eines
Rubensschülers oder eines Malers aus dem Umkreis von Velasquez,
1. Hälfte 17. Jahrhundert. Besançon, Musée historique

6 *Der Klosterpalast San Lorenzo de El Escorial,* erbaut von Philipp II.
(begonnen 1557) am Fuße der Sierra de Guadarrama.
Gemälde von Michel-Ange Houasse, um 1720. Madrid, Prado

Das Kloster wurde von Philipp II. aus Dankbarkeit für den
am Laurentiustag 1557 errungenen entscheidenden Sieg
über die Franzosen gestiftet. Der König wohnte
mit Vorliebe hier; zugleich diente die Basilika als Grabkirche
der spanischen Habsburger.

7 *Don Carlos,* der unglückliche Sohn Philipps II., der 23jährig in der
Haft starb. Gemälde von Alonso Sanchez Coello, um 1565.
Wien, Kunsthistorisches Museum

8 *Alessandro Farnese,* Sohn von Karls V. natürlicher Tochter Margarete
und Octavio Farnese, Herzog von Parma.
Gemälde von Tintoretto, 1565-66. Boston, Museum of Fine Arts.

Ein Sohn und ein Enkel Karls V. aus illegitimen Verbindungen,
Don Juan und Alessandro Farnese, sowie der designierte Thronerbe
Don Carlos, alle drei fast gleichaltrig, bezogen 1561 gemeinsam die
Universität von Alcalá.

9 *Anwerbung der Besatzung für die Flotte der Serenissima.*
Gemälde von Angelo de Moro, Mitte 16.Jh.
Venedig, Museo Storico Navale

10 *Blick auf das Arsenal aus der Vogelschau*. Ausschnitt aus der großen   →
Ansicht von Venedig von 1500. Holzschnitt nach Jacobo de'Barbari.

Das Arsenal von Venedig war der größte industrielle Betrieb seiner
Zeit, vollständig ummauert, mit türmebewehrter Wasserpforte und
repräsentativem Portalbau. Im 16.Jahrhundert waren anfangs
fünfzig, später hundert Galeeren in Schuppen und gedeckten
Bassins sofort bzw. kurzfristig einsatzbereit.

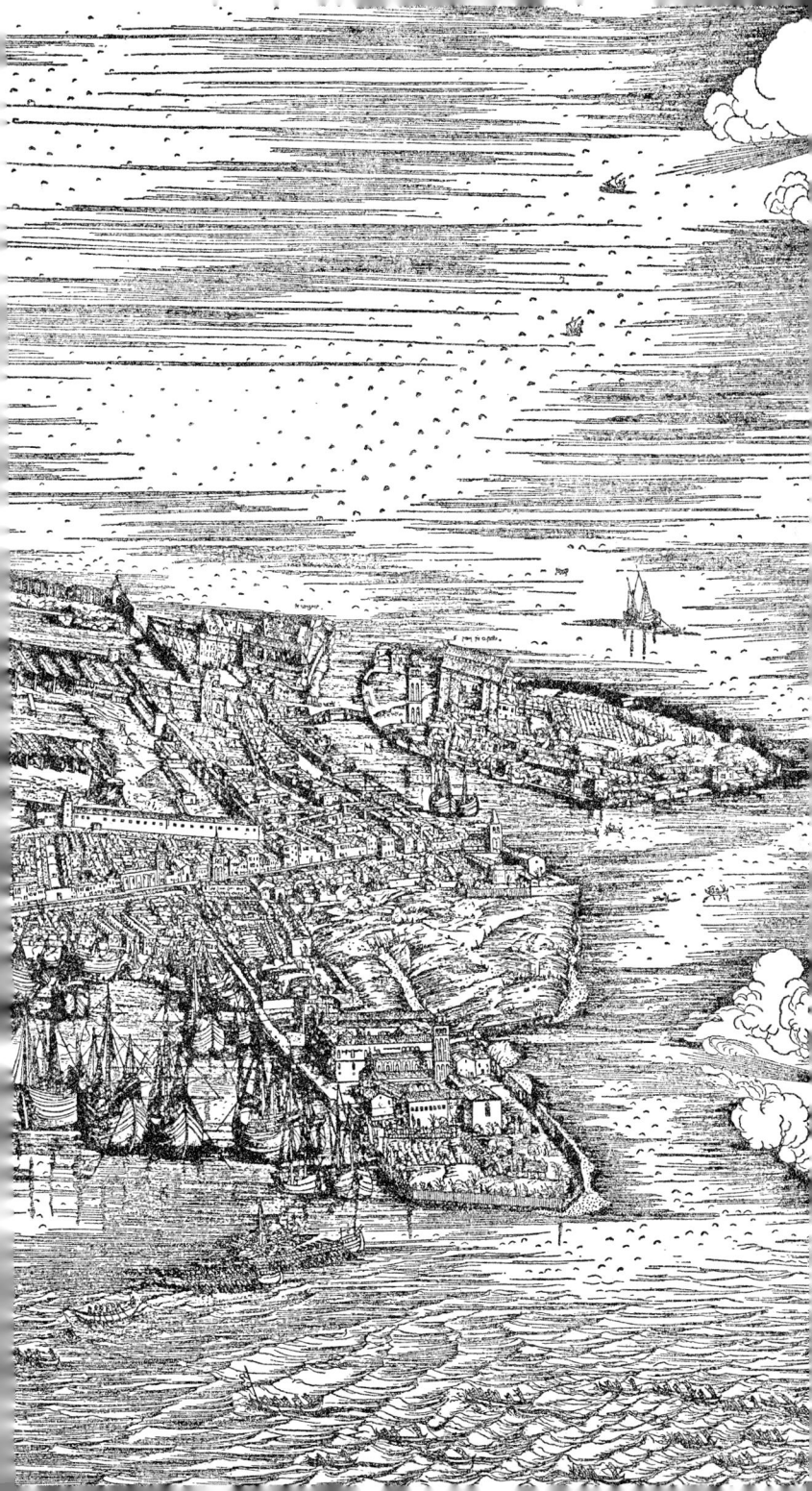

11 *Sultan Suleiman der Prächtige,* 45 Jahre lang Herrscher der Osmanen,
der das türkische Reich in alle Richtungen ausdehnte und auch Wien,
obschon vergeblich, belagerte. Nach M. Lorichs, 1559

Rechte Seite:
12 *Sultan Selim II.,* der minder befähigte Sohn und Nachfolger Suleimans,
der sich den Beinamen »der Säufer« zuzog. Gemälde von Tizian,
Privatbesitz

13 *Stadtbild von Konstantinopel aus der Vogelschau,* von NNO nach SSW →
gesehen. Rechts unten am Ufer des Goldenen Horns das Arsenal mit den
vielen Schiffshäusern für die Kriegsgaleeren. In der Bildmitte links,
wo Goldenes Horn und Bosporus sich treffen, der Serail und die Gärten
des Sultans.
Der Plan ist dem Berliner Exemplar des berühmten türkischen
Seeatlasses entnommen, einer etwas späteren Redaktion vom
›Buch des Meeres‹ (1523/24) des türkischen Admirals Piri Reïs.

14 *Die Belagerung Maltas durch die Türken im Jahre 1565*. Blick auf
den Großen Hafen, im Vordergrund die türkischen Batterien, die
die beiden erfolgreich verteidigten Forts der Malteserritter,
Isola di S. Michele und Castel S. Angelo, unter Feuer nehmen.

Das Fort S. Elmo auf der Landzunge im Hintergrund wurde nach langem
Widerstand von den Türken gestürmt.
Kupferstich von A. F. Lucini, Bologna 1631, nach den Fresken von
M. Perez d'Aleccio im Großmeisterpalast von Valetta

15 *Papst Pius V. Ghislieri,* Initiator der Heiligen Liga
von 1571. Medaille von Giovan-Antonio Rossi,
München, Staatl. Münzsammlung

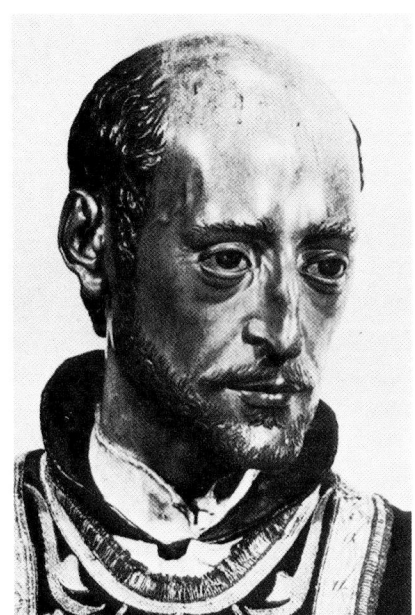

16 *Francisco Borgia,*
Herzog und Heiliger.
Detail einer Büste
im Museo de Bellas Artes
in Sevilla

17 *Ochiali*, Seepirat
und Pascha von Algerien.
Kupferstich. Venedig,
Museo Storico Navale

18 *Gianandrea Doria,* genuesischer Reeder und Admiral der spanischen
Flotte. Kopie nach einem Gemälde von Sebastiano del Piombo.
London, National Maritime Museum

19 *Abschluß der Heiligen Liga am 26. Mai 1571* unter Vorsitz von Pius v.,
die noch im gleichen Jahr zur siegreichen Seeschlacht von Lepanto

führte. Deckelmalerei auf einem Steuerbuch von Siena für 1571.
Siena, Archivio di Stato

20 *Sebastiano Venier,* General-Kapitän zur See und Admiral der
venezianischen Flotte vor Lepanto, später Doge. Gemälde der Schule
von Tintoretto, 1570er Jahre. Wien, Kunsthistorisches Museum

21 *Marcantonio Colonna,*
Admiral der päpstlichen Flotte.
Gemälde von G. Scipione.
Rom, Galleria Colonna

22 *Die Schlacht von Lepanto in vollem Gange.* Im Vordergrund die Galeere
›La Generale‹ des venezianischen Admirals Seb. Veniers, dahinter die
›Real‹ des Don Juan mit der Kreuzesfahne der Heiligen Liga.

Ausschnitt aus dem Fresko von Andrea Michieli, gen. Vicentino,
in der Sala del Maggior Consiglio des Dogenpalasts in Venedig.

23 *Edirne (Adrianopel), Selimiye-Moschee,* erbaut von Sinan für Sultan
Selim II. nach der Eroberung von Zypern, 1571 (fertiggestellt 1574)

24 *Konstantinopel, Sokollu-Mehmet-Pascha Moschee,* 1571-72 von Sinan →
erbaut für Esmakhan Sultan, die Tochter Selims II., Gemahlin des Großwesirs Sokollus, nach dem die Moschee meist genannt wird.

25 *Wilhelm von Oranien,* Graf von Nassau, Führer des Aufstands der
Niederlande. Gemälde von Anthonis Mor, 1555/56.
Kassel, Staatl. Kunstsammlungen

26 *König Philipp II.* im Alter von 41 Jahren.
Gemälde von Alonso Sanchez Coello, 1568.
Wien, Kunsthistorisches Museum (Schloß Ambras)

IOANNES AUSTRIACUS CAROLI V. IMPERATORIS FILIUS
Quartus Regius Gubernator ab anno 1577 ad cal:
Octobris anni 1578 imperavit.

Crum Privilegio gl. Ord. Fæd.

DON IOHAN von Oſterreich/Keyſer Carlen des Funfften Sohn/
hat als vierter Königliche Gubernator in den Niederlanden vom Jahr 1577
biß auf den erſten October des 1578 Jahres daß Regiment verſehen.

27 *Don Juan als Statthalter der Niederlande.* Zeitgenössischer
Kupferstich mit angefügter deutscher Unterschrift.
Kunstsammlungen der Veste Coburg

wand. Für Protestanten und widerspenstige Juden, lasterhafte
Mönche, korrupte Geistliche, geschnappte Banditen, gefangene
Moriscos, Abartige und schließlich Menschen, die so bitter arm
waren, daß sie sich für ihr tägliches Brot in die Knechtschaft
verkaufen mußten, waren die Galeeren da, die König und Papst
künftig Jahr um Jahr bauen ließen. Auf diese Galeeren kamen
Rebellen, Asoziale, Abtrünnige der Christenheit, kurz: die Ver-
brecher, die Nichtangepaßten, die vom Unglück Verfolgten. Die
Galeeren waren wirklich eine neue Hölle, wie ein tieferschrocke-
ner Kirchenmann beklagte, als er zum ersten Mal in seinem Leben diese nackten, kahlgeschorenen Männer sah und roch, die auf
der Ruderbank angeschmiedet in ihrem eigenen Kot im Bauch
einer Galeere saßen, die unweit von Sankt Peter im Tiber vor
Anker lag. Eine neue Hölle, eine Hölle auf Erden.

Am 1. Mai 1566 brach Suleiman der Prächtige zu seinem drei-
zehnten und letzten Feldzug aus Konstantinopel auf. Die Nieder-
lage von Malta lastete noch immer schwer in seinem Gedächtnis.
Wenn seine riesige Armee beisammen war, zählte sie 300 000
Mann; ein Hofdichter hatte geweissagt, »Zypressenzweige wür-
den ihm winkend den Sieg weisen«. Während seine Armeen zu
Lande gegen Westen marschierten, überfielen türkische Galeeren
Ancona, den Adriahafen des Kirchenstaates, um den Ländern des
Mittelmeers, besonders aber Papst Pius v., vor Augen zu halten,
daß sie keineswegs vergessen seien.

Die Tagesbefehle erhielt die Armee in diesem Jahr von Sokollu, der erst kurz zuvor zum Großwesir befördert worden war
und lange Kriegserfahrung auf dem Balkan besaß. Seine Kindheit
hatte er im bosnischen Sokolic verbracht, dem »Falkenhorst«,
wo sein Vater orthodoxer Priester war und wo ihn die *devşirme,*
die Knabenlese, aufgegriffen hatte. Suleimans Reisewagen
brauchte bis nach Belgrad dreiundvierzig Tage. In letzter Zeit
hatten wieder Banditen aus den Bergen die Verpflegungswagen
überfallen und Nachzügler abgeschnitten; das war ein sicheres
Zeichen, daß im Herrschaftsbereich des Sultans auf dem Balkan,
wo die Bauern einst die türkischen Truppen als Befreier begrüßt
hatten, Armut und Unmut im Zunehmen begriffen waren. Diese
gefürchteten Banditen wurden unbarmherzig gejagt, und kilo-

meterlang standen entlang der Straße die Galgen, an denen sie aufgeknüpft waren.

Unterwegs nahm der Sultan Sigismund Zápolya auf, einen von den Türken unterstützten ungarischen Thronkandidaten, der ihnen als Vorwand dienen konnte, falls sie an dieser umstrittenen Grenze je einen benötigten, um den Kaiser mit Krieg zu bedrohen. Kaiser Maximilian II. war ein halbherziger Katholik; auf dem Totenbett verweigerte er die Sterbesakramente. Mit einem Blick auf die Kirchengüter hatten viele ungarische Edelleute mit dem Luthertum geliebäugelt; und wenn Maximilian auch öfters mit Lutheranern erträgliche örtliche Vereinbarungen traf, so sahen die Türken im Glaubenszwist zwischen Österreich und Ungarn doch eine schätzenswerte Schwächung des Gegners. Sigismund, der Thronkandidat, war erst kurz zuvor vom katholischen zum protestantischen Glauben übergetreten, und der kluge Sokollu hoffte, den Glaubensstreit auszuspielen und neue Verwirrung in das Lager der Feinde des Sultans zu tragen. Der Sultan selber, Suleiman der Prächtige, erklärte entschlossen, er werde die Waffen nicht niederlegen, bis er die Krone Ungarns auf Sigismunds Haupt sähe. Suleimans heimliche Verbündete im christlichen Abendland, die Franzosen, begrüßten es, daß die Türken dem Kaiser solch Ungemach bereiteten. Der französische Gesandte Guillaume d'Aube besuchte das türkische Lager, als die Armee in Richtung Ungarn aufbrach, um seine Glückwünsche zu entbieten.

Niklas Graf Zrinyi, der Kommandant der vorgeschobenen kaiserlichen Festung Szigetvár, fiel damals über ein Lager der Türken her und zog mit einer Beute von siebzehntausend Dukaten davon. Suleiman schäumte angesichts eines derart unverschämten Überfalls vor Wut. Türkische Herrschaft forderte unbedingten Gehorsam unter der Geißel der Furcht – so ließ er den Feldzugsplan ändern. Ein großer Teil seiner Armee wurde abgezweigt, um sofort nach Szigetvár zu marschieren und die Festungsstadt dem Erdboden gleichzumachen. Es war dann immer noch genügend Zeit, nach Budapest weiterzumarschieren und den Ungarn ihren neuen Marionettenkönig vorzusetzen. Die Konzentration einer Armee vor Szigetvár machte enorme Vorbereitungen erforderlich. Binnen siebzehn Tagen wurde eine

Brücke aus 118 Brückenschiffen über die Donau geschlagen. Eine kleine Flotte von Kriegsgaleeren war donauaufwärts gerudert worden. Am 19. Juli hatte die türkische Armee den breiten Strom überschritten, und am 5. August traf der Sultan selbst im Wagen vor Szigetvár ein. Sokollu hatte bereits mit neunzigtausend Mann Stadt und Festung eingeschlossen; von einem günstig gelegenen Punkt auf einem nahen Hügel beschoß er mit dreihundert Kanonen die starken Mauern. Zur Begrüßung des Sultans ließ Graf Zrinyi inmitten seiner Festung ein großes Kruzifix aufrichten, so daß alle Türken es sehen konnten. Dann feuerten seine Kanonen höflich den geziemenden Salut für den osmanischen Herrscher.

Szigetvár war eine strategisch günstig gelegene Festung, eine »Stadt der Inseln«, die zu beiden Seiten von einem Nebenfluß der Drau beschützt wurde. Die Stadt, die auf drei durch Brücken untereinander verbundenen Inseln lag, einzunehmen, würde den Türken harte Kämpfe kosten. Danach mußten sie es gegen die Burg aus Ziegelsteinen aufnehmen, die von fünf erdenen Bastionen geschützt wurde, und schließlich mit dem innersten Kern, der Zitadelle. Um ihnen dies vor Augen zu führen, hatte Graf Zrinyi lange, scharlachrote Fahnentücher an den äußeren Wallanlagen aushängen lassen, als ob er damit seinen Widerstand deutlich sichtbar machen wollte, und vom Turm der Zitadelle hingen große Blechstreifen herab, die in der Sonne glitzerten und hin und her schwangen.

In Zrinyis Begrüßung der Türken steckte Methode und trotziger Optimismus. Seine Garnison war dem Feind im Verhältnis von hundert zu eins unterlegen, daher bedurfte es jeglicher Ermutigung. Zwar konnte die Stadt von der Türkenflut schier überschwemmt werden, doch Festung und Zitadelle waren besser zu verteidigen und konnten die Türken vielleicht lange genug aufhalten, um ihrem Feldzug die Stoßkraft zu nehmen. Die große Armee des Sultans lagerte bereits an einem ziemlich tiefgelegenen Ort, der als Fieberherd bekannt war. Die Ereignisse des Vorjahres auf Malta schienen sich zu wiederholen: eine verbissen gehaltene Festung und Fieber im Lager der Belagerer. Graf Zrinyi, das Beispiel der Malteserritter vor Augen, lechzte nach Ruhm und sah seine Stunde gekommen. In diesem Jahr würden sich die Blicke der gesamten Christenheit auf ihn richten.

Dank ihrer Überzahl hatten die Türken die Stadt Szigetvár nach fünfzehn Tagen in ihrer Hand. Als die Häuser um die Festung herum nicht länger gehalten werden konnten, befahl Graf Zrinyi, sie niederzubrennen. Die Türken setzten lange Kolonnen von Wasserbüffeln ein und ließen von ihnen ihre Belagerungsgeschütze in die Ruinen ziehen. Von dort aus, in Kernschußweite, setzten sie die Beschießung der Festungsmauern fort.

Um den tollkühnen Widerstand Graf Zrinyis zu brechen und die türkische Armee für ihren Marsch auf Budapest freizusetzen, wurde noch eine weitere Taktik versucht. Sokollu wußte, daß die Festung verschiedene Volksgruppen und auch mehr als eine Glaubensgemeinschaft beherbergte. Um diesen Umstand auszunützen, ließ er Propagandaschriften in deutscher, ungarischer und kroatischer Sprache mit Pfeilen in die Festung hineinschießen, um auf diese Weise Zwietracht zu schüren. Die Katholiken hielt Sokollu für seine entschlossensten Feinde; die Protestanten glaubte er auf seine Seite ziehen zu können. Dann machte Sultan Suleiman dem Grafen Zrinyi insgeheim ein persönliches Angebot: Er könne über ganz Kroatien gebieten, wenn er nur Szigetvár aufgäbe. Graf Zrinyi benutzte dieses Angebot, um Zeit zu gewinnen. Als offensichtlich wurde, daß seine Garnison entschlossen zusammenhielt, begann der Sturmangriff auf die Festung. Bei ihrem ersten massierten Angriff wurden die Türken zu ihrem Erstaunen zurückgeschlagen.

Der zweite Angriff drei Tage später, am 29. August, dem Jahrestag von Suleimans großem Sieg bei Mohács, brachte den Türken eine weitere Demütigung. Von seinem Zelt aus, wo er mit Ruhr darniederlag, schrieb der Sultan tadelnd an seinen Großwesir: »Der Schlot raucht dort noch immer, und ich harre der großen Siegestrommel.« Am 5. September sprengte eine gewaltige Mine der Türken die große Bastion, und damit war Graf Zrinyis letztes Bollwerk, die Zitadelle, dem Sturmangriff ausgeliefert. Doch in der gleichen Nacht starb in seinem Zelte Suleiman der Prächtige.

Sokollu mußte in dieser explosiven Situation blitzschnell handeln. Er mußte die Zehntausende von türkischen Soldaten, die sich hier vor Szigetvár festgebissen hatten, freibekommen – aber nur durch einen Sieg. Jedermann wußte, daß die Janitscharen ihren toten Helden Mustafa dem tatsächlichen Thronfolger, Selim dem Säufer, vorgezogen hatten. Schon ging das Gerücht um, wenn Prinz Mustafa die Truppen in Malta angeführt hätte, wären die Türken siegreich gewesen. Wenn sie nun erführen, daß ihr legendärer, unbesiegbarer Sultan tot sei und Graf Zrinyi immer noch trotzig hinter den Mauern von Szigetvár standhalte, dann könnte dies die Janitscharen des ganzen Osmanischen Reiches zu einer Erhebung hinreißen. Selim brauchte Zeit, um Konstantinopel auf seine Seite zu ziehen, und dies konnte nur im Namen Suleimans geschehen, denn in der Armee wie auch in Konstantinopel und im ganzen Reich war die Autorität des Sultans oberstes Gesetz.

Neben dem Leibarzt, der Suleiman in seiner Todesstunde betreut hatte, kannten nur sein Sekretär und sein Schwertträger das gefährliche Geheimnis. Sokollu erkannte, wie er mit ihrer Hilfe das Schicksal des Reiches bestimmen konnte. Den Arzt erwürgte er auf der Stelle. Dann fuhr er mit Unterstützung des Sekretärs fort, in Suleimans Namen und so, als ob er noch am Leben wäre, Befehle an die Armee zu geben. Es waren genaue Anweisungen zur sofortigen Erstürmung von Szigetvár. Sokollu hieß den Schwertträger, noch in dieser Nacht durch halsbrecherischen Botenritt Prinz Selim Nachricht zu geben, mit dem Rat an den Thronerben, sich zuerst Konstantinopels zu versichern und sich dann in eigener Person der Armee bei Belgrad anzuschließen, denn nur wenn die Armee, der stärkste Arm der Macht im Osmanischen Reich, dazu bewegt werden konnte, ihn als Sultan anzuerkennen, sei seine Herrschaft gesichert. Nichts sei gegenwärtig schlimmer als ein Bürgerkrieg um die Thronfolge, denn gerade jetzt hätten die Türken an all ihren Grenzen Feinde stehen.

In Befolgung der durch Sokollu gegebenen Befehle des noch krank geglaubten Sultans gelang es den Türken am 8. September, die äußeren Mauern der Zitadelle zu brechen. Nun hielt Graf Zrinyi nur noch den inneren Turm und das Pulvermagazin. Der Graf hatte die Türken lange genug aufgehalten, ihrem Feldzug war das Rückgrat gebrochen; er entschloß sich jetzt, mit Würde zu sterben. An diesem letzten Morgen trug er einen seidenen Umhang, um den Hals eine schwere goldene Kette, auf dem Kopf einen schwarzen Hut mit Goldstickerei und einem Federbusch aus Reiherfedern, dazu eine diamantene Brosche. Er erhob sein goldtauschiertes Schwert und sprach zu den sechshundert Männern, die mit ihm diesen Ausfall wagen und lieber kämpfend untergehen als sich ergeben wollten: »Mit diesem Schwert erwarb ich erste Ehre und ersten Ruhm, mit ihm möchte ich auch vor Gottes Thron stehen und mein Urteil hören.«

Um den inneren Turm, in dem sie sich befanden, lief ein Graben, über den eine Zugbrücke führte. Hinter dem verrammelten Tor stand jetzt ein schwerer Mörser, randvoll angefüllt mit Schrott. Das Tor wurde überraschend aufgestoßen, der Mörser schoß in die lebendige Masse der Türken, die sich auf der anderen Seite des Grabens zusammenballten, mitten hinein, und während sie noch wankten, fiel die Zugbrücke herab und unter dem Schutz des Pulverdampfes warfen sich Graf Zrinyi und seine Sechshundert in ihre letzte Schlacht. Lange dauerte es nicht – kämpfend fielen sie bis zum letzten Mann.

Graf Zrinyi wurde von zwei Arkebusengeschossen in die Brust getroffen, sein Kopf von einem Pfeil durchbohrt: Ohne Helm und ohne Brustpanzer, nicht besser geschützt als der am schlechtesten gerüstete seiner Waffengefährten, war er in die Schlacht geschritten. Er war noch am Leben, als ihn die Türken fanden und auf eine Kanonenlafette fesselten. Man schlug ihm den Kopf ab und überbrachte ihn, immer noch mit dem diamantengeschmückten Hut und der goldenen Kette angetan, Sokollu als Trophäe. Um seine enttäuschte Armee zu besänftigen, gab Sokollu den Befehl, jeden überlebenden Christen totzuschlagen. Dies war ein langer, heißer Sommer gewesen, ohne Gelegenheit, eine Stadt zu plündern – was konnte da mehr Erleichterung verschaffen als ein Massaker?

Auf der langen, beschwerlichen Fahrt nach Szigetvár hatte Sultan Suleiman nur selten seinen Wagen verlassen.

Daß der Sultan selbst auf einem Feldzug an der Sitzung des Diwan nicht persönlich teilnahm, war inzwischen nicht mehr ungewöhnlich. Es sollte also für Sokollu nicht unmöglich sein, im türkischen Staatsrat, der acht Tage später zusammentrat, die Dinge so zu lenken, daß der Tod des Sultans ein Geheimnis blieb.

Die winzige Streitmacht des Grafen Zrinyi hatte die türkische Armee – daran gab es kein Deuteln – länger als einen Monat aufgehalten und damit ihren ganzen Feldzugsplan vereitelt. Doch alle Wesire stimmten Sokollu zu, als dieser hervorhob, wie wichtig es sei, die Eroberung Szigetvárs der übrigen Welt als einen großen Sieg zu verkünden. An jeden Statthalter, an jeden Verbündeten wurde eine Siegesbotschaft gerichtet. Die mißmutigen Truppen, die sich über den Scheinsieg wohl keine Illusionen machten, erhielten eine Zusatzlöhnung. Im Namen Suleimans wurde der Bau einer Moschee in Szigetvár befohlen; auch die Festung sollte wieder aufgebaut und für den Islam gehalten werden.

Sokollu erklärte die Abwesenheit des Sultans mit der Ruhr, auf die ein lähmender Gichtanfall gefolgt sei. Das Geheimnis wurde lange genug gewahrt, so daß sich Selim der Hauptstadt Konstantinopel versichern konnte. Selim wurde von seinem Busenfreund Joseph Micas und den Botschaftern Frankreichs und Venedigs bis an die Tore der Stadt geleitet, als er sich auf den Weg zum Hauptquartier seiner Armee vor Belgrad aufmachte. Er erreichte am 8. Oktober Sofia und traf zehn Tage später in Belgrad ein. Der letzte Sommerfeldzug seines Vaters hatte kaum etwas eingebracht; der Krieg zahlte sich für die Türken nicht mehr aus. Ohne Begeisterung wurde Selim von einer Armee, deren Stimmung man durch einen weiteren Zahltag ein wenig aufhalf, zum Sultan ausgerufen.

Wiewohl die durch Suleimans Tod hervorgerufene gefährliche Situation glänzend gemeistert worden war, zeigten sich nun doch politische Folgen. In Mani auf der Halbinsel Morea – so nannte man die Peloponnes – erhoben sich die Griechen in einem kühnen, doch glücklosen Aufstand gegen die türkische Herrschaft. Eine Streitmacht, die Piali Pascha mit fünfzehn Galeeren anlandete, erstickte ihn in Blut. Die zwanzigtausend Janitscharen hatten aber ihren Einfluß als Königsmacher diesmal gespürt, und sie zeigten diesem neuen Sultan, der mit seinem berühmten Vater nicht zu vergleichen war, von dem legendären Mustafa ganz zu schweigen, ganz offen ihr Mißfallen. Nur mit verschwenderischen Geschenken konnte sie Sokollu von einer Revolte abhalten. Da ihr Korpsgeist die Janitscharen politisch gefährlich machte, fing man 1569 damit an, ihre Reihen mit Armeniern und

Juden aufzufüllen: Die religiöse und völkische Vielfalt sollte den Zusammenhalt in ihren Reihen lockern; natürlich litt darunter auch ihre Kampfkraft. Die Zeiten waren nicht mehr die alten.

Sultan Selim II. ernannte seinen alten Lehrer, den Verschwörer Lala Mustafa, großmütig zum Wesir; er sollte an Würden unmittelbar hinter Sokollu, dem Großwesir, folgen. Freilich war Selim zunächst besorgt – vielleicht auch beschämt? –, dem unentbehrlichen Sokollu das einzugestehen. Im Jahre 1569 gab es eine weitere Erhebung gegen die türkische Herrschaft, diesmal im Jemen. Sokollu sandte Lala Mustafa dorthin, um den Aufstand niederzuschlagen, wohl in der Erwartung, daß er versage und damit von der Bildfläche verschwände. Sokollu täuschte sich nicht – allerdings nur insoweit, als sich der ehemalige Lehrer schon als unfähig erwies, bevor er den Jemen überhaupt erreichte. Aber Sokollu irrte sich, was das Verschwinden betraf: Der Sultan ließ Lala Mustafa, dem der Mißerfolg Kerkerhaft eingetragen hatte, wieder frei. In der Vergangenheit hätte ein solches Versagen einem Wesir den Kopf gekostet.

Im Juni 1567 machten die Wiener Unterhändler, die im Auftrag von Kaiser Maximilian II. zum Aushandeln eines Friedens nach Konstantinopel gekommen waren, ihren ersten Schachzug: Sie zahlten, wie es ihre geheimen Instruktionen vorsahen, Joseph Micas zweitausend Dukaten und boten Sokollu als Großwesir eine jährliche Zahlung von gleichfalls zweitausend Dukaten an. Sokollu war zwar ein Mann von scharfem Verstand und großen Fähigkeiten, aber in seiner Habgier war er unersättlich. Es wurde bereits gemunkelt, daß er schon eine Million Dukaten Bestechungsgelder jährlich empfinge. Im Osmanischen Reich waren die großen Tage der Eroberung vorbei. Unter Selim II. gaben Günstlingswirtschaft, Haremsintrigen und abenteuerliche Korruption jetzt den Ton an.

IX

Das Arsenal brennt

Ich wollte ihm die Hand zum Gruß reichen, doch er wollte sie nicht nehmen –
sie enthielt kein Bestechungsgeld.

TÜRKISCHER DICHTER

Selim II. war zweiundvierzig, als er Sultan wurde. Er war hochmütig, unscheinbar, intrigant, unsoldatisch, ein kleiner Mann mit scharfgezeichneten Zügen, dessen Gesicht vom Weingenuß gerötet war. Sein spärlicher Bart war schwarz gefärbt; die Augenbrauen pflegte er sich mit Kohl, einer arabischen Schminke, zu schwärzen. Nicht Sokollu, der Großwesir, der sich soviel Mühe gegeben hatte, ihn auf den Thron zu bringen, hatte den größten Einfluß auf ihn, sondern Joseph Micas, »der Großjude«, wie man ihn nannte, der als ein »stattlicher Mann mit schwarzem, gestutztem Bart« beschrieben wurde. Selim hatte ihn als Dank für seine Dienste sofort zum Herzog von Naxos ernannt, einem kleinen Insel-Fürstentum in der Ägäis. Der frühere Herzog von Naxos, ein Italiener namens Giacomo Crispi, saß unterdessen in Rom und pflegte seine Rachegelüste.

Das erste Kaffeehaus Konstantinopels wurde 1554 eröffnet. Es wurde schnell beliebt, und sein Eigentümer verdiente binnen dreier Jahre fünftausend Dukaten. Trotzdem fragten sich Türken, denen es mit ihrem Glauben ernst war, ob das Kaffeetrinken nicht im Widerspruch zu den Lehren des Koran stehe. Selims Vater hatte seinen Sohn oftmals gemahnt, daß Wein für den Propheten »die Mutter der Laster« war; doch Selim hielt sich an die Flasche, und Joseph Micas sorgte dafür, daß sein Weinkeller immer gefüllt war. Als unter Suleimans Söhnen der Kampf um die Thronfolge seinen Höhepunkt erreichte, litt Selim unter der krankhaften Furcht, daß seine Rivalen ihn vergiften könnten. Joseph Micas konnte ihn beruhigen. Jede Woche sandte er ihm einen versiegelten Tragkorb mit Speisen und Früchten, die Selim unbesorgt essen konnte. Micas besaß, wie sein großer Widersacher Sokollu, die Voraussicht, den Außenseiter zu unterstützen,

den trunkenen Dichter Selim, und in seinem Palast in Asien ge-
sellte er sich offen zu ihm und brachte einen höchst brauchbaren
Vorrat an Gold und Geld, an Kleidung, Waffen und Pferden mit.
So war Micas zum Vertrauten Selims geworden.

Hinter dem Großjuden standen zwei Frauen. Die eine war
Esther Kyra, eine ungewöhnlich schöne Jüdin, die den Harem
ganz im Sinne von Micas leitete. Die andere war seine berühmte
Tante. Zwischen Lissabon und dem Roten Meer war sie allen
Juden unter dem zärtlichen und doch respektvollen Namen La
Señora Ha-Gevereth bekannt, das heißt die Dame. 1492 war sie,
als junges Mädchen, während der religiösen Verfolgungen in
Spanien nach Portugal geflohen, doch die Verfolgungen hörten
nicht auf, und fünf Jahre später mußte sie sich, sehr gegen ihren
Willen, taufen lassen. Sie nahm den Namen Beatrice de Luna an
und heiratete einen getauften Juden namens Francisco Mendes,
einen Bankier, der auch mit Gewürzen spekulierte und gute Ge-
schäftsbeziehungen zu Antwerpen unterhielt.

1536 finden wir sie in den Niederlanden, inzwischen verwitwet. Sie betrieb damals eine gutgehende Bank. Die eine Hälfte
ihrer Zeit widmete sie internationalen Bankgeschäften, die andere Hälfte verbrachte sie damit, denen zur Flucht in die Länder
des toleranten Sultans zu verhelfen, die, wie sie, gewaltsam zum
Christentum »bekehrt« worden waren. 1545 ließ sich La Señora
in Venedig nieder. Das Ghetto dieser Stadt beherbergte in seinen
überfüllten siebenstöckigen Häusern eine lebhafte und wohlhabende Judengemeinde, und da Venedig auf halbem Wege nach
Konstantinopel lag, trieb man regen Handel mit dem Osmanischen Reich.

Dort wurde sie schließlich, sogar von ihrer eigenen Schwester,
als Propagandistin des mosaischen Glaubens angezeigt. Sie
mußte sich in das tolerante Ferrara absetzen, wo Pater Franciscos
herzoglicher Vetter und seine Frau noch immer Protestanten und
Juden unter ihren Schutz zu nehmen vermochten. Als aber die
Inquisition ihren Druck verstärkte, wurde La Señora auch hier
der Boden zu heiß; 1553 traf sie in Konstantinopel ein.

Das Haupt der Familie war damals ihr unverheirateter Neffe
Joseph, dessen Vater Samuel bei der Zwangsbekehrung den Namen Miguez angenommen hatte, was schließlich zu Micas ver-

ballhornt wurde. Micas' Vater hatte sich als junger Mensch der
Medizin zugewandt, da es für einen jüdischen Arzt leichter war,
den Sabbat zu feiern, ohne Argwohn zu erregen – an diesem Tag
besuchte man einfach keine Kranken. Sie mußten sich zwar als
Christen ausgeben, aber Juden wie Samuel Miguez lebten weiterhin insgeheim nach dem Glauben ihrer Väter, wie es auch die
Moriscos taten. In Spanien wußte jedermann, daß an den Sams-
tagen kein Rauchwölkchen aus den Kaminen der Juden kam.

Später war Josephs Vater in die Niederlande übergesiedelt und
wurde dort Hofarzt Karls v. Sein Sohn Joseph wurde auch getauft und ging zur Messe; hinterher im Elternhaus tat der Junge
allerdings Buße für das, was ihm da aufgezwungen wurde. Am
weltoffenen, freizügigen Hof Karls v. hieß man den jungen Joseph ob seiner persönlichen Leistungen wie wegen des sagenhaften Reichtums seiner Tante willkommen. Er spielte Karten und
schüttelte den Würfelbecher mit Maximilian, dem Neffen
Karls v., der jetzt auf dem Kaiserthron saß. Joseph zeichnete sich
auch im höfischen Turnier aus, und bei einem Besuch in Antwerpen schlug Karl v. ihn zum Ritter.

Als La Señora Antwerpen verließ und nach Venedig ging,
vertraute sie das Bankgeschäft der Familie Mendes Joseph an. Als
Finanzier wurde er weltberühmt. Er reiste weit umher, sogar
nach England, das seit den Tagen König Eduards i. durch Gesetz
alle gläubigen Juden ausgeschlossen hatte. Der französischen
Krone gab er riesige Anleihen. Da Joseph Micas dank seiner
Geschäfte viele bedeutende Persönlichkeiten von Angesicht zu
Angesicht kennenlernte, gewann er auch Einblick in die große
europäische Politik. Er unterhielt einen weitgespannten Kreis
von Korrespondenten, die aus ähnlichen Familien kamen wie er
selber: Menschen, die – mochten sie sich nun zur katholischen
Kirche oder zur protestantischen Lehre bekennen – ihr Erbe nicht
vergessen konnten und den Glauben der Väter im Herzen bewahrten. Das private Nachrichtennetz, das Joseph Micas zur
Verfügung stand, wurde mit dem der Rothschilds im neunzehnten Jahrhundert verglichen.

Seine Tante bekannte sich in Konstantinopel wieder offen zum
mosaischen Glauben, und sie begann, erneut den Namen ihrer
Kindheit zu verwenden, den sie bei der Taufe abgelegt hatte:

Gracia Nasi. Sie schrieb Joseph, er solle seine Geschäfte aufgeben und zu ihr kommen. Joseph wurde von seinen Bekannten als »ein wahrer Herr« beschrieben, als »in Waffen erfahren, wohlbelesen, seinen Freunden ein zuverlässiger Freund«. Joseph machte aus seiner Reise kein Geheimnis: In stattlicher Aufmachung, mit zwanzig livrierten Dienern und einer Leibwache von zwei Janitscharen durchzog er den Balkan. Im April 1554 ließ er sich im alten jüdischen Viertel, in Galata jenseits des Goldenen Horns, beschneiden. Dann heiratete er seine Base Reyna, die Tochter Gracia Nasis – böse Zungen behaupteten, damit die Mitgift von neunzigtausend Dukaten in der Familie bliebe. An ihrem Hochzeitstag fuhr der französische Botschafter d'Aramon über das Goldene Horn zum Belvedere, dem Palast Gracia Nasis, um Braut und Bräutigam zu beglückwünschen. Von dem Augenblick seiner Ankunft in Konstantinopel an war Joseph Micas' Bedeutung nicht mehr zu verkennen.

Des Sultans Spionagenetz hatte Suleiman dem Prächtigen vorzügliche Dienste erwiesen. Es waren zum größten Teil unauffällige abtrünnige Christen, welche die Türken überall für ihre Zwecke einsetzten, selbst im Schatten der Peterskirche. Joseph Micas wurde zwar des Türkischen niemals ganz mächtig und bedurfte daher eines Dolmetschers, doch man bemerkte bald, daß er über Europa besser Bescheid wußte als selbst der Sultan.

Micas konnte nicht nur eine Einschätzung geben von den ansonsten unerklärlichen Dingen des Abendlandes, er war den Türken auch als Finanzmann wertvoll. Das islamische Recht verbot nicht nur den Zinswucher, sondern untersagte auch förmlich, daß ein praktizierender Jude einen amtlichen Posten bekleidete. (In der Vergangenheit hatte allerdings ein Jude namens Sinan mit Erfolg die Flotte des Sultans befehligt.) Durch die Bank der Mendes erhielt die Regierung des Sultans endlich Zugang zum modernen Bankwesen. In Konstantinopel hatte es bis dahin keinen Geldmarkt gegeben; es gab keine Wechselbriefe, nicht einmal im Verkehr mit Venedig, dem wichtigsten Handelspartner der Türken, so daß alle Salden zwangsläufig mit Bargeld beglichen werden mußten. Durch seine Geschäftspartner konnte das Bankhaus Mendes auf andere Banken Wechsel ziehen, und zwar innerhalb eines Netzes, das von Saloniki, Valona und Venedig bis Sevilla, Lissabon und Antwerpen reichte – damals der größte Finanzplatz im nördlichen Europa. So gelang es, dem Osmanischen Reich günstigere Methoden im Geschäftsverkehr mit seinen Lieferanten und mit den Absatzmärkten für Seidenwaren und Gewürze zu erschließen.

Da die Regierung des Sultans erst kurz zuvor einige griechische Inseln erobert hatte, auf denen der Weinbau blühte, kam es dem Sultan angesichts des Weinverbotes durch den Koran sehr zustatten, das Monopol des Weinhandels an Joseph Micas zu übergeben. Das köstliche, aber verbotene Naß brachte ihm ansehnliche Gewinne. Auf Kosten von Micas' Beliebtheit ging allerdings, daß er zum Steuerpächter des Sultans wurde: Er schoß der Regierung des Sultans aus seiner Tasche den Steueranteil vor, der ihr zustand, und holte sich sein Geld im Lauf der Zeit von den bedauernswerten Steuerzahlern des Sultans. Binnen kürzester Zeit wurde Micas in Konstantinopel ein derart mächtiger Mann, daß ausländische Gesandte ihm bei ihrer Ankunft in der Hauptstadt wie eine Selbstverständlichkeit mit kostbaren Geschenken aufwarteten. Waren sie einmal knapp bei Kasse, dann kam es vor, daß er sie sich durch einen zinslosen Kredit verpflichtete. Der französisch-türkische Handelsvertrag von 1569 wurde bezeichnenderweise weder in französischer Sprache noch auf Türkisch formuliert, sondern auf Hebräisch. Aber für Joseph Micas wie für seine Tante und für Esther Kyra sowie alle anderen geheimen Helfer waren dieser Gewinn und ihre Macht nur ein Mittel zu einem größeren und lohnenderen Endzweck.

Im Jahr 1516 hatte Selim I., der Gestrenge, den ägyptischen Mamelucken Palästina entrissen. Einige von den vielen Juden, die aus dem unwirtlichen Westeuropa geflohen waren, beschlossen, sich unter osmanischer Herrschaft dort auf dem Boden ihrer Urahnen niederzulassen. Gracia Nasi stand mit einer Gruppe jüdischer Mystiker, Gelehrter und Kabbalisten in Verbindung, deren Zufluchtsort Safed war, unweit der Ruinenstadt Tiberias im nördlichen Palästina. Sie bot den türkischen Behörden tausend Dukaten als Pachtgebühr für Tiberias an. Sultan Suleiman übertrug Joseph 1561 die Ruinenstadt und sieben arabische Dörfer in ihrer Umgebung. Tiberias sollte eine Flüchtlingsstadt werden.

Die Araber in der Umgebung galten als fremdenfeindlich gesonnen. Daher mußte man zuerst eine viereckige Schutzmauer
errichten, 500 Ellen lang. Das verfallene heiße Bad wurde wieder
instandgesetzt. Maulbeerbäume wurden gepflanzt, um die profitable Seidenzucht zu entwickeln. La Señora ließ für die ersten
Siedler Webstühle und hochwertige spanische Wolle herbeischaffen. Sie schickte ihnen Muster, und sie fingen an, die importierten venezianischen Stoffe, die sich auf dem türkischen Markt am
besten absetzen ließen, geschickt nachzumachen. Als für die Juden Roms und Venedigs die Gefahr immer größer wurde, war
Tiberias darauf vorbereitet, sie aufzunehmen.

Wir wissen, daß 1567, als Pius V. ihnen das Leben unerträglich
machte, dreihundert Juden Rom verließen und nach Tiberias gingen; viele weitere müssen ihnen gefolgt sein. Briefe aus Konstantinopel liefen insgeheim von Hand zu Hand und forderten die
vom Papst gequälten Juden auf, in die neue jüdische Siedlungsstätte im Heiligen Land auszuwandern, wo eine frühe zionistische
Bewegung sich zusammenfand, ihnen dabei zu helfen. Namentlich Textilarbeiter wurden dort willkommen geheißen. Bald
sandten jüdische Kaufleute, die unter dem Schutz des Sultans
lebten, Schiffe nach Ancona, um ihre Glaubensbrüder abzuholen.

Aber diese frühen Vorfahren der Zionisten schafften es nicht,
wirklich Wurzeln zu schlagen. Die Gründe dafür liegen nicht klar
auf der Hand. Vielleicht versuchten La Señora und ihr einflußreicher Neffe allzu ungestüm, in einer unwirtlichen Landschaft, einer wirtschaftlichen Einöde, künstlich eine kapitalistische Wirtschaft einzurichten. Vielleicht waren die Bewohner Tiberias auch
zu hausväterlich gesonnen: um eine Flüchtlingsstadt zu errichten,
hätte es vielleicht nicht nur geschickter Weber bedurft, sondern
auch richtiger Pioniere, die mit Spaten und Schwert gleicherma
ßen umgehen konnten. Einige Einwanderer waren arm und ohne
handwerkliche Ausbildung, sie konnten nicht ohne Unterstützung auskommen. Andere waren Gelehrte, die nicht bereit waren, ihren Wohltätern durch körperliche Arbeit unter die Arme
zu greifen. Theoretisch konnte die islamische Gesellschaft eingewanderte Juden dulden; aber in Wahrheit blieben sie doch stets
Bürger zweiter Klasse. Die einheimischen Araber blieben aus
Angst, hinausgedrängt zu werden, feindselig; und die Kasuisten

unter den Rabbinern, die bereits in Safed festsaßen, lagen bald mit den Neuankömmlingen im Streit. Gegen Ende des Jahrhunderts ging auch das Experiment Tiberias zu Ende; fünfzig Jahre später gab es dort keine Juden mehr.

In der Politik waren Sokollu und Micas Widersacher. Sokollu war trotz seiner berüchtigten Habgier ein Mann der alten Schule. Er bedachte zwar immer auch die Haremsintrigen – ohne das konnte niemand überleben –, aber er handelte, wann immer möglich, nach festen Regeln. Sokollus Treue gehörte einzig und allein dem Sultan, dessen Wünschen er sich niemals öffentlich widersetzt hätte. »Wenn ihm anbefohlen worden wäre, zehntausend Galeeren auszurüsten, hätte er nie gesagt, daß dies unmöglich sei.« Er war groß und schlank, ruhig, kalt, ungerührt, undurchdringlich, und wenn ihn auch seine krankhafte Raffsucht entstellte, muß doch gesagt werden, daß alles, was Sokollu, des »Sultans Sklave«, besaß, rechtmäßig dem Sultan gehörte, sieht man einmal ab von den Gütern, die er als fromme Stiftungen beiseite geschafft hatte. Der Reichtum Sokollus gründete sich also, ebenso wie sein Rang als Großwesir, auf äußerst unsicherem Boden. Nach der Politik zu urteilen, die er betrieb, muß er gehofft haben, einen Vernunftfrieden unter dem Schutz osmanischer Macht herbeizuführen, eine Pax Ottomanica. Er war der erste Politiker der Türken, der begriff, daß sich Krieg einfach nicht mehr bezahlt machte.

Joseph Micas war in seinen Zielen weniger einseitig. Er diente zwar dem Sultan, fühlte sich aber auch für die Juden verantwortlich. Es gab Zeiten, da benützte er seinen großen Einfluß am Hofe dazu, private Rachegelüste zu befriedigen. Die Franzosen schuldeten ihm seit langem 150000 Dukaten. Sie hatten die Schuld für nichtig erklärt mit der Begründung, Micas sei jetzt erklärtermaßen Jude, und Juden sei es gesetzlich untersagt, in Frankreich zu leben oder dort Geschäfte zu machen. Um diese alte Schuld einzutreiben, belastete er unnötigerweise die politisch nützliche Freundschaft zwischen dem Sultan und dem König von Frankreich. Einen Teil des Vermögens seiner Frau hatten die Venezianer beschlagnahmt. Ein Besuch in Venedig, bei dem er diese Angelegenheit ins reine bringen könnte, mochte auch den dortigen Juden helfen, sie vor den Schlägen zu schützen, die jetzt auf ihre Köpfe herabprasselten; immerhin war Micas der engste Freund des Sultans. Der Senat bemühte sich normalerweise sehr um die Gunst des Sultans – aber mit Joseph Micas wollten die Senatoren nichts zu tun haben. Micas soll den kurzen, ablehnenden Brief des Dogen beiseite gesteckt und beschlossen haben, Venedig dafür eines Tages büßen zu lassen.

Auch Selim II. war nicht so zielstrebig. Sein Äußeres wirkte abstoßend; aber wenn es sein mußte, konnte er auch beeindrukken: Dazu setzte er sich auf seinen Thron, steckte einen Diamanten von mehr als einem Zentimeter im Quadrat an seinen Daumen und umgab sich mit seiner wunderlichen, böse aussehenden Leibwache aus hundert Zwergen: Gestalten mit großen Köpfen und kurzen, verkümmerten Beinchen, die gekleidet waren in golddurchwirkte Stoffe und allesamt mörderische kleine Krummsäbel trugen. Aber wenn Selim auch das Zeremoniell beherrschte, das Fällen von Entscheidungen war nicht seine Stärke. Und wenn er bei einer Entscheidung seinen Kopf durchsetzte, dann mußte man damit rechnen, daß es schiefging.

In den ersten Jahren von Selims Herrschaft brachte die unterschwellige Rivalität zwischen Sokollu und Micas manchmal eine gewisse Unentschlossenheit in die türkische Politik. Sokollu war für das traditionelle Zusammengehen mit Frankreich; Joseph Micas wurde zwar vom französischen Gesandten unermüdlich hofiert, er war aber der Meinung, die Hugenottenaufstände hätten das Land gelähmt. Er neigte mehr zur protestantischen Seite. Er konnte einfach nicht vergessen, daß die Franzosen ihm noch Geld schuldeten, und er wollte auf der internationalen Bühne eine persönliche Rolle spielen. Eine Zeitlang war die türkische Polenpolitik sein Werk, nachdem er dem König von Polen eine Anleihe über 150000 Dukaten gegeben hatte. Der Botschafter des Kaisers berichtete nach Hause, wenn es den Rechnungsbüchern Micas' nicht gerade jetzt gepaßt hätte, den König von Spanien – seinen alten Bekannten vom Hofe Karls V. – zu begünstigen, dann hätte Sokollu möglicherweise den Moriscos mehr Unterstützung zuteil werden lassen.

Langsam und unauffällig fing Sokollu an, die reichen Griechen – orthodoxe Christen, denen es unter osmanischer Herrschaft gut ging – zu begünstigen. Er benützte sie als Gegengewicht gegen die Finanzmacht der Juden, bis schließlich sein steinreicher Günstling Michael Kantakuzenos Micas aus seiner Stelle als Finanzier der Regierung verdrängte. Jahre zuvor war Sokollu erster Admiral gewesen, daher kannte er die Realitäten der Seekriegsführung im Mittelmeer besser als die meisten anderen. Niemand wußte so gut wie er, daß die Vorherrschaft der türkischen Flotte nur durch ein Zusammengehen der spanischen mit der venezianischen Flotte gebrochen werden konnte. Es war ein unabänderliches Prinzip seiner Außenpolitik, zwischen Spanien und Venedig einen Keil zu treiben. Micas, der sein Herzogtum, die Insel Naxos, eifrig ausbeutete, blickte damals bereits gierig auf andere Inseln, und die nächstgelegene und größte, reichste unter ihnen, Zypern, gehörte den Venezianern. Ihr Rechtsanspruch auf diese Insel stand auf wackeligen Beinen, und Venedig hatte in letzter Zeit die Türken unnötigerweise herausgefordert, indem es den Galeeren der Malteserritter nach ihren Raubüberfällen in zypriotischen Häfen Zuflucht gewährt hatte.

Von jedem neu inthronisierten Sultan des Osmanenreiches wurde erwartet, daß er die Beute des ersten siegreichen Feldzugs für den Bau einer Moschee verwendete. Doch in den ersten drei Jahren von Selims Herrschaft war ihm der Kriegsgott nicht hold. Die dreißigtausend Dukaten, die er Kaiser Maximilian II. im Vertrag von Adrianopel abgenommen hatte, das sogenannte »Ehrengeschenk« – in Wirklichkeit war es der Preis für einen Waffenstillstand –, reichte nicht aus, die Kosten der Belagerung von Szegetvár zu decken. Der Grenzkrieg gegen die ketzerischen Schiiten, die Persien regierten, war bislang ohne jeden Gewinn geblieben. Revolten der Araber in Syrien und im Jemen hatten die Handelsrouten gestört, auf denen Seide und Gewürze nach Alexandria und Konstantinopel gelangten – und dies kostete dem Sultan zwei Millionen Golddukaten im Jahr. Was Wunder, daß das reiche, aber militärisch verwundbare Zypern vor der Küste Kleinasiens, nach ein bißchen Druck von Micas, eine immer größere Versuchung wurde. Es gab dort große Pflanzungen mit Zuckerrohr und Baumwolle, und die Weine der Insel waren berühmt.

Für ihre Handelsprivilegien zahlten die Venezianer dem Sultan jährlich 236000 Dukaten. In der übrigen christlichen Welt war

Venedig allgemein bekannt als »die Hure, die mit dem Türken schläft«. Aber diese finanzielle Überlegung vermochte Selim nicht abzulenken, auch nicht der Gedanke an die Auswirkungen, die ein Krieg mit Venedig auf das Gleichgewicht zwischen den Seemächten haben würde. Selim hatte den Thron eines Staates bestiegen, der in der Vergangenheit durch Kriegsbeute finanziert worden war, und da er Geld für den Bau seiner ersten Moschee brauchte, war er bereit, statt auf Sokollu nun auf Joseph Micas zu hören. In einem Augenblick trunkenen Überschwangs scheint er sogar angedeutet zu haben, sein alter Freund könnte, wenn alles gut ginge, zum König von Zypern befördert werden. Herzog eines der kleinsten Herzogtümer des Mittelmeers zu sein, war viel, aber König von Zypern, ein ehrwürdiger Titel, war noch mehr. Immerhin war Micas derart davon eingenommen, daß er bereits Entwürfe machte, seinem Wappen die Symbole Zyperns hinzuzufügen. Er soll einen Plan entworfen haben, wie er die Insel, sobald sie sein eigen war, mit geschickten, fleißigen und dankbaren jüdischen Flüchtlingen bevölkern würde. Sokollu, dessen Regel es war, mit aller Kraft und Klugheit das auszuführen, was der Sultan befahl, muß diesmal schwere Zweifel gehegt haben. Er tat alles, den Schaden möglichst klein zu halten.

Venedig, gebaut auf einer kleinen Inselgruppe in der Lagune zwischen Isonzo- und Etschmündung, mit Kanälen statt Straßen, war eine unvergleichliche Stadt. Die Venezianer hatten zwar auch ihren Fuß auf dem Festland, im italienischen Hinterland die Terra ferma, am gegenüberliegenden Ufer die Küste Dalmatiens; doch ihre Inselstadt blickte hinaus auf das Meer. Ihr Imperium bestand aus einer Kette von Inseln – Korfu, Kreta, Zypern –, über die sie wie über Schrittsteine vom Nordende der Adria bis zu den einträglichen Märkten der Levante gelangen konnten.

Zwischen Venedigs damaligem Imperium – wir sprechen vom sechzehnten Jahrhundert – und dem Britischen Empire des neunzehnten Jahrhunderts gab es einige Ähnlichkeiten. Da so viele ihrer Menschen in Gewerben und Manufakturen tätig waren, namentlich in der Stoff- und Glaserzeugung, war die Lagunenstadt – wie England – gezwungen, mit den Erlösen aus Handel und Geldgeschäften die Nahrungsmittel für seine große Bevölkerung einzukaufen. War Indien für Großbritannien der größte Absatzmarkt, so war es das Osmanische Reich für Venedig. Seit der Zeit, da zwischen Venedig und Byzanz der erste Vertrag geschlossen wurde, das war im Jahr 992 nach Christi Geburt, war der Handel mit Kleinasien für die Venezianer lebensnotwendig. Dort verkauften sie ihre Manufakturerzeugnisse und kauften vom Erlös Seide, Gewürze und Getreide ein. Jeden Tag prüfte der Doge – das war seine feierliche Pflicht – die Getreidevorräte der Republik. Venedig mußte dafür Jahr für Jahr Millionen verdienen und wieder ausgeben – *Pane in piazza, giustizia in palazzo* – Brot und Gerechtigkeit, das waren die Aufgaben von Venedigs Innenpolitik.

Venedigs Führung wußte, daß seine Außenpolitik immer zwischen Hammer und Amboß lavieren mußte: zwischen dem König von Spanien, dessen Vizekönige in Sizilien, Neapel, Mailand, in der Lombardei und Sardinien saßen, und den stets angriffslustigen Türken, die immer näher rückten. Die Republik mußte daher eine wendige Diplomatie betreiben. Ein venezianischer Staatsmann verglich einmal die Außenpolitik seiner Stadt mit »einem Spiel mit einer gläsernen Kugel, die man mit sanften, geschickten Stößen in der Luft halten muß: Ein Fall auf den Boden würde sie ebenso zerbrechen wie ein heftiger Schlag«. Seitdem sich Venedig einem christlichen Bündnis gegen Suleiman den Prächtigen angeschlossen hatte – das von Karl V. und Papst Paul III. dreißig Jahre zuvor abgeschlossen worden war und dessen Mißerfolg teuer zu stehen kam –, war es der Stadt igendwie gelungen, mit den Türken Frieden zu halten, obschon andere Staaten mit ihnen im Krieg lagen. Dieser Friede war das erste Gebot der venezianischen Außenpolitik – und er kostete die Stadt jährlich ein Vermögen an Tributzahlungen; er ermöglichte es ihr aber auch, freilich im langsam abnehmendem Maße, als Handels- und Finanzzentrum und sogar als ein etwas baufälliges Imperium zu überleben.

Das sechzehnte Jahrhundert baute Festungsanlagen, wie frühere Jahrhunderte Kathedralen erbaut hatten. Diese Anlagen kosteten viel Geld. Billiger waren Spionage und Diplomatie. In den dreißig Jahren dieses unsicheren Friedens zwischen Venedig und den Türken verfielen die meisten Befestigungen auf Venedigs fernen Inseln völlig, oder sie wurden altmodisch. Nicht in Festungen oder Soldaten sah Venedig die wirksamste Verteidigung, sondern in seiner ruhig dahingleitenden, aber allgegenwärtigen, berühmten Galeerenflotte. Ähnlich wie bei dem Britischen Empire im letzten Jahrhundert seines Bestehens hing das Überleben der Stadt von ihrem Ansehen als Seemacht ab.

Das türkische Arsenal unter Kasim Pascha, auf der Galataseite jenseits des Goldenen Horns gelegen, war mit seinen »hundert Gewölben, von denen ein jedes lang genug war, um unter seinem Schutz eine Galeere zu bauen«, eine der beiden großen Werften in der damals bekannten Welt. Kriegsgaleeren wurden für den Sultan zuvörderst von Abtrünnigen gebaut, die früher als Schiffsbaumeister in Venedig oder in Neapel gearbeitet hatten. Das Arsenal des Kasim Pascha ahmte die Bauweise von Venedig sorgfältig nach, wie überhaupt die türkische Flotte, Stück für Stück, eine Kopie der venezianischen war. Die andere große Schiffswerft der Welt war seinerzeit das Arsenal von Venedig. Dort waren all diese Verfahren erfunden und vervollkommnet worden. Das Arsenal lag auf einer Außeninsel, die knapp fünf Kilometer im Umfang maß. Im Jahr 1570 waren dort, zumindest ansatzweise, beinahe alle Techniken der Standardisierung, der schrittweisen, normierten Fertigung und der Montage von Fertigteilen entwickelt, die einmal den Namen Detroit in aller Munde bringen sollten.

Wenn sich die Schiffsbaumeister Venedigs alle Mühe gaben, konnten sie dank ihres Fließbandverfahrens am frühen Morgen eines Tages den Kiel legen und noch am gleichen Abend den Schiffsrumpf der Galeere vom Stapel lassen. An der Bedrohung Venedigs durch Selim II. konnte man inzwischen nicht mehr zweifeln, und zu dieser Zeit, im Mai 1570, ließen die Handwerker des Arsenals in weniger als einem einzigen Monat fünfundzwanzig neue Galeeren vom Stapel.

In Friedenszeiten hatte Venedig dreißig Kriegsgaleeren mit ihrem charakteristischen vergoldeten Bug auf Patrouillefahrt. Sie bewachten den südlichen Ausgang der Adria, die Straße von Otranto, und verjagten türkische Piraten, die von kleinen Häfen an der Balkanküste aus, Orten wie Valona oder Durazzo, ständig den christlichen Schiffen auflauerten. Sie hielten die Nachrichtenübermittlung innerhalb ihres Imperiums von einer Insel zur anderen aufrecht. Die Venezianer brüsteten sich zwar niemals mit ihrer Flotte, aber jedermann war sich im klaren, daß auf den Hellingen um das große Becken ihres Arsenals hundert Schiffsrümpfe lagen, Teil der Reserveflotte, die stets eine lautlose Bedrohung bedeutete.

Im Rumpf einer Kriegsgaleere steckte weniger als die Hälfte ihrer Gesamtkosten. War der Rumpf eines Schiffes erst einmal von der Helling hinabgelassen und in einem der vielen Becken vertäut, dann wurden ihm – als läge er auf einem Fließband – in fester Ordnung Stück für Stück genormte Einzelteile hinzugefügt: Masten, die Sparren, die Takelage, verschiedene Eisenteile, Segel, Ruder, Kanonen, Geschosse, Pulverfässer, Trinkwasser und Zwieback, bis das Kriegsschiff nur noch einer Mannschaft bedurfte, um vollends seetüchtig zu sein. Von ihrem ganzen Jahresbudget von sieben Millionen Golddukaten legte die Republik von San Marco immer eine halbe Million für das Arsenal beiseite. Die schnelle Einsatzbereitschaft der venezianischen Flotte war ein Organisationserfolg, den keine andere Macht erreichte.

In der Segelwerkstatt des Arsenals saßen vierhundert Frauen mit überkreuzten Beinen und nähten dreieckige Segel für die Galeeren. Es gab eine etwa hundert Meter lange Tauziehbahn. An zwölf Essen arbeiteten Tag für Tag einhundert Schmiede. Es gab drei Schmelzöfen und einen riesigen Bauhof mit abgelagertem Holz. Achthundert Schiffsgeschütze standen in Reserve bereit, ferner Waffen für fünfzigtausend Mann. Es gab eine Daueranweisung, daß beim ersten Alarmsignal fünfundachtzig Galeeren zur Ausfahrt bereit zu machen seien, eine nach der anderen, eine jede von ihnen voll einsatzbereit. Ein Kommandowort genügte, um das Gleichgewicht der Seemächte im Mittelmeer zu verändern.

Venedig hatte zu Zeiten zur Beförderung wertvoller Ladungen, wie Gewürze, Seide oder Malvasierwein, bis zum Ärmelkanal oder in die Nordsee schwere Galeeren bis zu 250 Tonnen Tragfähigkeit eingesetzt. Aber inzwischen kamen billigere Gewürze mit geringerem Geschmack in großen Mengen um das Kap der Guten Hoffnung nach Portugal, und zwar auf der Route, die Vasco da Gama entdeckt hatte. In den letzten dreißig Jahren war während des teuren, aber dennoch lohnenden Friedens mit den Türken der venezianische Gewürzhandel langsam aber zusehends geschrumpft. Die Handelsreisen der Venezianer wurden kürzer; das Spiel mit der gläsernen Kugel – von dem Venedigs Existenz abhing – wurde jedes Jahr schwieriger. Und verglichen mit den gewaltigen Kontinentalreichen Philipps II. oder Selims II. war die Bevölkerung der Stadt klein.

Jede Kriegsgaleere benötigte an ihren Rudern bis zu einhundert Mann. Wenn man die dreißig Schiffe von Venedigs Patrouillengeschwader auf dem Wasser halten wollte, benötigte man also dreitausend Ruderer, von Soldaten und Seeleuten nicht zu sprechen. Die Stützpunkte auf Inseln und Küsten des weitverstreuten Imperiums brauchten allein zu Garnisonszwecken etwa dreißigtausend Mann. Das hervorragend organisierte Arsenal mochte wohl das Geheimnis besitzen, eine große Flotte auf einen Wink hin auf See zu schicken – aber konnte die Serenissima sie auch bemannen?

Viele Jahrhunderte lang war Venedig von einer Kaufmanns-Oligarchie beherrscht worden. »Wir sind die Sklaven unserer Gesetze«, brüsteten sich die Venezianer, »und genau das macht unsere Freiheit aus.« Die Gesetze Venedigs waren in Existenzfragen zwar streng, aber während die politische und religiöse Zensur überall lästig geworden war, war Venedig noch immer die freieste Stadt Italiens und ein großes europäisches Verlagszentrum; gedruckte Bücher waren ein wertvoller Exportartikel. Einem solchen Volk wäre es zuwider gewesen, die Kriegsgaleeren, die seine Freiheit beschützten, von versklavten, an die Ruderbänke geschmiedeten Feinden rudern zu lassen. Die Stadt zog es vor, freiwillige Ruderer einzusetzen, die sich an die Republik gebunden fühlten, und sei es noch so wenig, denn wenn es auf dem hohen Meer zum Kampf kam, konnte man solchen Rudern auch Waffen anvertrauen, und es waren zu ihrer Beaufsichtigung weniger Soldaten vonnöten als zur Bewachung von Rudersklaven.

Bis in die Mitte des 16. Jahrhunderts hinein gab es im venezianischen Imperium genügend starke Arme, die bereit waren, mit Rudern ihr tägliches Brot zu verdienen. Doch dann wurde es schwieriger, Ruderer zu finden. Man griff zur zweitbesten Lösung: Gesunde Sträflinge der Lagunenstadt wurden dazu verurteilt, ihre Strafe auf den Galeeren abzuarbeiten. Um der Bedrohung durch Sultan Selim zu begegnen, wurden zweitausend Venezianer vom Festland zum Galeerendienst eingezogen. Man heuerte ausländische Söldner an. Verbannte Bürger der Stadt ließ man wissen, sie könnten sich den Pardon der Republik am Ruder erwirken und dann wieder heimkehren. Bauern aus dem Veneto, die als Freiwillige dienten, wurden für vier Jahre die Steuern erlassen. Trotzdem fehlte es bald wieder an Männern. Einige Galeeren lagen dreißig Jahre lang auf der Helling. Da es wahrscheinlich nicht mehr genug Männer gab, alle Ruder zu bedienen, war es fraglich, ob die Drohung von Venedigs großer Flotte mehr war als nur ein Bluff aus der Trickkiste der Vergangenheit.

Der englische Kreuzfahrer König Richard Löwenherz hatte schon 1191 die Insel Zypern den Moslems abgenommen. Als ein kleines lateinisches Königreich nach dem anderen in die Hände der Sarazenen fiel, wurde die Insel zum letzten Zufluchtsort der Kreuzritter. Das Eiland hatte seit jenen Tagen die Herrschaft zwar häufig gewechselt, aber das Kreuz war dort nicht mehr vom Halbmond verdrängt worden. Jetzt behaupteten die Türken, Zypern stehe von Rechts wegen ihnen zu, und sie machten folgendes geltend: Im Jahr 1426 habe ein Mann, der Zypern in seine Gewalt bringen wollte, in Ägypten um Hilfe nachgesucht und dafür seine Lehnstreue angeboten. Selim der Gestrenge habe aber schon vor langer Zeit Ägypten erobert, es sei Teil des Osmanischen Reiches; folglich sei die Oberhoheit Zyperns auf den gegenwärtigen Sultan, Selim II., übergegangen.

1479 schafften es die Venezianer, ihre Rivalen, die Genuesen, aus Zypern hinauszuwerfen. Die Venezianer besaßen damit zwar faktisch die Insel, aber ihr rechtlicher Anspruch war zweifelhaft. Der Herzog von Savoyen hatte vermutlich einen günstigeren Erbanspruch, daher hatte ihm Sokollu ein paar Jahre vorher schlauerweise eingeredet, sein Recht geltend zu machen; er wollte auf diese Weise die allgemeine Stimmung gegen Venedig kehren und die Stadt isolieren. 1570 betrug die Einwohnerschaft Zyperns 180000 Menschen, davon waren 90000 Leibeigene.

In Fragen des Rechts waren die Türken wie alle Wahren Gläubigen gewissenhaft. Als zum ersten Mal angeregt wurde, sich Zyperns zu bemächtigen, waren Zweifel laut geworden. Der schon seit langem bestehende Friede mit Venedig war erst einige Jahre zuvor, 1567, erneuert worden. Die Venezianer waren ihren jährlichen Tributzahlungen gewissenhaft nachgekommen, und hatte nicht der Prophet gesagt: »Oh wahre Gläubige, haltet eure Verträge ein!«? Daher ging man den Mufti, die oberste Autorität der Koranauslegung, um seine Meinung an. Nach tiefem Nachdenken gelang ihm eine Formulierung, die Sultan Selim ii. gefiel und dennoch mit der Lehre in Einklang stand. Er gab eine *fetva* heraus, die es als rechtmäßig bezeichnete, jedwedes Land gewaltsam zu erobern, das in der Vergangenheit einmal moslemisch gewesen war. Dies traf für Zypern zu; es traf auch für Sizilien zu und – wenn man so wollte – auch für Spanien.

Venezianische Geschäftsleute beuteten damals Zypern mit gewohnter Gründlichkeit aus. Sie bauten dort Erzeugnisse an, die im Abendland einen hohen Preis erzielten – Zucker, Baumwolle, Wein – und setzten dazu auf ihren Pflanzungen billige Arbeitskräfte ein, orthodoxe Christen, die griechischen Einwohner der Insel. In den neunzig Jahren venezianischer Herrschaft hatten es die griechischen Zyprioten gelernt, ihre venezianischen Arbeitgeber zu hassen: diese hartgesottenen Kerle, die sich zwar Katholiken nannten, aber unbarmherzig auf der genauen Einhaltung des geringsten ihrer Rechte bestanden; diese Geldgeier, die ihre Leibeigenen mit der Effizienz des Bürgers antrieben. Die Herrschenden waren Katholiken, die Leibeigenen Orthodoxe: Ein Sozialkonflikt in religiöser Gestalt, den Sokollu hier wie auf dem Balkan trefflich zu nutzen verstand. Bei den Ärmeren im Mittelmeerraum genossen die Türken immer noch den Ruf, angenehme Herren zu sein. Wo sie herrschten, verschwanden allmählich die Unterschiede zwischen Leibeigenen und Freien, schließlich waren sie alle Untertanen des allmächtigen Sultans. Nur wenige arme Zyprioten waren wohl bereit, für Venedig ihre Haut zu Markt zu tragen.

Aber nicht nur bei den Plantagenarbeitern hatten sich die Venezianer unbeliebt gemacht. Beinahe die gesamte Christenheit mißtraute ihnen wegen ihrer Gewohnheit, Staatspolitik leidenschaftslos nach Handelsvorteilen zu betreiben. In den letzten Jahren hatten sie den Türken, ihren besten Kunden, vielleicht ein bißchen allzu freundlich den Hof gemacht. Als jede andere Macht, selbst das England Elisabeths I., den heldenhaften Maltesern Hilfe, zumindest aber mit beredten Worten gute Wünsche zukommen ließ, war Venedig stumm geblieben, ja es hatte sogar die Stirn gerunzelt.

Da die Venezianer beinahe die einzigen Italiener waren, über die Philipp II. keine Herrschaftsgewalt besaß, konnte er nur Widerwillen für sie empfinden. Für seinen Geschmack war diese Stadt zu frei, und sie war ja in der Tat beinahe die letzte Zuflucht für katholische Denker, die sich überall sonst vor der Inquisition fürchten mußten. Die Venezianer ihrerseits durchkreuzten Philipps politische Pläne, wenn sich dies gefahrlos machen ließ. Sie reizten ihn vor allem deshalb, weil sie die Adria wie ihr Privateigentum betrachteten. Doch Venedig hatte Glück: als es für die Stadt gefährlich wurde, änderte sich das politische Klima. Die stolze, leistungsfähige, berechnende und geschäftstüchtige Lagunenstadt hatte zwar keine Freunde, aber die Türken waren verhaßt, und der Haß gegen sie war weitverbreitet und wurde immer größer, zumal eine erneuerte römisch-katholische Kirche nunmehr zu predigen begann, der islamischen Aggression geschlossenen Widerstand entgegenzusetzen.

Im September 1569 wurde bekannt, daß das Arsenal von Venedig, der Schlüssel zu seiner Macht, nach einer Explosion durch eine Feuersbrunst zerstört worden sei. Diese Kunde lief derartig schnell und zielstrebig durch Europa, daß man dahinter eine gezielte Flüsterpropaganda vermuten mußte.

Sultan Selim wurde die frohe Botschaft von Joseph Micas persönlich überbracht. Von da an versuchte Micas dem Sultan einzureden, Venedig könne keinesfalls mehr als eine Seemacht betrachtet werden. Sein Ziel war Zypern, und jetzt war es ihm ein leichtes, sich selber erfolgreich einzureden, es fehle den Venezianern an Mitteln, eine türkische Landung zu vereiteln.

Was hatte sich tatsächlich ereignet?

In der Nacht des 13. September wurde ganz Venedig durch einen betäubenden Knall aufgeweckt: Das Pulvermagazin des Arsenals war in die Luft geflogen, das Holzlager brannte lichterloh. Der Adel strömte in voller Bewaffnung aus seinen Palästen entlang des Canal Grande; an der Piazza San Marco entstand ein Menschengetümmel, das immer mehr anschwoll. Brennende Teile, die, vom Arsenal her, von der Strömung herangetrieben wurden, beleuchteten unheilvoll die ängstlich dreinblickenden Gesichter. Fragen wurden laut, wessen Schuld dies sein könne, und allzu leichtfertig setzte sich in der Stadt das Gerücht in Umlauf, dies sei das Werk der Juden. Arbeiteten von den tausend Juden Venedigs nicht wenigstens ein paar im Auftrag des Sultans? Zweifellos fanden die Venezianer, die so viele Jahre lang selber türkenfreundlich waren, Erleichterung darin, ihr wachsendes Schuldgefühl auf die Juden abzuladen.

Es gab nicht einmal ein Indiz dafür, daß Joseph Micas etwas damit zu tun hatte, aber gemunkelt wurde doch darüber; diese Mutmaßung lag einfach in der Luft. Natürlich gab es keinerlei Beweise dafür, daß das Feuer im Arsenal in seinem Auftrag gelegt wurde, oder daß sein Agentennetz für die schnelle Verbreitung der schlimmen Nachricht über ganz Europa sorgte. Der Schaden war, obwohl die Feinde Venedigs dem kaum Glauben schenken würden, nicht so groß, wie man zuerst befürchtet hatte. Die heftige Explosion hatte vier Kirchen in der Nähe des Arsenals zum Einsturz gebracht. Daß das abgelagerte Holz verbrannt war, bedeutete einen ernsten Verlust; aber des Feuers war man so schnell Herr geworden, daß nur vier Galeeren auf den Hellingen verbrannten. Eine Woche harter Arbeit und der Schaden war wieder behoben.

Aber selbst wenn Joseph Micas seine Hand nicht im Spiel hatte, die Nachricht von der Zerstörung des Arsenals konnte im Hinblick auf seine ehrgeizigen Pläne kaum zu einem günstigeren Zeitpunkt eintreffen. Das halbe Versprechen, Micas könnte eines Tages König von Zypern werden, sollte sich allerdings nie erfüllen: der Großjude hatte sich allzuweit vorgewagt, er hatte seinen Einfluß allzu offen für seine persönlichen Belange eingesetzt. Seine Unbeliebtheit bei allen übertrug sich auch auf den Sultan, und Sokollu intrigierte mit meisterhaftem Geschick gegen ihn. Die Explosion des 13. September mag in den Ohren des Joseph Micas seinen Triumph angekündigt haben, doch die Invasion Zyperns zeigte den Anfang seines Niedergangs an.

Für Venedig war der September des Jahres 1569 der Monat der schlechten Nachrichten. Auch in diesem Jahr war die Getreide- ernte unbefriedigend. Das bedeutete, daß die Stadt im nächsten Jahr beinahe völlig auf die Getreidekäufe in der Türkei angewie- sen war, um *pane in piazza* – das tägliche Brot ihrer Bürger – sicherzustellen. Die Venezianer waren noch immer überzeugt, daß eine Bedrohung Zyperns durch geschicktes Verhandeln ir- gendwie abgewendet werden könnte. Was ihre diplomatischen Fähigkeiten betraf, dachten sie allerdings in Begriffen der Ver- gangenheit: Ein Vierteljahrhundert lang hatten sie mit Suleiman dem Prächtigen zu tun gehabt, einem ehrenwerten und großmü- tigen Mann, der sein Wort hielt. Selim hingegen wollte offen- sichtlich den Friedensvertrag brechen; auf Argumentation ließ er sich nicht ein.

Das Entscheidungszentrum des Osmanischen Reiches lag beim Sultan, daher war es für die Türken schwierig, an zwei Fronten gleichzeitig zu kämpfen. Die Venezianer wußten dies und hatten daher nichts unversucht gelassen, Türken und Perser aufeinanderzuhetzen. Sie hatten überdies versucht, zwischen den Türken und dem König von Polen Zwietracht zu säen. Da die Venezianer an Sokollus scheinbares Wohlwollen gewöhnt wa- ren, auf das sie sich vielleicht ein wenig zu sehr verließen, erwar- teten sie, in Konstantinopel auch weiterhin so behandelt zu wer- den wie in den letzten dreißig Jahren: Wenn nicht stets mit be- sonderen Gunstbeweisen, so doch zumindest mit Respekt. Jetzt waren sie dort auf einmal Nachstellungen ausgesetzt. Veneziani- sche Kaufleute, die in Galata lebten, wurden willkürlich und un- rechtmäßig festgenommen; sie waren Geiseln. Venezianische Schiffe, die im Goldenen Horn vor Anker lagen, wurden requi- riert und – um dieser Verletzung noch den Spott hinzuzufügen – als Truppenschiffe für die Invasion Zyperns eingesetzt.

Die glühenden Aufrufe Papst Pius' v., eine Heilige Liga zu bilden, hatten den Senat Venedigs bislang kalt und unbeein- druckt gelassen. Für ihn war der Papst jemand, der seinen Kopf in die Wolken steckte und mit Geld bekanntlich nichts im Sinne hatte. Eine Heilige Liga, welcher der Senat zustimmen würde, das bedeutete für die Serenissima ein Bündnis mit Philipp von Spanien, dem Unterdrücker Italiens. Sich einer solchen Liga anzuschließen, hieße auch, gemeinsame Sache zu machen mit jenen adligen Seeräubern, den Malteserrittern, die den Levantehandel rücksichtslos schädigten, ohne zu fragen, wen ihre Plünderung traf. Die kleine Galeerenflotte des Papstes war vor Djerba verlorengegangen und seither nicht ersetzt worden; man erwartete, daß venezianische Galeeren den Kirchenstaat in der Adria verteidigen würden. Zuerst wollten die Venezianer also nicht so recht, sie verwarfen den Gedanken an eine Heilige Liga aber auch nicht gänzlich. Sie glaubten noch immer, alles ließe sich durch diplomatische Manöver lösen. Tag für Tag verließen neue Kriegsgaleeren das wieder instandgesetzte Arsenal. Jeder gesunde junge Jude, der das Ghetto so ohne weiteres verlassen zu können glaubte, wurde aufgegriffen und auf die Galeeren geschickt, um, solange eben Not am Mann war, einen Riemen zu betätigen. Räubern wurde freier Abzug zugesagt, wenn sie sich dafür als Ruderer einspannen ließen. Was man bislang hörte, klang nicht gerade vielversprechend, doch das konnte sich ändern.

Am späten Nachmittag des 15. März 1570 erhielt Pietro Loredan, der hochbetagte Doge von Venedig, die Nachricht, ein Schiff mit türkischer Flagge sei vor der Küste eingetroffen. Der Sultan ließ durch seinen Gesandten ein Ultimatum überbringen: Zypern oder Krieg.

Der fünfundachtzigjährige Pietro Loredan, der nicht mehr lange Doge sein sollte – er starb am 3. Mai –, verweigerte erst einmal dem Abgesandten des Sultans die Landung, eine berechnete Demütigung, die ihn in die Schranken wies. Der türkische Gesandte mußte wohl oder übel die Nacht vor der Küste unterm Sternenhimmel zubringen. Die wunderbare Stadt in der Lagune – mit ihren Kuppeln, Türmen und Palästen ähnelte sie in mancher Hinsicht Konstantinopel, doch war sie noch zauberhafter – konnte er deutlich sehen, und vom Arsenal her drangen unablässig Hammerschläge bedrohlich an sein Ohr.

Am nächsten Morgen standen Formationen bewaffneter venezianischer Soldaten am Quai bereit, den Gesandten zur Signoria zu eskortieren. In einem riesigen Saal, der mit seinen vergoldeten Stuckarbeiten und Täfelungen und mit seinen Wandmalereien den Betrachter mit Ehrfurcht erfüllen mußte, saß ganz hinten auf einem Podest unter einem Baldachin würdevoll der Doge. Verhandlungen gab es nicht, auch keinen Meinungsaustausch; die Begegnung dauerte fünfzehn Minuten. Der Senat hatte bereits über Zypern beraten und mit einer knappen Mehrheit seine Entscheidung gefaßt: wenn nötig, Krieg. Der Gesandte drohte: Zypern gehöre rechtmäßig dem Sultan, dem Oberherrn über Ägypten und über Jerusalem, daher müsse Venedig das Eiland abgeben. »Mit kalten, würdevollen Worten« wurde ihm dies vom Dogen verweigert. »Die Republik werde sich gegen den Angriff verteidigen und sich auf die Gerechtigkeit Gottes verlassen; sie werde Zypern, ihr rechtmäßiges Eigentum, mit den Waffen verteidigen.«

Venedig, das bisher erhobenen Hauptes seinen eigenen Weg gegangen war, erhielt jetzt, da Krieg bevorstand, einige unerwartete Angebote seiner katholischen Nachbarstaaten. Savoyen bot Schiffe an, Florenz und Urbino Truppen. Für Pius v. war der Widerstand gegen die Türken eine heilige Pflicht, die ihn mit Glut erfüllte. Bei Philipp von Spanien wandte er seinen ganzen Einfluß auf, damit dieser den Venezianern gestatte, in Sizilien, der Vorratskammer Spaniens, das Getreide einzukaufen, dessen sie so dringend bedurften. Philipp antwortete wohlwollend; er hatte den Venezianern zwar stets mißtraut, aber er wollte den Türken nicht allein gegenübertreten. Das wertvolle sizilianische Geschwader, das nicht einmal in Maltas schlimmsten Tagen eingesetzt worden war, erhielt den Befehl, an der Seite der Venezianer Zypern zu verteidigen. Der Papst erklärte, er werde auf seine Kosten ein päpstliches Geschwader von zwölf Galeeren ausrüsten lassen, wenn ihm Venedig die Schiffsrümpfe zur Verfügung stellte. (Die Venezianer, die nicht einmal eine Sekunde lang auch nur den kleinsten wirtschaftlichen Vorteil aus den Augen ließen, schleppten ein Dutzend ihrer eher drittklassigen Schiffsrümpfe für den Papst die Adria hinunter.)

Gleich zu Beginn des Frühjahrs 1570 wurde eine große türkische Flotte auf Kreuzfahrt gesichtet – aber im Juni des gleichen Jahres hatten die Venezianer Galeeren auf See. Die meisten allerdings waren nicht vollzählig bemannt, und auf manchen Schiffen sollen Typhus und Ruhr grassiert haben – Galeeren waren nun einmal schmutzig. Die nüchternen Männer, die die Republik von

San Marco regierten, waren dafür bekannt, daß sie Tatsachen ins
Auge blickten; und die Vormachtstellung zur See war eine Frage
der Zahl. Es könnte sich zeigen, daß die Heilige Liga, die von
eifrigen Priestern Woche für Woche sogar in den Kirchen Venedigs gepredigt wurde, für die Republik handfestere Vorteile
brachte, als man zuerst angenommen hatte.

Nach ihrem drohenden Aufkreuzen im Frühjahr konzentrierte
sich die türkische Armada im Juni vor Rhodos. Sokollu, dieser
vollendete Organisator, hatte es geschafft, für des Sultans Sache
genau zur rechten Zeit an der unzugänglichen türkischen Küste
nahe Zypern hunderttausend Mann zusammenzuziehen. Sokollu
machte sich zum unentbehrlichen Werkzeug für die Einnahme
Zyperns, ohne sich jedoch persönlich mit diesem Feldzug zu
identifizieren. Die Begeisterung eines Joseph Micas für die Landung auf Zypern mußte Argwohn erregen, denn er setzte Hoffnung auf diesen Thron. Dabei war sein Stern keineswegs mehr
im Steigen begriffen, und im Basar hörte man schon unzufrie-
dene Stimmen, ja, aufrührerisches Murren, Selim sei nicht der
rechtmäßige Thronerbe, sondern »der Sohn einer Jüdin«. Piali
Pascha, einer der Verschwörer, die Selim auf den Thron gebracht
hatten und einer der Schwiegersöhne des Sultans, hatte 1566 versucht, seine Niederlage auf Malta wettzumachen, indem er Ge-
nuas letzte begünstigte Handelsniederlassung in der Levante
plünderte, nämlich die wohlhabende genuesische Handelskolo-
nie auf Chios, vor Smyrna. Seitdem stand er unter dem Verdacht, von der Beute etliches widerrechtlich in die eigene Tasche
gesteckt zu haben. Sein Verhalten auf Zypern würde sorgsam
beobachtet werden. Der vierte Verschwörer, der ehemalige Lehrer Lala Mustafa, der an seiner Aufgabe im Jemen gescheitert
war, noch ehe er recht begonnen hatte, sollte sich mit Piali im
bevorstehenden Feldzug das Kommando teilen – mit ein bißchen
Glück brach er sich dabei den Hals. Sokollu war offenbar zufrieden damit, zeitweise in den Schatten zurückzutreten und zu warten, bis sich seine Widersacher selber ins Unglück gestürzt
hatten.

Im Juli nahm die türkische Flotte die mächtige Streitmacht an
Bord, die Sokollu an der Küste zusammengezogen hatte, und
brachte sie unbehindert nach Limassol. Sie bestand aus 50000

regulären Fußsoldaten und 2500 Mann von des Sultans hervorragender Reiterei; die übrigen waren von den Grundherren ausgehoben worden. Gleich nach ihrer Landung rückte die türkische Armee auf die Hauptstadt Nikosia vor, deren Garnison sie in einem Verhältnis von zehn zu eins überlegen war. Die Befestigungsanlagen der Stadt waren veraltet. Der Zivilgouverneur, Nicolò Dandolo, war bis zuletzt überzeugt, die venezianische Diplomatie könne irgendwie einen Frieden zustandebringen und hatte daher die Stadt nicht einmal so verproviantiert, daß sie eine Belagerung überstehen konnte.

X
Famagusta

Die innerste See dieser Welt ist aufgewühlt von den Schiffen, sie
haben Venedig – die weiße Republik – angegriffen, sie haben den
Löwen der Adria zum Kampf gestellt. In Schmerz hat der Papst seine
Arme gestreckt in die Welt und die christlichen Könige aufgerufen
zum Kampf für das Kreuz. – Die Königin von England jedoch ungerührt in ihren Spiegel sieht, während der Schatten der Valois gähnend
in die Messe zieht. Von abendlichen Inseln schwach die spanischen
Kanonen verklingen und der Herr über dem Goldenen Horn läßt
Jubellieder singen.

GILBERT KEITH CHESTERTON, *Lepanto*

Im Juni desselben Jahres begannen in Rom die offiziellen Verhandlungen über eine Heilige Liga. Philipp II. wurde durch Kardinal Granvella vertreten, der mehr Politiker war als Priester,
ferner von Don Juan de Zuñiga, einem Diplomaten, und von
einem spanischen Kirchenmann mit adeligen Verbindungen,
Francisco Pacheco y Toledo, dem Erzbischof von Burgos. Der
Papst bestimmte sieben Kardinäle, die seinen Standpunkt vortra-
gen sollten. Vertreter der Republik Venedig war ihr Gesandter in
Rom, Michele Suriano. Sie versammelten sich im Hause eines
Neffen und Vertrauten des Papstes, des Kardinals Alessandrino,
der als junger Mensch bei einem Schneider in die Lehre gegangen
war.

Was Venedig in diesem Augenblick dringend brauchte – freilich nur so lange, wie es der Stadt gefiel –, das war eine sofortige
Offensive, um Zypern, falls das überhaupt noch möglich war, zu
retten, oder, falls dies nicht gelang, zumindest den Rest des venezianischen Inselimperiums zu verteidigen. Spanien war nach
Niederschlagung der Moriskenrevolte außer Gefahr. König Philipp hätte ein langfristig angelegtes Verteidigungsbündnis vorgezogen, mit dem man die Türken aus dem westlichen Mittelmeer
heraushalten und womöglich die eine oder andere der überseei-
schen Besitzungen Spaniens in Nordafrika zurückerobern
konnte, die er in den Vorjahren an die Korsaren verloren hatte.

Aber Philipp war besorgt, was die überschlauen Venezianer
wohl diesmal im Schilde führten. War zu befürchten, daß sie
Spanien in einen richtigen Krieg gegen die Türken verwickelten,
um sich sodann zurückzuziehen und es den anderen Mächten des
Bündnisses zu überlassen, den Kampf zu führen? Im Augenblick
freilich konnten Spanien und Venedig nicht aufeinander verzichten, um der Flotte des Sultans die Stirn zu bieten, doch aus ganz
verschiedenen Beweggründen.

Die Verhandlungen zogen sich lange hin – Spanien zeigte
keine Eile, und Venedig wurde ungeduldig – bis bekannt wurde,
daß die türkischen Galeeren die Invasionsarmee kampflos auf
Zypern gelandet hatten. Wenn es gelang, eine Flotte rechtzeitig
ans andere Ende des Mittelmeers zu bringen, konnte man womöglich die feindliche Versorgungsflotte bedrohen und den
Nachschub nach Zypern lähmen – das war zumindest besser als
nichts – oder sie sogar zur Schlacht herausfordern.

Am 20. August trafen die neunundvierzig Kriegsgaleeren des
sizilianischen Geschwaders unter dem Kommando von Gianandrea Doria am Stiefelsporn Italiens, in Otranto, mit einem Dutzend eher unzuverlässiger Galeeren zusammen, die zwar venezianischer Herkunft waren, aber unter der Flagge des Kirchenstaates
segelten. Zwölf der Galeeren aus Sizilien gehörten Doria selber.
Geschlossen segelte dieser Verband nach Kreta, wo er sich mit
den Schiffen Venedigs vereinigen wollte.

Der einunddreißigjährige Doria war äußerlich wenig einneh-
mend: er hatte tiefliegende Augen, war mager und ungelenk,
seine Unterlippe hing weit herab, er sah »eher aus wie ein Korsar
als wie ein genuesischer Patrizier«. Aber er war verschlagen und
willensstark. Er war der Träger eines großen Namens, und er
besaß das Vertrauen König Philipps. Der Handelsfürst aus Genua
und der spanische Monarch waren beide aus dem gleichen Holz:
kalt, vorsichtig, eigensüchtig, schlau, und beide scheuten sich
nicht, eine undankbare Sache wieder aufzugeben.

Am 31. August wurde in Kandia, an der Nordküste Kretas, das
sizilianische und päpstliche Flottenkontingent von einer doppelten Reihe venezianischer Kriegsgaleeren begrüßt, die, vierundfünfzig an der Zahl, mit ihren roten Leibern und ihren vergoldeten Schiffspitzen unter ihrem Admiral, Girolamo Zane, un-

weit der Küste vor Anker lagen. Das Oberkommando war dem Admiral der zwölf päpstlichen Galeeren anvertraut worden, Marcantonio Colonna, einem stattlichen, kahlköpfigen Edelmann mit frischer Gesichtsfarbe und schmalem Backenbart. Wer wollte bezweifeln, daß dieser Colonna das Herz auf dem rechten Fleck hatte? Er war immer höflich und ganz seiner Aufgabe hingegeben. Der einzige wunde Punkt bei der Ernennung Colonnas war, daß er Geschwader im Einsatz befehligen mußte, die wesentlich größer waren als sein eigenes, und an deren Spitze zwei Admiräle standen, Zane und Doria, die beide viel erfahrenere Seeleute waren als er selber und die aus Stadtstaaten kamen, Genua und Venedig, die nur Verachtung füreinander übrig hatten.

Die Rivalität in Colonnas zusammengewürfelter Flotte war derart stark, daß sein ganzes Taktgefühl und seine Charakterstärke ständig voll beansprucht wurden. Man konnte nicht sagen, daß er einer Seite näherstand als einer anderen, und gewiß hatte dies den Papst dazu bewogen, ihn für das Oberkommando vorzuschlagen. Als erblicher Großkonstabel von Neapel war er Vasall des Königs von Spanien und hatte bei einem spanischen Angriff auf afrikanische Seeräubernester drei seiner eigenen Galeeren in den Kampf geführt. Ferner war er der Erbe eines venezianischen Adelstitels, und außerdem war er auch noch ein altrömischer Magnat als der regierende Fürst des großen Geschlechtes der Colonna. Als aber die Flotte in Kandia zur Musterung bereit lag, da war das ihm vom Papst anvertraute Geschwader bei weitem das kleinste – und das sprach nicht zu seinen Gunsten.

Die Flotte vor Kandia zählte 205 Schiffe, die Versorgungsschiffe eingeschlossen. Die türkische Flotte unter Piali Pascha, die vor Zypern lag, war stärker; trotzdem erklärte sich Marcantonio Colonna bereit, sie anzugreifen. Gianandrea Doria teilte jedoch diese Absicht nicht. Seine Kritiker in der Flotte spotteten bereits, er wolle die sechstausend Dukaten im Jahr nicht verlieren, die er für jede seiner zwölf Galeeren dieser Flotte erhielt. Andere flüsterten, seine Nerven seien noch immer von der Niederlage bei Tripolis zerrüttet. Die Eingeweihten und die weniger Böswilligen vermuteten, er könne sehr wohl geheime Weisungen König Philipps in der Tasche haben, die ihn davor warnten, Sizilien –

und damit auch die Getreideversorgung Spaniens – zu gefährden, indem er Venedig allzu bereitwillig seine Hilfe anbot.

Die Argumente, die Doria in Kandia mit großem Geschick und einigem Spott vortrug, waren, daß die vierundfünfzig Galeeren aus Venedig einfach nicht kriegstüchtig seien. Das war nicht von der Hand zu weisen. Die Politik Venedigs war gegenüber den Türken allzu lange von dem Element Bluff bestimmt gewesen; so hatte beispielsweise der venezianische Diplomat Cavalli 1560 gesagt: »Wir dürfen keinesfalls gegen sie in den Krieg ziehen; aber sie dürfen nicht auf den Gedanken kommen, daß wir nicht gegen sie in den Krieg ziehen können.«

Ätzend wies Doria darauf hin, daß die vierundfünfzig venezianischen Galeeren am Ankunftstag des sizilianischen Geschwaders zur Musterung mit dem Heck landwärts in der Bucht von Souda gelegen hätten, um durch den hohen Heckaufbau den schlechten Mannschaftsstand im niedrigen Vorschiff zu verbergen. Und während der Inspektion, so behauptete Doria, hätten venezianische Seeoffiziere die Männer insgeheim von einer Galeere auf die nächste geschickt, um ihre unzulängliche Bemannung zu verschleiern. Selbst wenn die Schiffsrümpfe, die das Arsenal von Venedig nach dreißig Jahren Lagerung in den Hellingen unlängst vom Stapel gelassen hatte, kampftüchtig wären, so sei doch ihre Mannschaft derart schwach, daß eine steife Brise von Norden die Schiffe noch am heutigen Morgen allesamt umwerfen werde.

Die Venezianer taten alles, um ihre üblichen Behauptungen möglichst überzeugend vorzutragen: Die Kampfkraft ihrer Galeeren dürfe nicht einfach aus der Kopfzahl abgeleitet werden, denn ihre Ruderer seien nicht moslemische Sträflinge, sondern in ihrer Mehrzahl freie Männer und Christen, bereit, für Venedig in den Kampf zu gehen, und denen man Waffen anvertrauen könne. Aber Colonna hatte selber feststellen müssen, daß die Galeeren, die Venedig dem Papst so artig überlassen hatte, keineswegs in gutem Zustand waren. Daher fand er es schwierig, diesen altbekannten Argumenten zuzustimmen. Inzwischen waren siebzehn wertvolle Tage vergangen, und das am Höhepunkt der Jahreszeit, in der gekämpft werden konnte. Man mußte aber während des günstigen Wetters zumindest etwas tun, was wie ein Angriff

aussah, und so wurde Gianandrea Doria schließlich doch überstimmt. Am 17. September 1570 bewegte sich das gesamte Geschwader, mit sechzehntausend Soldaten an Bord, von Kandia
halbherzig nach Osten. Es war ihre bescheidene Absicht, Piali
Pascha wenigstens zu beunruhigen, indem sie seinen Stützpunkt
auf Rhodos angriffen.

Nikosia, die Hauptstadt im Innern Zyperns, war am 9. September in die Hände der Türken gefallen. Diese Nachricht erreichte Colonna allerdings erst am 23. September, als die verei-
nigte Flotte bereits auf See war. Lala Mustafa, der ehemalige
Prinzenerzieher, hatte den Angriff zu Land geführt; und Ali,
Sohn eines Muezzin der dem Serail des Sultans nächstgelegenen
Moschee, befehligte die Seestreitkräfte. Beim letzten Angriff auf
Nikosia hatte Piali ein beträchtliches Risiko auf sich genommen,
was zeigte, welch geringe Meinung er von der christlichen Flotte
hatte: Von jedem seiner Kriegsschiffe, die draußen vor Anker
lagen, hatte er hundert Bewaffnete abgezogen, um die Sturmtruppen vor den Mauern von Nikosia zu verstärken. Das Spiel
ging glänzend auf, aber wenn sich die christlichen Galeeren mehr
beeilt und ihre Führer sich entschlossener gezeigt hätten, dann
wäre in den vierundzwanzig Stunden ohne ihre Soldaten die gesamte türkische Flotte ungeschützt Colonna ausgeliefert
gewesen.

Nun, da die zypriotische Hauptstadt in der Hand der Türken
war, erschienen die Vorschläge der Verbündeten, die sie unlängst
in Kandia erörtert hatten und mit denen sie den Türken Schwierigkeiten bereiten wollten, sinnlos; was sollte jetzt ein Angriff auf
Rhodos, was die Bedrohung der Südküste Kleinasiens oder ein
Überfall auf die Dardanellen? Galeeren waren zerbrechlicher als
rundbäuchige Proviantschiffe, und Ende September riskierte
man im Mittelmeer allemal, daß das zum Kreuzen unerläßliche
gute Wetter plötzlich umschlägt.

Gianandrea Doria zeigte über die Enttäuschung seines Oberbefehlshabers offene Freude. »Marcantiono dachte, er könnte in
Zypern auf meine Kosten Ruhm ernten«, grinste er hämisch,
»aber da hat er sich geirrt.« Für Doria gab es in diesem Augenblick nichts Wichtigeres, als seine Galeeren sicher zu ihren Stütz-
punkten in Sizilien zurückzubringen. Er weigerte sich, mit ihnen

in größerer Feindesnähe zu überwintern, um im nächsten Frühjahr zeitiger aufbrechen zu können. »Wenn wir uns sowieso zurückziehen«, sagte er zu Zane und Colonna zynisch, »warum
sollten wir dann auf halbem Weg bleiben?« Dennoch verlor Doria im schlechten Wetter der Heimfahrt vier seiner Galeeren. Die
Rümpfe von Colonnas Galeeren aus zweiter Hand waren derart
seeuntauglich, daß er nur drei davon heil zurückbrachte, nachdem auch sein eigenes Schiff havariert war.

Das nächste Mal würde Marcantonio Colonna kaum mehr
zum Oberbefehlshaber taugen, trotz Geburt, Mut und Unpartei-
lichkeit. Aber auch sein Widersacher, Gianandrea Doria, nicht.
Dieser Doria war einfach lau, und der Papst stellte ihn deswegen
gehörig zur Rede. Pacheco, der Erzbischof von Burgos, bemerkte in Rom verächtlich, die Interessen König Philipps »würden vernachlässigt, solange seine Flotte von einem Schiffsreeder
angeführt werde«.

Während der Belagerung von Nikosia unterstand Lala Mustafas
Flotte dem Befehl von Ali, einem jungen, ehrgeizigen, ja vermes-
senen Mann, dem Liebling des Harems. Im Serail konnte man
gewöhnlich nur die keifenden Fistelstimmen der Eunuchen vernehmen, und wenn Ali im Auftrag seines Ziehvaters von dem
nahegelegenen Minarett seine Stimme erschallen ließ, dann
brachte dieser männliche Klang die Herzen der Favoritinnen des
Sultans zum Schmelzen. Von da an stieg Ali schnell und sicher
nach oben.

Ali besaß tatsächlich die Eigenschaften eines guten Truppen-
führers. Er wollte beliebt sein, daher neigte er zur Großzügigkeit.
Seine Galeerensklaven zum Beispiel behandelte er gut. Offenbar
war er ein Romantiker, der sich am besten in der Pose des stets
siegreichen Türken der alten Schule gefiel. Dank seiner Soldaten
und dank des Zustandes, in dem Suleiman sein Reich hinterlassen
hatte, war der osmanische Staat noch immer stark – aber noch
stärker war womöglich die Vorstellung, welche die Türken von
ihrer Macht verbreitet hatten. Und Macht verdirbt diejenigen am
raschesten, die die Spitze der glatten Leiter zum Erfolg mit
schmutzigen oder blutigen Händen erreicht haben. Weder Lala
Mustafa noch Ali konnten stolz und ruhigen Gewissens auf ihre

Laufbahn zurückblicken, und auf Zypern begann sich der Abstieg langsam abzuzeichnen.

Bei Lala Mustafas Eroberung von Nikosia war ungewöhnliche Heimtücke mit im Spiel und sie endete in einer Orgie der Bestialität, die die Inselbewohner in Angst und Schrecken versetzen und sie dadurch unterwürfig machen sollte.

Es war Kriegsbrauch, bei freiwilliger Übergabe das Leben der feindlichen Garnison zu schonen. Als am 47. Tag der Belagerung Nikosias nur noch der Gouverneurspalast standhielt, schickten die Türken einen griechischen Mönch zur Erkundung, ob Nicolòs Danodolo mit sich reden lasse. Im Palast waren nur etwa fünfhundert Italiener am Leben. Nachdem die Übergabe beschlossen war, drangen jedoch türkische Soldaten ein und machten alle kaltblütig nieder. Dann ließ Lala Mustafa seine Soldateska auf die Stadt los, und die zwanzigtausend Einwohner wurden massakriert, viele von ihnen auf so abscheuliche Weise, daß diejenigen, die einfach erstochen wurden, noch Glück hatten. Die Häuser wurden bis auf die Grundmauern geplündert, denn der Sultan brauchte Beute für den Bau seiner Moschee. »Was man sich nur ausdenken kann an Grausamkeit, Brutalität und Habgier, das wurde an Männern, Frauen und Kindern begangen«, berichtete ein Augenzeuge. Frauen erstachen ihre Töchter und entleibten sich dann selber, um nicht vergewaltigt zu werden, oder sie sprangen von den Hausdächern herab. Zweitausend der hübscheren Buben und Mädchen ließ man am Leben, um sie später als Lustbeute auf dem Sklavenmarkt von Konstantinopel anzubieten. Doch der Widerstand dieser Opfer ging selbst auf dem Schiff weiter. Einer jungen Frau namens Amalda de Rocas gelang ein letzter Schlag: Sie war Gefangene auf einem Schiff Sokollus mit achthundert Sklaven und viel Beutegut an Bord; es gelang ihr, das Pulvermagazin zu entzünden und das Schiff in die Luft zu sprengen.

Der andere kampfbereite Ort auf der Insel war die alte Kreuzritterburg mit Hafen, Famagusta. Die türkische Kavallerie preschte die fünfzig Kilometer über Land zu den Mauern von Famagusta, die Köpfe von Nicolòs Dandolo und anderen Würdenträgern aus Nikosia auf den Lanzenspitzen. Aber Hafen und Stadt hatten sich gegen die Türken befestigt; Famagusta ließ sich

keineswegs einschüchtern. Am 1. September ließ Lala Mustafa
die erste Batterie seiner Belagerungsgeschütze vor dem Erdwall
der kleinen Stadt auffahren. Doch das Jahr war schon zu weit
vorgerückt, um noch eine regelrechte Belagerung zu beginnen,
daher blieben zweiundvierzig Kriegsgaleeren zur Blockade Zyperns zurück, während der Rest der türkischen Flotte sich in die
Winterquartiere verzog. Der Sommerfeldzug war zu einem vor-
zeitigen Ende gekommen, noch war nicht die ganze Insel in
türkischer Hand.

Im Januar 1571 durchbrach Marcantonio Colonna von Kreta
her mit sechzehn seiner besten Galeeren und drei Versorgungs-
schiffen die türkische Blockade. Aus dem eingeschlossenen Famagusta nahm er Zivilisten an Bord und verstärkte die Garnison
mit Munition, mit Proviant und mit sechzehnhundert Mann. Zu
Sultan Selims Erbitterung würden seine Männer nicht nur diesen
Winter, sondern auch weit in den nächsten Sommer hinein aufgehalten sein.

Piali Pascha, obwohl Schwiegersohn des Sultans, wurde zur
Verantwortung gezogen, weil er Colonnas Flotte nicht zum
Kampf gestellt hatte und weil auf der Insel noch immer gekämpft
werden mußte. Erst Malta, dann Chios und jetzt dies. Sultan
Selim wartete ungeduldig auf einen Sieg. Piali Pascha, der Rivale
Sokollus, wurde mit Schimpf und Schande entlassen.

Sokollu, der Großwesir, folgte weiterhin seiner Strategie, zwischen Venedig und Spanien einen Keil zu treiben. Unter der Hand
ließ er die Venezianer wissen, daß ein Separatfriede mit ihnen stets
möglich sei, auch wenn Famagusta weiterhin aushielte. Im venezianischen Senat gab es eine beträchtliche Minderheit, die wegen
Zypern keinen Krieg führen wollte. Offenbar war es diese einflußreiche Gruppe, auf die Sokollus Politik abhob.

Die Venezianer waren anfangs stärker an einer Heiligen Liga
interessiert als die Spanier. Aber in diesem Winter waren sie es,
die alles verzögerten. Die Spanier brauchten immer lange, bis sie
sich zu etwas entschlossen; aber sie erkannten zu guter Letzt
doch, daß sie ihre Zukunft nicht einer ohnmächtigen Armada
anvertrauen konnten wie der, die Colonna im Vorjahr befehligt
hatte, ohne womöglich die ganze Christenheit den Türken aus-

zuliefern. Der Papst war zutiefst überzeugt, daß die Heilige Liga im Frühjahr 1571 einsatzbereit sein müßte, wenn man nicht die sich jetzt bietende Gelegenheit zur Eindämmung der türkischen Aggression verspielen wollte. Er wandte den ganzen Winter über großzügige Finanzmittel und leidenschaftliche Überzeugungskraft auf, um Spanien und Venedig enger zusammenzuführen, zumindest aber zu verhindern, daß die beiden auseinanderdrifteten.

Der venezianische Gesandte in Rom hatte begonnen, am Verhandlungstisch auf Zeit zu spielen. So nörgelte er beispielsweise an dem Anteil herum, den Venedig zu den laufenden Kosten der Liga beitragen sollte, dabei hatte der Papst von sich aus schon den Löwenanteil der Kosten der Kirche auferlegt. Pius V. machte dem spanischen König eine Reihe von Zugeständnissen, wie die Billigung des Kreuzzugszehnten der Kirche, der *cruzada,* einer Steuer, die der König für einen Kreuzzug erheben durfte. Einer Schätzung zufolge mußten am Ende hundert Galeeren der spanischen Armada aus den Geldern der Kirche bezahlt werden. In Venedig gestatteten die Kirchenbehörden auf Drängen des Papstes dem Dogen eine Abgabe, die hunderttausend Goldscudi zur Verteidigung Zyperns einbrachte. Trotzdem ließ der venezianische Gesandte in Rom nicht nach, von mangelndem Geld zu reden.

Der Papst hatte sich nach Kräften bemüht, andere Mächte einzuschalten, um den Zwist zwischen Venedig und Spanien nicht ausufern zu lassen; der Erfolg war mäßig. Cosimo de'Medici, der vom Papst den Titel eines Großherzogs der Toskana erhalten hatte, zeigte seine Dankbarkeit, indem er einen toskanischen Orden des heiligen Stephan stiftete, dessen Ziel die Bekämpfung der Türken zur See sein sollte; das bedeutete ein Dutzend zusätzlicher Kriegsgaleeren. König Karl IX. von Frankreich wurde vom Papst in einem persönlichen Schreiben um Hilfe gebeten; er lehnte dies aber in einem kurzen, kühlen Brief ab. Dafür waren die Malteserritter, unter denen viele Franzosen waren, mit ganzem Herzen in der Liga.

Frankreich war dank seiner Lage von allen Mittelmeermächten am wenigsten von den Türken bedroht. Es hatte die Gelegenheit beim Schopf gepackt und einige der Märkte in der Levante übernommen, die Venedig zeitweise verloren hatte. Und die beiden wichtigsten Feinde des Sultans in Europa, Spanien und das Heilige Römische Reich, waren auch die beiden Nachbarn Frankreichs, die seiner territorialen Expansion entgegenstanden. Der spanische Botschafter in Paris warnte daher König Philipp: „In Frankreich tut jeder sein Bestes, damit die Liga nicht zustande kommt. Ich wäre nicht erstaunt, wenn sie im nächsten Jahr Toulon den Türken öffneten.«

Der junge König von Portugal, ein blauäugiger, rothaariger Knabe namens Sebastian, war in seinem Herzen ein leidenschaftlicher Kreuzritter. Man hat seinem Erzieher tatsächlich vorgeworfen, daß er die Phantasie des Knaben ausschließlich mit Ritterromanen gefüttert hätte. Die Atlantikküste des kleinen Königreiches war ständig Überfällen ausgesetzt; einmal waren es Korsaren aus Marokko, ein andermal Hugenotten aus La Rochelle, die im Namen der Religion Piraterie betrieben. Da Sebastian nur zehn Galeeren besaß, die er zum Schutz der Küste brauchte, konnte er keine einzige an die Heilige Liga abgeben. In früheren Jahren war es zwischen den Portugiesen und den Türken im Roten Meer zu Seegefechten gekommen. Der junge Sebastian versprach daher, er werde »im nächsten Jahr« ein Ablenkungsmanöver machen und die Ostprovinzen des Osmanischen Reiches von den portugiesischen Handelsniederlassungen in Indien aus angreifen.

Polen und Litauen waren seit 1561 unter einem gewählten König vereinigt. Dies waren kulturell zwar die goldenen Jahre Polens, aber militärisch war das Land schwach, damals wie später auch; es hatte keine natürlichen Grenzen und seine Feinde saßen auf allen Seiten. In den zwei Jahrzehnten zuvor hatte der Kalvinismus in Polen Fortschritte gemacht, und polnische Edelleute, welche der protestantischen Versuchung erlegen waren, warfen jetzt ein gieriges Auge auf die Ländereien der alten Kirche. Aber die Kalvinisten und die Lutheraner waren sich mittlerweile in Polen derartig heftig in die Haare geraten, daß die Jesuiten die Zwietracht nutzten; in den fünf vorausgegangenen Jahren hatten sie der katholischen Kirche weite Teile Polens zurückgewonnen. Vielleicht lag es in der Natur der Sache, daß Polen, das im Osten von den orthodoxen Russen, im Westen von den deutschen Lutheranern und im Süden von den moslemischen Türken bedroht war, in der Hinwendung zum glühenden Katholizismus der Gegenreformation die beste Antwort fand.

Die Polen lebten nicht nur in einem so schwer zu verteidigenden Land, sondern ihr materielles Wohlergehen beruhte noch dazu auf den Zehntausenden von Rindern, die sie alljährlich nach Konstantinopel verkauften. Die Türken hatten aber nicht nur entscheidenden wirtschaftlichen Einfluß, sondern sie sprachen auch bei der Köngswahl ein gewichtiges Wort mit. Für das polnische Volk wäre es infolgedessen dem nationalen Selbstmord gleichgekommen, an einem Kreuzzug gegen die Türken teilzunehmen; sie konnten bestenfalls da und dort moralische Unterstützung geben.

Kaiser Maximilian II. war zurückhaltend und froh, nach Szigetvár einen achtjährigen Waffenstillstand ausgehandelt zu haben. Während die Türken gegen Zypern vorgingen, machte er ihnen größere Zahlungen, als es das »Ehrengeschenk« vorsah. Selbst Iwan den Schrecklichen war der Papst um Hilfe angegangen, natürlich erfolglos. Der nüchtern denkende alte Herr in Rom, den die kühlen Kirchenpolitiker früher hinter vorgehaltener Hand als einen unpraktischen Mystiker verspottet hatten, brachte sie in diesem Winter mit der Eile und der Energie, die er in Wort und Tat zeigte, völlig aus der Fassung: Im nächsten Jahr die Heilige Liga! Unmöglich? Unverzichtbar! Dennoch verbrachten die beiden Mächte, für die am meisten auf dem Spiel stand, Venedig und Spanien, den ganzen Winter mit langen Debatten und rhetorischen Seilakten vor teilnahmslosen Gesichtern der übrigen. Und Venedig trieb natürlich ein Doppelspiel.

Als im Frühjahr die ersten Blüten in Rom die alte Stadt verschönten, wies der venezianische Gesandte die leisesten Andeutungen, seine Regierung hege Hintergedanken, noch immer mit unbewegtem Gesicht zurück. Venedig, so ließ er durchblicken, sei an einer Heiligen Liga stark interessiert – vorausgesetzt die Bedingungen seien in Ordnung. Man sehe sich doch einmal seine Beweise an! Hatte Venedig nicht laufend neue Galeeren gebaut und Soldaten ausgehoben? Diese Beweise ließen sich aber mit einer einzigen Tatsache hinwegfegen: Ragazzoni, der Sekretär des Senats von Venedig, war seit Januar in Konstantinopel und bemühte sich nach Kräften, mit Sokollu zu einer Einigung zu kommen, wobei ihn der dortige Gesandte der Republik, Barbaro, unterstützte. Selim II. konnte nicht, wie die Tradition es verlangte, die ersten Siegesfrüchte zum Bau einer Moschee verwenden, die seinen Namen trug, solange nicht ganz Zypern in türkischer Hand war. Die venezianischen Unterhändler versuchten ihrerseits, den heroischen und langanhaltenden Widerstand Famagustas im diplomatischen Kräftespiel als Hebel einzusetzen.

Wäre Selim II. so leidenschaftslos und hellsichtig gewesen wie sein Großwesir, dann wäre es wohl zu einem Handel gekommen, der zwar für diese beiden Mächte vorteilhaft, für Europa indessen schrecklich gewesen wäre. »Friede ist für Euch besser als Krieg«, erinnerte Sokollu die Venezianer väterlich. »Mit dem Sultan könnt Ihr Euch nicht anlegen, er wird Euch nicht nur Zypern abnehmen, sondern auch andere Besitzungen. Und was Eure christliche Liga angeht, so wissen wir sehr gut, wie wenig wohl Euch die christlichen Fürsten gesonnen sind. Wenn Ihr Euch an den Sultan haltet, könnt Ihr in Europa tun, was Ihr wollt, und immerfort Frieden haben.«

Auf die einzelnen Punkte eines möglichen Übereinkommens zwischen Venedig und dem Sultan könnte man sich einigen. Die in Konstantinopel willkürlich festgesetzten venezianischen Kaufleute sollten freigelassen, der Handel zwischen Venedig und dem Osmanischen Reich wiederhergestellt werden. Sokollu war sogar bereit, die Garnison von Famagusta mit allen militärischen Ehren abziehen zu lassen. Venedig müsse, wenn es überleben wolle, realistisch sein! Die Verteidigung Famagustas sei nichts weiter als eine glänzend gelungene Hinhalteaktion; die Insel sei verloren, und das traurige Schauspiel, das die christliche Flotte im vergangenen Jahr unter Zane, Doria und Colonna geboten habe, könne doch Venedig kaum ermuntern, sein Schicksal irgendeinem Bündnis anzuvertrauen.

Während die Venezianer insgeheim dieses Spiel trieben, behielten sie dennoch eine zweite Möglichkeit im Auge. Sokollu war freundlich zu ihnen, und das gehörte sich auch so, denn sie bezahlten ihm genug. Oder vielleicht erweckte er auch nur den Anschein, als ob er sie begünstigte; bei Sokollu konnte man nie auf den Grund sehen. Aber sein Herr, Selim II., stand – das war bekannt – unter dem persönlichen Einfluß von Joseph Micas, dem Großjuden, der Venedig feindlich gesonnen war. Und Selim war weder beständig noch überlegt – kein Mensch, auf den man sich verlassen konnte. Nun nehme man einmal an, Sokollu werde durch eine plötzliche Fügung des Schicksals – eine Laune des Sultans oder ein Bestechungssümmchen zuviel – plötzlich aus dem Amt gedrängt. Er wäre nicht der erste Großwesir, der über Nacht ins Nichts stürzte. Wenn der Sultan sich weigerte, dem Vertrag zuzustimmen, den Sokollu in seinem Namen ausgehandelt hatte, wie konnte man dann die Türken daran hindern, nicht nur Zypern zu verschlingen, sondern auch alle anderen Inseln im östlichen Mittelmeer, über denen das Banner von San Marco wehte? Die Venezianer konnten ebensowenig wie die Spanier allein gegen die Türken antreten. Dieses Wissen machte ihnen Angst, und diese gemeinsame Angst hielt sie beisammen, wenn Ränkespiele und materielle Interessen sie auseinanderreißen wollten. Venedig hielt sich also auch diese Lösung offen. Wenn die Angriffswut der Türken weiter zunahm, war die Heilige Liga tatsächlich die letzte Hoffnung.

Von den vertraulichen Gesprächen zwischen Venedig und Sokollu wußte man in Rom zwar nichts genaues, aber es gab am Konferenztisch niemanden, der Venedig völlig vertraute. König Philipp war zwar ein Mensch, der jede größere Entscheidung mit Vorsicht anging. Die wichtigste geistige Hilfe blieb alle Zeit für ihn sein katholischer Glaube. Der zielstrebige Eifer des Papstes hatte ihn dazu bewegt, völlig uneigennützig zu denken, was kein Mensch bei Philipp ein zweites Mal erleben würde. Er war jetzt überzeugt, daß nur eine mächtige Armada von Galeeren, die im nächsten Sommer plötzlich auf den sanften Wellen des Mittelmeers lag, imstande wäre, die Türken von einem Raubzug durch Europa abzuhalten. Philipp versuchte ernsthaft, einem Krieg auszuweichen – aber wenn der Krieg kam, dann kam er eben. Die spanischen Diplomaten in Rom, die von des Königs Entscheidung wußten, machten sich emsig an die Arbeit, und im März 1571 lagen die Bedingungen eines Allianzvertrags in aller Klarheit vor.

Die Kosten – aber auch die Beute, wenn es dazu kam – sollten sich innerhalb der Heiligen Liga folgendermaßen aufteilen: Spanien die Hälfte, Venedig zwei Sechstel und der Heilige Stuhl das restliche Sechstel. Jede Signatarmacht war berechtigt, auf den Märkten der anderen Vertragspartner Getreide zu kaufen. Die Liga zielte sowohl gegen den Sultan als auch gegen seine gefährlichen Helfershelfer, die nordafrikanischen Piraten. Das Bündnis sollte »immerfort« gelten. Die Partner kamen überein, im April 1571 – und in jedem folgenden Jahr – zweihundert Galeeren und hundert Versorgungsschiffe auszusenden und sie mit fünfzigtausend Soldaten zu bemannen. Das größte Problem war gelöst, als der kühne Vorschlag des Papstes angenommen wurde, einen Oberbefehlshaber zu ernennen, dessen Rang und dessen Charakter die Eifersüchteleien unmöglich machen würde, die im Jahr zuvor Colonnas Flotte zu schaffen gemacht hatten; er sollte ein Kriegsheld sein, dem gelingen konnte, was bislang noch keinem christlichen Admiral gelungen war: eine große Seeschlacht gegen die Türken zu gewinnen. Und so wurde dem vierundzwanzigjährigen natürlichen Sohn Kaiser Karls v., Don Juan d'Austria, das Schicksal des Abendlandes in die Hände gelegt; er sollte »einen Krieg führen, der im Interesse der gesamten Christenheit ist«.

In Rom war bekanntgeworden, wie gut er sich in den Alpujarras gegen die Moriscos geschlagen hatte. Aber das war lediglich eine Reihe von Scharmützeln in einer entlegenen Provinz Spaniens, an der nur ein paar tausend Soldaten beteiligt waren. Viele glaubten, er könne als Oberbefehlshaber niemals mehr sein als eine Galionsfigur mit einem großen Namen, ein Führer nur dem Namen nach, der Spanien zusagte, den Venezianern annehmbar erschien und vom Papst bewundert wurde. Die Karrieresoldaten, so glaubten sie, würden letztlich die Sache machen.

Am 7. März 1571, dem Tag des heiligen Thomas von Aquin, sollten die Vertreter Spaniens und Venedigs, nach einer heiligen Messe in der römischen Dominikanerkirche Santa Maria sopra Minerva, im Namen ihrer Regierungen den Vertrag feierlich unterzeichnen. Nach der Messe wandte sich der Sprecher der Gesandtschaft König Philipps, Kardinal Granvella, an den Papst und ließ ihn kühl wissen, Spanien könne seine Flotte unmöglich im April rechtzeitig zu dem Treffpunkt in Messina entsenden, gleichgültig was darüber im Vertrag stehe. (Natürlich hatte er recht, in derlei Dingen waren die Spanier beklagenswert langsam; aber die Vorstellung einer Heiligen Liga hatte das Herz Granvellas noch nie schneller schlagen lassen. Er hatte so lange die Meinung vertreten, nur dann zu helfen, wenn Venedigs Lage verzweifelt war, bis er schließlich von den anderen Kardinälen umgestimmt wurde.)

Während dieser ganzen nervenaufreibenden Monate der Verhandlungen hatte Pius V. zum Erstaunen derer, die ihn kannten, sein Temperament über alle Maßen gezügelt. Doch jetzt brach die leidenschaftliche Seite seiner Natur hervor. Wütend wandte er sich gegen Granvella und warf ihn hinaus. Als er den Kardinal auf diese Weise losgeworden war, kündigte der venezianische Botschafter an, auch er habe etwas zu sagen: Venedig könne, anders als Spanien, alle Bedingungen des Vertrags sehr wohl erfüllen; aber die Republik von San Marco werde den Vertrag nicht unterzeichnen. Eine Erklärung gab der Botschafter nicht ab, offenbar wiederholte er einfach seine Weisungen. Solange die geringste Aussicht bestand, daß die Republik zu einem günstigen Ergebnis mit Sokollu kommen konnte, wollte sie sich die Hände freihalten, bis zum allerletzten Augenblick, zu dem 1571 eine Marineoperation noch durchführbar war.

Nach der Messe in Santa Maria sopra Minerva ging Pius V. allein zurück zum Vatikan. Die römische Menge, der nichts entgeht, beobachtete, daß die Augen des hageren alten Mannes vom Weinen rotgerändert waren.

Ein Riff und eine Klippe bilden den kleinen Hafen von Famagusta. Dort konnten Schiffe im Schutz der Kanonen der Zitadelle vor Anker gehen. Den Hafen konnte man mit einer Hafenkette gegen feindliche Schiffe sperren. Im Norden lag das Vorgebirge Kap Sankt Andrea, im Westen Kap Greca. Die Stadt wurde von einer nur knapp anderthalb Meter hohen Brustwehr verteidigt, die auf einem quadratischen, jeweils etwa achthundert Meter langen Erdwall entlanglief und in Abständen von kleinen Wachttürmen unterbrochen wurde. Die Garnison zählte siebentausend Mann. Der Zivilgouverneur von Famagusta, Marcantonio Bragadino, und der Militärbefehlshaber, Astor Baglione, hatten jene neunundvierzig Tage, in denen sie zwar belagert, aber im we-

sentlichen unbehelligt geblieben waren, gut genutzt. Sie hatten
die Vororte einebnen lassen, damit die Kanonen auf den Bastionen freies Schußfeld hatten, und sie hatten damit begonnen,
nutzlose Esser wegzuschaffen. In den Tagen der Belagerung waren achttausend Zivilisten in Sicherheit gebracht worden. Inzwischen hatten mehrere hundert orthodoxe Christen eingesehen,
daß die Türken auf Zypern schlimmer sein könnten als die ihnen
verhaßten venezianischen Aufseher. Diese Bauern und Bürger
wurden aufgerufen, als Freiwillige die Stadt verteidigen zu helfen. Als die ersten türkischen Reiter aus Nikosia mit sehr wohl
erkennbaren Köpfen auf den Lanzenspitzen im Triumph heran-
geprescht kamen, da stießen sie auf Männer, die ihrer Führung
vertrauten und nicht so leicht einzuschüchtern waren, auf Männer, die den Verteidigern von Szigetvár und Malta nicht nach-
standen. Die kleine Stadt an der Küste sollte die Türken zehn
Monate lang in Schach halten.

Die türkischen Truppen, die während des Winters die Blok-
kade fortsetzten, errichteten ihr Lager auf dem Kap Greca, zwischen der Stadt und der untergehenden Sonne. Sie stellten fünfundzwanzig Geschütze auf und fingen an, die schwache Stadtmauer zu beschießen. Vor der Küste patroullierten sieben Galeeren. Inzwischen durchpflügte der Großteil der Sultansflotte die
See, die in diesem Jahr – es war die Zeit der Tag- und Nachtglei-
che – besonders unruhig war. Sie fuhren auf ihre Winterstütz-
punkte zu: die Dardanellen, Rhodos, Chios und Negroponte, das
heutige Chalkis in der Bucht von Euböa.

Die türkischen Soldaten, die den Winter über Famagusta belagerten, fanden wenig Ruhe; für einen Winterschlaf war keine
Zeit. Die Gebrüder Rondacchi machten von den Wallanlagen her
mit einer Handvoll Berittener freche Ausfälle, und venezianische
Stoßtrupps griffen die türkischen Geschützstellungen mit Hand-
granaten an. Die Türken trieben einen Stollen in den Fels, mit
dessen Hilfe sie die Mauer sprengen wollten. Darauf antworteten
die Venezianer, von Famagustas unternehmungslustigem Sap-
peur und Kanonier Nestor Martinengo angeführt, mit einer Ge-
genmine, die sie noch tiefer vortrieben, um von dort unten aus
die Türken zu belauschen, die, sozusagen eine Etage höher, ihre
Pulverfässer zur Sprengung aufstellten. Da krochen die Venezia-

ner überraschend aus ihrem tieferliegenden Stollen durch ein Loch hinauf und schleppten die Fässer mit dem hochwillkommenen Pulver der Türken davon, bevor sie losgingen. Den ganzen Winter über ließen die Venezianer auch eine griechische Arbeitskolonne an der Verstärkung der Außenmauern arbeiten. Aber selbst wenn die Stadtmauer von Famagusta genommen würde, könnten sich die Verteidiger, wie in Nikosia, auf eine innere Zitadelle zurückziehen und dort noch eine Weile aushalten.

Am 26. Januar 1571, einem schönen Wintertag, lagen die sieben Galeeren der türkischen Blockadeflotte in der Bucht von Famagusta unter dem Schutz einer Landbatterie vor Anker; ein den Türken weniger freundlich gesonnener Chronist schreibt, sie seien aufs Trockene gesetzt gewesen. Plötzlich sahen die Türken sechzehn scharlachrote und goldene Galeeren, die, vom venezianischen Stützpunkt Kandia her, mit langen Rudern über das Meer getrieben wurden. In ihrer Begleitung fuhren drei bewaffnete Kauffahrteischiffe, die mit Proviant und Munition vollgeladen waren. Diese Blockadebrecher hatten die Passage von Kandia nach Famagusta in acht Tagen zurückgelegt. Die türkischen Galeeren saßen zwischen diesen Schiffen und der Küste fest; das konnte tödlich ausgehen. Sie kappten ihre Taue und flohen. Marcantonio Quirini setzte ihnen mit seinen venezianischen Galeeren nach und versenkte drei der türkischen Schiffe, die anderen konnten unter dem Schutz der Dunkelheit entkommen. Nachdem Quirini Famagusta versorgt und die Verwundeten, Kranken und die Nichtkombattanten an Bord genommen hatte, kreuzte er mit seinen Galeeren vor den Küsten des türkischbesetzten Teiles von Zypern. Mit herzerfrischender Dreistigkeit, die der Garnison von Famagusta neuen Mut gab, brannte er türkische Wachttürme nieder und setzte Kommandos an Land, die die rückwärtigen Verbindungen des Feindes niedermachten. Er erbeutete und versenkte zwei große türkische Versorgungsschiffe und ließ in Famagusta sechzehnhundert Mann zurück, bevor er wieder wegfuhr. Etwas später im Winter durchbrach, unmittelbar aus Venedig kommend, Onorio Scotto mit einem Kontingent von achthundert Soldaten abermals die Blockade. Er überbrachte einen ermutigenden Brief des Senats, der an »unsere liebste und treue Stadt Famagusta« gerichtet war.

Die Venezianer, die hinter den Mauern Famagustas aushielten, spürten, daß die Republik sie nicht vergessen hatte, und darin hatten sie wahrlich recht. Bei den Friedensverhandlungen mit Sokollu mußte der venezianische Vertreter zwar oftmals nachgeben, aber auf einer ehrenhaften Behandlung der Besatzung von Famagusta bestand er. Sokollu war bereit, dies zu gewähren. Im Verlauf dieses Winters erhielt der klangvolle Name ›Famagusta‹ in der ganzen Christenheit eine symbolische Bedeutung. In der Festung lebte man in der Erwartung, daß die türkische Streitmacht, wenn sie im nächsten Frühjahr zurückkomme, ganz bestimmt von einer venezianischen Galeerenflotte aufgespürt und zum Kampf gestellt würde. Bragadino und seine Männer hatten bislang noch keine klare Vorstellung, mit welchem Riesenheer die Türken im nächsten Jahr gegen die kleine Stadt, die ihnen hinhaltenden Widerstand leistete, vorgehen wollten.

Wäre es Sebastian Venier überlassen worden, dem Gouverneur Kretas, einem kampfeslustigen, zornigen alten Mann, dann wäre er mit allen seinen siebenundneunzig Galeeren in See gestochen und hätte die zurückkehrenden Türken angefallen, ohne das Eintreffen der venezianischen Schlachtflotte abzuwarten. Im Jahr zuvor war Venier Gouverneur von Korfu gewesen. Mit seinen gut siebzig Jahren, mit seinen wirren weißen Haaren und seinem schneeweißen Bart war er einer von diesen wilden, stolzen Veteranen, gleichsam eine Verkörperung von Venedigs glorreicher Vergangenheit. Die gegenwärtige Schwäche seiner stolzen Stadt konnte ihn nicht entmutigen. Als ein türkisches Landekorps Korfu angriff, hatte Venier die Insel mit leichter Reiterei, Freischärlern, verteidigt, die er so verteilt hatte, daß sie überall die türkische Landung verhindern konnten. Gleichzeitig hatte er durch einen kühnen Angriff auf die Küste des türkisch-besetzten Teils Albaniens den Krieg in das Lager des Feindes getragen.

Venier hätte gern all seine Galeeren vor Famagusta riskiert und es mit dem Feind aufgenommen, wurde aber von seinen altgedienten Seeoffizieren zurückgehalten. Sie hatten erfahren, daß die Türken in solcher Stärke nach Zypern kämen, daß ein Widerstand geradezu dem Wegwerfen von Galeeren gleichkäme.

Selim II. war voll Zorn, daß sich die Eroberung Zyperns, die seine Militärberater im letzten Jahr als einen Spaziergang hingestellt hatten, den ganzen Winter über hinzog. Dem Diwan sagte er, er wolle keinerlei militärische Unternehmen, bevor er nicht Zypern vom Hals habe. Damit hatten Bragadino und seine Männer in Famagusta die türkische Offensive in der Ägäis und der Adria sowie in Italien selber mindestens um ein halbes Jahr zurückgeworfen. Die Einnahme Famagustas sollte eine eindrucksvolle, unübersehbare Demonstration der türkischen Macht werden, ein Vorspiel zu dem großen Aufräumen, das sie mit den anderen venezianischen Besitzungen vorhatten.

Es war noch nicht April, als die ersten türkischen Schiffe bereits die Dardanellen passiert hatten. Sie trafen sich mit Galeeren aus Rhodos und Chios, denen sich, von Türkisch-Ägypten her, ein größeres Galeerengeschwader anschloß, das der Gouverneur Mehmet entsandt hatte. (Die Italiener nannten ihn Mehmet Scirocco, das heißt: aus dem Süden, zur besseren Unterscheidung von einem weiteren Mehmet, der den türkischen Stützpunkt Negroponte befehligte, und auch von den vielen anderen Mehmets in türkischen Diensten.) Insgesamt zählte diese für Zypern bestimmte Flotte zweihundert Schiffe. Der Sultan wollte mit dieser protzigen und wohl auch unnötigen Machtentfaltung zeigen, daß er noch immer der Herr des Meeres sei. Pialis Funktion war an den gleichen Ali übertragen worden, dessen Stimme einstmals so erregend vom Minarett herab verkündet hatte, Gebet sei besser als Schlaf.

Ali traf im April mit siebzig Galeeren der türkischen Vorhut vor Zypern ein. Ein paar Tage später konnten die Wachen auf den Mauern von Famagusta zusehen, wie die soeben gelandeten Janitscharen entlang der Bucht eine grüne Zeltreihe nach der anderen aufstellten. Jeden Tag strömten neue Truppen heran; es war kaum zu glauben, wie viele Menschen um die kleine belagerte Stadt aufgeboten wurden: insgesamt war es vielleicht eine Viertelmillion. Lala Mustafa, ihr Oberbefehlshaber, brüstete sich, wenn nur jeder seiner Soldaten eine einzige Sandale auf einen Haufen werfe, sei dieser so hoch, daß seine Spitze die Mauern Famagustas überrage und man sie von dort aus stürmen könne. Die in vorderer Linie Kämpfenden betrugen etwa hunderttausend Mann. Die Sturmtruppen wurden von der Zahl der Pioniere noch übertroffen, Zwangsarbeitern unter militärischem

Befehl, die im April begannen, in dem felsigen Boden Gräben auszuheben, die auf die Stadtmauern zuliefen. Nach sechs Wochen waren die Gräben so tief, daß man von darin vorrückender Reiterei die Lanzenspitzen nicht mehr sehen konnte.

Während der winterlichen Blockade war die Besatzung von Famagusta auf etwa viertausend Mann geschrumpft, doch sie waren zum Kampf entschlossen. Türkische Sappeure, die mit Schanzarbeiten und dem Bau von Batterien beschäftigt waren, wurden unablässig von venezianischen Grenadieren angegriffen. Als die Türken die ersten Minen anlegten, gruben die Venezianer wiederum Gegenminen, und diesmal sprengten sie den Feind in die Luft. Aber unweigerlich wurde der türkische Griff immer enger. Ende Mai hatte Lala Mustafa vierundsiebzig Kanonen auf zehn Batterien stehen, vier davon waren Basilisken, riesige Feldschlangen aus Messing, mit denen man 180 Pfund schwere Kugeln abschießen konnte. Mit diesen Kanonen wurden die Schwachstellen des hinfälligen Erdwalles beschossen. In den Mauern entstanden Breschen, aber jedes Loch, das sich unter dem Beschuß auftat, wurde von innen her rasch mit Sandsäcken verstopft. Die venezianischen Befehlshaber verbrachten Tag und Nacht an den kritischen Stellen. Die tiefen Gräben, die ihre Pioniere in die Felsen vorgetrieben hatten, ermöglichten es den Türken, genau unterhalb des Festungswalles einen bombensicheren Geschützstand einzurichten, aber die Venezianer sprengten ihn. Mit verächtlicher Herausforderung ließen die Türken eine Fahne Venedigs – den Löwen von San Marco – im Wind flattern; sie hatten sie in Nikosia erbeutet. Astor Baglione, der Militärkommandeur der Stadt, führte einen Ausfall und brachte sie eigenhändig zurück.

Schließlich gelang es den Türken, unterhalb einer Halbmondschanze unweit vom Arsenal der Stadt eine so große Bresche in die Stadtmauer zu sprengen, daß sie nicht mehr von innen her gestopft werden konnte. Jetzt lag die Stadt einem Angriff offen da. Der erste Sturm dauerte fünf Stunden, doch die Türken wurden zurückgeschlagen. Darauf griffen sie an einer zweiten Bresche in der Mauer sechs Stunden lang mit massierten Formationen an, und wieder schlugen die Venezianer sie ab. Die türkischen Verluste waren inzwischen erschreckend hoch, da aber der

Mufti die Einnahme Zyperns zum Heiligen Krieg erklärt hatte, wurden die Sturmtruppen mit dem Hinweis angefeuert, daß die Toten schnurstracks ins Paradies kämen.

Lala Mustafas Ansehen war nicht mehr das allerbeste. Er befahl, gleichzeitig und unablässig an jeder Bresche, die bisher geschlagen worden war, anzugreifen – von allen Seiten auf einmal. Inzwischen trug man sich mit dem Gedanken, die Verteidiger auszuräuchern: ein übelriechendes Feuer sollte ihnen den Atem und jegliche Sicht nehmen. Als am 9. Juli der dritte Angriff wiederum abgeschlagen wurde, waren die Türken außer sich vor Wut. Auch der vierte Angriff, am 31. Juli, blieb erfolglos. Die Stadtmauer war inzwischen an fünf, sechs Stellen geborsten, und von den viertausend Verteidigern waren nur noch achtzehnhundert am Leben. Schneidige Ausfälle mit Berittenen konnte es jetzt nicht mehr geben, denn fast alle Pferde waren geschlachtet und aufgegessen. Das Mehl ging zur Neige. Die Venezianer besaßen bloß noch sieben Fäßchen mit Pulver. Marcantonio Bragadino war sich im klaren, daß die Widerstandskraft der Stadt zu Ende ging, und so gab er schließlich dem Drängen nach, mit Lala Mustafa Verhandlungen aufzunehmen.

Bragadino war Senator der Lagunenstadt; er war der Erbe einer achthundert Jahre hindurch gepflegten Kunst, bei allen Verhandlungen das meiste herauszuholen. Er wußte, daß Lala Mustafa, dieser alte Intrigant, von seinen Widersachern beim Sultan zunehmend unter Druck gesetzt wurde, den sich endlos hinziehenden Kampf zu beenden. Famagusta war die Türken teuer zu stehen gekommen. Sie hatten beispielsweise 150 000 Kanonenkugeln verschossen, allein am 8. Juli, am Vorabend des dritten Sturmangriffes, waren es binnen vierundzwanzig Stunden fünftausend Kugeln. Sie hatten vor den Mauern dieser Stadt 52 000 Mann verloren, mindestens die Hälfte also von Lala Mustafas Streitmacht, und manche Zahlen lauten noch höher. Und die Türken mußten wissen, daß Bragadino sich noch immer in die Zitadelle zurückziehen und dort längere Zeit aushalten konnte.

Der Senat in seiner Weisheit hatte sich offenbar entschieden, keine Galeeren in einer hitzköpfigen Entsatzoperation zu riskieren, aber das durften die Türken freilich nicht wissen. Sie sollten sogar glauben, daß der Widerstand Famagustas, der den Sultan in so große Wut versetzte, mit soviel Selbstvertrauen geschah, weil man fest mit Venedigs Hilfe rechnen konnte. Bragadino hatte also gleich mehrere Trümpfe in der Hand.

Es war damals üblich, einer sich freiwillig ergebenden Besatzung einer belagerten Stadt freien Abzug unter Waffen zu gewähren; auch durften die Häuser nicht geplündert und die Einwohner nicht vergewaltigt und nicht versklavt werden. Wenn es gelang, einen klugen Kapitulationsplan auszuhandeln, konnte den griechischen Einwohnern Famagustas vielleicht das Schicksal ihrer Brüder in Nikosia erspart bleiben, die allesamt massakriert worden waren.

Am 1. August 1571 übergaben die Venezianer die Stadt, nachdem sie sich in geheimen Verhandlungen mit Lala Mustafa geeinigt hatten. Es war Marcantonio Bragadino gelungen, einen Handel zu machen, der nicht übel war. Lala Mustafa war bereit, allen innerhalb der Mauern Überlebenden das Leben und die Freiheit zu schenken. Die Einwohner Famagustas konnten gehen oder bleiben, wie es ihnen beliebte. Wer künftig unter türkischer Herrschaft leben wollte, durfte sein Eigentum behalten und seinen Glauben frei ausüben. Die Besatzung durfte ihre Waffen mitnehmen, ferner fünf Geschütze; die drei obersten Kommandeure durften die Zitadelle zu Pferde verlassen. Die gesamte venezianische Garnison sollte sodann in vierzig dafür bestimmten türkischen Galeeren nach Kreta geschifft werden, wo sie sich ihren Landsleuten anschließen konnten. Als das Abkommen unterzeichnet wurde, am 1. August, befanden sich die Kranken und Verwundeten bereits an Bord der Galeeren. Die Kapitulationsbedingungen waren etwas vorteilhafter als die Klauseln des Friedensvertrages, den Sokollu mit der Geheimmission Venedigs in Konstantinopel ausgehandelt hatte. Bragadino hatte sein Bestes getan.

Am 4. August rief Lala Mustafa die obersten venezianischen Offiziere in sein Zelt. Vier Tage lang war die Kapitulation ziemlich ordnungsgemäß verlaufen; es gab keinen Grund, Schwierigkeiten zu erwarten. Würdevoll, wie man es von ihm kannte, ritt Marcantonio Bragadino hoch zu Roß an der Spitze seiner Kommandeure aus der zerstörten Stadt, begleitet von einer Wache aus vierzig Arkebusieren. Er trug das purpurrote Gewand eines ve-

nezianischen Senators, und sein Schildknappe hielt den scharlachroten Schirm über ihn, das Zeichen seines Ranges. Ein Augenzeuge berichtete später, er habe den kleinen Zug »gelassen, ohne
Hochmut oder Furcht, zu Mustafas Zelt geführt«. Zu Beginn des
Gesprächs war Lala Mustafa liebenswürdig. Er bat die Venezianer, neben ihm Platz zu nehmen. Aber bald zeigte er den gespiel-
ten Ärger eines Menschen, der Grund hat, seinen Handel zu
bedauern.

So fing er an, Bragadino zu beschuldigen, er habe während des
Waffenstillstands türkische Gefangene getötet. Er verlangte Ga-
rantien für die vierzig türkischen Galeeren, die jetzt darauf warteten, die venezianischen Soldaten nach Kreta zu bringen. Marcantonio Bragadino wies ruhig und höflich darauf hin, daß man dies
besser vor der Unterzeichnung des Abkommens besprochen
hätte. Sein Verhalten zeigte, daß er offenbar sofort begriff, was
der türkische Oberbefehlshaber bezweckte: ihn zu provozieren,
wiewohl er kaum erraten konnte, welche entsetzlichen Grausam-
keiten Lala Mustafa im Sinne hatte. Bragadinos wohlüberlegte
Antworten und der Umstand, daß er sich furchtlos zeigte, reizten
den Türken, der anscheinend verzweifelt überlegte, welche besonders ehrenrührige Beleidigung den venezianischen Senator
zwangsläufig herausfordern mußte. An diesem Morgen hatte ein
gutaussehender Jüngling die Ehre, Bragadino als Page zu begleiten. Er hieß Antonio Quirini und war der Sohn eines Offiziers
aus Nikosia; er hatte sich bei der Belagerung von Famagusta
tadellos verhalten. Alle anderen hübschen Knaben von Nikosia
waren von den Türken bereits zusammengetrieben und auf die
Sklavenmärkte von Konstantinopel verschickt worden; aber dieser war ihnen entgangen. Lala Mustafa erklärte nun mit unmiß-
verständlicher Miene, er wünsche Bragadinos Pagen als Geisel zu
behalten, bis die vierzig Galeeren zurückgekehrt seien. Bragadino entgegnete kühl, in ihrem Abkommen sei von Geiseln
nicht die Rede. In diesem Augenblick war das Gespräch zu Ende,
und auf ein verstecktes Zeichen von Lala Mustafa hin begannen
die Gewalttaten.

Mustafas Wachen stießen Bragadinos Begleiter ins Freie.
Marcantonio Bragadino selbst wurde in Ketten gelegt; er mußte
zusehen, wie Baglione und die anderen, die mit ihm zusammen

an diesem Morgen Famagusta verlassen hatten, in Stücke ge-
hauen wurden. Nur ein, zwei Jünglinge, an denen die Türken
Gefallen fanden, wurden als Gefangene abgeführt und konnten
später erzählen, was geschah. Das Blut von Bragadinos Gefährten, so sagten sie, lief über den Boden bis vor seine Füße. Dann
begingen die Türken mit ihm einen grausamen Scherz: dreimal
drückten sie Bragadinos Kopf hinab auf den Richtblock, »um
seinen Mut auf die Probe zu stellen«. Sie schlugen ihm aber nicht
den Kopf ab, sondern begnügten sich vorläufig damit, ihm
Ohren und Nase abzuhauen.

Als Bragadino und die Seinen Famagusta verließen, übernahm
ein untergeordneter Offizier namens Tiepolo dort das Kommando. Er hatte keine Ahnung, was sich draußen abspielte, und
daher keinen Grund, dem Abkommen mit den Türken zu mißtrauen. Wie vereinbart führte er seine Soldaten zur Küste hinab
und über die Laufplanken in die türkischen Galeeren, wo sie auf
vorbestimmte Plätze verteilt wurden. Dort ergriffen türkische
Soldaten die Überraschten, rissen ihnen die Kleider vom Leib
und ketteten sie an die Riemen. Tiepolo wurde abgeführt und
gehängt.

Die Türken verätzten die Wunden, die Bragadino jetzt entstellten; sie wollten ihn noch etwas am Leben lassen. Am Freitag,
dem 17. August 1571, dem Sabbat der Moslems, wurde der
Schwerverstümmelte angeschirrt und auf Händen und Füßen
und mit einem Eselskorb voll Erde auf dem Rücken um die
türkischen Batterien herumgezerrt. Jedesmal wenn er an diesem
Zaumzeug an Lala Mustafas Zelt vorbeigezogen wurde, mußte
er den Boden küssen.

Die Galeeren wurden an einer Stelle festgemacht, von der aus
die venezianischen Soldaten, die in den Galeeren angekettet saßen, sehen konnten, was den erfinderischen Türken als nächstes
einfiel. Auch die Truppen Lala Mustafas waren als Zuschauer
angetreten. Marcantonio Bragadino wurde in Ketten auf den
Schemel des Aufsehers der Galeerensträflinge gesetzt und auf
eine Spiere hochgehievt, damit jeder sehen konnte, was ihm angetan worden war. Dann wurde er heruntergelassen und auf den
Marktplatz geschleppt und an den Pranger gestellt, damit auch
die griechischen Einwohner seines erbarmungswürdigen Zu-

standes ansichtig wurden. Einige, die in seiner Nähe standen, erzählten später, daß sie ihn ein lateinisches Gebet sprechen hörten. Dann wurde er, gegen die Marmormauer des Gebäudes gelehnt, das ihm bislang als Palast gedient hatte, »unter Trommel- und Trompetenklang« und Lala Mustafas aufmerksamen Blicken bei lebendigem Leibe gehäutet; er starb, als das Messer des Henkers »die Höhe des Nabels« erreicht hatte.

Dieses grausige Schauspiel, das Bragadino und durch seine Person Venedig demütigen sollte, hörte auch mit seinem Tod noch nicht auf. Seine Haut wurde mit Stroh ausgestopft und unter dem roten Schirm des Senators von Venedig durch Famagusta getragen. Dann wurde die ausgestopfte Haut zusammen mit den abgeschlagenen Köpfen zweier seiner Kommandeure, Luigi Martinengo, der von Kandia her die Blockade durchbrochen und Nachschub gebracht hatte, und Giovanni Antonio Quirini, auf die Rahnock von Lala Mustafas Galeere gehievt. So wurden diese Trophäen nach Konstantinopel gebracht, wo sie im Triumph durch die Straßen getragen wurden. Um das Maß des Hohnes voll zu machen, warf man die schreckliche Effigie zu symbolischer Haft noch in den Sklavenkerker.

Die osmanischen Türken haben in der ganzen Geschichte ihres Reiches Grausamkeit systematisch als Herrschaftsinstrument gebraucht, was ihre Religion ihnen nicht verwehrte. Es mag gerechte Kriege geben, aber es gibt keine unschuldigen Armeen: Christliche Heere konnten abscheulich grausam sein, sie waren es beispielsweise in den Alpujarras. Auch die Methoden der spanischen Inquisition waren alles andere als menschenfreundlich. Aber die Bluttaten derer, die sich Christen nannten, standen im Widerspruch zu den Worten ihres Religionsstifters, und einige wenigstens müssen in ihrem tiefsten Innern gespürt haben, daß das, was sie da trieben, falsch war. Im Laufe der Zeit konnte aus dieser Spannung zwischen Lehre und Praxis ein Wandel zum Besseren hervorgehen. Das ist vielleicht der Grund, warum das christliche Abendland niemals auf der Stelle trat.

Die Türken aber wurden, nachdem sie aus Zentralasien vor der furchtbaren Grausamkeit ihrer mongolischen Feinde geflohen waren, zu einem Glauben bekehrt, der auf bewundernswerte

Weise zur Achtung des Rechts und zur Nächstenliebe anhält, aber doch auf der siegreichen Ausbreitung durch Feuer und Schwert beruht und als Belohnung die Freuden des Fleisches verheißt. Und für manche Menschen – für mehr, als man glauben möchte – ist auch Grausamkeit eine Lust.

Die Fahne der Heiligen Liga rief in Erinnerung, daß ein Gott, zum Menschen geworden, sich freiwillig dem Foltertod aufrührerischer Sklaven unterwarf. Das Symbol des Kreuzes war für die Türken unbegreiflich; es kam ihnen wie eine lächerliche Bauernfängerei vor. Die türkische Fahne war in früheren Zeiten einmal grün wie die des Propheten gewesen, jetzt war sie rot wie der Fluß, der nach einem Sieg in türkischer Frühzeit tatsächlich blutrot geflossen war. In diesem Strom von Blut hatten die Türken das Symbol ihrer Religion sich spiegeln gesehen: den Halbmond. Diese Bilder verdeutlichen den Widerstreit im Geist der Türken. Der Islam war in der Form, in der sie ihn mit dem gezückten Schwert verbreiteten, eine überaus männliche Religion, ein Glaube für Männer wilder Tatenlust, und seine Glaubenssätze (ob sie nun eingehalten wurden oder nicht) lauteten nicht Vergebung und Güte, sondern Bruderschaft im Krieg, Kameradschaft, die Unterwerfung der Frau, und Genuß und Macht als höchster Lohn.

Diese Unterschiede in der Lehre erklären aber noch nicht ganz, was Bragadino angetan wurde. Suleiman der Prächtige konnte haarsträubend grausam sein, wie er nach dem Sieg von Mohács gezeigt hatte; aber nie hätte er sein Wort gebrochen. Die Hälfte von Lala Mustafas Soldaten war vor den Mauern von Famagusta gefallen; sie genossen, so sagte ihr Glaube, im Paradies die Freuden des Fleisches. Sicherlich wollten die Überlebenden blutige Rache nehmen, und ihre Oberbefehlshaber sorgten dafür mit diesem grausamen Schauspiel. Aber auch dies erklärt nicht alles.

Diese Grausamkeit war auch ein Akt berechnender Politik, ein Knüppel, den Lala seinem großen Widersacher Sokollu zwischen die Beine warf: Er wollte diesen Krieg für seine ehrgeizigen Zwecke einsetzen; er wollte den vielberedeten Frieden mit Venedig erschweren oder ganz zum Scheitern bringen. Wäre Sultan Selim persönlich in Zypern an der Spitze seiner Armee gestanden, wie es seine Vorgänger getan hatten, dann wäre das Wort des Sultans vermutlich gehalten worden, wie das seines Vaters gegenüber den Johanniterrittern Jahre zuvor auf Rhodos, wenn auch nur aus persönlichem Stolz. Aber Sultan Selim war der erste Sultan seiner Dynastie, der die Annehmlichkeiten des Harems den Mühen des Heeresdienstes vorzog.

Es stellte sich heraus, daß Lala Mustafas brutale Heimtücke in Venedig nicht die Folgen zeitigte, die er sich vielleicht erhofft hatte, denn als die Nachricht von Bragadinos Schicksal dort eintraf, waren Doge und Senat bereits zum Kampf entschlossen. Manche Fehlentscheidung in der großen Politik war damals auf die langsame Nachrichtenübermittlung zurückzuführen. Der Fall Nikosias war beispielsweise in Konstantinopel am 24. September 1570 bekannt, in Venedig traf die schlimme Kunde einen Monat später ein, und König Philipp in Madrid erfuhr davon erst am 19. Dezember. Ein Kurier konnte, wenn er wie der Teufel ritt, eine Botschaft von Venedig in vierzig Tagen nach Madrid bringen, obgleich er dann gewöhnlich nicht auf dem Absatz kehrtmachen und zurückreiten konnte, denn König Philipp mußte erst die richtige Antwort finden. Kein Wunder, daß Spanien in jenen Tagen oftmals ins Hintertreffen geriet und manchmal spät zu seinen Abreden.

Selims Angriffskrieg ging nun schon ins zweite Jahr, und für die Staatsmänner der Serenissima bestand kein Zweifel mehr daran, daß die Türken jetzt Italiens Ostküste zur Hauptkampflinie in einem Krieg gemacht hatten, in dem nicht nur zwei Reiche einander gegenüberstanden, sondern auch zwei Religionen; und in einem solchen Krieg waren die Inseln von Venedigs gefährdetem Seereich nur die Vorposten.

Einer von Ochialis Piratenkapitänen, Kara Hodscha, überfiel in diesem Frühjahr sogar die Bucht von Venedig und plünderte einzelne Ortschaften, die beinahe in Schußweite der Kanonen von San Marco lagen. Bislang war die Stadt durch einen Vertrag gegen Belästigungen dieser Art geschützt gewesen, jetzt war derlei an der Tagesordnung. Als ob er die ganze Adria und das Ionische Meer für sich haben wollte, hatte der Sultan Lepanto am Golf von Korinth zu einem vorgerückten Marinestützpunkt bestimmt. Eine türkische Flotte, die von Lepanto aus operieren konnte, war in der Lage, überall an der italienischen Ostküste – wo sie nur wollte – Truppen zu landen. Der Schutz von Venedigs Lagune bot der Stadt keine Sicherheit mehr. Wenn die Türken in Ancona Reiterei an Land brachten, konnten sie nach einem langen Tagesritt in Rom sein. Türkische Spione italienischer Abstammung, die sich in Italien unauffällig bewegen konnten, waren schon in Rom gefaßt worden. Wie lange würde es noch dauern, fragten sich die Tiefbesorgten, bis Sankt Peter in eine Moschee verwandelt war, wie schon die Hagia Sophia in Konstantinopel, einst der erhabene Dom der orthodoxen Christenheit?

Aber eine kampfkräftige Armee konnte Sultan Selim nur dann nahe genug Roms an Land bringen, wenn er die Herrschaft zur See besaß. Genau diese aber war durch den Angriff auf Zypern gefährdet, sogar in Frage gestellt worden, wie Sokollu klarer als jeder andere erkannte, weil dieser Angriff den Christen Anlaß und Zeit genug gab, sich zusammenzutun und ihre gemeinsame Stärke zu entdecken, während dort sich der Krieg hinzog. Die »Zerstörung« des Arsenals hatte den Sultan auf dramatische Weise zum Umdenken geführt, obschon sie politisch bedeutungslos war, nur eine Seifenblase. In der Politik aber zählten die Tatsachen. Im Herbst zuvor war es einer eilig zusammengestellten christlichen Flotte unter unzulänglicher Führung nicht gelungen, die türkische Landung auf Zypern zu vereiteln; die Christen waren kläglich gescheitert. Aber seither hatte das Arsenal Venedigs allwöchentlich ein halbes Dutzend Galeeren gebaut, ganz abgesehen von den etwas robusteren Kriegsschiffen, die etwas weniger schnell aus den Werften König Philipps kamen. Die nächste Flotte, die zur Verteidigung des Christentums ausgesandt wurde, würde zweifellos seetüchtiger sein, auch besser bemannt. Es hing daher weitgehend von ihrer Kampfmoral und von ihrem Kommandeur ab, was sie leisten würde.

Die klugen Kaufmanns-Aristokraten, die seit Jahrhunderten die Geschicke Venedigs bestimmten, begannen im voraus die Verluste auszubuchen, die in diesem Jahr unweigerlich auf ihren Handel und ihre Inselbesitzungen zukommen würden. Während Kara Hodschas Kanonenschüsse an den Fenstern ihrer Marmorpaläste in den Lagunen widerhallten, konzentrierten sie sich auf dieses einfache Rechenexempel (das übrigens auch in Sokollus

Kopf umging): Zählte man die Galeeren der Republik Venedig mit denen des spanischen Königs zusammen und fügte noch weitere seetüchtige Fahrzeuge der Toskana hinzu, ferner die Savoyens, des Kirchenstaates und die Schiffe von Malta, dann kam diese Flotte der türkischen gleich, ja übertraf sie vielleicht sogar. Wenn die materielle Ausrüstung auf beiden Seiten etwa gleich war, dann würde der Faktor Psychologie entscheiden, wie sich unlängst in Malta, Szigetvár und Famagusta gezeigt hatte.

So waren also die Worte Pius' V. – »Ich erhebe die Waffe gegen die Türken, aber nur die Gebete von Priestern untadeligen Lebenswandels können mir wirklich helfen« – mehr als fromme Rhetorik, sondern sie zeigten eine Kraft auf, die auf den Waagschalen der Politik ins Gewicht fallen könnte. Priester, deren Lebenswandel alles andere als untadelig war und die in den Borgia-Päpsten einen moralischen Tiefpunkt erreichten, waren der Skandal, der den protestantischen Reformern ihre unwiderlegbare Rechtfertigung lieferte. Doch die Feldgeistlichen des Jahres 1571 waren Männer neuen Typs. Mit ihrer Lauterkeit und ihrer Bereitschaft zur Selbstaufgabe gewannen sie allmählich der Kirche die Hochachtung der Kämpfenden zurück. Selbst im nüchternen, berechnenden Venedig war diese hochherzige, ja zeitweise leidenschaftliche religiöse Stimmung unsichtbar am Werk.

Der Sekretär des venezianischen Senats, Jacopo Ragazzoni, der sich mit Sokollu schon auf die Klauseln eines Friedensvertrages geeinigt hatte, kehrte am 18. Juni 1571 nach Venedig zurück – das war vor der Kapitulation Famagustas. Er war sich ziemlich sicher, daß der Vertragsentwurf, den er bei sich trug (und der den Verteidigern Famagustas, tragischerweise, freien Abzug gewährt hätte), in Venedig Zustimmung finden würde. Doch inzwischen war dort die Stimmung umgeschlagen. Da in diesem Jahr beide Seiten zur See gleich stark erschienen, neigten die schlauen Venezianer der Ansicht zu, daß Kampfmoral (oder, wie sie es zu nennen beliebten: der Wille Gottes) den Ausschlag geben könnte. Im März hatten sie noch, während der Papst am Altar die Messe las, störrische Mienen gezeigt und sich kaltherzig geweigert, den Vertrag des Papstes zu unterzeichnen, aber am 25. Mai 1571 war Venedig in aller Form der Heiligen Liga beigetreten, die an diesem Tag in der Peterskirche zu Rom feierlich verkündet wurde.

XI

Hinausfahren und sie aufspüren!

Ich will ein Nichts sein, wenn die Schlacht von Lepanto, der Kampf von
Leidenschaft gegen Vernunft, von Vernunft gegen Glaube, von Glaube gegen den Teufel und der Kampf meines Gewissens gegen alle Übel
nicht innerhalb meiner Person selbst stattfand.

SIR THOMAS BROWNE

Im Frühjahr dieses Entscheidungsjahres 1571 drängte sich ganz
Venedig zu den Fastenpredigten Pater Benedetto Palmios, eines
Jesuiten von großer Beredsamkeit. In jedem Land der Heiligen
Liga gab es Priester, welche den gleichen Ton anschlugen, wie
nach einer Stimmgabel. Die Unterzeichnung des Vertrags am
25. Mai hatte die Interessengegensätze zwischen den Mächtigen
zwar nicht aufgehoben, doch das Anliegen ergriff die Menschen,
und Erwartung regte sich allenthalben.

Bei seinem Werben stützte sich der Papst vor allem auf die
Jesuiten. Die Gesundheit Pater Francisco Borgias, ihres Generals,
ließ damals zu wünschen übrig; doch er entfaltete hinter den
Kulissen seinen Einfluß. König Philipp beging die Ungeschick-
lichkeit, Marcantonio Colonna, der dem König von Spanien ja
Treue schuldete und Venedig auch, durch eine Redewendung zu
verletzen. »Sie wollen, daß ich meine Pflicht tue«, eiferte sich
Colonna, »als ob dies für mein Haus und für mich etwas Neues
wäre.« Pater Francisco, auch er ein Aristokrat, der – wie der
Admiral des Papstes – schon unter den autoritären Launen des
Königs gelitten hatte, gelang es, die Wogen wieder zu glätten.

Pius V. sandte seinen Verwandten und Vertrauten, Kardinal
Alessandrino nach Spanien, um König Philipp bei der Stange zu
halten. Francisco Borgias Einfluß war groß, darum sollte er
ebenfalls dorthin gehen und dann weiter nach Portugal, um auf
den Knabenkönig Sebastian einzuwirken. Der Jesuitenpater Polanco warnte den Papst, daß die Entsendung des Ordensgenerals
nach Spanien bei seinem gegenwärtigen Gesundheitszustand ein
Todesurteil sei, doch der Papst bestand darauf, und Francisco

scheint einverstanden gewesen zu sein. Er schuldete Gehorsam, und dies war ein Jahr, in dem ohnehin das Leben vieler Menschen für die große Sache auf dem Spiele stand.

Pater Francisco trug, als er in Barcelona ankam, »einen Gürtel, von dem ein Rosenkranz aus einer Violinsaite und Samenkörnern herabhing«. Er war so mager und sah so erbärmlich aus, daß nur wenige den einstigen Vizekönig wiedererkennen konnten. Marcos, der Laienbruder, dem die Bewältigung aller Alltagsprobleme des Ordensgenerals anvertraut war, nahm ein neues Gewand und ein Paar Reitstiefel für ihn an, die Franciscos Erbe, Herzog Carlos, über solche Armseligkeit empört, ihm aufdrängte. In diesem ungewöhnlichen Aufzug ritt Francisco zur Linken König Philipps in die gleiche Stadt Madrid ein, aus der er wenige Jahre zuvor geflohen war, weil er um sein Leben fürchten mußte. Der Großinquisitor hatte angeordnet, die bislang unter Zensur gehaltenen theologischen Schriften Francisco Borgias neuaufzulegen; es sah aus, als ob er endlich seine Niederlage eingestehen wolle. In den nächsten Monaten reiste Francisco unter größter Mühsal kreuz und quer durch die Iberische Halbinsel. Er redete einflußreichen Freunden ins Gewissen und wob langsam dieses unsichtbare Netz individuellen Einverständnisses, das zumindest für einige Zeit den Kitt darstellte, der das prekäre Bündnis gegen die Türken zusammenhielt. Der Vertrag der Heiligen Liga war zwar von den wichtigsten Seemächten unterzeichnet worden, aber erst reichlich spät und unter vielen stillen Vorbehalten, als ob nur der Druck der Volksmeinung und der gemeinsamen Gefahr sie zusammengebracht hätte.

Die Reformstimmung, die zum Konzil von Trient führte, hatte auch einigen Orden – namentlich den Kapuzinern, den Jesuiten, Theatinern und Dominikanern – neue Impulse gegeben. Ein Kapuziner und ein Jesuit waren die Geistlichen an Bord von Don Juans Flaggschiff, der Galeere *Real*. Cristobal Rodriguez hatte früher eine Jesuitenmission unter den Banditen in Kalabrien geleitet, bei anderer Gelegenheit hatte er in einem Spital mehrere hundert Pestopfer gepflegt. In Don Juan, der von der frommen Magdalena zum Glauben und von ihrem Gatten Luis Quijada zur Furchtlosigkeit geführt worden war, erkannten diese Eiferer in der Flotte die Verkörperung dessen, was sie predigten. Nüchtern gesonnene hochgestellte Personen mochten sich insgeheim wundern, daß man das Schicksal der Christenheit einem illegitimen Königssohn von vierundzwanzig Jahren anvertraute, aber für schlichte Leute, die auf das Wort eines Priesters oder eines Ordensmannes hörten, war Don Juan der Mann ihres Vertrauens.

Der Sammelpunkt der Schlachtflotte der Heiligen Liga war die Straße von Messina, zwischen Sizilien und der Spitze des italienischen Stiefels. Nachdem Don Juan im Kloster von Montserrat, dem katalanischen Bergheiligtum, seine Andacht verrichtet hatte, begab er sich in Barcelona an Bord seiner Schiffe. Auf offener See öffnete er die versiegelten Befehle und las mit Ingrimm, daß er zwar zum Oberbefehlshaber ernannt sei, daß aber König Philipp bestimmte, er dürfe keine Befehle erlassen ohne die Gegenzeichnung von Luis Requeséns, des Mannes, den Philipp zum Mentor Don Juans in Seefahrtsdingen erkoren hatte und der schon im Krieg gegen die Moriscos sein Marinebefehlshaber gewesen war. Diese Vorsichtsmaßnahme würde keinesfalls die Einheit der Flotte fördern; Requeséns Gegenzeichnung mußte vielmehr die Verbündeten daran erinnern, daß es der König von Spanien war, der in Italien den Ton angab, auch wenn er weniger Galeeren in die Armada einbrachte als Venedig. Ein weiterer königlicher Befehl vom 26. März aus Madrid war für Don Juan ein Schlag ins Gesicht, denn er sollte zeigen, wer der Herr war: So wurde jedermann darüber informiert, daß Don Juan zwar berechtigt sei mit »Exzellenz« tituliert zu werden – aber nie mit »Hoheit«.

Der alte Don García de Toledo, der mit der Kriegführung im Mittelmeer seit dreißig Jahren vertraut war und jetzt seinen Rheumatismus in italienischen Bädern pflegte, hatte seine liebe Not, all die technischen Fragen Don Juans über die Führung einer Flotte im Einsatz zu beantworten. Da seine eigene Karriere offensichtlich zu Ende war, hatte er weder durch Gehorsamkeit noch durch Schmeichelei irgendetwas zu gewinnen. In seinen privaten Briefen zeigte er, wie man wohl allgemein über diese königliche Verfügung dachte: Er nannte Don Juan immer Hoheit. Selbst das Herz eines Don García schlug in diesen Tagen etwas schneller. »Ich schwöre Euch«, schrieb er, »wäre meine Gesundheit nur etwas besser, so würde ich mich als Soldat oder als Seemann unter den Befehl Don Juans einschiffen.« Ihm vertraute Don Juan an, daß sein königlicher Halbbruder in Madrid umgeben war von »sagen wir tausend Leuten, die mein Alter und meinen vermeintlichen Mangel an Erfahrung zum Anlaß nehmen, meine Stellung zu untergraben«. Am gleichen Tag, an dem Don Juan sich einschiffte, sandte der päpstliche Nuntius in Madrid einen Brief nach Rom, in dem es warnend hieß, es käme »ein junger Fürst, der so sehr nach Ruhm lechzt, daß man ihn durch gute Ratschläge kühlen müsse, andernfalls werde er mehr daran denken, seinen Ruhm zu mehren, als die Galeeren heil heimzubringen«.

»Die Galeeren heil heimbringen«, das war eine der Lieblingswendungen König Philipps. Zweifellos steckte er hinter der Warnung des Nuntius. Aber noch nie wurde ein Angriff abgewendet, noch nie wurde eine Schlacht gewonnen von einem Geist, der (wie Gianandrea Doria oder der König) immerfort nur daran dachte, »die Galeeren heil heimzubringen«. König Philipp neigte zwar von seinem Naturell her zur Vorsicht, aber er war auch hochintelligent. Mit seiner Vorsicht hatte er alle hergebrachte Klugheit auf seiner Seite. Wenn er in der Einsamkeit des Escorial über die Geschichte seiner Flotte seit den Tagen seines Vaters nachdachte, muß ihm das Ganze wie eine Kette von Mißerfolgen, ja wie richtige Niederlagen vorgekommen sein, angefangen von dem Verlust der Flotte Karls v. vor Algier bis hin zu seinem eigenen Fiasko vor Djerba. Zur See waren immer die Türken die Sieger. Warum also sollte König Philipp seine eingefleischte Gewohnheit, Seeschlachten – und damit Niederlagen – zu vermeiden, aufgeben? Doch bald sollte sich zeigen, daß derlei festgefahrenes Denken im Jahr 1571 eine gefährliche Selbsttäuschung war. Nur ein klarer, unbestreitbarer Seesieg konnte die Türken aufhalten und die Christenheit retten.

Don Juans Galeerengeschwader ging in Genua kurz vor Anker. Das plötzliche Eintreffen einer derart mächtigen spanischen Flotte ließ die Genuesen um ihre politischen Freiheiten bangen. Die Heilige Liga war ins Leben gerufen worden, um Italien zu retten, aber das hieß nicht, daß die Italiener jetzt Philipp liebten oder ihm trauten.

Der venezianische Botschafter in Spanien, Antonio Tiepolo, war vom Senat angewiesen worden, nach Genua zu reisen, um Don Juan dort zu beobachten und über ihn zu berichten. Dieser junge Oberbefehlshaber, so versicherte Tiepolo, »brennt darauf, den Kampf zu suchen«. Auf der Weiterfahrt nach Messina machte Don Juan in Rom Station, und zum ersten und vielleicht zum letzten Mal in seinem Leben empfand er, was es heißt, die Zustimmung und das volle Vertrauen eines großen Mannes zu erhalten. Pius V. zog Don Juan an sein Herz; er schätzte diesen Menschen in seinem ganzen Wert, ohne bedenkliche Seitenblicke auf seine Unebenbürtigkeit und Jugend oder seine hinlänglich bekannte Heißblütigkeit. Hier war einer, so dachte der Papst, der im Ratskollegium über Engstirnigkeit und Neid stehen und der in der Schlacht ohne Zaudern führen wird. Der alte Papst vertraute ebenso darauf wie Don Juan, daß die bevorstehende Seeschlacht gewonnen werden könnte. »Ich bin ganz sicher«, erklärte er, »daß die Türken, aufgeblasen von ihren Siegen, unsere Flotte herausfordern werden, und dann wird Gott – das fühle ich zutiefst – uns den Sieg schenken.«

Dann sagte der Papst etwas zu Don Juan, wonach sich dieser vielleicht ein Leben lang gesehnt hatte: »Karl V. gab Euch das Leben. Ich werde Euch Ehre und Größe geben.« Doch der Heilige Vater tat ihm keinen Gefallen, als er andeutete, seine Belohnung könne ein unabhängiges Fürstentum sein, womöglich sogar ein Thron, ein Titel also und eine Stellung, die alles auslöschten, was diese unerträgliche halbe Ehrerweisung der Anrede »Exzellenz« beinhaltete. Der Kern dieser Unterredung gelangte zu Philipps Ohren und erregte seinen Argwohn. Der König war schlau genug, von da an das Versprechen des Papstes als einen Köder zu verwenden. Wenn er künftig Don Juan an der Nase herumführen wollte, dann ließ er Andeutungen eines Thrones für ihn immer lauter werden, sei es in Morea, in Tunis oder, wer weiß, vielleicht in Irland oder sogar in England.

Ali, der türkische Admiral, übte weiterhin auf Venedig Druck aus. Im Juni überfiel er Kreta. Die Türken dachten, wenn sie diesen Sommer eine Insel der Venezianer nach der anderen überfielen, würden sie die Stadt zwingen, ihre Flotte zu verzetteln:

einige Schiffe dahin, andere dorthin, so daß die Flotte der Heiligen Liga niemals zu Gänze in Messina zusammenkommen würde.

In mancher Hinsicht ähnelte Ali Don Juan. Er war jung und ehrgeizig, er strebte nach Ruhm, war als Heißsporn bekannt, und er wurde geachtet, weil er die gefangenen Christen unter seinen Galeerensklaven anständig behandelte. Seine Strategie – Venedig zu zwingen, seine Kriegsgaleeren zu zerstreuen – hatte Hand und Fuß. Aber sein Versuch, türkische Truppen auf Kreta zu landen, scheiterte an der Person Marcantonio Quirinis, jenes furchtlosen venezianischen Befehlshabers, der im Januar die Blockade Famagustas durchbrochen hatte. Quirini entfaltete sein Galeerengeschwader so geschickt in Deckung der Festungsbatterien über die Bucht von Souda, daß seine Schiffe praktisch unangreifbar waren, doch über jede türkische Galeere herfallen konnten, welche Soldaten anlanden wollte. Ali wich aus; er fuhr mit seiner Flotte an der Küste Kretas entlang und erschlug dreitausend bewaffnete Bauern, die sich ihm in den Weg stellten, als er ihre Dörfer an der Küste plünderte, und schleppte weitere Tausende als Galeerensklaven davon. Von den Inseln des Ionischen Meeres, von Zante (Zakynthos) und Kephallenia, verschleppte Ali noch mehr Untertanen der Republik San Marco und schickte sie, siebentausend an der Zahl, auf die Ruderbank.

Ochialis Geschwader leichter, beweglicher algerischer Galeeren wurde von kleineren Galeoten unterstützt, die gleichfalls küstennah operieren konnten. Ochiali segelte mit seinen achtzig Schiffen die Küste Dalmatiens entlang und verwüstete die venezianischen Niederlassungen. Panik brach aus, wo immer er auftauchte. Diese Manöver sollten Sebastiano Venier und seine Flotte vom Treffpunkt bei Messina fernhalten. Solange die Flotten Spaniens und Venedigs nicht vereint waren, besaßen die Türken die Herrschaft zur See.

Während Kara Hodscha vor den Küsten kreuzte und alle Bürger Venedigs bewaffnet gingen, indes Trupps von Freiwilligen Gräben aushoben, um eine türkische Landung abwehren zu können, faßten Doge und Senat eine kühne, gewagte, aber notwendige Entscheidung, die von innerer Größe zeugt: Quirini erhielt den Befehl, sein Geschwader von Kreta abzuziehen und zur Hei-

ligen Liga bei Messina zu stoßen. Venedig setzte sein Inselreich
aufs Spiel. Die Stadt nahm den Handschuh auf, den die Korsaren
vor ihrer Haustür hingeworfen hatten. Mit Ali konnte man nur
fertig werden, wenn man eine Flotte besaß, die so groß war wie
seine eigene.

Sultan Selim II. befahl Ali, nach Lepanto zu segeln, dem »kleinen Gallipoli«, wie es auch genannt wurde, dem vorgeschobenen
türkischen Flottenstützpunkt in einer kleinen, gut geschützten
Bucht im Golf von Korinth. Dort konnte seine Flotte unter dem
Feuerschutz der Festungen auf beiden Seiten der Einfahrt sicher
vor Anker liegen. Es war nicht nur äußerst schwierig, Lepanto
anzugreifen, Lepanto besaß auch den Vorteil, aus dem türkisch-
beherrschten griechischen Hinterland leicht versorgt werden zu
können. Und im Osten Griechenlands, in Negroponte, dem heutigen Chalkis, unterhielten die Türken einen weiteren Flottenstützpunkt. Alis Flotte bedeutete also für Venedig eine ständige
unmittelbare Bedrohung.

Ali ließ in Lepanto die Kranken und Verwundeten an Land
bringen, neue Munition laden sowie zweitausend Spahis und
zehntausend Janitscharen an Bord nehmen. Ali konnte also,
wann immer er wollte, ein Expeditionsheer in Italien landen; er
besaß ferner eine gut versorgte Schlachtflotte und einen absolut
sicheren Anlegeplatz. Im Spätsommer war jedermann klar, daß
Ali in Lepanto überwintern wollte. Die Bedrohung war offensichtlich. Nicht nur Venedig und Rom, sondern auch das Königreich von Neapel und die Insel Sizilien – die Getreidekammer
Spaniens – lagen innerhalb der Reichweite der mächtigen türkischen Flotte und seiner Armee, und wenn die Türken nicht in
diesem Jahr angriffen, dann eben im nächsten. Die Zeit des guten
Fahrtwetters war nicht mehr von langer Dauer; und die Galeeren
der Heiligen Liga trafen nur langsam auf dem vereinbarten Sammelplatz bei Messina ein.

Auf seinem Weg entlang der italienischen Küste ging Don Juan
in Neapel an Land. Die Neapolitaner waren voll stürmischer
Begeisterung für diesen jungen Mann, der vielleicht ihr Retter
sein würde. Der junge Reitersmann, so erzählt ein Augenzeuge,
ritt auf einem prächtig gezäumten edlen Roß durch die ge-

schmückten, mit Menschen enggedrängten Straßen dieser Stadt; er war in weißem Samt und Goldstoff gekleidet, trug einen scharlachroten Umhang, und auf seinem Samthut prangte ein weißer Federbusch. Er war von mittlerer Größe und hatte schöne, ebenmäßige Züge, helles, lockiges Haar, das weit in die Stirn reichte. Ging er unbedeckt, dann strich er sich oftmals gedankenlos mit beiden Händen das Haar aus der Stirn. Diese Bewegung – er tat sie häufig – wurde rasch zur Mode und überall von jungen Leuten nachgeahmt.

Als Don Juan am 23. August in Messina eintraf, vergrößerte sich die Flotte der Liga um ein Geschwader von fünfunddreißig Galeeren; sie zählte jetzt achtzig Galeeren und zweiundzwanzig Versorgungsschiffe. Die türkische Flotte bestand vermutlich aus dreihundert Schiffen, davon zweihundert Kriegsgaleeren. Das venezianische Geschwader aus Kreta war noch nicht eingetroffen, und in Messina gab es nicht wenige, die den Absichten Venedigs mißtrauten und die bezweifelten, ob seine Schiffe jemals ankommen würden.

Marcantonio Colonna, der die Galeeren des Papstes befehligte, hatte zwei Tage vor Don Juan Messina erreicht. Der gutartige Colonna hatte es trotz des Altersunterschieds hingenommen, daß der Papst die Ernennung Don Juans zum Oberbefehlshaber für gut befand. Mit ihm kamen drei Galeeren mit Malteserrittern, die ihre Flaggen mit dem ruhmreichen Malteserkreuz am Mast flattern ließen. Weitere Ritter befehligten päpstliche Galeeren, darunter der berühmte Chevalier Romegas. Der Kapitän von Don Juans Flaggschiff war ein Ritter namens Don Juan Vasquez de Coronado. Prospero, der Sohn Marcantonio Colonnas, diente unter dem Befehl seines Vaters. Er zählte noch keine zwanzig Jahre; ein junger Hitzkopf, der auf Malta und auf Zypern als Freiwilliger gegen die Türken gekämpft hatte. Die Familie der Colonna hegte einen alten, tiefen Groll gegen die Türken.

Eine Generation zuvor galt eine Dame ihres Hauses, Julia, die junge Witwe des Vespasian Colonna, Grafen von Fundi, als die schönste Frau Europas. Im Sommer 1534 brachte der türkische Admiral Barbarossa mit Hilfe italienischer Überläufer unweit von Fundi zweitausend Mann an Land. Sie hatten den Befehl, Julia für den Harem Suleimans des Prächtigen zu rauben. Die furchtlose junge Witwe entkam zu Pferde, in vollem Galopp, nur mit Nachtgewändern bekleidet. Wütend über ihren Mißerfolg, plünderten die Türken dafür Fundi; sie erschlugen die Männer und verschleppten Frauen und Knaben auf den Sklavenmarkt in Konstantinopel. Jahrzehntelang war niemand, welchen Standes auch immer, an der Küste Italiens vor ihnen sicher.

Don Juan inspizierte die in Messina bereitliegenden Schiffe, doch was er sah, war wenig ermutigend. Die besten spanischen Soldaten hatte der Herzog von Alba erhalten, der den Aufstand in den Niederlanden niederschlagen wollte. Viel zu viele, die in der Flotte der Heiligen Liga Dienst tun sollten, waren erst kurz zuvor ausgehoben worden, und viele von ihnen waren nicht einmal im Umgang mit der Arkebuse firm – und dabei war das etwas, das einfach sitzen mußte. Doch die Arkebusiere der Heiligen Liga besaßen den Türken gegenüber einen kleinen technischen Vorteil: die Türken mußten das Schießpulver von der Handfläche her irgenwie in die Waffe bringen, während sich die Soldaten Don Juans dazu einer neumodischen Vorrichtung bedienen konnten, des Pulverhorns. Aber würden diese grünen Rekruten imstande sein, es mit den Janitscharen aufzunehmen?

Je mehr Galeeren das Meisterwerk industrieller Organisation, das Arsenal von Venedig, vom Stapel ließ, desto schwächer wurde ihre Besatzung. Zudem hatten einige dieser venezianischen Schiffe offenbar allzu lange auf den Hellingen gelegen. Venedig mußte jetzt den Preis für die dreißig Jahre geblufter Stärke zur See zahlen. Auch auf den Galeeren König Philipps waren die Ruderer knapp, aber die Schiffe waren solide gebaut: neue Fahrzeuge aus den Kiefern der Pyrenäen, und schwer bestückt. Don Juan traf die Männer am Sammelplatz in gedrückter Stimmung an. Von ihm selber wird berichtet, er habe mit kühner Entschlossenheit zu ihnen gesprochen und zuversichtlich in die Runde geblickt. Aber am 30. August, nach Musterung der venezianischen Galeeren, schrieb er einen weiteren Brief an Don García und vertraute diesem seinen Eindruck an: »Ihr könnt Euch nicht vorstellen, in welch erbärmlichem Zustand sich die Soldaten und Seeleute befanden! Solche Männer kann man nicht in den Kampf schicken! Es ergreift mich ein Schaudern, wenn ich daran denke, mit welchem Material ich losgeschickt werde, um etwas von größter Wichtigkeit auszuführen.« Don García gab ihm den Rat, den der übervorsichtige alte Seebär vermutlich selber befolgt hätte, wäre er der Oberbefehlshaber gewesen: sich unter keinen Umständen mit einer derart hinfälligen Flotte einem Angriff in voller Schlachtordnung auszusetzen, es sei denn auf ausdrücklichen Befehl. »Um Gottes willen«, schrieb Don García, »bedenkt wohl, welchen Schaden eine falsche Entscheidung nach sich ziehen könnte!«

Aber an dem gleichen 30. August, an dem Don Juan an Don García schrieb, wurde ihm gemeldet, daß die sechzig venezianischen Galeeren aus Kreta das sizilianische Syrakus erreicht hatten. Das Bündnis stand; die Venezianer hielten Wort. Ein Jahr zuvor hätte niemand zu träumen gewagt, die Venezianer würden fremde Soldaten – schlimmer noch: spanische Soldaten – an Bord ihrer Galeeren in Dienst nehmen; doch jetzt, da alle venezianischen Schiffe eingetroffen waren und die Schwäche ihrer Besatzung offenkundig war, gelang es Don Juan, den stolzen alten Sebastian Venier zu überreden, zum Wohle der Liga eine Verstärkung durch spanische und italienische Infanterie anzunehmen. (Die feinen, zivilisierten Venezianer fanden die Spanier roh und hochmütig; aber in ihrem Edelmut ließen sie sie gewähren.)

Am 16. September, nach einem Gespräch im Kriegsrat, schrieb Don Juan an Don García, um ihm seine Entscheidung mitzuteilen. »In Anbetracht dessen, daß die [türkische] Flotte nach den uns vorliegenden Berichten zwar größer ist als die Streitkräfte der Liga, doch nicht von gleichem Wert, was Schiff und Mann betrifft, und so uns der Herrgott, dessen Sache dies ist, beistehen wird, wurde die Entscheidung getroffen, daß wir hinausfahren und sie aufspüren.«

Bestätigt wurde diese frohgemute Kampfbereitschaft durch die kurz zuvor geäußerte Ansicht des Herzogs von Alba, Spaniens tüchtigstem Soldaten. Er hatte einige Zeit über die militärischen Leistungen der Türken in der jüngsten Vergangenheit nachgedacht und seine hohe Meinung von ihnen aufgegeben. »Die Türken«, so schrieb er, »wissen hervorragend, wie man Mauern unterminiert; doch sie schaffen es nicht, auch nur einen Kreidestrich zu überschreiten, wenn sich ihnen ein Feind entgegenstellt, der entschlossen ist, sie aufzuhalten.« Würde dies gleichermaßen auf See zutreffen?

Die Zeilen Don Juans an Don García könnten wie die Prahlerei eines jungen Mannes klingen, in Wirklichkeit zeugten sie jedoch von einer bemerkenswert gut überdachten Einschätzung. Ali hatte damals eine vergleichbar große Anzahl von Galeeren unter seinem Befehl, vielleicht auch ein paar mehr. Die türkischen Galeeren wurden manchmal in aller Eile gebaut, mit schlecht abgelagertem Holz; aber sie waren gediegene Kopien der genormten Kriegsgaleeren, die das venezianische Arsenal am laufenden Band von Stapel ließ. Sie wurden für den Sultan von bestbezahlten Ausreißern aus Europa gebaut. Viele Kapitäne des Sultans waren griechische oder venezianische Überläufer, die in vier Monaten auf einer Galeere des Sultans mehr verdienten als im Dienste Venedigs in einem ganzen Jahr. (Einen Nachteil hatte der Dienst für den Türken allerdings: es gab keinen Wein.) Diese Söldner-Kapitäne waren zwar sehr tüchtig, aber ihren Mannschaften fehlte es oftmals an Erfahrung. Die Soldaten auf den türkischen Galeeren waren vermutlich brauchbarer als die Seeleute, doch ihr Mut wurde nicht oft auf die Probe gestellt, da den Türken der Ruf vorauslief, stets zu siegen.

Die Türken freilich mußten nicht im Rahmen einer brüchigen Allianz kämpfen; sie hatten den Vorteil, daß ihre Streitkräfte einheitlich ausgebildet waren und einem einzigen Kommando unterstanden. Ali war zwar an Weisungen gebunden, die, im Namen des Sultans, von Zeit zu Zeit aus Konstantinopel eintrafen, aber die Männer, die ihm unterstanden, würden seine Befehle ohne das geringste Zögern ausführen. Don Juan war es dank seiner Persönlichkeit und dank seines Takts gelungen, in der Flotte der Heiligen Liga ein Gefühl der Zusammengehörigkeit aufkommen zu lassen, das vielleicht die engstirnig nationale Denkweise überwinden half. Doch er wußte nur zu gut, daß zwischen Genuesen und Venezianern, zwischen Venezianern und Spaniern und zwischen Spaniern und Neapolitanern die alte Zwietracht nur schlummerte und jederzeit neu ausbrechen konnte.

Die etwa neunzig Galeeren unter spanischer Flagge waren bunt zusammengewürfelt. Im spanischen Besitz befanden sich

nur sechsundfünfzig, und von den übrigen waren vierundzwanzig angemietet worden; Doria war keineswegs der einzige genuesische Geldsack, der mit seinen Kriegsgaleeren ein Geschäft
machen wollte. Die Toskana und Savoyen hatten, je zur Hälfte,
mehr als ein Dutzend Galeeren gesandt. Für den Sold von zwanzigtausend Soldaten kam König Philipp auf, fünftausend wurden
von Venedig entlöhnt, zweitausend vom Papst; dann gab es noch
dreitausend Freiwillige, die in diesem wichtigen Sommer aus
allen Teilen der Christenheit nach Venedig gekommen waren
und die für sich selber aufkommen wollten. Inzwischen waren
mehr als hundert venezianische Galeeren eingetroffen, doch ihre
Besatzung war derart spärlich, daß in den Schiffen der Liga –
obschon Don Juan sie mit spanischen und italienischen Soldaten
verstärkt hatte – nur drei Mann auf einer Ruderbank saßen; die
üblichen fünf Mann je Ruder hatten nur die Aufklärungsgaleeren
und die Flaggschiffe.

Die Besatzungen der Schiffe stellten einen Querschnitt der damaligen Gesellschaft Europas dar. Die meisten waren Katholiken, aber auch eine Handvoll orthodoxer Christen wollte mit-
kämpfen, und selbst aus den Ländern des Nordens, die in den
vergangenen fünfzig Jahren protestantisch geworden waren, kamen einige Freiwillige an Bord: Abenteurer oder Idealisten.
Auch mancher Arme hatte sich gemeldet, weil er sonst nichts zu
beißen hatte; mancher Schuldner, dessen karge Löhnung bis zur
Tilgung seiner Schuld seinem Gläubiger ausgehändigt wurde;
mancher Wegelagerer, der mit ein bißchen Glück dem Galgen
entgangen war: Diese drei saßen vielleicht auf ein und derselben
Ruderbank. Die meisten von ihnen, ob in Ketten oder frei, kamen wohl aus dem Mittelmeerraum und hatten ihr Leben lang
unter dem Schrecken moslemischer Überfälle gestanden, die sie
mit Sklaverei und Tod bedrohten. So hatte selbst der geringste
unter den Galeerensträflingen, von den wenigen moslemischen
Kriegsgefangenen abgesehen, noch ein persönliches Interesse an
diesem Kampf, es ging nicht so sehr um Geld und Beute als
vielmehr um Ruhm.

In der Reihe der Befehlshaber standen große Bankiers und
Handelsherren wie Doria Seite an Seite mit Großgrundbesitzern
wie Colonna. Sebastiano Venier war im bürgerlichen Leben ein

erfolgreicher Jurist. Die Republik Venedig sandte, wie das antike Rom, oftmals ihre vorzüglichsten Bürger als militärische Führer hinaus in den Krieg. Die meisten von ihnen in mannbarem Alter betrachteten, ungeachtet ihres Standes, die Türken als eine ständige Bedrohung. In letzter Zeit war ihnen der Glaube in einer allen verständlichen Sprache nahegebracht worden, die sich manchmal mit leidenschaftlicher Überzeugung mitteilte: in einer Sprache, die sie vom Papst und von den Feldkaplänen immer wieder hörten. Und diese Sprache der Glaubensverkündigung deckte sich mit ihren Erfahrungen. Tagtäglich drohten die Türken mit Grausamkeit, mit Sklaverei und mit dem Tod: Sie waren seit langem ein Alptraum.

Diese klug artikulierte religiöse Erweckung hielt die Flotte zusammen, mochten auch Geld und nationale Gefühle trennen. Spanien nämlich, das sich wie der Beherrscher ganz Italiens vorkam und die Drohungen des Islams nur dann wahrnahm, wenn sie im westlichen Mittelmeer erschallten, war Nationalstaat und Weltreich in einem. Venedig, beinahe die letzte größere, von Spanien noch unabhängige Macht in Italien, war dagegen ein Stadtstaat, der seine besseren Tage schon hinter sich hatte. Und sein Handel und sein schrumpfendes Kolonialreich lagen nicht im Westen des Mittelmeers, sondern im Osten.

Während des Kriegsrats, von dem Don Juan an Don García berichtete, waren diese tieferliegenden Unterschiede deutlich geworden. Da Don Juan König Philipp Treue schuldete, stand er ständig unter einem inneren Zwang, die Interessen Spaniens geltend zu machen. Aber es gab Zeiten, da verlangten es die Nöte der Heiligen Liga, daß er mit Venedig stimmte, gleichgültig was dies für seine eigene Zukunft bedeuten mochte. Im Rat waren die Venezianer die Fürsprecher eines kühnen Vorgehens, das auch Don Juan am Herzen lag. Sie wollten die in türkischer Hand befindliche Halbinsel Morea angreifen, deren griechische Bevölkerung noch immer an Erhebung dachte. Oder, da die türkischen Verbindungslinien mittlerweile mehr als 1500 Kilometer lang waren, noch besser die Nachschubbasis Alis angreifen, Negroponte. Wenn man Negroponte wirklich bedrohte, konnte man vielleicht sogar Alis gesamte Flotte von Lepanto weglocken, vom Ionischen Meer zurück in die Ägäis.

Gianandrea Doria glaubte, wie schon im Vorjahr, die Gedanken Philipps richtig zu erraten, und er predigte wieder Vorsicht. Wenn ein schlau ausgeheckter Scheinangriff auf Negroponte das gleiche Ergebnis zeitigte, warum sich dann auf eine richtige Schlacht einlassen, in der man alles riskierte? War das Jahr nicht schon zu weit fortgeschritten für eine große Unternehmung? War vergessen, daß man im Vorjahr mehr Galeeren durch schlechtes Wetter als durch den Feind verloren hatte? Zwischen dem 11. und dem 14. September brachen in der Straße von Messina die ersten Herbststürme aus. Es schien, als wolle die See Dorias Warnungen bekräftigen.

Obschon Don Juan die Wünsche der Venezianer nach draufgängerischem Handeln teilte, wußte er doch, daß zuerst im Kriegsrat Übereinstimmung bestehen mußte, ehe man in See stechen konnte. Er faßte die vorgetragenen Meinungen zusammen und zeigte Verständnis für die nationalen Interessen; doch er wollte auch für die Männer sprechen, die ihm unterstanden.

Offen ergriff er für Venier und Colonna Partei, als er erklärte, er sei »entschlossen, sofort loszusegeln und die Türken zu stellen, und mit der Hilfe Gottes und der wackeren Männer an seiner Seite vertraue er darauf, einen wunderbaren Sieg heimzutragen«. Selbst wenn dies nicht gelänge, fügte er hinzu, dieses Unternehmen, zu dem ihn der Heilige Vater, die Republik Venedig und der König, sein Herr aufgerufen hätten, so sei er doch bereit, auch für den bloßen Versuch sein Leben einzusetzen. In seinem letzten Schreiben an Don García, kurz vor dem Aufbruch, zeigte er sich weitaus nüchterner. »Die Stärke der Türken liegt eher in der Zahl ihrer Schiffe«, gab er zu, »als in der Qualität, weder der der Schiffe noch der der Männer.«

Doria, der diesmal übertrieben vorsichtig taktierte, fand sich bei der Minderheit. Die Admiräle akzeptierten – das war der kleinste gemeinsame Nenner – die Entscheidung, auszufahren und Ali zumindest herauszufordern. Gerade als das schlechte Wetter anfing, zogen die zweihundert Schiffe aus der Straße von Messina nach Süden. Ihre Ruder stiegen und fielen im Takt, als Schiff für Schiff die Meeresenge verließ und hinausfuhr aufs offene Meer. Jeder Christ an Bord, ob freier Mann oder Sklave, erhielt einen Rosenkranz. Während die nackten Galeerensklaven die Schiffe mit den schweren Rudern an der Mole des Hafens vorbeizogen, sahen sie dort den päpstlichen Nuntius in seiner prächtigen Kardinalsrobe stehen, unbeweglich, allein; mit erhobenen Armen erteilte er den Segen, bis das letzte Schiff vorüber war.

Galeeren, so mag es scheinen, sind ziemlich ungeeignete, unbequeme Schiffe; aber seit der Belagerung Trojas wurden Rivalitäten im Mittelmeer mit seinen leichten Winden und seinen kurzen Wellen stets mit Galeeren ausgetragen. Ruder zu haben hieß, bei Windstille niemals festzusitzen; Segel bedeuteten, daß die Schiffe nicht dauernd gerudert werden mußten. Odysseus und seine Männer ruderten ihr Schiff, eigentlich war es eine Galeote; und Antonius führte Kleopatras Galeerenflotte bei Actium, nur wenig nördlich von Lepanto, gegen Oktavian – dort verlor er Schlacht, Geliebte und Reich, alles auf einen Streich.

Der Antrieb mittels Ruder und Segel bedeutete auch, daß eine Galeere immer gut beweglich war, sieht man einmal vom allerschlimmsten Sturm ab. Kriegsgaleeren konnten auf der Stelle gewendet werden, sie konnten hintereinander oder in Reih und Glied oder in Staffelstellung in den Kampf gehen und konnten ebenso leicht und so genau geschwenkt werden wie die bestgedrillte Reiterei. Sie konnten schnelle und unerwartete Ausweichmanöver machen oder plötzlich ihre Angriffsziele ändern. Zu Zeiten Don Juans müssen die Manöver von Galeeren, aus der Perspektive einer Möve betrachtet, sich ausgenommen haben wie ein Ballett. »Die vollkommene Galeere«, schrieb ein Zeitgenosse, »sollte einem anmutigen Mädchen gleichen, das in jeder Bewegung Wachsein, Leben und Beweglichkeit verrät, während es gleichzeitig geziemenden Anstand bewahrt.«

Wenn die feindlichen Galeeren erst einmal aneinandergeraten waren, dann war die Arbeit des Seemanns getan. Dann stürmten die Soldaten vom Deck des einen Schiffes auf das andere und kämpften Mann gegen Mann. Die Galeerenflotte, die Don Juan im September 1571 anführte – die letzte, die eine Seeschlacht wirklich austrug – war die höchstentwickelte, die das Mittelmeer seit zweitausend Jahren gesehen hatte.

Das Abendland besaß einige wesentliche technische Vorteile. In der türkischen Flotte waren nicht einmal alle Janitscharen mit

Arkebusen bewaffnet. Die türkischen Befehlshaber trösteten sich mit dem wenig überzeugenden Argument, ein Schütze, der mit einem türkischen Langbogen umzugehen wisse, könne dreißig Pfeile abschießen, bis ein Arkebusier ein einziges Mal lade und schieße. Doch die christlichen Feinde trugen zum größten Teil – und dies traf gewiß für alle Offiziere Don Juans zu – Rüstungen, die kein Pfeil durchdringen konnte, wohingegen die Kugel aus einer Arkebuse einen Mann in türkischen Gewändern glattwegs durchschlug und vielleicht auch noch einen weiteren durchbohrte, wenn sie aus knapp zweihundert Meter Entfernung abgeschossen wurde. Das massierte Feuer aus Arkebusen konnte nun ein Deck leerfegen, das zu Antonius' Zeiten noch voller kampfbereiter Soldaten war. Die schweren Geschütze im Bug einer Kriegsgaleere konnten mit geschickten Ruderschlägen in zielsichere Positionen gebracht werden. Der Rumpf des Schiffes war eine einzige schwimmende Lafette, so daß das ganze Schiff den Rückstoß verspürte, wenn die großen Kanonen abgeschossen wurden.

Die Galeeren der Liga waren auch mit Enternetzen ausgestattet, damals etwas ganz Neues. Diesmal hatten die Venezianer eine ungewöhnliche Waffe mitgebracht, welche sie aus ihrem Arsenal im Schlepptau nachzogen und von der sie hofften, sie würde die Türken aus der Fassung bringen: es waren Galeassen, sechs an der Zahl. Mit dieser verbesserten Form der Galeassen hatten die erfinderischen Venezianer die Rolle der Artillerie im Seekrieg ein großes Stück vorangebracht. Zwar mußten die Galeassen nach wie vor durch Ruder oder durch Segel angetrieben werden, aber ihre Aufgabe war, statt Soldaten Geschütze in die Schlacht zu tragen. Jede dieser sechs venezianischen Galeassen trug vierzig oder mehr Geschütze, Dreißigpfünder an Deck und Fünfzigpfünder darunter, wohingegen Don Juans Flaggschiff, die *Real,* nur über fünf Kanonen verfügte. Um das hohe Gewicht dieser Kanonen langsam durch das Wasser bewegen zu können, brauchte man mindestens sieben Mann an jedem Ruder, die jedoch unter Deck saßen und nicht gesehen werden konnten.

Galeassen waren schwerfällige Zwitter. Sie waren so wenig manövrierfähig, daß man sie in der Regel von zwei Begleitgaleeren zum Schlachtort schleppen ließ. Technisch betrachtet war die

Galeasse eine Zwischenlösung, aber – gemessen an den Vorstellungen jener Zeit – besaßen diese Monster eine ungeheure Feuerkraft.

Es befanden sich auch Segelschiffe in der Flotte, die Don Juan an diesem stürmischen Septembertag aus Messina führte, dickbäuchige Kauffahrteischiffe, die zum Proviant- und Munitionstransport requiriert worden waren. Ihre Geschütze dienten nur der Selbstverteidigung. Unter den launischen Winden des herbstlichen Mittelmeers konnten diese Versorgungsschiffe oft mehrere Tage hinter den Galeeren zurückbleiben.

Wenn Galeeren zur Schlacht aufzogen, hielten sie ihre Schlachtordnung ebenso streng ein wie Truppen auf dem Lande. Don Juan hatte verfügt, zwischen einer Galeere und ihrer Nachbarin in der gleichen Reihe dürfe nie mehr Abstand als hundert Schritte sein: Das genügte, damit die Ruder sich nicht berührten, und es war doch nicht weit genug, um feindliche Galeeren durchschlüpfen zu lassen, die sie dann umfassen oder von hinten angreifen könnten.

Die gewohnte Schlachtordnung der Türken war der Halbmond, er hatte für sie eine patriotische und eine religiöse Bedeutung. Die beiden Flügel des Halbmondes schoben sie nach vorne, um den Feind zu umfassen, einzuschließen und ihn zu vernichten. Ali und seine Befehlshaber würden dieser Tradition folgen. In der Flotte der Heiligen Liga war lange Zeit darüber nachgedacht worden, welche Schlachtordnung die neugewonnene Feuerkraft voll zur Geltung bringen könnte.

In der Führung wie in der Kampftaktik ging die Ligaflotte neue Wege. Don Juan war von Pius v. schriftlich gebeten worden, er möge sich versichern, daß seine Männer »in tugendhafter, christlicher Art auf den Galeeren lebten und weder spielten noch fluchten«. Luis de Requeséns, der Don Juan im Auftrag König Philipps beschatten sollte, unterzeichnete im Auftrag des Oberbefehlshabers mit unübersehbarem Achselzucken die Antwort: »Wir werden tun, was in unserer Macht steht«. Um aber ein für allemal klarzustellen, daß die Ermahnung des Papstes ernst genommen werden mußte, ließ Don Juan in Anwesenheit des päpstlichen Nuntius zwei Männer wegen Gotteslästerung aufknüpfen. An diesem Tag mußte allen der kalte Schweiß auf der

Stirn gestanden haben, die regelmäßig in einem fort fluchten. Don Juan wußte nur zu gut, wie er der Angriffslust der Moslems entgegentreten mußte.

Hier, wie in den Alpujarras, war es seine Pflicht, einen totalen Krieg gegen ein anderes Wertsystem zu führen – und hatte nicht die Vergangenheit gezeigt, daß solche Kriege am schwersten zu gewinnen waren? Wer im christlichen Glauben erzogen worden war, konnte leicht zum moslemischen Feind übergehen: Dazu brauchte er nur die Formeln nachzusprechen, und schon war seine Treue auf Allah übergegangen. Die bedeutendsten Anführer der Türken waren Christen gewesen, deren Karriere mit dem *devşirme*-System begonnen hatte. Auch die türkische Flotte wurde zum größten Teil von christlichen Abtrünnigen gebaut und befehligt. Daraus folgte, daß Gotteslästerung oder jegliche Art von Glaubenszweifeln, wenn sie auf den Schiffen der Heiligen Liga offen ausgedrückt wurden, als Aufruhr betrachtet werden mußten. Die bevorstehende Schlacht konnte nur von Männern gewonnen werden, die hierin einer Meinung waren.

In der nun folgenden Woche tappten Ali und Don Juan gleichermaßen im dunkeln. Keiner von beiden wußte, wo der andere zu finden war oder welche Stärke er hatte; jeder versuchte, den anderen hinters Licht zu führen. Damals fuhren Flotten gewöhnlich an den Küsten entlang von einem Hafen zum nächsten, fast immer konnte man vom Schiff aus das Land sehen. Doch wenn sie sich entschieden, der Küste den Rücken zu kehren, dann waren sie verschwunden, sobald ihre Segel am Horizont untergetaucht waren, es sei denn, jemand in einem Mastkorb oder auf einem Kirchturm erspähte sie noch.

Gil d'Andrade, ein kriegserfahrener Malteserritter, der elf Jahre gegen Ochiali gekämpft hatte, wurde von der Liga der Heiligen Flotte mit vier Galeeren mit verdoppelter Rudermannschaft vorausgesandt, um auszukundschaften, wo der Türke steckte, und Nachricht darüber zu schicken. Zuerst entdeckte er, daß die Türken vor rund acht Tagen von Norden kommend auf der ionischen Insel Zante (Zakynthos) gelandet waren. Das stellte Don Juan vor ein Rätsel. Wollte Alis Flotte wirklich bei Lepanto überwintern, wie sie alle geglaubt hatten? Oder fuhren die Türken aus irgendeinem Grund zurück nach Konstantinopel und plünderten unterwegs, was ihnen dabei in den Weg kam?

Am 27. September traf Don Juans Flotte im Hafen von Korfu ein. Sie waren innerhalb von zehn Tagen gut 200 Seemeilen vorangekommen, das war für eine Galeere eine ungewöhnliche Leistung. Auch Korfu, nördlich von Zakynthos gelegen, war unmittelbar vor ihrem Eintreffen überfallen worden. Dieses Bubenstück hatte Ali drei Galeeren gekostet, aber die Einnahme der Festung war den Türken nicht gelungen. Es sah fast aus wie eine ärgerliche Racheaktion, daß die Türken die Insel in chaotischem Zustand hinterließen: geplünderte Häuser, zerstörte Kirchen; viele Zivilisten hatten sie verschleppt. Die Altäre waren geschändet und mit allerlei Unrat beschmutzt, und mit ihren krummen Säbeln hatten die Türken jedes venezianische Gemälde zerschlitzt, das menschliche Formen zeigte, namentlich die Gestalten der Jungfrau Maria und des Gekreuzigten. Wenn in der Flotte noch einer war, der die Handschrift der Türken noch nicht kannte, hier sah er sie – und Wut übermannte ihn. Nach Korfu bezweifelte keiner mehr, daß jedes Wort der Geistlichen der Wahrheit entsprach.

Am 28. September brachte ein leichtes Begleitschiff ohne Deck, das mit Rudern und Segeln schnelle Fahrt machen konnte, eine sogenannte *fregata,* Don Juan von Gil d'Andrade gesicherte Nachricht. Die Türken seien nach dem Überfall auf Zakynthos und Korfu nach Lepanto zurückgekehrt, und alles spräche dafür, daß sie dort überwintern wollten. Aber was d'Andrade noch mitteilen ließ, die Größe und den Zustand von Alis Flotte betreffend, klang zu gut, um wahr zu sein. Seine Zuträger waren einheimische griechische Christen. Sie haßten die Türken und versorgten beide Seiten mit wohlklingenden, aber falschen Meldungen, so daß jede Seite die andere für schwach hielt und es demgemäß zur Schlacht kommen lassen würde. Sie erzählten d'Andrade, es fehle den Türken nicht nur an Ruderern (in Wirklichkeit besaßen sie seit den jüngsten Überfällen eine Menge), sie behaupteten auch, in Lepanto sei die Pest ausgebrochen. Ähnliche Schauermärchen erzählten sie auch den Türken über die Schwäche ihrer christlichen Gegner. Mehr noch als Don Juan neigte Ali dazu, ihnen zu glauben, denn was ihm im Vorjahr

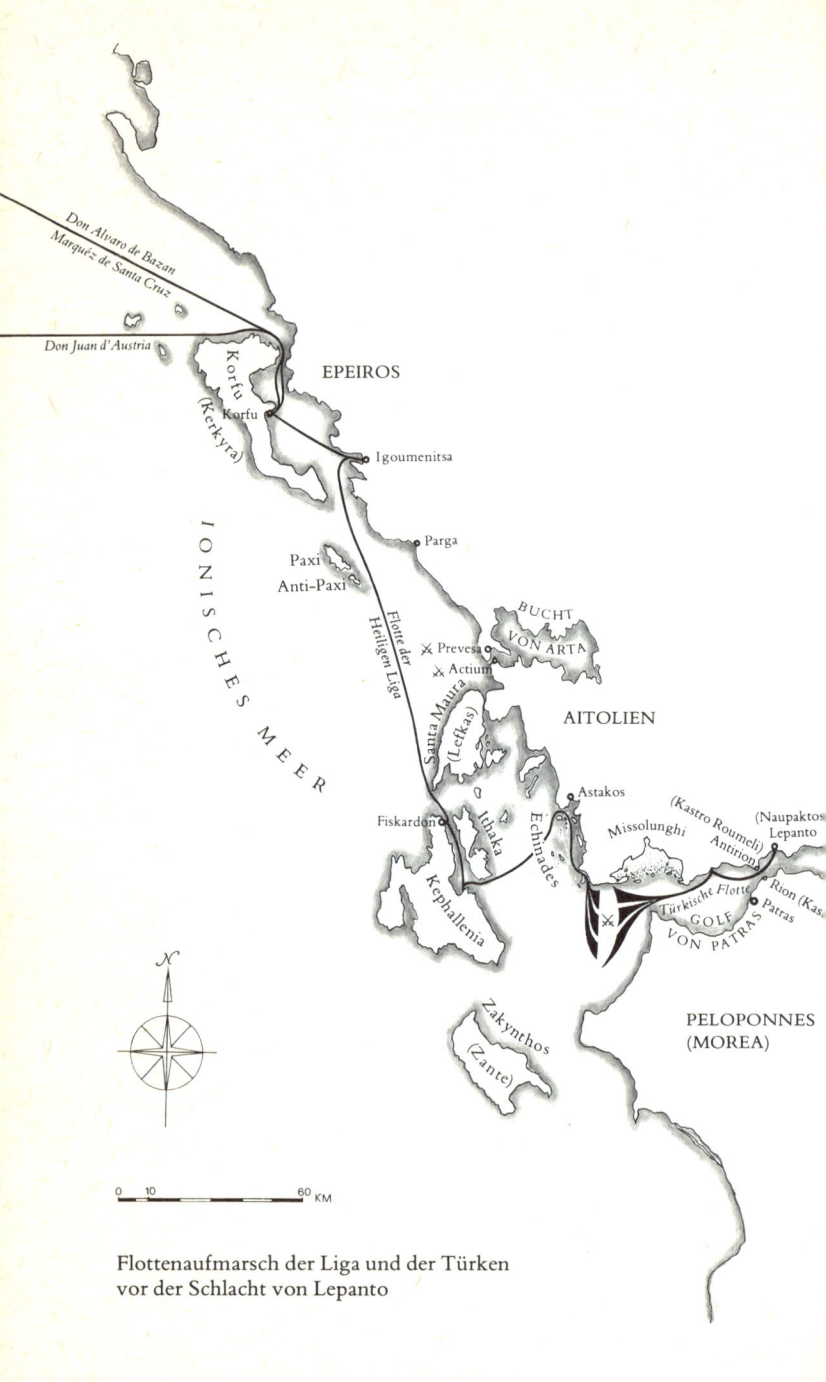

Don Alvaro de Bazan
Marquéz de Santa Cruz

Don Juan d'Austria

Korfu
(Kerkyra)

Korfu

EPEIROS

Igoumenitsa

I O N I S C H E S

Parga

Paxi
Anti-Paxi

BUCHT
VON ARTA

Prevesa

Actium

M E E R

Santa Maura

(Lefkas)

AITOLIEN

Flotte der Heiligen Liga

Astakos

Fiskardon

Ithaka

Echinades

Missolunghi

(Kastro Roumeli)
Antirion

(Naupaktos)
Lepanto

Türkische Flotte

Rion (Kas.

GOLF

Patras

Kephallenia

VON PATRAS

N

PELOPONNES
(MOREA)

Zakynthos

(Zante)

0   10   60 KM

Flottenaufmarsch der Liga und der Türken
vor der Schlacht von Lepanto

Doria und Colonna vorgeführt hatten, war kaum geeignet, das christliche Bündnis in einem guten Lichte zu sehen.

Ochiali war selber ausgefahren, um für die Flotte des Sultans Späherdienste zu tun. Ihn dürstete nicht nach Ehre, wenn sich nicht handfester Gewinn hinzugesellte. Ochiali hatte seine eigenen Vorstellungen: nach genügend kleinen Siegen, um den Sultan günstig zu stimmen, beispielsweise auf Zakynthos und Korfu, gedachte er den Winter in Nordafrika zu verbringen. Er führte fünfundzwanzig seiner Piratenschiffe hinüber zum italienischen Festland, um Don Juans Pläne auszukundschaften, soweit dies möglich war. Er landete bei Santa Maria, unweit seines Geburtsortes in Kalabrien. Mit seiner häßlichen Narbe auf dem Unterarm – er hatte sie sich auf Chios geholt, wo er beinahe ganz allein einen Sklavenaufstand niederwarf –, seinem entstellten Gesicht, seinem wohlbekannten Christenhaß und seinem Ruf furchtbarer Grausamkeit muß Ochiali, wenn er an Land kam, tödliche Angst eingeflößt haben. Seinen verängstigten und zitternden ehemaligen Landsleuten gelang es bezeichnenderweise, ihm das weiszumachen, was er am liebsten hören würde. Ochiali berichtete Ali vertrauensselig, die Mannschaften der Liga säßen »noch immer in Messina und essen Pfirsiche«, sie hätten den Gedanken aufgegeben, noch in diesem Herbst auszufahren. Das stellte sich bald als falsch heraus und fügte seinem Ruf entsprechenden Schaden zu.

Von Selim kam eine Anweisung, die Ochiali zurechtwies; sie verbot jedem Piratenhäuptling unter Androhung des Todes, diesen Winter im heimischen Nordafrika zu verbringen. Die Kunde vom Fall Famagustas war soeben in Konstantinopel eingetroffen, wenn auch noch nicht in Venedig. Da Selim das Osmanische Reich um Zypern vergrößert hatte, durfte er nun immer den Titel »Mehrer des Reichs« für sich beanspruchen. Im Weinrausch, in dem bei Selim Augenblicke der Klarsicht mit Wutanfällen und energiegeladenen Momenten abwechselten, in denen er seine unbeschränkte Macht ausübte, spielte der Sultan offenbar mit dem Gedanken, eine andere alte Prophezeiung zu erfüllen: daß wahre Gläubige eines Tages ihre Gebete zu Allah unter der Kuppel von Sankt Peter verrichten würden. Auf den Werften Konstantinopels wurde an fünfzig neuen Galeeren hart gearbei-

tet. Als Selim den Korsaren befahl, bei der Flotte in Lepanto zu
bleiben, hatte er vor, den nächstjährigen Feldzug frühzeitig zu
beginnen.

Die Besatzung der Festung von Korfu hatte während der Belagerung einen Ausfall gemacht und einen wertvollen Gefangenen
mitgebracht: Baffo, einen berühmten venezianischen Abtrünnigen, der es in türkischen Diensten bis zum hohen Rang eines
Pascha gebracht hatte. Die Türken boten für ihn ein Lösegeld
von zehntausend Kronen und obendrein noch das Leben zweier
venezianischer Kapitäne. Zuerst aber wurde Baffo von den Venezianern verhört. Er erzählte eine plausible, nichtsdestoweniger
unwahre Geschichte. Wollte man ihm glauben, dann besaß Ali
nur einhundertsechzig Galeeren, die meisten davon armselig bemannt. In der türkischen Flotte grassierten tatsächlich allerlei
Krankheiten. Ali verfüge nur über 4500 Janitscharen, und die
zeigten kein Verlangen, sich mit den fünfzigtausend Soldaten
Don Juans anzulegen, von denen sie gehört hätten.

Ebenso irreführende, wenngleich diesmal gut gemeinte Nachrichten kamen von wohlgesinnten Adriafischern. Sie hatten
Ochiali und seine fünfundzwanzig Schiffe von weitem gesehen,
als diese nach Italien unterwegs waren. Die Fischer berichteten
nun Don Juan, ein ganzes Korsarengeschwader sei in Richtung
Afrika gefahren. Falls dies zuträfe – und Baffos Lügen ließen es
als plausibel erscheinen –, wäre Alis Stärke sehr geschrumpft.

Ende September wußten also weder Ali noch Don Juan, was
auf sie zukommen würde. Nur eines stand unzweifelhaft fest:
Die türkische Flotte war nach ihren Überfällen auf Zakynthos
und Korfu nach Lepanto zurückgekehrt, und sie wollte dort
überwintern. Aber keine der Nachrichten, wahre wie falsche, die
beim einen wie beim andern Befehlshaber eintrafen, sprachen
eindeutig gegen eine Schlacht.

König Philipp hatte Don Juan strikt befohlen, die Empfehlung
seines Kriegsrates anzuhören, bevor er sich auf eine Schlacht
einlasse. Ganz sicherlich kannte *el rey prudente* das zynische
Sprichwort der Militärs: »Ein Kriegsrat kämpft nie«. Und tatsächlich wäre unter einem weniger entschlossenen Führer als
Don Juan angesichts der verwirrenden Berichte und der ge-
wohnheitsmäßigen Vorsicht aller, die es unter König Philipp zu

etwas bringen wollten, nichts anderes als eine halbherzige Entscheidung getroffen worden. Doch der Papst hatte inzwischen eine feste Überzeugung in die Herzen gepflanzt: daß das Schicksal des Christentums auf den zweihundert Galeeren der Heiligen Liga ruhe, die sich gerade bei schlechtem Wetter an der heimtückischen Ostküste der Ionischen See nach Süden entlangtasteten. Diese feierliche Überzeugung konnte jedoch auch das Gegenteil bewirken, denn wenn man in einer stürmischen Nacht einen einzigen Fehler machte, dann wäre womöglich die Mittelmeerküste Europas, von ihren Kriegsgaleeren entblößt, künftigen Landungen der Türken weit offen gestanden.

In Messina hatten die Übervorsichtigen den kühnen strategischen Plan verworfen – Don Juan selber hätte ihm den Vorzug gegeben –, gegen Negroponte einen mächtigen Schlag zu führen und sogar Zypern zu bedrohen. Ganz gewiß hätte dies Ali aus Lepanto heraus in ihm vertrautere Gewässer nach Osten gelockt. So hätte dieser kühne Plan mehr Sicherheit gebracht. Er war verworfen worden; und jetzt stellte sich die Frage in brutaler Einfachheit: Sollte man in einer einzigen Schlacht alles auf eine Karte setzen? Doch auch innerhalb dieser Lösung gab es mehrere Einzellösungen: Man konnte sich entscheiden, grundsätzlich nur dann zu kämpfen, wenn es keine andere Möglichkeit gab; oder, zweites Beispiel, dem Feind entschlossen nachzustellen. Zwischen diesen beiden Möglichkeiten klaffte ein Spalt, und er ließ den weniger Entschlossenen im Kriegsrat viel Spielraum, auf Nummer Sicher zu gehen.

Doch es gab auch eine Handvoll Entschlossener am Konferenztisch, die befunden hatten, daß eine Schlacht zwar ein überwältigendes Risiko mit sich brachte, sie aber, mit noch so gutem Grund, zu vermeiden riskanter war. Barbarigo, der venezianische Befehlshaber, Colonna selber und Santa Cruz, der beste Kämpfer zur See, den die spanische Flotte besaß, sie alle unterstützten Don Juan. Die Unentschiedenen waren in der Überzahl, wurden aber eingeschüchtert. Ihr Vermittlungsvorschlag, es sei doch schon so spät im Jahr und die Heilige Liga könne ihr Gesicht retten durch einen Angriff auf die eine oder andere unbedeutende türkische Festung, wurde beiseitegefegt. Am 28. September bestätigte d'Andrade, Alis Flotte ziehe sich nach Lepanto zurück. Und dort, so beschloß der Kriegsrat, sollten die Galeeren der Heiligen Liga ihn aufspüren.

In Igoumenitsa in der Höhe von Korfu musterte Don Juan seine Flotte. Kara Hodscha, der Piratenführer, der in diesem Jahr im Golf von Venedig einige Überfälle verübt hatte, strich eine mit zweiundzwanzig Rudern versehene Galeote schwarz an und führte sie in der schläfrigen frühesten Morgenstunde mitten durch die christliche Flotte, deren Schiffe er im Vorbeifahren zählte. Doch das Ergebnis, zu dem der furchtlose Seeräuber kam, war falsch. Er unterschätzte das Kaliber und die Zahl der Bugge-schütze und verzählte sich aus irgendwelchen Gründen um fünf-zig Kriegsgaleeren. Diese Fehleinschätzung im Lager der Türken verfestigte sich noch, als sie an der Küste bei Igoumenitsa drei spanische Seeleute aufgriffen. Selbst unter Folter bestätigten die drei tapfer, und zwar gemeinsam wie auch einzeln, die falschen Zahlen Kara Hodschas. Sie beharrten auf ihren Lügen und be-haupteten sogar, die Galeassen seien nur dabei, um den Feind zu beeindrucken. Dies verführte Ali zu der Ansicht, die irrige Ein-schätzung Kara Hodschas müsse im großen und ganzen stimmen; seine Flotte müsse um einiges größer sein als die des Don Juan.

Venezianische Historiker und der türkische Chronist Hadji-khalifah geben einander widersprechende und weitgehend auf Mutmaßung beruhende Berichte über den Kriegsrat, den Ali in Lepanto abhielt. Aber wiewohl diese Berichte in mancher Hin-sicht widersprüchlich sind, so geben sie doch zweifellos im we-sentlichen die unterschiedlichen Meinungen wieder, die bei den türkischen Anführern vor der Schlacht bestanden.

Pertev Pascha, ein Glücksritter, erst vor kurzem zum Kom-mandeur der Truppen von Lepanto befördert, zeigte sich von den Verstärkungen nicht beeindruckt, die er durch Galeeren von Negroponte erhalten hatte. Die besten türkischen Truppen wa-ren in diesem Jahr vor den Mauern von Famagusta zusammenge-zogen worden. Der Pascha war ein altgedienter Soldat, der sich ungern an Malta erinnerte und offenbar dem türkischen Kriegs-rat vorstellte, seine Männer seien zu wenig erfahren, um sich zu bewähren. Er gehörte zur Minderheit, die sich offen gegen die Herausforderung zu einer Schlacht aussprachen.

Die Seeräuber lebten in weiter Entfernung von Konstantinopel, und wenn sie auch Selim gegenüber auf ihre Art ergeben waren, so durfte sich doch kein Sultan zu viel auf sie einbilden. Ochiali war ihr führender Geist, aber er hatte das Verhalten der christlichen Flotte falsch eingeschätzt, und ihm war unter Androhung der Todesstrafe befohlen worden, in Lepanto zu bleiben, obschon er lieber nach Hause gegangen wäre. Für die Korsaren waren die Galeeren die Quelle ihres Wohlergehens, warum sollte man sie leichtfertig aufs Spiel setzen, wenn dabei kaum etwas zu gewinnen war? Ochiali war mit seinen zweiundfünfzig Jahren aber noch voller Ehrgeiz, und er mußte sich sein Ansehen als Kriegsmann bewahren. Ein schneller, billiger Sieg für den Sultan, irgendwo draußen im Meer, das sagte ihm zu; eine offene Schlacht hingegen war ihm zu gefährlich, daher riet er zur Vorsicht, bevor man den geschützten Ankerplatz von Lepanto verließ.

Mehmet, Scirocco genannt, der die Galeeren aus Ägypten befehligte, war ein älterer Mann mit viel Erfahrung zur See. Auch er konnte nicht einsehen, warum es notwendig sein sollte, alles auf eine Karte zu setzen, solange die Türken im Besitz der beiden Festungen waren, die die Zufahrt nach Lepanto bewachten, Hissar Rumeli hochgelegen im Norden, Hissar Morea im Süden; dort, im Schutz der Kanonen, sei man sicher, von Negroponte her könne man leicht versorgt werden, und es bestünden die besten Aussichten, im nächsten Frühjahr einen neuen erfolgreichen Feldzug zu führen.

Hassan, der Sohn des berühmten Barbarossa, war damals derart beleibt, daß er verzweifelt versuchte, sein Gewicht zu reduzieren, indem er nur noch an jedem fünften Tag aß. Als der listige Sohn eines großen Vaters genoß er bei den Türken etwa das gleiche Ansehen wie Gianandrea Doria im Lager der Liga. Hassan erklärte deutlich seine persönliche Kampfbereitschaft; wenngleich die Meinung, die er im Kriegsrat vertrat, stärker geprägt war von den Intrigen, die sich hinter ihrer aller Rücken in Konstantinopel abspielten, als von den Erfordernissen des Seekriegs.

Hassans Gedankengang war einfach: Wenn ihr launischer, aber allmächtiger Sultan zur Zeit nichts sehnlicher wünschte als die Nachricht von der Zerstörung der christlichen Flotte, und wenn ihrem jungen und ganz besonders protegierten Admiral Ali so sehr nach Ruhm dürstete – warum dann nicht? Die christliche Flotte, so soll Hassan gesagt haben, nähere sich zwar mit vielen Schiffen, doch ihre Besatzungen entstammten verschiedenen Völkern, die sich bekanntlich gegenseitig mit Mißgunst betrachteten und es nicht gewohnt seien, unter einem Kommando zu stehen wie die Türken. Die Flotte der Liga, so höhnte er, sei rasch zusammengestellt und auf See geschickt worden, um der Eitelkeit eines jungen Fürsten zu schmeicheln. Die Türken hätten solch bunte Flotten in der Vergangenheit bereits zerstört – beispielsweise in dem nahen Prevesa, zu Zeiten seines Vaters, und später unter Ochiali bei Djerba; und erst im vergangenen Jahr sei eine ähnlich zusammengewürfelte Flotte unter Colonna beinahe bis nach Zypern gesegelt, ohne den Schneid aufzubringen, einen Schlag gegen den Halbmond zu führen. (Jeder in diesem Kriegsrat muß sicherlich gewußt haben, daß Piali Pascha, der einmal eine höhere Stellung eingenommen hatte als jeder einzelne von ihnen, davongejagt worden war, weil er Colonna damals nicht angegriffen hatte.)

Hassan sah vieles klarer als die meisten andern, aber er übersah zwei Dinge: das eine war die Stimmung in der christlichen Flotte, die – von Priestern und in diesem Jahr sogar vom Papst geschürt – die Bereitschaft zur Selbstaufgabe besaß; das andere waren die Disziplin und die Entschlossenheit, mit denen diese Begeisterten von Don Juan in den Kampf geführt wurden. Der einzige türkische Führer, der diesen Wandel offenbar ahnte, war Hamet, der Kommandant des türkischen Stützpunktes in Negroponte. Er soll, so wird verschiedentlich berichtet, den Kriegsrat davor gewarnt haben, daß eine Folge von türkischen Siegen, die auf Zypern ihren Anfang nahmen und sich immer mehr dem Herzen der Christenheit näherten, die Christen im vergangenen Jahr sehr wohl zu der Einsicht gebracht haben könnte, daß sie wie ein Mann zusammenstehen und kämpfen müßten. Die Türken, so sagte Hamet, sollten natürlich jeden Angriff wacker zurückschlagen, den die Flotte der Liga gegen die Besitzungen des Sultans unternahm (der Vorschlag, eine türkische Festung anzugreifen, war offensichtlich bis zum türkischen Kriegsrat vorgedrungen). Aber, davon einmal abgesehen, warum konnten sie nicht hier in Lepanto bleiben und darauf warten, daß die christliche Flotte ihren ersten Fehler machte?

Der junge, ehrgeizige und stark von Gefühlen beherrschte Ali, der besondere Förderung durch Selims Frau genoß (er hatte sein Flaggschiff sogar *Sultana* benannt), hatte tatsächlich soeben vom Sultan einen Befehl erhalten, den er unmöglich mißachten konnte: Die Flotte Don Juans müsse, falls sie nahe genug herankäme, angegriffen werden. Offenbar überraschte Ali mit diesem Befehl seine Kommandeure, und von da an gab es keine andere Meinung mehr, wiewohl so mancher von ihnen seine freimütigen Äußerungen bedauert haben mag.

Es läßt sich unschwer erraten, warum Selims Befehl Ali so willkommen war. Angenommen, die Flotte der Heiligen Liga würde zum Kampf gestellt und selbstverständlich gänzlich geschlagen, dann würden die ungeschützten Inseln des venezianischen Imperiums eine nach der anderen wie reife Früchte den Türken zufallen, und er, Ali, könnte sich, da auch die spanischen Galeeren ausfielen, sein Ziel des nächsten Jahres irgendwo an der westlichen Mittelmeerküste nach Belieben aussuchen. Er könnte sehr wohl in die Geschichte des Osmanischen Reiches als einer der größten Eroberer eingehen. Das Bild, das die türkische Aufklärung lieferte, war zweifellos übertrieben optimistisch; doch wenn Ali seine Galeeren und Galeoten zusammenzählte und bedachte, was er über die Flotte der Liga wußte – oder richtiger: zu wissen glaubte –, dann konnte er kaum daran zweifeln, daß er ihr überlegen war. Unter den 25 000 Soldaten an Bord seiner Flotte befanden sich mehr Janitscharen als sonst üblich war. Vielleicht besaß der Feind mehr und auch bessere Kanonen, aber was wirklich zählte, das war der Mann, der das Geschütz bediente – und Kriegskunst war nun einmal das Metier der Türken. Christen maulten oft herum; die Männer des Sultans gehorchten.

Ein unbedeutendes, seltsames Detail war da noch, das den Türken womöglich einen kleinen Vorteil geben könnte. Die Sklaven auf den türkischen Ruderbänken waren gewöhnlich das Eigentum ihres Kapitäns. Wenn er gereizt wurde, konnte es vorkommen, daß er einem entlaufenen Sklaven, der wieder eingefangen wurde, Ohren und Nase abschneiden ließ. Doch ansonsten mußte er ein persönliches Interesse haben, alle gut zu behan-

deln, die ihre Pflicht taten. Ochiali war dafür bekannt, daß er
seine Sklaven schwer mißhandelte, aber das war die Ausnahme.
Wenn die Schlacht also einmal im Gange war, so glaubten die
türkischen Führer vertrauensvoll, würden sich ihre Galeerensklaven neutral und passiv verhalten und würden keine Schwierigkeiten machen. Ali zeichnete sich durch die humane Behandlung
seiner Sklaven aus. Und in einer Schlacht, in der die Kräfte so
gleich zu gleich standen, konnte das Verhalten der Sklaven sehr
wohl den Ausschlag geben.

XII

Die Schlacht von Lepanto

Wenn zwei Galeeren inmitten der weiten See mit dem Bug aufeinanderstoßen; wenn da die Schiffe aneinanderhängen und ineinander verstrickt sind, bleibt dem Soldaten nicht mehr Raum, als ihm eine zwei Fuß breite Planke am Schiffsschnabel gewährt. […] Und obschon er sieht, daß er beim ersten Fehltritt in den tiefen Schoß Neptuns hinabstürzen würde: trotz alledem stellt er sich, mit unverzagtem Herzen, angetrieben von dem Ehrgefühl, das ihn beseelt, als Ziel diesen gewaltigen Feuerschlünden und setzt alles daran, über diese enge Steige auf das feindliche Schiff hinüberzusteigen. Und was am meisten in Erstaunen setzen muß: kaum ist einer dort gefallen, wo er bis zum Ende aller Tage nicht mehr aufzustehen vermag, so nimmt ein andrer genau seinen Platz ein, und stürzt auch dieser ins Meer, das auf ihn als Feind lauert, so folgt ihm ein andrer und noch ein andrer, ohne nur dem Sterbenden zum Sterben Zeit zu lassen: der größte Heldenmut fürwahr, die größte Verwegenheit, die nur denkbar ist in den entscheidenden Augenblicken des Kriegsgeschicks.

MIGUEL DE CERVANTES, *Don Quijote*, Erstes Buch, 38. Kapitel

Den größten Teil des 5. Oktober verbrachte die Schlachtflotte der Heiligen Liga im Hafen von Fiskardon auf Kephallenia, unweit vom Actium des Antonius, wo sie von Wind und Nebel aufgehalten wurde. Mit Kriegsgaleeren konnte man nur bei gutem Wetter kämpfen; und jetzt machte sich der nahende Mittelmeerwinter stürmisch bemerkbar. Würden die Türken ihren bequemen Ankerplatz verlassen? Inzwischen waren sie ihnen so nahe, daß sie sie an den Bärten zupfen konnten – und das lockte sie vielleicht heraus.

Bislang war ihnen das schlechte Wetter eine Hilfe gewesen, denn es hatte ihr Vordringen verborgen und ihnen den Vorteil der Überraschung gegeben. Da die Arkebusiere Don Juans gelegentlich einen Schuß abfeuerten, sei es aus überschwenglicher Kriegsbegeisterung, sei es im Rahmen ihrer Drillübungen, verbot er ihnen unter Androhung der Todesstrafe, künftig ihre Gewehre abzuschießen. Nebelschwaden glitten vorüber, als dieser Wald von Galeerenmasten in unheimlicher Stille im Wasser lag.

An diesem Tag brachte eine Brigg aus Kandia zu Sebastian Venier und zu Agostino Barbarigo die späte Nachricht – abgesandt worden war sie im August, doch sie traf erst jetzt ein –, von der Einnahme Famagustas durch die Türken. Jetzt erst erfuhren sie, wie Bragadino, ihr Senator, der Gouverneur von Famagusta, am 17. August 1571 von den vertragsbrüchigen Türken zu Tode gequält worden war: bei lebendigem Leib hatten sie ihn gehäutet.

Diese Botschaft sprang von Schiff zu Schiff und versetzte alle Venezianer in wilde Wut, wiewohl sie sich ansonsten etwas einbildeten auf ihre Ruhe und Besonnenheit. Zwei nahe Verwandte Bragadinos dienten in der Flotte, sie befehligten Galeassen des venezianischen Geschwaders. Jetzt konnte es an der Kampfbereitschaft der Venezianer keinen Zweifel mehr geben. Die Türken, mit denen sie schon so lange Handel trieben, hatten sich als Feinde Gottes erwiesen. Ihre Politik der Grausamkeit hatte selbst in den besonnensten Männern den fanatischen Wunsch geweckt, sie zu vernichten.

Acht hervorragende Galeeren aus dem sizilianischen Geschwader wurden unter Don Juan de Cardona vorausgesandt. Diese Galeeren konnten zwanzig Minuten lang ihre Geschwindigkeit verdreifachen, wenn sich die Ruderer ganz verausgabten. Sie sollten ein wachsames Auge haben und sofort zurückkehren und melden, wenn sie den Feind sichteten, damit die Flotte hinter ihnen ihre Schlachtordnung einnehmen konnte. Wie leichte Korken schaukelten die Schiffe hinter ihrer kleinen, emsig rudernden Vorhut auf dem Wasser; langsam fuhren sie, entlang der felsigen Küste, auf den Golf von Patras zu.

In einem Brief an Don Juan über die zu wählende Schlachtordnung erinnerte Don García an die Schlacht von Prevesa, die sie dreiunddreißig Jahre zuvor gegen die Türken unter Barbarossa verloren hatten, weil sie es dem feindlichen Admiral leicht gemacht hatten, ihre allzu übersichtliche Schlachtordnung – eine einzige langgezogene Linie – zu durchbrechen. Don García empfahl, drei deutlich getrennte Geschwader zu bilden und zwischen zweien jeweils soviel Platz zu lassen, wie sie für Manöver

brauchten. Don Juan beherzigte diesen Rat und ließ eine kreuz-
förmige Formation ausarbeiten, die den Vorteil ihrer Geschütze
gegenüber dem türkischen Halbmond zum Tragen bringen
würde.

Während der Schlacht sollte der linke Flügel hauptsächlich aus
venezianischen Galeeren bestehen. Die besonders gefährdeten
Kriegsgaleeren an den Flanken des Flügels, gegen die die Türken
am härtesten ankämpfen würden, um sie zu umfassen, wurden
Agostini Barbarigo selbst und Marcantonio Quirini anvertraut,
der im Winter zuvor die Blockade Famagustas durchbrochen hatte
und dem es gelungen war, Alis Landung in Kandia zu vereiteln.
Vor die Front jedes der drei Geschwader sollten, sobald der Feind
in Sicht käme, zwei schwerbestückte Galeassen geschleppt werden, als mächtige Wellenbrecher im Kampf. Vor das Geschwader
der Venezianer sollten sich die beiden Galeassen unter Antonio
und Ambrogio Bragadino setzen, die mit finsterer Leidenschaft
auf Rache sannen. Der linke Flügel zählte dreiundsechzig Kriegsgaleeren und setzte gelbe Wimpel.

In dem gemischten Geschwader auf dem rechten Flügel, das
unter dem Kommando von Gianandrea Doria stand und grüne
Wimpel zeigte, fuhren auch die von Genua gemieteten Galeeren.
In Dorias Geschwader dienten einige interessante Freiwillige.
Don Juans Jugendfreund Alexander Farnese hatte 202 persönliche Anhänger mit in den Kampf gebracht, darunter zweiund-
dreißig Adelige und andere vornehme Herren, außerdem 152
italienische Söldner. Ungeachtet der Mißbilligung ihres Königs
waren auch mehrere Franzosen von Rang freiwillig herbeigeeilt,
darunter der berühmte Crillon, Heinrichs IV. »brave Crillon«.
Der englische Abenteurer und einstmalige Pirat Sir Thomas Stukeley »kommandierte drei Galeeren«. Seit den Tagen seines berühmten Vaters, Heinrichs VIII., hatte er jedem englischen Monarchen, ganz gleich, ob Katholik oder Protestant, gedient, und
auch noch einigen fremden Königen. Diesmal hatte Stukeley sein
Schwert in die Dienste Philipps von Spanien gestellt, und zwar
gegen die Türken. Giacomo IV. Crispi, mit dessen Herzogtum
Naxos Sultan Selim seinen Freund Joseph Micas belohnt hatte,
diente an der Spitze von fünfhundert Mann unter dem Wimpel
des Doria.

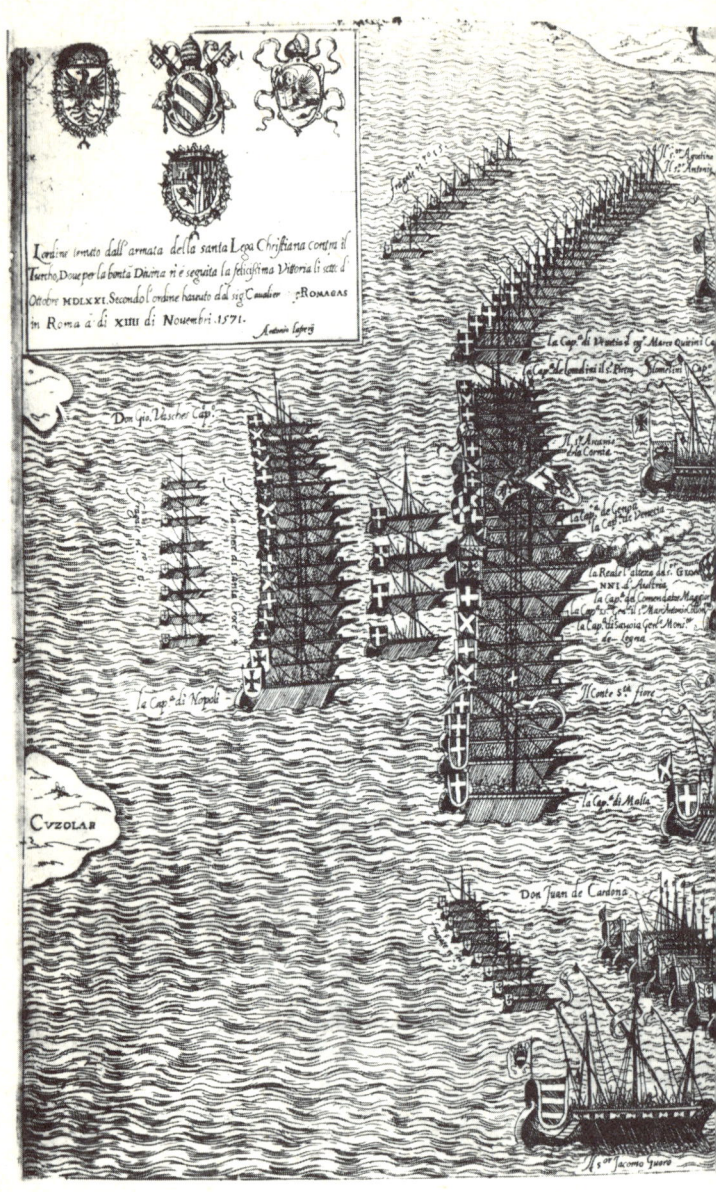

Die gegnerischen Flotten vor der Seeschlacht von Lepanto am 7. Oktober 1571

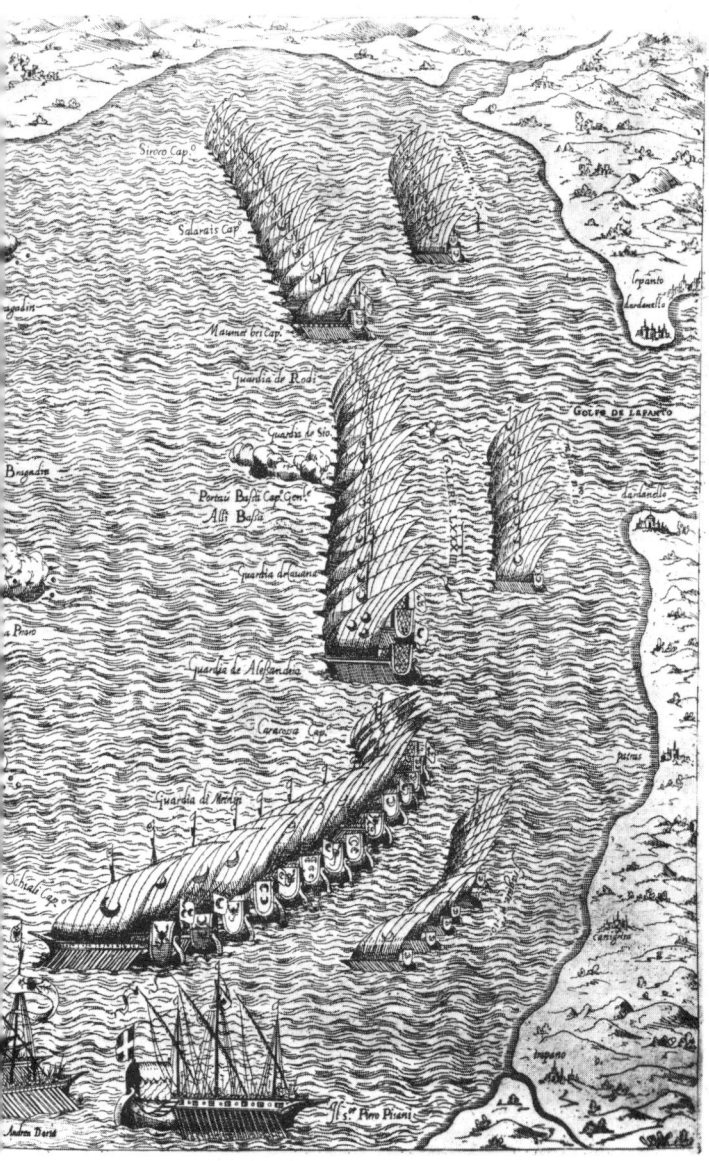

Freie zeitgenössische Darstellung. Kupferstich von Antonio Lafrery, Nov. 1571

An Bord der Galeere *Marquesa,* in den Reihen des Regiments des Miguel de Moncada (die meisten davon waren Veteranen des Alpujarras-Feldzuges), stand ein belesener, schneidiger und stets mittelloser Freiwilliger, der ein paar Monate älter war als Don Juan. Er hieß Miguel de Cervantes. Später, in seinem Roman »Don Quijote« (in dem er einen Hinweis fallen ließ, Don Quijotes wirklicher Name könnte durchaus Quijada gelautet haben), sollte er die Gestalt des fahrenden Ritters liebenswert verspotten und zugleich unsterblich machen, die Gestalt, die so wenig in diese skeptische, berechnende und geldhungrige Welt paßte. Doch an diesem Herbstmorgen, als er und seine Kameraden auf ihren schlingernden Galeeren beklommen an der Küste des Mittelmeeres entlangfuhren, da konnte jeder von ihnen den Geist dieses Rittertums deutlich spüren.

Die Nachhut bildete eine Reserve von dreißig Galeeren. Sie sollten dort in die Schlacht eingreifen, wo nach Meinung ihres Kommandeurs, Santa Cruz, das Kampfgetümmel am heftigsten tobte. Über der Nachhut wehten weiße Wimpel.

Von seinem Flaggschiff aus, der *Real,* einem drei Jahre alten Schiff aus katalanischer Pinie, das mit Schnitzwerk, reicher Vergoldung und sogar Malerei geschmückt war, befehligte Don Juan selber die vierundsechzig Galeeren des mittleren Geschwaders. Unmittelbar zu seiner Linken befand sich das Flaggschiff des venezianischen Oberbefehlshabers, des weißbärtigen, übellaunigen und kampflustigen Sebastiano Venier. Rechtsanwalt, der er war, würde Venier eher seinem Kommandeur Don Juan Rechte entziehen als auch nur ein Zollbreit seiner eigenen Rechte abtreten. Wenn spanische Soldaten, die auf einer venezianischen Galeere Dienst taten, sich schlecht benahmen, ließ Venier sie aufhängen und goß damit Öl ins Feuer. Noch am Vorabend der Schlacht war Don Juan dem Jähzorn Veniers mit einer Mischung aus Entschlossenheit und Courtoisie entgegengetreten und hatte damit ein letztes Aufflammen des venezianisch-spanischen Gegensatzes gelöscht, des heftigen Widerstreits, der den Verlust der Schlacht hätte herbeiführen können, noch bevor sie begann.

Zur Rechten Don Juans, im Flaggschiff des Papstes, fuhr der liebenswürdige, wohlwollende Marcantonio Colonna. Er hatte geholfen, Venier zu beschwichtigen; es war fast unmöglich, sich mit Colonna zu streiten. Kurz vor Ausbruch des Kampfes fingen Venier und Colonna an, allerlei Artigkeiten auszutauschen, als ob sie damit unterstreichen wollten, daß jeglicher Zwist begraben sei. In Anspielung auf den Namen Colonna und auf die gut gepolsterte Figur seines Trägers bezeichnete Venier den Römer als »die mächtigste Säule der Kirche«. Colonna wiederholte, in schlimmem Vulgärlatein, die zweideutigen Worte des heiligen Petrus: »Ja, wenn ich mit dir auch sterben müßte, wollt ich dich nicht verleugnen.« Die drei Führer an der Spitze der Flotte waren jetzt, da sich die Gefahr näherte, voll sprudelnder Laune.

Der durchtriebene, unansehnliche Gianandrea Doria teilte diese Stimmung nicht. Doria war vermutlich der geschickteste Taktierer der ganzen Flotte; aber die ihn gut kannten, fragten sich manchmal, ob er nach seiner Niederlage als Einundzwanzigjähriger – Ochiali hatte sie ihm beigebracht – jemals seine Nervenkraft wiedererlangt habe. Doria war es zwar gelungen, sich die gute Meinung König Philipps zu bewahren, doch seine Fähigkeiten als Admiral waren seither nie mehr in einem Kampf unter Beweis gestellt worden. Aber ob er nun mit Schneid in diesen Kampf ging oder nicht, Gianandrea Doria brachte jedenfalls zwei taktische Neuerungen in die Schlacht ein, die sich als wichtig, ja vielleicht als entscheidend erweisen sollten.

Da die Galeassen durch Enternetze geschützt waren und ohnehin allzu hoch aus dem Wasser ragten, um leicht geentert werden zu können, mußte man sich fragen, ob es nötig war, sie wie üblich mit Pikenieren und schwerttragenden Soldaten zu bemannen. Warum nicht einfach das Deck dieser Schiffe dicht mit Arkebusieren vollstellen? Angesichts des Chaos, das massiertes Feuer auf den Decks der angreifenden türkischen Schiffe anrichten würde, sobald sie in Reichweite kämen, befahl er sofort, fünfhundert Arkebusiere an Bord jeder der sechs Galeassen zu schicken.

Dorias zweite Empfehlung war noch viel verblüffender: den Rammsporn am Schiffsbug entfernen! Seit den Tagen des Antonius trug die Kriegsgaleere des Mittelmeeres am Bug einen Rammsporn, der sich beim Zusammenprall in den Rumpf des feindlichen Schiffes bohrte. Die venezianischen Galeeren trugen sogar vergoldete Sporne. Aber Doria erkannte, daß dieser Sporn ein unnützes Relikt aus der Vergangenheit war. Inzwischen trug der Bug einer Kriegsgaleere eine weitaus wirksamere Waffe: die Geschütze. Schweres Kanonenfeuer aus Kernschußweite richtete am feindlichen Schiffsrumpf größeren Schaden an als das einmalige Einrammen einer Spitze, deren Wucht nur aus dem Antrieb von Rudern oder Segeln resultierte. Der Sporn vor ihren Augen verführte jedoch die Kanoniere am Bug einer Galeere dazu, zu hoch zu schießen, in die Takelage des feindlichen Schiffes, statt unterhalb der Wasserlinie. Sollten die Türken doch ihre Rammsporne gebrauchen, wenn sie wollten, und auf diese Weise Kanonenkugeln vergeuden.

In der Nacht des 6. Oktober kam ein leichter Wind auf, und die türkische Flotte unter Ali schickte sich an, von Lepanto aus in den Golf von Patras hineinzusegeln, was aber zu diesem Zeitpunkt weder Gianandrea Doria noch Don Juan wußten. Doria hatte den anderen gezeigt, welch kluger Taktiker er war; doch jetzt zeigte er, was man von ihm halten mußte: Er bat Don Juan zu bedenken, daß selbst zu dieser Stunde eine offene Seeschlacht noch vermieden werden könne. Wenn die christliche Flotte so weit von ihrem Standort entfernt besiegt würde, hob Doria hervor, so sei das eine Katastrophe. Warum also nicht umkehren? Ermutigt von Dorias Worten, wagte auch der vorsichtige Ascanio de la Cognia, in andere Worte gekleidet eine ähnliche Meinung auszudrücken. »Signori«, entgegnete Don Juan höflich, aber bestimmt, »die Zeit für guten Rat ist vorbei; jetzt ist es Zeit zu kämpfen.«

Der 7. Oktober 1571 war ein Sonntag. An diesem Tag wurde überall in der christlichen Flotte die heilige Messe mit besonderer Feierlichkeit begangen, denn alle wußten, daß die Prüfung durch die Schlacht unmittelbar bevorstand. Die Galeeren der Heiligen Liga umfuhren die nördliche Küste des Golfes von Patras, hart an den Felseninseln der Echinaden vorbei, wo der Golf enger zu werden beginnt. Die nackten Sklaven auf ihren Ruderbänken mußten die Schiffe gegen den Wind rudern. Sie mußten sich aufstellen, um die mächtigen Ruderarme vorwärts zu stemmen, wenn die Blätter in das Wasser eintauchten, und sie sanken dann mit ihrem ganzen Gewicht zurück auf die Bank, um mit langem

Ruderzug die Galeere voranzutreiben. Im Mittelgang lief der Sklavenaufseher wachen Auges hin und her, eine silberne Pfeife am Hals, einen Ochsenziemer in der Hand, und drosch auf jeden ein, der nicht mit aller Kraft ruderte. Dann sprang plötzlich ein Gemurmel von Galeere zu Galeere: Die Türken waren in Sicht.

Alis Flotte, die gut zehn Seemeilen weiter östlich im Golf lag, gerade sichtbar, zählte 274 Kriegsschiffe, davon 208 Galeeren. Sie streckte sich, in einem großen Halbmond, von Küste zu Küste. Die Türken hatten ihren sicheren Zufluchtsort bei Lepanto verlassen und segelten jetzt mit dem Wind im Rücken gen Westen, auf das Ionische Meer zu. Als sie der christlichen Flotte ansichtig wurden, drängte Ochiali, Ali solle einen Rückzug der türkischen Flotte vortäuschen, um so die Christen tiefer in den enger werdenden Golf hineinzuziehen und ihre sorgfältig ausgeklügelte Schlachtordnung in Unordnung zu bringen, aber der türkische Oberbefehlshaber entgegnete von oben herab: »Niemals werde ich erlauben, daß die Schiffe des Sultans auch nur den Anschein erwecken, als ergriffen sie die Flucht.«

Von Alis Flaggschiff flatterte eine Fahne in der grünen Farbe des Islam, die dem Banner glich, das dem Propheten Mohammed während seiner Feldzüge vorangetragen wurde und das in schönen Goldbuchstaben 28900mal den Namen Allah trug. Sie war einer der Schätze Mekkas. Jahrhundertelang hatten die Moslems, wenn sie die grün und goldene Fahne mit sich in die Schlacht führten, unweigerlich den Sieg davongetragen. Von jedem sich nähernden türkischen Kriegsschiff flatterten lange Wimpel und Banner in großer Zahl, und wunderliche Musik klang über das Meer. In freudiger Erwartung der Schlacht schwangen sich türkische Soldaten zum Klange von Zimbel, Trommel und Flöte auf dem Schiffsdeck im Bauchtanz.

Im Gegensatz hierzu, so berichtete ein Augenzeuge, habe über der christlichen Flotte eine ungewöhnliche, sonntägliche Stille gelegen, während die Männer hurtig, aber ohne unnötiges Geräusch, ihrer Arbeit nachgingen: die Enternetze hochzuziehen, Lanzen und Schwerter auf dem Schleifstein zu schärfen und das Deck einzuseifen, damit der enternde Feind keinen Halt findet.

Schmiede entfernten den Christen unter den Galeerensklaven die Ketten und händigten ihnen Waffen aus. Selbst die verstocktesten Übeltäter unter ihnen ergriffen freudig die kurze Lanze oder das Schwert. Unterdessen wurden die moslemischen Galeerensklaven mit Handschellen an die Ruder gekettet; wenn das Schiff sank, dann war auch ihr Schicksal besiegelt. Offiziere setzten ihre Helme auf und legten den Brustharnisch an, Arkebusiere prüften, ob ihr Pulver trocken sei. Jedermann gehorchte Don Juan aufs Wort: Die Flotte der Liga gab keinen einzigen Schuß ab. Die acht Aufklärungsgaleeren kehrten in die Schlachtordnung zurück. Die sechs dickbäuchigen, schwerfälligen Galeassen wurden langsam und paarweise in die für sie vorgesehenen Positionen gebracht, halb geschleppt, halb gerudert, etwa eine halbe Meile vor die drei Geschwader.

Mit einem Kruzifix in der Hand fuhr Don Juan auf einer Fregatte einen der Flügel ab, um Ordnung in die Reihen zu bringen und den Männern Mut zu machen; Luis de Requeséns tat ein gleiches am anderen Flügel. Don Juan rief einer Besatzung nach der anderen mit seiner hellen, fast knabenhaften Stimme die gleiche Versicherung zu: »Meine Kinder, wir sind hier, um zu siegen oder unterzugehen. Aber ihr werdet unsterblich sein, ob im Tod oder im Sieg.« Taktik, Vorgehensweise und Ausrüstung, das alles war wichtig; doch die heutige Schlacht – und das wußten alle Führer – wurde im Nahkampf gewonnen, im Kampf von Mann gegen Mann. Was an diesem Morgen mehr zählte als alles andere, das war der Kampfgeist der Männer.

Als Ali sah, daß die christliche Flotte sich ihm in einer ungewöhnlichen Formation näherte, ließ er die Mitte seines Halbmondes vorziehen und gleichzeitig die beiden Flügel zurückfallen. Seine Kampflinie war so um tausend Meter länger als die der christlichen Flotte, sie reichte lückenlos von den seichten Küstenwassern der gebirgigen Nordküste bis zu den Untiefen, die sich im Süden entlang der peloponnesischen Küste hinzogen. Seine Schiffe blockierten also den gesamten Zugang zum Golf von Patras, und sein Ziel war es jetzt, vorzustoßen, den Feind zu umfassen und ihn einzukreisen. An den Decks der herankommenden türkischen Galeeren und Galeoten, wo gänseflügelförmige Segel vom Winde gebläht wurden, konnte man bereits die langen Federbüsche und die glänzenden Waffen der Janitscharen erkennen. Türkische Bogenschützen bevölkerten die Decks oder hingen in der Takelage. Ali selber wählte sich einen kurzen, kräftigen türkischen Bogen; mit dieser Waffe ging er in die Schlacht.

Christliche Galeerensklaven in türkischen Schiffen waren gewöhnlich am Knöchel angekettet. Da der Rückenwind ihnen die Arbeit abnahm, mußten sie sich an diesem Morgen unter die Ruderbänke ducken; wer seinen Kopf hob, hieß es, werde ihn verlieren. In Alis Flotte gab es mehr als vierzehntausend christlicher Galeerensklaven. Für sie alle wuchs in jedem Augenblick die Aussicht, entweder zu sterben oder die Freiheit zu gewinnen. Ali hatte sie immer besser behandelt als die meisten anderen türkischen Führer. Um sich wenigstens ihres unparteiischen Gehorsams zu versichern, sprach er auf spanisch zu ihnen: »Amigos, ich erwarte, daß ihr eure Pflicht tut, denn ihr wißt, was ich für euch getan habe. Ich verspreche euch die Freiheit, wenn ich diese Schlacht gewinne; gehört dieser Tag euch, so hat Allah sie euch geschenkt.«

Ali führte die sechsundneunzig Kriegsschiffe in der Mitte seiner Flotte, sie lag Don Juans Geschwader genau gegenüber. Mehmet Scirocco befehligte sechsundfünfzig Galeeren, zumeist aus Ägypten, den Venezianern gegenüber. Er drückte bereits seine flachgebauten Schiffe nahe an die nördliche Felsküste heran, um die Galeeren auf der äußersten Linken der Venezianer zu umflügeln. Ochiali, dieser listige, entstellte alte Fuchs des Meeres, führte dreiundsechzig Galeeren und Galeoten auf Alis linkem Flügel an; seine Schiffe waren zum größten Teil mit Piraten bemannt. Er stand seinem alten Bekannten gegenüber, diesem verschlagenen, meererfahrenen Gianandrea Doria, der ihm als junger Mensch vor Tripolis entkommen war. Eine Unzahl kleinerer Schiffe tummelte sich hinter der türkischen Linie als Reserve.

Die riesigen Galeassen, die der Feind paarweise vor seine Schlachtlinie geschleppt hatte, überraschten Ali offensichtlich. Während die Türken näherkamen, hörte man von ihren Schiffen Schreie, Schüsse, religiösen Singsang, trotzige Gongs dröhnten, Hörner schmetterten; der Tumult sollte dem Feind Furcht einjagen. Von den Schiffen der Heiligen Liga war noch kein einziger Schuß gefallen; die langanhaltende absichtsvolle Stille schien Unheil zu künden. Während die Schiffe der Heiligen Liga mit regelmäßigen Ruderschlägen vorwärtsgetrieben wurden, konnten die

Türken sehen, wie schwarzgewandete Priester gleich dunkelhäutigen Insekten über das Deck flitzten, die, das Kreuz hoch erhoben – oftmals von der Takelage herab, damit sie besser gesehen und verstanden werden konnten – einer Ansammlung schweigender Bewaffneter predigten.

Ganz plötzlich drehte an diesem Morgen der Wind.

Rauschend fielen jetzt die Dreiecksegel der Türken herab auf die Decks. Von energischen Befehlen unter den Bänken hervorgerufen, packten die Galeerensklaven die Riemen und wurden mit Peitschenschlägen zum Rudern angetrieben. Während Alis Schiffe sichtlich zurückfielen, wurden an den Spieren von Don Juans Linie überall Lateinsegel aufgezogen. Sie füllten sich, als ob ein gewaltiger Atem in sie hineingeblasen hätte, ein göttlicher Odem, der Zuversicht verhieß. Die eindringlichen Stimmen der Geistlichen waren noch in ihren Ohren, und so gab es in diesem Augenblick in der Flotte der Liga nur wenige, die an dem Eingreifen des Allmächtigen zweifelten.

Kurz zuvor waren die Decks von Don Juans Galeeren noch übervoll mit kniefälligen Männern und Priestern, welche die Messe lasen und die Absolution erteilten, die jedem tapferen Soldaten den Ablaß aller Sünden in diesem Leben und Vergebung im nächsten Leben verhieß. Alle Predigten standen an diesem Sonntag unter dem Motto: »Feiglinge kommen nicht in den Himmel!« Mancher, der bislang nicht mehr gekannt hatte als ein unklares religiöses Gefühl, stand jetzt da, in der einen Hand den Rosenkranz, in der anderen die Waffe, und wartete auf den Beginn der Schlacht, als ob sein Leben auf wunderbare Weise einen neuen, tieferen Sinn erhalten hätte. Ein Priester, ein Kapuziner aus Rom, versetzte sich in derartige Erregung, daß er sein Kruzifix an einem Bootshaken aufhing und sich der ersten Enterpartie anschloß. Don Juan, mit einem sicheren Gefühl für die Dramatik dieses Augenblicks, ließ am Fahnenmast seiner *Real* das Banner hissen, welches das riesige Kreuz der Heiligen Liga zeigte. Zu beiden Seiten lief von Schiff zu Schiff ein Freudenschrei und schwang wie ein Echo fort. Das Flaggschiff gab ein Signal, und in jedem Schiff der christlichen Armada flog ein Kreuz empor.

In jenen Tagen bestimmte eine allgemein akzeptierte Regel der Seekriegführung, daß die Flaggschiffe nicht am Kampf teilnehmen. Aber Don Juan und Ali fuhren so entschlossen aufeinander los, als ob sie miteinander ein Duell ausfechten wollten. Die ersten Kanonenschüsse aus der christlichen Flotte, die das anbefohlene Schweigen unterbrachen, kamen vom Schiff Don Juans, das noch weit entfernt war, und sie klangen wie eine persönliche Herausforderung, direkt an Ali gerichtet. Don Juan befahl dem Steuermann seines Flaggschiffes, einem Malteserritter, die *Real* sofort an Alis Schiff anlegen zu lassen.

Ali erkannte allmählich, welche Feuerkraft die schwerfälligen Galeassen besaßen. Dann und wann drehte sich eine vorbeifahrende Kriegsgaleere, wenn ihr Mann an der Ruderpinne von den mächtigen Salven der Arkebusen getroffen wurde, die große Lücken in die auf dem Deck sich drängenden beturbanten Soldaten rissen; oder das ganze Schiff bebte, wenn ein Schuß krachend in den Rumpf einschlug. Der vorrückende Halbmond wurde aufgebrochen, die türkische Schlachtordnung geriet durcheinander. Doch das allergrößte Erschrecken stand noch bevor.

Auf Don Garcías Anraten hin schossen die Bugkanonen auf den Galeeren der Liga erst, wenn die Kanoniere das Weiße in den Augen ihrer Gegner sehen konnten. Dann kam der Befehl, und sie gaben Feuer. Die Ausbildung von Don Juans Kanonieren war so gut, daß sie dreimal oder häufiger schossen, bis die Türken nur einen Schuß abfeuerten. Aus dieser sonderbar nackten Front von Galeeren, die ohne ihre Rammsporne wie kastriert wirkten, schossen alle Geschütze auf einmal, und die Kanoniere zielten Schuß um Schuß auf den Schiffsrumpf unter der Wasserlinie, während bei der kurzen Entfernung die türkischen Geschosse zu hoch flogen, hinein in die Rahen und Segel.

Unerbittlich waren die beiden Flaggschiffe aufeinander zugefahren. Don Juan, mit seinem goldenen Brustpanzer allen sichtbar, schritt langsam und ruhig einher, um seinen Männern Mut einzuflößen, von dem Vorderdeck, wo er im Gebet versunken war, durch den Mittelgang, hindurch zwischen den nackten Rudersträflingen, zum Heck. Unmittelbar vor dem Zusammenprall mit Alis Galeere, so berichtet ein Augenzeuge, tanzten er und zwei seiner Herren, angeregt von jugendlichem Feuer, zum Klang der Querpfeife auf der Geschützplattform eine »Galliarde«. Die Galliarde war ein aufreizender Tanz und Don Juan ein vorzüglicher Tänzer: So schmolz zu guter Letzt die fromme Zurückhaltung unter der physischen Erregung.

Auf einer Galeere gab es keine Heimlichkeiten. Don Juan muß gewußt haben, aber vorgezogen, es nicht zu zeigen, daß einer der Soldaten auf der *Real,* der jetzt, das Schwert in der Hand, zum Bug drängte, eine Frau war. Maria la Bailadora – die Tänzerin – trug die Kleidung eines Arkebusiers. Sie hatte lieber derart verkleidet an Bord kommen und unter dem Kommando Lope de Figueras dienen wollen, als sich von ihrem Soldatenschatz zu trennen. In dem Augenblick nun, da der Rammsporn der *Sultana* in das Vorderdeck der *Real* stieß, schob sich die Spitze von Don Juans Flaggschiff, so berichtet uns ein Augenzeuge, in Alis Takelage. Schnell wurden Greifleinen ausgeworfen und die Schiffe miteinander vertäut. Ein Hagel von Arkebusenschüssen und Pfeilen prasselte über die beiden Decks. Die Türken drängten in Massen auf die *Real* zu, stießen aber auf ein unerwartetes Hindernis: die Enternetze. Maria la Bailadora schwang sich hurtig über die Reling, einige behaupteten als erste, und enterte das Deck der *Sultana,* wo sie einen Türken, der sich auf sie stürzen wollte, mit einem Schwertstreich niedermachte. Frauen waren den Türken zum Opfer gefallen; sie kämpfte aus Liebe, aber auch aus Rache.

Als sich die Männer des sardinischen Eliteregiments eine Gasse schlugen, wurde deutlich, daß nicht Don Juans, sondern Alis Deck zum Kampfplatz würde – »ein wahres Schlachtfeld«. Achthundert Männer schlugen und stießen mit ihren Waffen auf dem glitschigen Deck der *Sultana* aufeinander, der Kampf wogte hin und her. Zweimal wurden die Türken zum Mast zurückgeworfen, zweimal trieben sie die Sardinier zurück an die Reling. Maste und Sparren der *Real* waren unterdessen derart mit türkischen Pfeilen bespickt, daß sie aussahen wie Nadelkissen. Gebet, Tanz und Spannung waren einem hysterischen Kampfesrausch gewichen. Selbst Don Juans Seidenäffchen, ein Tierchen, das er liebte, wurde davon angesteckt; es rannte über Deck, packte eine zündelnde Granate und warf sie ins Meer. Als Don Juan mit dem Schwert in der Hand am Flaggenstock kämpfend an Bord kletternde Türken zurückschlug, wurde er am Bein verletzt. Weder damals noch später machte er viel Aufhebens davon; er wollte seinen krankhaft eifersüchtigen Halbbruder, König Philipp, nicht reizen.

Ein dritter Sturm brachte die sardinische Entergruppe von der *Real,* mit Maria la Bailadora unter den Vordersten, bis zu Alis Heckaufbau. Den Bogen in der Hand, schoß Ali mit großer Behendigkeit Pfeil um Pfeil auf den immer näher rückenden Ring der Männer, bis eine Gewehrkugel ihn in die Stirne traf. Ein bewaffneter Galeerensträfling aus Malaga stürzte wütend vor und schlug dem türkischen Admiral den Kopf ab. Mit Alis Kopf auf seiner Pike eilte er spornstreichs zum Achterdeck der *Real,* wie ein Hund mit einem Knochen. Hoch wurde die schaurige Trophäe emporgehoben. Der Anblick ihres enthaupteten Oberbefehlshabers verbreitete tiefen Schrecken unter den Türken, und die *Sultana* wurde kurz darauf überrannt.

Die grüne Fahne Mekkas, deren Goldbuchstaben den Namen Allah 28 900mal wiederholten, wurde heruntergeholt und an ihrer Stelle unter Trompetenschall die Papstfahne gehißt. Unverzüglich begannen Don Juans Soldaten und die gierigen Galeerensträflinge die *Sultana* zu plündern. In einem sicheren Versteck des türkischen Flaggschiffs entdeckten sie einen unglaublichen Schatz, den sie später unter sich teilten. Ali hatte sein gesamtes persönliches Vermögen, 150000 Goldzechinen, mit auf das Schiff gebracht, statt es in Konstantinopel zu lassen und die Beschlagnahme durch den Sultan zu riskieren, falls er in Ungnade fiele. – Zwei Uhr nachmittags: Der türkische Admiral war tot, sein Flaggschiff erbeutet und ausgeplündert; jetzt konnte sich Don Juan den blutigen Schweiß aus dem Gesicht wischen und Ausschau halten, wie der Kampf ringsumher stand.

Mehmet Sciroccos Flügel an der nördlichen Küste des Golfes zählte mehr Schiffe als der der Venezianer. Ganz eindeutig wollte er sie zuerst umfassen und sie dann überwältigen. Auf dem venezianischen Schiff am Ende der Linie entspann sich daher ein wilder Kampf. Es gelang den Türken, die Flanke zu umflügeln und das Flaggschiff des venezianischen Admirals Agostino Barbarigo mit acht türkischen Schiffen gleichzeitig anzugreifen. Barbarigo wurde von einem Pfeil am Auge schwer verletzt und mußte sein Kommando frühzeitig an Federigo Nani abgeben. Die Nachricht

von dieser Verletzung verbreitete sich rasch, aber die selbstbe-
wußten Venezianer ließen sich dadurch nicht aus der Fassung
bringen; für sie war dieser Kampf eine Frage der persönlichen
Ehre, der bis zum letzten durchgestanden werden mußte. Die
Türken sollten für ihre Untaten in Famagusta blutig büßen.

Ein halbes Dutzend venezianischer Galeeren war bereits ver-
senkt, und eine Anzahl türkischer Galeeren, die von Kanonenkugeln getroffen worden waren, liefen jetzt voll Wasser. Das Ende
war noch ungewiß – vielleicht sah es im Augenblick etwas günstiger aus für Mehmet Scirocco –, als in den türkischen Schiffen
eine Menge christlicher Galeerensklaven, die schon ihre Fesseln
durchgesägt hatten, sich auf ein Zeichen ihrer Anführer hin
gleichzeitig losrissen. Mit blindem Haß warfen sie sich in den
Kampf, schwangen ihre zerborstenen Ketten, sprangen von hinten auf ihre türkischen Unterdrücker und packten sie bei der
Gurgel, um ihnen die Waffen zu entreißen. Das Eingreifen der
revoltierenden Ruderknechte auf den türkischen Galeeren – darunter Griechen und Italiener, die Ali erst kurz zuvor bei seinen
Überfällen verschleppt hatte – brachte die Wende. Vom Flaggschiff des Don Juan aus war zu sehen, wie die Venezianer langsam die Oberhand gewannen.

Mehmet Scirocco wurde im Handgemenge erschlagen. Seine
Leiche, die mit dem Gesicht nach unten in einer riesigen Blutla-
che über das Deck glitt, wurde an dem prächtigen Gewand er-
kannt. Flugs schlugen ihm venezianische Soldaten den Kopf ab
und hißten ihn empor; dieser Anblick ließ die Türken vor
Schreck erstarren. Der Kampf auf dem Flügel der Venezianer
hatte zwar lange und heftig getobt, doch nun war er offensichtlich siegreich entschieden.

Die Venezianer hatten, wie es bei ihnen üblich war, ihre Galeerensklaven losgekettet und bewaffnet und jedem die Freiheit in
Aussicht gestellt, der für sie kämpfen würde. Wenn es um Eigentum ging, und Galeerensklaven waren Eigentum, dann neigten
die Venezianer hinterher zu einer subtilen Auslegung ihres Ver-
sprechens. Als das Gemetzel nachließ, sah man daher viele
Schuldner, Juden, von Steuereintreibern ausgepowerte Bauern,
Ketzer, Perverse und Gauner einfach über Bord springen. Bevor
sie wieder auf ihre Ruderbänke befohlen werden konnten, ließen

sie Ruder Ruder und Kette Kette sein und entflohen; die Waffen nahmen sie mit. Sie wateten durch das seichte Wasser auf den Sumpf zu, der die gebirgige Nordküste des Golfes umsäumte, und verschwanden in den Bergen, um dort als Banditen ein neues Leben anzufangen.

Auf seinem Flaggschiff, im Zentrum der Schlacht, kämpfte Venier, der weißhaarige und heißblütige Veteran – er war fünfundsiebzig – an diesem Tag in Pantoffeln. Er erklärte jedem, der es wissen wollte, daß sie ihm auf dem Deck einen besseren Halt gäben. Mit seiner Donnerbüchse hatte er vom Bug seines Schiffes aus den ersten Schuß abgefeuert und dabei kerzengerade auf die Gesichter der türkischen Kanoniere gezielt, die am Bug der feindlichen Galeere standen, die drohend auf ihn zukam. Als er wieder auf seinem Achterdeck stand, nahm Sebastiano Venier eine Armbrust zur Hand, die Waffe, mit der er seit seiner Jugend vertraut war, als die Arkebuse noch als neumodischer Firlefanz galt. Einem Matrosen war aufgetragen worden, an Veniers Seite zu bleiben, um ihm den Bogen zu spannen, denn das schaffte er nicht mehr. Aber zielen konnte der alte Herr noch. Ungerührt stand er da, ringsumher ging ein Hagel von Pfeilen nieder, welche die feindlichen Scharfschützen auf den Admiral abschossen, und putzte einen Türken nach dem anderen weg. Dabei soll er ausgerufen haben, er würde sich »nicht unglücklich schätzen, falls seine eigenen Tage in solch einer Schlacht zu Ende gingen, wenn dies Gott gefiele«.

Zur Rechten, wo Gianandrea Doria und sein alter Widersacher Ochiali einander auszumanövrieren suchten, setzten viele mutige Männer ihr Leben aufs Spiel. Alexander Farnese enterte an der Spitze seiner zweihundert Männer vom genuesischen Flaggschiff aus die nächstgelegene türkische Galeere mit solch zielstrebiger Angriffswut, daß die Galeere beinahe unbeschädigt in ihre Hände fiel. Miguel Cervantes erhielt von seinem Kapitän, Diego de Urbino, einen Auftrag, der beweist, daß dieser belesene, gefühlvolle junge Mann zwar nur bei den Mannschaften diente, aber als Soldat geschätzt wurde. Ein nicht ungewöhnliches Ablenkmanöver bestand seinerzeit darin, das Beiboot des eigenen Schiffes mit einem Dutzend ausgewählter Männer loszuschicken, sobald man am feindlichen Schiff angelegt und die ersten es geentert hatten.

Die Mannschaft des Beibootes ruderte auf die Gegenseite des feindlichen Schiffes, kletterte an Deck und überraschte den Gegner von hinten. Jede kleine Einzelheit von Cervantes' Leben wurde schon besprochen und bestritten – und an welcher Stelle er bei Lepanto kämpfte, ist wohl die strittigste Frage –, aber höchstwahrscheinlich war er es, der im Beiboot der *Marquesa* das Kommando führte. Mit Sicherheit wurde er an diesem Tag zweimal verwundet: an der Brust und an der Hand. (»Wunden im Gesicht oder auf der Brust«, schrieb er viel später, »sind die Sterne, die einen mit Ehren in den Himmel geleiten.«) Er beschrieb die Schlacht knapp als »la mayor jornada que vieron los siglos« – das größte Tagewerk, das die Jahrhunderte gesehen.

Sieht man von den Heldentaten einzelner ab, die wußten, wofür sie kämpften, so verlief die Schlacht an Dorias rechtem Flügel so, wie man es erwarten mochte. Noch am Vorabend hatte ja Doria versucht, Don Juan von der Schlacht abzubringen, wie auch Ochiali an Ali appellierte, nicht seine Flotte zu riskieren, sondern sich mit einer weniger kostspieligen Waffentat zu begnügen. Als Don Juans Flotte in Sicht kam, drängte er ja Ali zu einem fingierten Rückzug, doch der siegessichere Ali weigerte sich.

Ochiali besaß mehr Schiffe als Doria, und er hatte einen weiteren, weniger auffälligen, doch gewichtigen Vorteil: das Gefühl der Überlegenheit gegenüber Doria, den er schon einmal geschlagen hatte. Für ein großes persönliches Ziel war er, heute wie immer, bereit, seine Schiffe zu riskieren und seine Männer zu opfern. Für Gianandrea Doria hingegen war auch eine Schlacht nur eine Frage von Gewinn und Verlust, denn nahezu die Hälfte aller Galeeren unter seinem Kommando waren Spekulationsobjekte reicher Genuesen. Prisen und Beute waren Gewinn; der Verlust einer Galeere war verlorenes Geld.

Der listige und stets berechnende Doria hatte sich eingeredet, er könne Ochiali diesmal überlisten. Einen Kampf auf Leben und Tod wollte er vermeiden; er suchte eine günstige Gefechtsposition und setzte auf das Moment der Überraschung. Aber Ochiali hatte ihn durchschaut.

Während ihre Schiffe aufeinander zufuhren, entfaltete Ochiali seine Angriffsfront in südlicher Richtung auf die Flachküste der

Morea zu. Diese Taktik war zu erwarten: Mehmet Scirocco tat am anderen Ende der Kampffront beinahe das gleiche, um die Venezianer zu umfassen. Um dies zu vermeiden, mußte auch Doria seine Schiffe nach Süden steuern. Langsam und geschickt lenkte er die Schiffe unter seinem Kommando auf die Morea zu, um die Umfassung durch die Türken zu verhindern. Aber er verfügte über weniger Schiffe als Ochiali, und seine Front ließ sich daher nicht so weit dehnen.

Da er das bevorstehende Unheil erkannte, sandte Don Juan eine schnelle Fregatte zu Doria und befahl ihm, seine Linie nicht zu überspannen. Aber Doria war wenig geneigt, denen zu gehorchen, die er für dümmer hielt als sich selber. Während der genuesische Admiral Ochialis Umfassungsmanöver zu begegnen suchte, indem er sich weit zur Küste vorwagte, tat sich in seiner Linie ein breite Lücke zwischen seinem Kommandoschiff und der Mitte seines Geschwaders auf. Ochialis Umfassungsmanöver war eine listig ausgedachte Finte, und Doria war prompt darauf hereingefallen.

Ochiali setzte seinen Helm auf und hieß seine Sklaven, so schnell sie nur konnten auf die knapp tausend Meter breite Lücke zuzurudern. Hinter ihm kam eine Reihe von Korsarenschiffen, deren Kapitäne eingeweiht waren und nur auf das Signal warteten, Ochiali zu folgen. Bevor die nächstgelegenen Galeeren der Liga das Loch in ihrer Linie schließen konnten, waren Ochiali und etwa ein Dutzend weiterer türkischer Schiffe durch die Lücke geschlüpft. Die Galeeren der Piraten wendeten im Rücken von Don Juans Kampflinie und konnten, den Wind jetzt im Rükken, ihre Opfer aussuchen.

Das Manöver war glänzend gelungen, aber Ochiali, von jeher mehr Korsar als Admiral, hatte die langsameren Schiffe seines Geschwaders ihrem Schicksal überlassen, und sie waren jetzt Dorias Schiffen an Zahl unterlegen, obschon Doria augenscheinlich auf ein Treffen nicht brannte. Auch Ochiali hatte diese Schlacht nicht gesucht, ihm fehlte Alis Lust an Ruhm und Tod. Er konnte bereits sehen, daß sich der Tag gegen die Türken gewendet hatte, was für ihn aber nicht unbedingt von Nachteil sein müßte. Die anderen türkischen Admiräle waren jetzt alle entweder tot oder in Ungnade, und so war eine glänzende Beförderung nicht auszuschließen. Ochiali wußte, daß es zur Erhaltung seines guten Rufes nur eines Siegeszeichens bedurfte, das Konstantinopel genügend beeindrucken würde.

Am meisten verabscheuten der Sultan und der Harem die Malteserritter. Die religiöse Hingabe und das große, seltsame Kreuz, das sie am Mast führten, wenn ihre Schiffe weit in die Levante vorstießen, waren für die Türken eine Beleidigung, die sie nie vergessen konnten. Heute dienten drei maltesische Galeeren mit neunzig geharnischten Rittern an Bord unter Santa Cruz in der Nachhut, und weitere dieser Glaubensritter kämpften in der Flotte des Papstes. An der Spitze von sieben Galeeren ging Ochialis Schiff geradewegs auf die *Capitana* los, das Flaggschiff der Ritter, befehligt von Pietro Giustiniani, der noch dazu sein persönlicher Feind war.

Sechzehn der Galeeren, die Ochiali in Nähe der peloponnesischen Küste preisgegeben hatte, versuchten zu wenden und zu entkommen. Sie wurden jedoch von acht Galeeren der Liga unter Don Juan de Cardona zum Kampf gestellt. Freilich mußte jede Galeere der Liga es mit zwei feindlichen Galeeren aufnehmen – ein gefährliches Spiel. Von den fünfhundert sizilianischen Soldaten, die auf Cardonas Galeere dienten, kamen denn auch nur fünfzig unverletzt davon. Auf zweien seiner Schiffe, der päpstlichen Galeere *San Giovanni* und der *Piemontesa* der Savoyer, fielen alle Offiziere und Soldaten im Kampf auf den Schiffen oder starben an ihren Verletzungen. Da der Mittelteil der türkischen Linie niedergekämpft war, wandte sich Don Juan jetzt nach Süden, um den führungslosen linken Flügel der Türken zu packen und Cardona zu entlasten. Sein Eingreifen führte rasch zur Auflösung dessen, was von Ochialis einstiger Kampflinie noch übriggeblieben war. Einige türkische Kapitäne ließen lieber ihre Galeeren an der Küste auflaufen als zu kämpfen, und die Besatzung schwamm ans Ufer und floh in die feindselige Halbinsel Morea.

Als Ochiali seine sieben Schiffe hinter der christlichen Hauptkampflinie an die *Capitana* anlegte, wußte er, was er wollte, und er war bereit, dafür einen Preis zu bezahlen. Der nun anhebende Kampf war fürchterlich. Dreißig Ritter in voller Rüstung mit ihren Knappen und Pagen fielen auf dem heißumkämpften Deck der *Capitana*. Offenbar war Pietro Giustiniani, von fünf Pfeilen getroffen, der einzige Überlebende auf seinem Flaggschiff, doch konnten sich zwei weitere Ritter, die anfangs für tot gehalten werden mußten, später noch von ihren Verletzungen erholen. Ochiali ließ das Banner der Ritter, das Malteserkreuz, einholen; mit Giustiniani, dem Ordensgroßmeister, in seiner Hand und der *Capitana* im Schlepptau hatte er eine Prise, einen Gefangenen von hohem Rang und eine Trophäe, er hatte, was er zum Vorzeigen brauchte.

Doch als Ochiali versuchte, sich von der Schlacht abzusetzen und zu fliehen, stieß Santa Cruz mit der Nachhut auf ihn zu. Kapitän Ojeda legte seine Galeere, die *Guzmana,* an die *Capitana* an und eilte auf ihr Deck. Ochiali, der heil aus der Schlacht herauskommen wollte, kappte einfach die umkämpfte Prise und machte sich davon. Ojeda fand auf dem Schiff dreißig tote oder sterbende Ritter und, über das ganze Deck verstreut, dreihundert tote Türken. (Ojeda erhielt für seine rettende Tat vom Malteserorden später eine Rente auf Lebenszeit.)

Das maltesische Schlachtschiff, sein Beutestück, hatte Ochiali verloren, nicht aber seine Geistesgegenwart. Als er sich aus dem Staube machte, hatte er nur noch die Fahne der *Capitana* bei sich, aber dann gelang es dreizehn türkischen Galeeren und Galeoten, zumeist Korsarenschiffen, in Ochialis Kielwasser zu folgen; das war beinahe alles an Schiffen, worüber der Sultan im Mittelmeer noch verfügte. Die nächsten ein, zwei Tage segelte Ochiali zwischen den nahen griechischen Inseln umher, bis es ihm gelang, einen Nachzügler der christlichen Flotte, die *Bua,* zu überfallen. Nun hatte er erneut eine Prise im Schlepptau, und so führte er sein kleines Geschwader nach Osten, in Richtung Konstantinopel. Er war der einzige Überlebende der Schlacht; alle anderen türkischen Admiräle waren bei der Vernichtung der Flotte vor Lepanto ums Leben gekommen.

Fast jede moslemische Familie der Stadt trauerte um einen Verwandten, daher ließ Sokollu, der Großwesir, als eine Trostgeste die Fahne der *Capitana,* mit dem Malteserkreuz darauf, an der Kuppel der Moschee aufhängen, die einst, in den Tagen des Byzantinischen Reiches, die Kirche der Hagia Sophia gewesen war, die vornehmste Kirche der orthodoxen Christenheit. Als Sultan Selim über die Katastrophè von Lepanto unterrichtet wurde, soll er in blinder Wut ein Blutbad befohlen haben, wobei allerdings unklar blieb, ob er nur die christlichen Sklaven in seinem Reich umbringen lassen wollte, oder alle Spanier und Venezianer. Manche Quellen behaupten sogar: alle Christen überhaupt. Da seinerzeit allein in Konstantinopel etwa vierzigtausend Christen ihr Brot verdienten, wäre dies ein unerhörtes Blutbad geworden, selbst für türkische Verhältnisse.

Aber noch immer ließ Sokollu nichts unversucht, um mit französischer Hilfe hinter den Kulissen einen Separatfrieden mit Venedig auszuhandeln; er wollte die Heilige Liga ohne einen weiteren Schwertstreich zu Fall bringen. Das blindwütige Abschlachten aller Christen unter türkischer Herrschaft würde da kaum förderlich sein. Die Hohe Pforte hatte bereits für die Missetaten von Famagusta politisch einen viel zu hohen Preis bezahlen müssen. Ein Schrei nach Rache würde erschallen, der Krieg würde sich weiter hinziehen. Mit dem Hinweis, die Christen hätten inzwischen Tausende von türkischen Gefangenen, an denen sie, wenn sie wollten, Vergeltung üben könnten, gelang es Sokollu, den Sultan schließlich zu einem Sinneswandel zu bewegen.

Sokollu dürfte kaum bedauert haben, mitanzusehen, wie im Verlauf des Krieges einer seiner Widersacher nach dem andern durch Niederlagen oder Ungnade scheiterte. Er hatte alle, die mit ihm zusammen Selim auf den Thron gehoben hatten, überdauert, von nun an würde er über größere Macht als irgendein Großwesir vor ihm verfügen. Als ehemaligem Admiral dürfte ihm klar gewesen sein, daß Ochialis kleiner Triumph, der so sehr aufgeblasen wurde, nichts als ein großer Bluff war. Doch dieser Schein kam seiner Bemühung entgegen, den Krieg auf diplomatischem Weg zu beenden. Er stimmte zu, Ochiali zum Admiral der türkischen Flotte zu ernennen, obschon es damals, abgesehen von den fünfzig noch unfertigen Galeeren, die auf der Werft in Arbeit waren, überhaupt keine türkische Flotte gab. Der dünne, ernste und leidenschaftslose Großwesir stimmte sogar mit ernster Miene bei, als der Sultan ihm mitteilte, er wolle Ochiali einen neuen Ehrentitel verleihen: *Kiliç*, das Schwert. Die einstmals unbesiegbaren Türken waren jetzt an dem Punkt angelangt, zu dem alle Reiche kommen: Wenn Schlachten durch Worte gewonnen werden, wehe dem, der daran zu zweifeln wagt.

An jenem Sonntag, dem 7. Oktober 1571, gegen vier Uhr des Nachmittags, war die Schlacht von Lepanto geschlagen. Die konkrete Gefahr welche die Heilige Liga ins Leben gerufen hatte, die türkische Flotte, bestand nicht mehr. Obschon Gianandrea Doria blutbedeckt war – einer seiner Männer hatte in seiner Nähe den Tod gefunden und Dorias prächtige Kleidung mit Blut bespritzt –, so hatte er doch mit Ochiali keinen einzigen Schuß gewechselt. Im Schlachtengetümmel war es ihm aber geglückt, einige schöne Prisen an sich zu reißen. Da sein Flaggschiff als einziges unversehrt geblieben war, kamen an diesem Abend die überlebenden Kommandeure bei ihm zum Kriegsrat zusammen. Als er an Bord kam, besah Don Juan mit leichter Ironie den prächtigen Zustand des Schiffes, das war die einzige Geste des Mißfallens, die er sich erlaubte. Als Luis de Requeséns später vom spanischen König unter vier Augen gefragt wurde, wie die Genuesen sich bei Lepanto geschlagen hätten, entgegnete er diplomatisch, er habe »es nicht sehen können«. Der Papst jedoch wurde, als er davon erfuhr, zornig, und er war nicht wählerisch mit seinen Worten, als er Doria beschimpfte, »mehr wie ein Pirat denn wie ein christlicher Admiral« gehandelt zu haben, und er gab ihm einen sehr deutlichen Wink, daß er gut daran täte, sich in nächster Zeit in Rom nicht blicken zu lassen.

Als die Admiräle in der Abenddämmerung dieses aufregenden Oktobertages im Heck von Dorias Flaggschiff beieinandersaßen – ohne Barbarigo, der ein Auge verloren hatte und mit dem Tode rang – und sie sich inmitten von Wrackteilen und herumschwimmenden Leichen berieten, da müssen sie erstaunt gewesen sein ob der Vollständigkeit ihres Sieges. Mehr als zwölftausend christlicher Galeerensklaven, darunter über zweitausend Spanier, sämtlich Opfer der türkischen Sklavenjagden der vergangenen Jahre im Mittelmeer, waren jetzt wieder freie Männer. Tausende von türkischen Gefangenen mußten nun ihrerseits widerwillig den Verbündeten der Heiligen Liga auf den Ruderbänken die Muskelkraft stellen, die diese brauchten, um ihre Kriegsgaleeren flott zu halten.

Beide Seiten behaupteten, sie hätten mehr als achtzigtausend Mann vor Lepanto gehabt; doch diese Zahlen halten einer Prüfung nicht stand; es waren wohl eher fünfzigtausend, die auf jeder Seite kämpften. Die Liga verlor etwa siebentausend Mann, davon 4800 Venezianer, und zwölf Galeeren. Zehn der englischen Freiwilligen fielen im Kampf. Nach sehr vorsichtigen Schätzungen verloren die Türken mindestens fünfundzwanzigtausend Mann. Einhundertachtzig ihrer Schiffe fielen den Verbündeten in die Hand, viele davon allerdings in einem schlimmen Zustand. Der Papst bekam nunmehr einige seiner alten Galeeren zurück, denn eines der erbeuteten Schiffe, die Galeere des türkischen Zahlmeisters, war, wie sich herausstellte, das alte Flaggschiff des päpstlichen Geschwaders, das zu Zeiten Pius' IV. vor Djerba verlorengegangen war. 117 große Geschütze und 274 kleine wurden erbeutet. Nur etwa zehntausend Türken schlugen sich durch zu ihrem Stützpunkt in Lepanto, die meisten davon auf den kleinen Schiffen der Nachhut. Die Kriegsflotte des Sultans – und auch die Truppen, die sie hinbringen sollte, wann und wohin er immer befahl –, es gab sie nicht mehr.

Da in jenen Tagen der Sold nur unregelmäßig floß, war Beute des Soldaten und des Seemanns gutes Recht. Die Schiffsbesatzungen und die befreiten Ruderer waren schon dabei, alles bewegliche Beutegut an sich zu raffen, darunter auch die 150 000 Goldzechinen aus Alis schmuckem Flaggschiff, der *Sultana,* mit seinem reichvergoldeten Heck und mit einem goldbestickten grünseidenen Sonnenzelt, ferner die 40 000 Goldzechinen, die der Korsar Kara Hodscha in diesem Sommer zusammengeraubt hatte. Zwischen den Verbündeten gab es das unvermeidliche Gezänk um Prisenschiffe, gefangene Galeerensklaven und erbeutetes Geschütz; die spontane Brüderlichkeit, die sie am Tage des Ruhmes zusammenhielt, konnte nicht ewig andauern. Aber Marcantonio Colonna, dieser großzügige, unparteiische Geist, einigte sie auf einen Kompromiß. Don Juan war zwar der bei weitem am schlechtesten gestellte unter den Führern, doch verzichtete er auf seinen Anteil an dem erbeuteten Geld, den Zehnten des Oberbefehlshabers, zugunsten der glücklosen Soldaten, besonders der Verwundeten. Die Stadt Messina machte ihm ein Geschenk von dreißigtausend Dukaten, auch sie gab er den Opfern der Schlacht.

In dieser Nacht kam ein Sturm auf, und es begann zu regnen. Die Proviantschiffe waren noch immer nicht eingetroffen. Einige

Tage lang hatten die Sieger nichts zu beißen als die Rationen der Türken: Reis und Bohnen. Don Juan aß trockenen Schiffszwieback, während er am Abend von Lepanto in seiner Kabine saß und seinen Bericht an König Philipp niederzuschreiben begann. Großmütig lobte er alle seine Waffengefährten, die Wunde am Bein erwähnte er kaum. (»Der Hieb, den ich mir am Knöchel zuzog, kaum weiß ich wie, hat nichts zu bedeuten.«) Geflissentlich überging er das Verhalten Dorias, aber fügte dem Bericht beiläufig die bezeichnende Bitte an, der König möge für einen Jüngling in der Flotte sorgen, der zwar keinen Rechtsanspruch habe, jedoch von dem gefallenen Bernardino de Cárdenas als natürlicher Sohn anerkannt worden sei. Er übersandte König Philipp als Erinnerungsstück das berühmte grüne Banner aus Mekka, das den Namen Allah so unendlich oft wiederholte und das die nächsten hundert Jahre – bis es bei einem Brand zugrunde ging – als Beutestück in der königlichen Sammlung im Escorial hing. Das Banner des Sultans erhielt der Papst.

Als die langsameren Proviantschiffe am 24. Oktober schließlich bei der hungrigen Flotte vor Korfu eintrafen, gab es drei Tage lang große Festgelage und Feuerwerke. Und während Witzeleien, großmäulige Anekdoten und fromme Übertreibungen gleichsam wie ein Trost über die Lippen derer flossen, welche die Schlacht geschlagen hatten (denn nur wenige vermögen sich der blutigen Tatsachen einer Schlacht nüchtern zu erinnern), wurde Lepanto langsam aber unmerklich zur Legende – und so ging es jeder Schlacht, vorher und seitdem. Don Juan hatte befohlen, was jedermann behauptete und diesmal sogar stimmte, Maria de Bailadora solle für ihren Entschluß, Uniform anzulegen und am blutigen Kampf teilzunehmen, in die Stammrolle des Regiments aufgenommen werden und Sold erhalten. Der Neffe Pius' v., der Tunichtgut Paolo Ghislieri, den der Papst aus der türkischen Gefangenschaft losgekauft und später wegen seines schlechten Betragens aus dem Kirchenstaat hatte ausweisen lassen, war der erste, der auf eine türkische Galeere sprang. Dort fand er sich, so erzählte Ghislieri, einem Türken Karabaivel gegenüber, den er gut kannte, als er »in Algier eine Kette hinter sich herzog«. Als Karabaivel auf ihn lossprang und er ihm in die Brust schießen mußte, empfand er, so fuhr Ghislieri fort, ein gewisses Bedauern, da ihn der Türke in Algier gut behandelt hatte. Ein natürlicher Sohn des Marqués de Canete, der den Spitznamen »El Marquesillo«, das Gräflein, trug und seiner Missetaten wegen dazu verurteilt worden war, in einer der Galeeren des spanischen Königs am Riemen zu ziehen, hatte in der Schlacht solche Kühnheit offenbart, daß seine Offiziere für ihn eine Sammlung veranstalteten und ihn mit zweihundert Dukaten in die Freiheit entließen. El Marquesillo verspielte das Geld, und als er keines mehr hatte, kam er als Freiwilliger auf die Ruderbank zurück. Sir Thomas Stukeley, auch er ein natürlicher Sohn, erwarb sich in dieser Schlacht von neuem Ansehen, und auch der junge Prospero, Colonnas Erbe, gehörte zu denen, die an diesem Tag Ruhm an ihren Namen hefteten. Aber es gab auch die Antihelden, die Drückeberger: verschlagene, altgediente Veteranen, die sich unter Matratzen versteckten, während oben der Kampf tobte, und die erst herauskamen und ihre Sprüche rissen, als alles vorüber war.

Als die Siegeskunde bei dem alten Don García de Toledo eintraf, rief er beglückt aus: »Und nun müssen wir Jerusalem nehmen!« Aber Don Juans Flotte hatte bereits bei Lepanto alles erreicht, dessen sie überhaupt fähig war. Die stürmische See, die eine Galeere zerbrechen konnte wie ein paar Streichhölzer, lag noch vor ihnen. Es dauerte nicht lange und die Teilnehmer von Lepanto mußten sich in den Straßen von Neapel sagen lassen, sie hätten in voller Rüstung weiterfahren und Konstantinopel erobern sollen. So konnte nur eine Landratte die Dinge sehen! Freilich tat auch Sokollu so, als ob die Stadt bedroht sei; daher ließ er dreißigtausend Mann mit Pickeln und Schaufeln ausschicken, damit sie binnen fünfundzwanzig Tagen Gallipoli befestigten. Doch beim Großwesir wußte man nie den wahren Grund; möglicherweise inszenierte er diese Panik aus einem politischen Grund, der etliche Schichten tiefer in ihm verborgen lag.

Als sie nach der Schlacht auf die Versorgungsschiffe warteten, wäre Don Juan gern mit seinen besseren Galeeren tiefer in den Golf von Patras vorgestoßen und hätte Lepanto selber angegriffen und die Türken aus ihrem Flottenstützpunkt herausgetrieben. Aber so spät im Jahr barg selbst dieses Unterfangen ernste Risiken in sich. Im Kriegsrat fiel die Entscheidung, Doria eine Gelegenheit zu geben, sich zu rehabilitieren, indem er mit dreitausend Mann eine nahegelegene türkische Festung angriff, Santa Maura, die Insel Lefkas. Aber Pioniere berichteten, es dauere fünfzehn Tage, bis man die Mauern knacken könne. Da die Winterstürme näher kamen, wurde das Vorhaben aufgegeben.

Die Einwohner Venedigs, die nicht lange zuvor Gräben ausgehoben hatten, um eine Landung der Türken abzuwehren, sahen eine unheilkündende Galeere näherkommen, die man, nach der Takelage zu urteilen, zwar für eine venezianische hätte halten können, die aber bewaffnete Männer mit Turbanen an Bord führte. Eine Panik überfiel die ganze Stadt.

Doch diese »Türken« waren Soldaten der Liga, die mit ihren Erinnerungsstücken allerlei Blödsinn trieben, und gerade Turbane waren nach der Schlacht zu Tausenden in der Bucht umhergetrieben. Die Venezianer, die sich am Kai drängten, als die Galeeren näherkamen, konnten blutrote türkische Fahnen sehen, die als Siegeszeichen von der Reling herab ins Meer hingen. Die Angst kehrte sich in einen Freudentaumel. Ganz Venedig strömte in den Markusdom, um dort das Te Deum zu singen; die Feierlichkeiten dauerten in Venedig einige Tage lang. Der Sieg von Lepanto war beinahe allzu vollständig. In den nächsten siebzig Jahren wagten es die Türken nicht mehr, die Republik von San Marco anzugreifen, so weitverstreut und verwundbar ihr Imperium auch sein mochte. Und mit der Furcht schwand in Venedig auch das Bedürfnis nach Verbündeten.

In Rom waren die Feierlichkeiten theatralischer, auch schicklicher. »Wir werden wohl alle vor Freude sterben«, schrieb Kardinal Pacheco, der als Unterhändler am Zustandekommen der Liga beteiligt gewesen war, als sich die frohe Botschaft in der Stadt verbreitete. Drei Tage lang hatte der Papst keinen Schlaf gefunden: seine Blasensteine verursachten ihm schlimmste Pein. Aber jetzt sei der Papst und seine Umgebung *locos de placer,* schrieb Pacheco, verrückt vor Freude. Pius V. erinnerte daran, daß Don Juan, wie er glaubte, die Antwort war auf seine Gebete um einen Führer; daher zitierte er freudig über diesen Sieg aus dem Evangelium: *fuit homo missus a Deo, cui nomen erat Ioannes* – »es ward ein Mensch von Gott gesandt, dessen Name war Johannes«.

Am 4.Dezember 1571, es war ein klarer, trockener Wintertag, ritt Marcantonio Colonna auf einem kleinen weißen Pferd in Rom ein. Ein schwarzer Seidenmantel, mit Pelzwerk verbrämt, weiße Stiefel und hellrote Reithosen schützten ihn gegen die Kälte; auf der Brust trug er den Orden des Goldenen Vlieses. Hinter ihm, paarweise aneinandergekettet, in rotweißen Livreen wie ein Operettenchor, marschierten hundertzwanzig türkische Gefangene. In dem von Pius V. reformierten Rom waren wohl Umzüge erlaubt, doch keine teuren Festbankette; das Geld sollte dafür verwendet werden, Waisenmädchen mit einer Mitgift auszustatten. Die Straßen waren gedrängt voll, und die zuschauenden Römer wußten, daß diese türkischen Gefangenen als Eroberer durch die Straßen des »Roten Apfels gezogen wären, wenn Colonna und die anderen Admiräle die Schlacht verloren hätten; und nur wenige hatten wirklich den Sieg erwartet.

König Philipp erhielt die Siegesbotschaft durch einen Kurier aus Venedig, auf dem Landweg, einige Zeit bevor das Schreiben Don Juans bei ihm eintraf. Sein Vater, Karl V. war dafür bekannt, daß er Nachrichten, gute wie schlechte, stets mit unbewegtem Gesichtsausdruck entgegennahm, und Philipp bemühte sich, es ihm in jeder Hinsicht gleichzutun. Er überflog die Botschaft und sagte teilnahmslos zu den Geistlichen, sie sollten mit der Vesper fortfahren. Danach verkündete er die Neuigkeit mit ruhigem Ernst und hieß sie das Te Deum singen.

Für »den Sieg«, wie König Philipp ihn bezeichnete, »den Unser Herr unserer Flotte hat teilhaftig werden lassen«, wurde seitdem in jedem Jahr in der Kathedrale von Toledo eine Messe gelesen – wie auch in Santa Maria Maggiore, der Pfarrkirche der Stadt Rom –, und Don Juans Flagge ist dort in Toledo ausgestellt. König Philipps erste Reaktion auf das Schreiben Don Juans war fast überschwenglich: »Ich kann nicht in Worte fassen, welche Freude ich verspürte, als ich Einzelheiten von Ihrer Haltung in der Schlacht erfuhr. Ich bin glücklich, daß dieser Sieg einem vorbehalten blieb, der mir so nahesteht und mir so lieb ist.« Zum päpstlichen Nuntius an seinem Hof bemerkte der spanische König jedoch kühl: »Don Juan hat viel aufs Spiel gesetzt, und er hat dabei gewonnen. Aber er hätte die Schlacht ebensogut verlieren können.« Künftig gab es in König Philipps Einstellung gegenüber seinem überaus beliebten Halbbruder etwas von dem geheimen Neid, den der Schreibtischmensch, der mit der Feder regiert, für den Helden der Tat spürt, ganz abgesehen von dem normalen krankhaften Argwohn des Königs, der von böswilligen Höflingen durch Andeutungen geschürt wurde.

Nachdem die türkische Flotte vernichtet war, gab es im Mittelmeer keine Macht mehr, die groß genug war, Spanien entgegenzutreten oder es herauszufordern. Die Reaktion des Katholischen Königs von Frankreich – wie er sich zu nennen beliebte – auf diesen großen Sieg bestand darin, Sokollu insgeheim ein festes Bündnis gegen Spanien anzubieten. (»Die würden mit Freuden ein Auge dafür geben«, sagte der Herzog von Alba sarkastisch von den Franzosen, »wenn wir zwei verlören.«) Im belagerten Leiden trugen niederländische Kalvinisten, Anhänger des Prinzen von Oranien, kleine Halbmonde aus Messing auf ihren Hüten. Elisabeth von England, vom alten Papst als Ketzerin exkommuniziert und als Usurpator betrachtet, zeigte größeren politischen Weitblick. Für sie war Lepanto nicht so sehr ein Sieg für Spanien oder den Heiligen Stuhl als vielmehr ein Triumph der gesamten Christenheit, eine Garantie dafür, daß die sittlichen Grundwerte, auf denen Europa ruhte, weiterlebten. Um genau zu zeigen, was sie dachte, wurde die Kirche Englands, die sie per Dekret gegründet hatte, angewiesen, Dankgottesdienste abzuhalten.

Anno 1572 glänzte siebzehn Monde lang ein neuer Stern am Himmel, der erste solche Stern, flüsterte man sich zu, seit Bethlehem. Aber Glaube und Staatskunst, die sich so häufig gegenseitig im Weg stehen, hatten sich nur für kurze Zeit in Lepanto zusammengefunden. Die nationalen Interessen belasteten die Liga, und die verklärte Erinnerung bewahrten nur Menschen im Busen, die sich wenig um nationale Vorteile und um politische Macht kümmerten, und sie fand Ausdruck in Werken der Malerei und der Literatur.

Die Venezianer hatten aus ihrer Stadt ein Kunstwerk gemacht. So beschäftigte sie auch lebhaft die Frage, wie man den Sieg am besten in Gemälden verherrlichen könnte. Der Doge wollte für die Sala del Collegio des Dogenpalastes ein großes Wandgemälde haben, aber der größte damals lebende Maler, der neunzigjährige

Tizian, lehnte den Auftrag ab: er übersteige seine Kräfte. Sein anderer großer Förderer, König Philipp, würde zweifellos geneigt sein, das Bild anzunehmen, das er, Tizian, noch schaffen konnte. Jacopo Robusti, der später unter dem Namen Tintoretto zu großem Ruhm kommen sollte, bot sich an, binnen eines Jahres ein großes Lepanto-Wandbild zu malen, sogar ohne Honorar, und er war bereit, es wieder herabzunehmen, falls in den nächsten beiden Jahren ein besseres Bild zu diesem Thema entstünde. Dieser Auftrag machte Tintoretto berühmt. Später sandte Tizian König Philipp für seine Privatsammlung ein weniger gewaltiges Ölgemälde, das den Seesieg und die Geburt eines königlichen Erben in einem feiert: Philipp, zu dessen Füßen ein Türke im Turban sich niederwirft, hält seinen kleinen Sohn in die Höhe, während ein Engel auf ihn herabschwebt; im nahen Hintergrund sieht man die brennende Flotte des Sultans. Diese Elemente scheinen unvereinbar zu sein, doch Tizian bringt sie zusammen, und der uneingeweihte Besucher, der an dem Bild im Prado vorbeikommt, ist vielleicht verwundert, aber doch auch davon angerührt.

Der spanische Dichter Fernando de Herrera feierte die Schlacht mit seinem volltönenden »Canción de Lepanto« (Gesang von Lepanto), das auch heute noch gerne in Anthologien abgedruckt wird. Aber der reinere künstlerische Widerhall von Lepanto kam erst später. Deutlich liegen der verständnisvollen Ironie eines »Don Quijote« die Ereignisse des 7. Oktober 1571 zugrunde; an diesem Tag erreichten zwei gleichaltrige junge Männer, Cervantes und Don Juan, in kühnem Handeln den Höhepunkt ihres Lebens. Tatendrang, Wille, Glaube, Täuschung – dreißig Jahre lang brütete Cervantes über den tieferen Sinn dieses einen Tages nach, bevor er seinen Gedanken im »Don Quijote« Ausdruck gab.

Ein zwölfjähriger, einsamer, dazu etwas altkluger kleiner Prinz sollte über das Thema Lepanto ein Gedicht schreiben. Es war dies der nachmalige König Jakob 1. von England, der Sohn der schottischen Königin Maria Stuart. Seine Mutter war die rechtmäßige Erbin von Englands Thron, aber sie wurde ihres katholischen Glaubens wegen eingekerkert und schließlich enthauptet. Der kleine Junge lebte streng getrennt von seiner Mutter, und

der schottische Adel übergab ihn vorsichtshalber einem Gelehr-
ten, George Buchanan, damit dieser ihm den Kalvinismus ein-
bleue. (Noch Jahre später, als Jakob König von England war,
verursachte ihm der bloße Gedanke an George Buchanan Alp-
träume.) Aber seiner Mutter lag Lepanto am Herzen; sie hatte
sogar einmal ihre Bereitschaft ausgedrückt, Don Juan zu eheli-
chen. Der kleine Jakob wurde vom jugendlichen Eifer hinwegge-
tragen und schrieb elftausend Verszeilen einer Ballade. Als seine
Jugendwerke 1591 in Edinburgh veröffentlicht wurden, fühlte
sich die Schottische Hochkirche allerdings verpflichtet, entschul-
digend hinzuzufügen, »es stehe ihm Widerspruch zu seinem
Rang und seiner Religion, wie ein Lohnschreiber zum Ruhme
eines fremdländischen papistischen Bastards ein Werk zu ver-
fassen«.

Noch ein intelligenter, empfänglicher Siebenjähriger kommt
in den Sinn, ziemlich sicher begann er im Jahr von Lepanto sein
erstes Schuljahr an der Lateinschule von Stratford-on-Avon. In
den ersten fünf Jahren wurde er dort von einem Lehrer unterrichtet, der aus Oxford kam, Simon Hunt, ein Katholik und seinem
Glauben so sehr ergeben, daß er 1576 ins Exil ging. Er schloß
sich den »armen Engländern« im neugegründeten englischen
College von Douai an und wurde später ein namhafter Jesuit. In
vielen Stücken Shakespeares finden sich versteckte Hinweise auf
Lepanto: Othello geht im Dienst der Venezianer nach Zypern, da
ist von Königen von Tunis die Rede, da gibt es Herzöge namens
Prospero, und die Großherzigkeit, die das Beste von Lepanto
kennzeichnet, findet sich überall bei Shakespeare und Cervantes,
in den Meisterwerken zweier großer Literatursprachen. Die Wellen wandern weit ...

XIII

Zwischen Ehre und Notwendigkeit

Freiheit, ... diese ansteckende Krankheit, die einen nach dem anderen befällt,
wenn die Heilmaßnahmen nicht richtig angewendet werden.

DON JUAN *an Kaiser Rudolf* II., *14. Januar 1578*

Glaube muß das Ergebnis innerer Überzeugung sein und darf nicht gewaltsam
auferlegt werden. Ketzer muß man mit Weisheit besiegen, nicht mit Waffen.

Bernhard von Clairvaux

In Konstantinopel wurde in diesem Winter wie toll an neuen
Galeeren gebaut. Selbst die Vergnügungsgärten des Sultans am
Bosporus dienten zeitweise als Werftanlagen. Den Stapellauf dieser neuen Flotte überwachte Ochiali, und schon am 8. Mai 1572
berichtete der französische Gesandte an seinen König, die Türken
hätten innerhalb von fünf Monaten hundertfünfzig Galeeren
gebaut.

Es waren brauchbare Nachbildungen der algerischen Korsa-
rengaleeren, allerdings nur leicht bestückt, und die Kanonen waren schlecht gegossen. Diese neuen Galeeren sollten gar nicht
offene Seeschlachten austragen – die meisten von ihnen waren
aus kaum abgelagertem Holz schnell zusammengezimmert –,
aber sie sollten sich unübersehbar bemerkbar machen als eine
Trumpfkarte im Ränkespiel der Diplomaten.

Ochiali ließ zwanzigtausend Arkebusen anfertigen, um damit
seine Schützen zu bewaffnen, und ließ energisch Ersatz für die
bei Lepanto verlorenen Ruderer zusammentreiben. Auf der Morea wurden ganze Dörfer von aufrührerisch gesonnenen Griechen, die darauf gehofft hatten, Don Juan als ihren König zu
sehen, in die Sklaverei weggeführt. Aus dem ganzen Reichsge-
biet, bis hinunter nach Basra am Persischen Golf, wurde Muskelkraft für die neuen Galeeren in die Hauptstadt getrieben, und so
mancher blieb unterwegs tot liegen. Die Franzosen verkauften
Ochiali Segel, die niederländischen Rebellen lieferten Ruder,

Sparren und Tauwerk. Als Ochiali einmal nicht wußte, wo er
fünfhundert Anker hernehmen sollte, sagte Sokollu zu ihm: »Pascha, der Reichtum und die Macht dieses Reiches können Euch
notfalls mit Ankern aus Silber, mit Tauen aus Seide und mit
Segeln aus Satin versorgen. Wenn Ihr für Eure Schiffe etwas
braucht, so kommt und fragt.«

Doch Seekrieg in der Größenordnung der Schlacht von Lepanto war teuer, und trotz der hochtönenden Ermutigungen des
Großwesirs verschärfte der Schiffsbau im Osmanischen Reich
wie auch in Spanien jene rätselhafte Krankheit der Wirtschaft,
den Preisauftrieb, die Inflation. Bereits 1574 hatte die türkische
Währung derart an Kaufkraft eingebüßt, daß die Janitscharen
klagten, die Münzen, mit denen sie besoldet würden, seien
»leicht wie Mandelblätter und wertlos wie Tautropfen«. 1575
erklärte der spanische Staat offiziell seine Zahlungsunfähigkeit.
Schlimmer noch: Sultan Selim wie auch König Philipp hatten
Ausgaben für die Niederwerfung von Aufständen. Die Revolten
der Araber im Jemen – der Quelle von Kaffee, Weihrauch und
Gewürzen – sollen dem Osmanischen Reich jährlich zwei Millionen Dukaten gekostet haben; die Gesamteinkünfte des osmanischen Staates schätzten die Venezianer damals auf sieben bis acht
Millionen Dukaten im Jahr. Spanien mußte eine Armee finanzie-
ren, die, vielleicht sechzigtausend Mann stark, unter dem Herzog
von Alba den Aufstand in den Niederlanden niederschlagen
sollte. Die Kosten für die Flotte der Heiligen Liga beliefen sich
jährlich auf vier Millionen Dukaten, wovon Spanien die Hälfte
aufbringen mußte. Beute gab es zwar reichlich, aber die eingezo-
genen Soldaten leisteten keine produktive Arbeit, und mit den
requirierten Proviantschiffen konnte man keinen Handel treiben:
Kriegführung brachte stets auch große unsichtbare Lasten.

Venedig war das schwächste Bündnisglied der Heiligen Liga.
Die Stadtrepublik verdiente das tägliche Brot mit Handel und
Bankgeschäften, und der Krieg, der jetzt ins dritte Jahr ging,
hatte den Handel beinahe zum Versiegen gebracht. Daher war es
Sokollus Plan, mit den neuen Galeeren, ohne sie freilich jemals
einem Gefecht auszusetzen, so lange Eindruck zu schinden, bis
der Kampfwille der Venezianer gebrochen war. Es war ein typi-
scher Gedankenflug Sultan Selims, die Sache einmal so zu sehen:

»Als die Venezianer meine Flotte versenkten, verbrannten sie nur meinen Bart; als ich ihnen jedoch Zypern wegnahm, verloren sie einen ganzen Arm.« Selims Interesse an der herrscherlichen Machtausübung wurde immer geringer. Er hatte Zypern seinem Reich hinzugefügt; nun gut, damit hatte er der Tradition Genüge getan. Von nun an zog er sich in den Harem zurück, überließ die Regierungsgeschäfte Sokollu, seinem Großwesir, und genoß die intimen Vergnügungen so gründlich, daß er im Dezember 1574 im Alter von fünfzig Jahren erschöpft seinen Geist aufgab.

Sein Nachfolger war Murat III., Shakespeares Amurath. Joseph Micas brachte dem neuen Sultan den wöchentlichen Korb mit zuverlässigen Speisen und erlesenen Weinen, wurde aber verächtlich zurückgewiesen. Micas' gewaltiger politischer Einfluß und seine Gesundheit – er litt an Gallensteinen – schwanden schnell dahin. Er konnte von Glück reden, daß sein Vermögen bis zu seinem Tod mehr oder weniger unangetastet geblieben war.

Sultan Murat III. bestieg den Thron, nachdem er seine fünf jüngeren Brüder hatte umbringen lassen – die gewohnte Prozedur. Seine Habgier grenzte an manische Sucht. Sein Bett im Harem stand über einer Grube, die mit Schätzen angefüllt war. Er hatte nicht weniger als hundert Söhne. Im Jahr 1579 soll er beabsichtigt haben, alle Juden in seinem Herrschaftsbereich umbringen zu lassen, und diesen Plan nur aufgegeben haben, weil ihm die jüdische Gemeinde ein riesiges Bakschisch anbot. Die Behauptung ist bestritten worden, aber mit Murats Ruf und der Zeitstimmung hätte es durchaus im Einklang gestanden. Die milde Toleranz der Türken gegenüber Völkern, deren Glaube sich wie der ihre auf eine Heilige Schrift stützte, seien es Juden oder Christen, war verflogen.

Eine Weile noch konnten die Juden auf die guten Dienste einer alten Verbündeten Joseph Micas' bauen: Esther Kyra, einst die schönste Frau im Harem, inzwischen freilich recht beleibt. Sie bot ihren großen Einfluß auf, um Murat III. davon abzubringen, ihrem Volk zu schaden. Dann allerdings kam der Tag der Abrechnung. Esther Kyra wurde im Hof des Wesirs erdolcht und an einem Strick in die Stadt hinabgeschleift, wo sie den herumstreunenden Hunden zum Fraß gegeben wurde. Tags darauf wurde ihr Sohn gleichfalls umgebracht und an dieselbe Stelle geschleift, doch sollen (so berichtet der Chronist) die Hunde noch satt gewesen sein.

Bei König Philipp wußte man oft nicht, warum er eine Entscheidung vor sich herschob. Lag der Grund dafür in seiner neurotischen Persönlichkeit, oder war es ein wohlüberlegter Akt der Politik? Papst Pius v. war am 1. Mai 1572 seinem Leiden erlegen, daher gab es im Herzen der Christenheit niemanden mehr, der Philipp zu einem Sommerkrieg hätte bewegen können, zumal dies in jenem Jahr stärker im Interesse Venedigs gelegen hätte als in seinem eigenen. Philipp hatte den spanischen Galeeren den Befehl zur Teilnahme an der Liga-Kampagne des Jahres 1572 erst gegeben, als die Kampfsaison schon halb vorüber war. Die Gelegenheit, den glänzenden Sieg von Lepanto zu nutzen, wurde verspielt. Don Juan vertat seine Zeit mit wachsender Ungeduld an Land, während Marcantonio Colonna mit dem, was von seiner Flotte übriggeblieben war – Schiffe der Venezianer, des Heiligen Stuhls, der Malteserritter und der Florentiner – auf See ausfuhr. Jegliche Hoffnung auf einen schnellen Schlag und die Rückgewinnung Zyperns wurde begraben. Was ging König Philipp eigentlich Zypern an?

Den ganzen Sommer über vermieden es die Türken, sich auf ein neues Lepanto einzulassen. Colonna gelang es nicht, sie zu stellen, obwohl sie der unvollständigen Flotte der Liga in der Anzahl der Schiffe überlegen waren: 200 gegen 126. Doch zeigte ein schauriger Zwischenfall, daß der leidenschaftliche Türkenhaß, der so viel zu dem großen Sieg beigetragen hatte, noch immer lebendig war.

Hamet Bey, ein Neffe des großen Barbarossa, war ein wegen seiner Grausamkeit berüchtigter türkischer Kommandeur. Dem geschickten Santa Cruz gelang es, die Kriegsgaleere Hamet Beys von der türkischen Flotte zu trennen und ihn mit seinem Flaggschiff zum Kampf zu stellen. Da flammte auf den Galeerenbänken des Türken die Hoffnung auf Rache und Freiheit auf. Der Ruderschlagmann streckte Hamet Bey mit einem Schlag nieder, und die angeketteten Galeerensklaven beachteten weder Peitsche noch Säbel: Sie zerrten den hilflosen türkischen Kapitän, den sie so sehr haßten, von Bank zu Bank, von Ruderknecht zu Ruderknecht. Ihre einzige Waffe, ihre Zähne, waren vom Hunger geschärft. Jeder biß gierig in das lebende Fleisch hinein, und nach hundert Bissen seiner Galeerensklaven, noch bevor Santa Cruz auf das erbeutete Schiff gelangen konnte, war Hamet Bey tot.

Die Venezianer wußten, daß der Krieg, wenn er sich weiter hinschleppte, ihnen den Bankrott bringen werde, und das bedeutete für sie Hunger. Doch nach außen hin gaben die Venezianer, wie es nun einmal ihre Art war, vor, daß sie dem nächsten Jahr 1573 mit Zuversicht entgegensähen und daß sie dreihundert Galeeren und sechzigtausend Mann stellen würden. Sie fragten den Papst geradeheraus, ob er in Anrechnung auf ihren vorgesehenen nächstjährigen Flottenanteil venezianischen Kirchenbesitz in Zahlung nähme. Der Papst war klug genug, seine finanzielle Hilfe auf eine Anleihe über hunderttausend Dukaten zu beschränken. Aber das spielte schon keine Rolle mehr, denn am 7. März 1573 wurde bekannt, daß Venedig einen Separatfrieden mit der Pforte unterzeichnet habe.

Aus den Bedingungen dieses Friedens, bemerkte Voltaire später einmal, könnte man durchaus schließen, daß die Venezianer die Verlierer von Lepanto gewesen seien. Sokollu hatte zäh verhandelt. In Ordnung, Venedig könne seine alten Privilegien im Gewürzhandel mit der Levante wiederhaben; aber alle gefangenen Venezianer mußten ausgelöst werden, wohingegen die gefangenen Türken ohne Lösegeld heimkehren konnten. Für die Inseln Zakynthos und Kephallenia mußte Venedig jährlich einen Tribut von 2500 Zechinen bezahlen, ferner dreihunderttausend Zechinen Kriegsentschädigung, zahlbar in drei Jahresraten. Venedig durfte nur sechzig Galeeren aussenden, der Sultan hingegen dreihundert. Als Seitenhieb auf König Philipp, den unbeliebten Oberherrn über ein gut Teil Italiens, verpflichteten sich die Türken feierlich, Venedig gegen jeden künftigen Angriff Spaniens beizustehen. Dieser Vertrag war eine klassische diplomatische Kehrtwendung, ein »Renversement des alliances«.

Der neue Papst Gregor XIII., der vor allem durch seine Kalenderreform in die Geschichte eingegangen ist, erlitt einen Wutanfall, als er dies alles vernahm. Don Juan jedoch, der sich gerade in

Neapel aufhielt, nahm es mit mehr Ruhe zur Kenntnis. Er ging zum Fahnenmast am Ende der Mole, holte mit eigener Hand die Kreuzesflagge der Liga herab, und hißte statt ihrer die Flagge Spaniens. Sofort ließ er die Ermächtigung Venedigs widerrufen, in Sizilien Getreide einzukaufen, aber es war zu bemerken, daß Don Juan jegliche Venedig verletzende Äußerung vermied. Dies war die Zeit im Leben Don Juans, als er so sehr aufging in der Heiligen Liga und völlig eins war mit ihren Zielen, daß er sein politisches Urteil nicht mehr ausschließlich als Spanier bildete. Manche politische Maßnahme, die in Madrid ergriffen wurde, betrachtete er mit innerem Vorbehalt. Der romantische, ritterlich gesonnene junge Mann lag mit dem Geist seiner Zeit tief im Widerspruch: Er lebte am Vorabend eines militant nationalistischen Zeitalters – das in seinen letzten Todeszuckungen das uns vertraute vielgegliederte Europa beinahe selber zerstört hätte – und begann in den Begriffen einer europäischen Christenheit und ihrer Einheit zu denken und zu handeln.

Der Vertrag zwischen Venedig und den Türken war in Wahrheit besser, als es den Anschein hatte. Eine Entschädigung von dreihunderttausend Zechinen klang zwar ungeheuer groß, war aber nicht mehr als es Venedig kostete, seine Kriegsflotte vier Monate lang auf See zu halten. Dafür erhielt die Republik von San Marco den Levantehandel und ihr ganzes Imperium zurück, allerdings ohne Zypern. Sokollu stammte noch aus einem anderen Zeitalter, seine Klugheit verbarg die Schwäche des Osmanischen Reiches. Die Venezianer hatten richtig erraten, daß Konstantinopel im Innern hohl war. Mit dem Verfall des Sultanats und der Niederlage von Lepanto ließ auch die türkische Angriffslust nach. Der Schacher mit Sokollu brachte den Venezianern siebzig Jahre des Friedens, und in dieser langen Zeit verrotteten Ochialis schnell zusammengehauene Galeeren auf ihren Liegeplätzen.

Nach Venedigs Ausscheiden aus der Liga bestand die verbündete Flotte hauptsächlich aus spanischen Schiffen, und sie war jetzt kaum groß genug, sich mit den Türken auf eine offene Seeschlacht einzulassen, selbst wenn Ochiali leichtsinnig genug gewesen wäre, es mit ihr aufzunehmen. Aber im Sommer 1573 hätte König Philipp sie brauchen können, um einen Schlag in

eigener Sache zu führen. Seit Jahren stand fest, daß Spanien ein
Anrecht auf Tunis hatte, die Stadt, die nur wenige Jahre zuvor
von Ochiali erobert worden war, damals, als Ochiali die Moriscos im Stich ließ. König Philipps Sinn für Gerechtigkeit mochte
es nicht übel gefallen, die Stadt zurückzuerobern, die seinem
Vater, Karl v., in früheren Jahren zu einem großen Kreuzfahrer-
sieg verholfen hatte.

Unweit von Tunis, in La Goletta, besaß Spanien noch immer
einen nützlichen Stützpunkt. Dieses Fort stand am Eingang eines
Kanals, der die seichte Bucht von Tunis mit ihrem Gewimmel
von Flamingos und ihrem Abwässergestank mit dem Meer verband. Die Spanier hatten einen weiteren Marionettenkönig in der
Hinterhand, Muley Mohammed, einen Bruder jenes unbeliebten
Königs von Tunis, den Ochiali so wenig feierlich vor die Tür
gesetzt hatte. Einer Legende zufolge stammte er von Melchior
ab, einem der Heiligen Drei Könige, die nach Bethlehem gezogen waren. Es sollte nicht weiter schwierig sein, mit der Ligaflotte Tunis zu nehmen, doch die Stadt hinterher zu halten,
mochte sich als weniger einfach erweisen.

König Philipps Befehl, auszurücken und Tunis zu nehmen,
traf verhängnisvoll spät ein, aber dank seiner Schneid und Tüch-
tigkeit gelang es Don Juan dennoch. Erst am 7. Oktober 1573,
dem zweiten Jahrestag von Lepanto, war die verbündete Flotte
von Sizilien in Richtung Tunis ausgelaufen, und schon am nächsten Tag stand Don Juan mit 104 Galeeren, 42 Versorgungsschif-
fen und 19280 Soldaten, darunter Spanier, Italiener und Deutsche, vor La Goletta. Die türkische Garnison verzog sich auf dem
Landweg von Tunis nach der heiligen Stadt Kairuan und wartete
ab. Muley Mohammed wurde auf den Thron seines Bruders
gesetzt, und die längst fällige Instandsetzung der baufälligen Befestigungsanlagen von Tunis und La Goletta in Angriff genommen. Am 1. November 1573, als die Stadt wieder unter dem
Schutz Spaniens stand, kehrte Don Juan nach Sizilien zurück. Die
Eroberung von Tunis war trügerisch schnell gelungen.

Aus diesem kurzen Feldzug behielt Don Juan ein Beutestück
für sich: ein Löwenjunges aus den Ruinen von Karthago, »das in
seinem Gemach lebte und auch dort schlief«. In Sizilien lag bereits ein Geheimbericht für ihn vor, der davor warnte, daß die

Türken beabsichtigten, im nächsten Jahr eine Flotte auszusenden, die größer sei als jede bisherige. Als ein Grieche, der für den Sultan spioniert hatte, gefaßt und Don Juan vorgeführt wurde, bewahrte dieser ihn nicht nur vor dem Galgen, sondern zeigte ihm sogar den ganzen Flottenstützpunkt von Messina. Dann schickte er ihn seinem türkischen Brotherrn mit der Botschaft zurück: »Obschon ich ihn hätte hinrichten lassen können, habe ich doch sein Leben gespart und ihm überdies gestattet, meine Vorbereitungen und Pläne in Ruhe kennenzulernen – nämlich, Euch fürderhin mit Krieg zu überziehen.«

Womöglich waren die Türken von Spaniens Weltreich stärker beeindruckt, als eigentlich nötig gewesen wäre, und sie hatten mittlerweile auch großen Respekt vor Don Juan. Einige seiner etwas großartigeren Gesten, etwa kriegsgefangene Kinder aus dem Harem mit Geschenken überhäuft, ohne Lösegeld zu fordern, nach Hause zu schicken, stimmten die Türken nachdenklich. Don Juan war sich dessen bewußt und verhielt sich entsprechend. Aber auch die großzügigsten Gesten Don Juans konnten Tunis kaum retten, wenn König Philipp nicht den Willen aufbrachte, seinen neugewonnenen Besitz zu verteidigen.

König Philipp begann zu fürchten, der neuerliche Verlust von Tunis könne die Türken dazu bewegen, diesen teuren Seekrieg endlos weiterzuführen. Jetzt hielt Sokollu die Trümpfe in der Hand. Seine Friedensbedingungen hatte er bereits wissen lassen, sie waren hart. (»Falls der König von Spanien Frieden haben will, muß er Tribut bezahlen und einige Burgen in Sizilien opfern.«) Die Flotte, die der Sultan im Jahre 1574 aussandte, war immer noch zu kümmerlich für eine Schlacht, rein zahlenmäßig aber größer als die türkische Flotte, die Don Juan vor Lepanto vernichtet hatte. Sowohl in Tunis als auch in La Goletta waren die Befestigungsarbeiten nachlässig ausgeführt worden. Während Ochiali und Sinan, der Admiral des Sultans, vor der Küste erschienen, marschierte der ehemalige türkische Gouverneur von Tunis mit mehreren tausend Beduinen von der schwach besetzten Landseite her auf die Stadt zu. Am 23. August, nach fünf Wochen Belagerung, fiel die Festung La Goletta.

Und was tat die Ligaflotte in all dieser Zeit? Sie lag in Sizilien vor Anker – für eine schnelle Galeere nur eine Tagesreise von

Tunis entfernt. Und die Befehle, die Don Juan in diesem Sommer von König Philipp erhielt, waren beinahe unglaublich: Es wurde ihm untersagt, seine Galeeren aufs Spiel zu setzen, um Tunis zu retten. Sollte die Flotte tatsächlich auslaufen, so mußte Don Juan das Kommando jenem lahmen, übervorsichtigen Don García de Toledo übergeben, oder, noch schlimmer, Gianandrea Doria. Und für den Fall schließlich, daß die Galeeren tatsächlich den Hafen verlassen mußten, sollte sich Don Juan an Land versteckt halten, doch das Gerücht verbreiten lassen, er sei mit auf See, bei der Flotte. Da ein klägliches Geheimnis wie dieses nie lange gehütet werden konnte, wurde damit ganz offensichtlich bezweckt, Don Juans Ansehen bei seinen eigenen Leuten zu untergraben, ihn zum Lügner und Feigling zu stempeln. Don Juan kehrte nach Madrid zurück, wo die Intrigen gegen ihn ihren Ursprung nahmen, nicht ohne zuvor mit seinem üblichen Freimut zu melden: »Ich habe meinen Posten verlassen, da ich lieber Ungehorsam als Unehre auf mich nehme.«

Nach Tunis gab es an Philipps Hof jemanden, der beständig gegen Don Juan Stimmung machte, obgleich dieser nie herausbrachte, wer es war und warum es geschah. König Philipp kannte Stimmungen, in denen Neid und Mißtrauen zutage traten, aber er versuchte immer, seinem beliebteren Halbbruder Gerechtigkeit widerfahren zu lassen. Doch diesmal war es ein Meister, der mit den krankhaften Ängsten des Königs sein böses Spiel trieb.

Ruy Gómez, dem Don Juan während des Feldzugs gegen die Moriscos Briefe geschrieben hatte »wie an einen Vater«, war an der Spitze der Friedenspartei gestanden, derjenigen am Hofe, die geglaubt hatten – zu Recht übrigens –, Albas Politik des Terrors werde in den Niederlanden kläglich scheitern. Ruy Gómez starb 1573 als Fürst von Eboli; Minister wurde dann Antonio Pérez, der nach außen gelassen, auch allmächtig schien, in Wahrheit aber wie jeder türkische Wesir auf einem Drahtseil tanzte, wobei der kleinste falsche Schritt seinen Sturz bedeuten konnte.

Pérez war nur einige Jahre älter als Don Juan; auch er war ein natürlicher Sohn. Sein Vater war Karls v. Sekretär gewesen, und ihm war die Gnade zuteil geworden, durch ein kaiserliches Dekret legitimiert zu werden. König Philipp verließ sich auf Antonio Pérez, wie er sich niemals zuvor auf einen Menschen verlassen hatte. Der neue Minister, so zeigte sich, konnte auf eine beinahe unheimliche Weise voraussehen, was der König als nächstes zu tun gedachte. Pérez kannte die geheimsten Gedanken des Monarchen so genau, weil er dessen Mätresse verführt hatte.

Obschon König Philipp mit Willensstärke und der Kraft des Gebets alles versuchte, was in seiner Macht stand, um unerwünschte Veranlagungen zu unterdrücken, war er doch auch der Enkel der wahnsinnigen Johanna. Er hatte sogar in seinem Äußeren viel Ähnlichkeit mit ihr, und ihr Erbgut verriet sich auch in seinem Verhalten: Es kam vor, daß der König, während er scheinbar unbewegt an einer höfischen Zeremonie teilnahm, plötzlich seine Beherrschung verlor und unanständiges Zeug daherredete oder sogar in einen Schreikrampf fiel. Liebesangelegenheiten behandelte Philipp mit größter Diskretion. Nach Ruy Gómez' Tod war es seine Witwe, die Prinzessin von Eboli, ein faszinierendes Geschöpf, dem ein herabhängendes Augenlid einen zusätzlichen pikanten Reiz verlieh, die sich dem König liebenswert und zugänglich erwies. Dank ihrer Ehe mit Ruy Gómez war die Prinzessin eine Frau, die etwas von großer Politik verstand; nun hatte der König zumindest einen Menschen, dem er sich anvertrauen konnte. Diese Liaison gefiel ihm, sie verschaffte ihm von Zeit zu Zeit, in seinen nimmer enden wollenden Plackereien, eine angenehme Pause. Doch die Prinzessin gab seine politischen Geheimnisse weiter an ihren zweifellos noch muntereren Geliebten.

Pérez hatte Grund zu glauben, daß ein Mann bei Hofe sein Geheimnis erraten haben könnte: Juan de Escovedo, der Sekretär Don Juans. Offenkundig war Pérez auf Don Juan eifersüchtig, und er traute ihm, wie das bei solchen Menschen leicht der Fall ist, mehr List und Verschlagenheit zu, als Don Juan in Wirklichkeit besaß. Er griff zu dem naheliegenden Mittel, Don Juan beim König anzuschwärzen, damit der König ihm keinen Glauben schenke, falls Escovedo Don Juan etwas offenbare und dieser es an seinen Halbbruder weitergäbe. Kleine krankhafte Zweifel an Don Juan – wie überhaupt an beinahe jedermann – gärten ohnehin in Philipps Busen. Antonio Pérez schickte sich an, diese Zweifel gewaltig anzufachen.

Pérez' heimtückischer Einfluß auf den König konnte natürlich kein gutes Ende nehmen; eines Tages stürzte er von seinem Drahtseil herab. Am 28. Juli 1579 kam ihm der König auf die Schliche und ließ sofort den bislang allmächtigen Minister festsetzen. Die Jahre vorher waren freilich für Don Juan schlimm gewesen: Der König hatte ihn zwar zu schwierigen Aufgaben herangezogen, aber er war ihm immer mit Mißtrauen begegnet.

Die Belohnung, die Don Juan für seine großen Verdienste um die spanische Krone erbat, zeigt, welche Wunden die Nadelstiche König Philipps in diesen Jahren bei ihm hinterlassen hatten. Don Juan bat darum, als Infant anerkannt zu werden, als nachgeborener Sohn königlichen Geblüts, wenn auch als unbedeutendster und an letzter Stelle, doch endlich mit unbezweifelbarem Anspruch auf den Titel »Hoheit«. Aber diese Rangerhöhung hätte ihn theoretisch einen kleinen Schritt dem Thron näher gebracht, und dies konnte wiederum so gedreht werden, daß es den Argwohn bestätigte, den Antonio Pérez in König Philipp genährt hatte. Der König erteilte seinem Halbbruder eine unerklärlich kühle Ablehnung.

Papst Gregor XIII. machte alles noch schlimmer, als er wiederholte, was schon Papst Pius V. vorgeschlagen hatte, daß nämlich Don Juan für seine großen Verdienste einen Thron verdiente. Der Papst schlug den Thron von Tunis vor, was König Philipp mühelos sarkastisch zurückweisen konnte. Dann schlug der Papst ihn vor für das – wie er es nannte – »Englische Unternehmen, da viele wünschen, wie die englischen Katholiken bereits gezeigt haben, daß er ihr König werde, indem er sich mit Maria vermählt, der Königin der Schotten«. Das Englische Unternehmen roch nach fahrendem Rittertum – die Befreiung einer eingekerkerten Königin – und lockte mit dem halben Versprechen auf einen Thron. Die Intrige war bereits weit gediehen; Maria Stuart hatte bereits angezeigt, daß sie bereit sei, Don Juan zu heiraten, als ihr geheimer Mittelsmann, ein furchtloser Jesuit namens Nicolas Sander, diese Frage stellte. König Philipp versicherte Don Juan seinerseits, »wenn das Englische Unternehmen gutgeht, so wird es mir gefallen, Euch dort zu sehen«. Aber dieser so anziehend geköderte Haken erwies sich als zu groß.

Girolamo Lippomano, der venezianische Gesandte in Neapel, wurde im Sommer 1575 um eine jener vertraulichen und kühl-akkuraten Beschreibungen von politischen Persönlichkeiten gebeten, welcher sich die Diplomatie der Republik nutzbringend zu bedienen pflegte. Lippomano beschrieb Don Juan als einen Mann mittlerer Größe, wohlgestaltet, von schönem Antlitz und voller Anmut. Er sei prächtig gekleidet, und niemand verstehe wie er mit Pferden umzugehen. Er schäme sich auch nicht, so berichtete Lippomano, ein Kind der Liebe zu sein, wiewohl er Bedauern empfinde, daß der Kaiser für ihn nicht anders verfügt habe als in Abhängigkeit vom spanischen Kronrat. Zur Entspannung spiele er stundenlang Netzball und sei dann mit ganzem Herzen bei der Sache. Überdies sei er »klug und sehr überlegt, redegewandt, vorsichtig, geschickt in den Geschäften«, und »er sucht sein Vergnügen bei jenen Frauen, deren Gewohnheit es ist, mit Fürsten Umgang zu pflegen«. Das Französische spreche er »ausgezeichnet«, er verstehe auch Deutsch und Flämisch. Dies war also zweifellos jemand, der älter und weiser war als der eifrige Jüngling, der im Kampf für König Philipp in den Alpujarras seine ersten Sporen verdient hatte.

Der Plan des Papstes, Elisabeth, die ketzerische Königin von England, von ihrem Thron herabzustoßen, und ihre katholische Rivalin und legitime Thronerbin, die eingekerkerte Maria Stuart, auf ihren Stuhl zu setzen, dieses »Englische Unternehmen« hatte einen Grundfehler: Es beruhte auf falschen Nachrichten, welche von Leuten stammten, die den Bezug zur Wirklichkeit verloren hatten. Die katholischen Exulanten aus England, auf deren Rat sich der Papst verlassen mußte, lebten noch in der Vergangenheit, unter der kurzen Herrschaft Maria Tudors, der Katholischen, und sie hofften gegen jegliche Vernunft darauf, die Uhr zurückzudrehen und ihrem Glauben wieder zum Vorrang zu verhelfen. Sie sehnten sich nach einem Wunder. Unter ihnen befand sich jedoch ein erfahrener Soldat, Sir Thomas Stukeley, mutmaßlicher Sohn Heinrichs VIII. und Waffengefährte des Don Juan bei Lepanto. Stukeley steckte bereits bis zum Hals in der Verschwörung, Maria Stuart zu befreien. Als Don Juan ihn vorsichtig aushorchte, erzählte er von einem Plan, der so einfach wie tolldreist war. Er wollte eine Handvoll Männer irgendwo an der englischen Küste landen, wo es eben günstig war, und von dort mit ihnen wie der Teufel über Land reiten, nach Sheffield Castle, um Maria Stuart zu befreien, indem er, ganz einfach, ihre Wachen überraschte. Im kleinen Kreis brüstete sich Stukeley, er könne mit dreitausend Mann England erobern (wiewohl Elisabeth eine Armee von vierzehntausend Mann aufrufen mußte, um 1569 den Aufstand der Katholiken niederzuwerfen).

Don Juan erklärte sanft, eine Landungsvorbereitung, wie sie Stukeley vorschwebe, könne kaum unbemerkt bleiben. Wenn Elisabeth nur ein Gerücht davon zu Ohren käme, und die Spione von Sir Francis Walsingham saßen überall, dann brauchte sie lediglich die Königin von Schottland in ein anderes Gefängnis verlegen zu lassen, und die heranreitenden Befreier wüßten nicht, wo sie nach ihr suchen sollten. Jeder Landungsversuch in England, selbst der kleinste, würde das ganze Königreich hinter Königin Elisabeth vereinen. »Auf all diese Einwände«, berichtete Don Juan an König Philipp, »reagierte er, indem er sie herunterspielte, wie es eben bei Leuten der Fall ist, die von daheim vertrieben wurden und sich danach sehnen, zurückzukehren.«

Luis de Requeséns, der Don Juan bei Lepanto als dessen rechte Hand gedient hatte, wurde von König Philipp als Gouverneur in die Niederlande gesandt, in der vergeblichen Hoffnung, Luis könne den Schaden, den Alba mit seiner Brutalität angerichtet hatte, wieder beheben, indem er den Aufständischen ein paar Zugeständnisse machte. Es gab eigentlich nur zwei Maßnahmen, die Katholiken wie Protestanten gleichermaßen Vertrauen einflößen konnten: die Duldung abweichender religiöser Überzeugungen und die Wiederherstellung aller alten Freiheiten in den siebzehn Provinzen. Aber das wollte König Philipp freiwillig niemals zugestehen. Luis de Requeséns stand mitten in dieser unerfüllbaren Aufgabe, als er unerwartet starb.

In Krisenzeiten zeigte König Philipp gewöhnlich politische Klarsicht, wenn er auch meist sehr bedächtig handelte. Der Aufstand in den Niederlanden gegen die Autorität des Königs wurde von Wilhelm von Oranien angeführt, der einstmals Günstling Karls v. gewesen war. Philipp konnte ihn schon in seinen Jugendtagen nicht ausstehen; Oraniens Charme, seine geschmeidige Intelligenz und seine hartnäckige Verschmitztheit waren ihm zuwider. Seitdem hatte sich Wilhelm als Sprecher des Protestantismus und der niederländischen Rebellion in der Welt einen großen Namen gemacht. Als Gouverneur brauchte Philipp jemanden, der die gleiche hervorragende Befähigung besaß wie Oranien und das gleiche Ansehen, der aber auf seiten der Katholiken stand. In dieser Hinsicht reichte niemand an Don Juan heran.

Zwar quälten den König insgeheim Zweifel – und Pérez schürte sie nach Kräften –, doch er beugte sich der augenfälligen politischen Notwendigkeit. Don Juan wurde in die Niederlande geschickt, um Luis de Requeséns' Amt zu übernehmen. Der letzte große Kampf im Leben Don Juans sollte gegen einen Mann stattfinden, der seiner würdig war, einen Gegner, der sich bewußt war, daß er die Zukunft verkörperte.

Wilhelm von Oranien, Hollands Nationalheld, ist mancherorts besser bekannt unter dem Namen Wilhelm der Schweiger. Dieser Beiname flößt zwar Vertrauen ein, er wird aber seinem Träger nicht gerecht. Der Schweiger, »der Verschwiegene« (Friedrich Schiller), ist eine taktvolle, aber falsche Übersetzung von *shluwe,* was eher hinterhältig oder verschlagen bedeutet. Wilhelm war ein Meister der Sprache, wenn es darum ging, seine Anhänger anzufeuern, seine Widersacher in die Irre zu führen oder seine eigenen Gedanken zu verbergen. Er war auch kein Puritaner – wiewohl er im Alter von vierzig Jahren, nachdem er einmal Lutheraner und zweimal Katholik gewesen war, jetzt das Abendmahl nach Art der Kalvinisten nahm, wobei er den Hut aufließ. Doch das war nichts weiter als eine schlau berechnete Geste, um sich seiner kalvinistischen Anhänger, seiner besten Soldaten, zu versichern.

Im Jahr 1558 hatte Wilhelm den Fürstentag zutiefst schockiert, als er verkündete, er halte Ehebruch nicht für eine Sünde. Wilhelm hatte als junger Mensch ein riesiges Einkommen, mehr als hundertsiebzigtausend Gulden, doch er lebte derart in Saus und Braus, daß er bei den wohlhabenden Kaufleuten von Antwerpen, von denen nicht wenige mit dem Protestantismus liebäugelten, bald mit einer Million in der Kreide stand. Das Bürgertum, das ihn später politisch unterstützte, lernte Wilhelm erst so richtig kennen, als es ihm um Geld anging.

Seine radikalen Anhänger vertrauten ihm noch viel mehr, seit er sich eine entlaufene Nonne, Charlotte de Bourbon, zur dritten Frau nahm, die aus persönlicher Überzeugung zum Kalvinismus übergetreten war. Ihre hochfürstliche Familie hatte sie im Alter von zwölf Jahren gezwungen, in einen Konvent einzutreten, um die Mitgift zu sparen. Später wurde Charlotte Äbtissin. Als sie auf Calvins *Institutio* stieß, machte sie sich diesen neuen und verführerisch argumentierenden religiösen Standpunkt zu eigen, entfloh den Klostermauern und verliebte sich schließlich in einen nicht mehr ganz jungen Witwer, Wilhelm von Oranien, den Vorkämpfer der Sache des Kalvinismus. Sie wurde ihm eine großartige Frau und gewann sogar das Lob ihrer Schwiegermutter, die von ihr sagte, sie »zeichnet sich aus durch ihre Tugend, ihre Frömmigkeit und ihre große Intelligenz, und sie ist, in summa, so vollkommen, wie ihr Gatte sie nur wünschen kann«. Ihre glückliche Ehe fand auch die Zustimmung von Wilhelms radikalen Anhängern, die sich von ihrem Führer dadurch unterschieden, daß sie neben ihrer eigenen Auffassung keine andere bestehen ließen.

Als eine Persönlichkeit des öffentlichen Lebens, die ihre Überzeugungen ohne größere innere Schwierigkeiten mehrmals gewechselt hatte, besaß Wilhelm – anders als diese seine Anhänger – kaum die Neigung, Andersgläubige zu verfolgen. »Es gereicht einem Volk zum Schaden«, bemerkte er einmal, »wenn es zusehen muß, wie ein Mensch verbrannt wird, weil er so gehandelt hat, wie er es für richtig befand, denn dies ist eine Angelegenheit des Gewissens.« Wilhelm konnte zwar seine religiösen Bindungen wechseln, wenn es ihm politisch zum Vorteil gereichte, aber nach seiner innersten Überzeugung sollte jede Glaubensform toleriert werden. Auch Katholiken und Juden waren Niederländer – was gab es Besseres, als diese Glaubensunterschiede zu begraben und vereint gegen die Unterdrückung der Spanier zu kämpfen, die ja alle drei bedrohte? Toleranz war für ihn kein Notbehelf, sondern ein Grundsatz; diese Auffassung war in seinen Tagen völlig neu, und darin unterschied sich dieser große Mann von seinem neuen Gegenspieler Don Juan.

Don Juan übte zwar die Macht, die ihm von seinem König übertragen wurde, gewöhnlich in einer Weise aus, die man –

gemessen an seiner Zeit – als großmütig und menschenfreundlich bezeichnen muß, doch hätte er die Vorstellung, Andersgläubige zu dulden, nicht geschluckt. Er war in einer Führungs-
schicht großgeworden, die Freiheit wie eine ansteckende Krankheit betrachtete, als etwas Unerklärliches, das ein bislang treues
Volk unregierbar machte. Lag es nicht auf der Hand, daß nur
dann, wenn alle Untertanen einer Regierung in den tiefen Werten
von Verhalten und Glauben, in ihrer Religion, einer Meinung
waren, eine Nation entstand und zusammengehalten werden
konnte? Wie konnte eine Regierung längere Zeit bestehen, wenn
sie Ketzer duldete? Spanien hatte dies in seinem langen Krieg
gegen den Islam hinlänglich bewiesen.

Als Philipp im Alter von achtundzwanzig Jahren von seinem
Vater, Karl v., die Niederlande übernahm, die wichtigste Quelle
der kaiserlichen Einkünfte, da widerte ihn an, was er dort vor-
fand. König Philipp konnte nicht Flämisch und nur wenig Französisch, aber er konnte sehen, daß die Katholiken in den großen
Handelsstädten auf gefährliche Weise lau waren. Ganz offen
machten sie Geschäfte mit Lutheranern, Wiedertäufern, Kalvinisten und Juden; über die Unterschiede in Glaubensdingen sahen
sie hinweg. Die Einkünfte aus diesen siebzehn Provinzen könnten größer sein, wenn nicht jede von ihnen ihre eigenen – eifersüchtig gehüteten – Rechte, Traditionen, örtlichen Regierungen
und Steuersysteme hätte. Philipp fand, es sei politisch und moralisch gerechtfertigt, diese Unterschiedlichkeiten aufzuheben und
den Niederländern ein allgemeines Recht aufzuerlegen, das ihr
König zu ihrem eigenen Besten für sie ausgearbeitet hatte. Er
hatte nicht die Absicht, ein Herrscher über Ketzer zu sein. Die
Niederlande, wohlhabend, vielgestaltig, unruhig und zivilisiert,
sollten von seiner Armee und der Inquisition zur Raison gebracht
und dann von einem Zentrum aus, nämlich von Philipp persönlich,
regiert werden, wie Spanien und das Reich in Übersee. Nachdem
Philipp dieses doktrinäre Vorhaben in die Wege geleitet hatte,
verließ er die Niederlande – und sollte nie mehr dorthin zurückkehren. Damals begannen die Schwierigkeiten.

Wenn man sich König Philipps Autorität widersetzte, rief man
in ihm das Schlimmste wach. Grausamkeit fand Philipp niemals

abstoßend. Gegen den Rat menschenfreundlicher und einsichtiger Leute wie Ruy Gómez hatte er den Herzog von Alba in die Niederlande geschickt, mit einer großen Armee und dem Befehl, Angst zu säen. Die Methoden von Albas »Blutrat«, sie werden auch heute noch von repressiven Regimen angewandt, zielten auf die potentiellen Führer. Der Rat erstellte eine Liste von Leuten, die in der Öffentlichkeit gewisse geistige Unabhängigkeit gezeigt hatten: Gelehrte, wohlhabende Bürger, mutige Beamte, Andersgläubige – kurzum, Persönlichkeiten, die möglicherweise einen örtlichen Widerstand in die Hand nehmen konnten. Wer auf diese Liste kam, wurde festgenommen und gefoltert, um weitere Namen preiszugeben, dann kurzerhand aufs Schafott gebracht; sein Vermögen verfiel dem Staat, der davon Albas Armee bezahlte. Pieter Bruegel der Ältere hat dem Schrecken dieser Zeit in seinem Gemälde »Das Massaker an den unschuldigen Kindlein« Ausdruck verliehen, das er gegen Ende seines Lebens malte: Vor schneebedeckten Bergen halten flandrische Frauen ihre toten Kinder in den Armen; verrichtet wird die Bluttat von Soldaten des Herodes, deren Anführer wie Alba aussieht.

Diese Schreckenszeit verwandelte Wilhelm vollkommen. Der bislang üppig lebende Aristokrat, seit seiner Kindheit ein Diener der Krone, wurde zum Volkstribun. Geschickt bediente er sich der Druckerpresse im Ringen gegen die Spanier. In Deutschland warb er Truppen an, die er über die niederländische Grenze brachte und gegen die spanische Besatzungsmacht einsetzte. Im Felde wurden seine Leute beinahe immer geschlagen, allein ihr Mut hielt die Hoffnung am Leben. Wilhelm hatte das Glück, Albas Terror persönlich zu entkommen – in Dillenburg besaß er eine Zuflucht außerhalb Albas Machtbereich –, aber viele seiner Freunde fielen ihm zum Opfer. Seine riesigen Ländereien in den Niederlanden wurden beschlagnahmt, sein ältester Sohn, der an der Universität Löwen studierte, wurde entführt und in Spanien in den Kerker geworfen. Wilhelm lernte Armut und Verbannung kennen. Doch Wilhelms ehrfurchtgebietende, ja beinahe hochmütige Hartnäckigkeit brachte schließlich die Wende.

Einige der Piraten im Ärmelkanal, die sich selber als Wassergeusen bezeichneten, hatten einen patriotischen und kalvinistischen Standpunkt eingenommen. Mit ihnen war nicht leicht Kirschen essen; sie plünderten unparteiisch Freund wie Feind. Aber im April 1572, nachdem sie den Hafen von Brielle an der Rheinmündung in Besitz genommen hatten, schlossen sie sich Wilhelm von Oranien an. Im Namen seines kleinen Fürstentums verlieh Wilhelm ihnen Offizierspatente – und auf einmal verfügten die Rebellen über eine Marine und einen Hafen. Wilhelm verstärkte die örtlichen Milizen durch kalvinistische Freiwillige aus Schottland, England, Frankreich, aus Deutschland und aus der Schweiz und stellte eine kleine Armee zusammen, die diszipliniert, wenn auch noch nicht imstande war, in eine offene Feldschlacht zu gehen.

Der König von Spanien mußte damals gerade den Staatsbankrott erklären; dies nahm ihm die Möglichkeit, auf dem europäischen Geldmarkt Kredite aufzunehmen. Sollte er aber versuchen, auf dem Seeweg Gold oder Silber herbeizuschaffen, um seine Soldaten zu entlöhnen, so lagen im Ärmelkanal die Seeräuber bereits auf der Lauer. Früher einmal waren die spanischen Truppen bescheiden, ergeben und stolz gewesen; vermutlich hätten sie selbst unbesoldet Disziplin gewahrt, denn schließlich wurden die meisten europäischen Armeen damals unregelmäßig entlöhnt. Aber unter Alba waren sie allzu lange Schreckensverbreiter gewesen. Und Terror als Herrschaftsprinzip schlägt auf die Moral derer zurück, die ihn verbreiten.

Am 8. November 1576 marschierte die Armee König Philipps revoltierend in Antwerpen ein, und damit begann die »spanische Schreckenszeit«. Die Stadt war das Zentrum des europäischen Finanzwesens, sie war unermeßlich reich. Ludovico Guicciardini, ein italienischer Historiker, der Antwerpen zur Wahlheimat erkoren hatte, erklärte 1560, daß hier binnen zweier Wochen mehr Geschäfte getätigt würden als in Venedig in einem ganzen Jahr. Offiziell war die Stadt katholisch, aber es war dort beinahe jede Glaubensgemeinschaft vertreten, von den Wiedertäufern bis zu den Moslems. Die spanischen Soldaten taten sich viel zugute auf ihren katholischen Glauben, aber als sie erst einmal in Antwerpen waren, galten ihnen die Gebote und Bindungen ihrer Religion nichts mehr. »Die Ansteckung« einer bösartigen Freiheit« ergriff sie, und sie waren verrückt nach Geld. Aus Soldaten wurden habgierige Räuber, ganz Antwerpen wurde ihnen zur Beute.

Der englische Dichter George Gascoigne, ein Augenzeuge, schreibt in seinem Buch »The Spoyle of Antwerp« über die spanischen Soldaten: »Sie schonten weder Freund noch Feind, Portugiesen oder Türken, selbst die Jesuiten mußten ihre Barschaft geben und alle anderen Ordenshäuser Geld und Silber. Nach drei Tagen fand sich in Antwerpen, einer der reichsten Städte Europas, weder Geld noch anderes Gut, außer in den Händen von Mördern und Huren.« Die spanischen Soldaten mordeten ohne Ansehen der Person siebentausend Einwohner; sie brandschatzten ein Drittel der Stadt. Indem König Philipp versuchte, das Glaubensbekenntnis zum Werkzeug von Machtpolitik zu machen – und Cäsaren, Sultane, Zaren, Kaiser und Kommissare haben vor ihm und seither das getan –, zerstörte er nicht nur die Armee, auf die seine Herrschaft sich stützte, sondern er vernichtete auch die menschliche Gesellschaft, die zu schützen eigentlich die Aufgabe seiner Regierung war.

Das war die Stunde des Oraniers. In den gesamten Niederlanden war nur Wilhelms kleine Armee von Rebellen in der Lage, im Alltag Recht und Ordnung aufrechtzuerhalten. Die Niederländer waren bereit, zumindest zeitweise, Wilhelm von Oranien als den Garanten gegen staatlich verordnete Grausamkeit anzuerkennen. Dieser Krieg war noch lange nicht zu Ende; er zog sich – reichlich zusammenhangslos – noch über achtzig Jahre hin. Aber für Philipp II. war dies allerdings der Wendepunkt; sein moralischer Anspruch auf die Herrschaft in den Niederlanden, den er von seinem Vater geerbt hatte, war aufgebraucht.

In Madrid war die Entscheidung schon gefallen, den Sieger von Lepanto als neuen Gouverneur in die Niederlande zu senden.

König Philipp befahl Don Juan, aus Zeitersparnis den direkten Weg in die Niederlande durch Frankreich zu nehmen, den die Franzosen am liebsten für spanische Staatspersonen gesperrt hätten. Er sollte mit einer Gruppe von nicht mehr als zwölf Berittenen zu Pferd reisen, und nicht mehr als zwanzigtausend Dukaten aus der Flottenkasse zur Deckung der Kosten seiner Amtsführung mitnehmen. Auch sollte er den Papst nicht wissen lassen, auf welcher Route er reisen würde. (Der Papst, der bereits dazu neigte, Don Juan eher als den Seinen anzusehen denn als den Mann

König Philipps, brachte den Reiseweg allerdings bald genug in Erfahrung.)

Don Juan hatte sich bemüht, Grundlinien festzulegen. Er war in der Obhut eines flandrischen Musikanten aufgewachsen, er kannte die Sprache und wußte etwas über die Menschen, mit denen er zu tun haben würde. Sein Vater, Kaiser Karl v., war in jungen Jahren als Herzog von Burgund allgemein beliebt gewesen. Seine Mutter, Barbara, war noch immer eine prominente Figur im lauten nächtlichen Treiben von Antwerpen und von Brüssel. Seine Jahre im Dienst der Heiligen Liga hatten ihm viel Einsicht in die Unzulänglichkeiten der spanischen Politik gegeben: Sie war zögernd und bigott. Don Juan wünschte, daß König Philipp seine Absicht, die Verwaltung der Niederlande zu zentralisieren, aufgäbe; das war ohnehin bald sinnlos, denn nach dem Schock dieser Plünderung galt des Königs Wort ohnehin nur noch in zwei der siebzehn Provinzen. Der neue Gouverneur, von dem man sich vermutlich Besseres erhoffte, könnte vielleicht noch Beistand finden, wenn er den aufständischen Provinzen einige ihrer alten Freiheiten zurückgäbe. Rache lag ihm nicht; er erbat die Vollmacht zur Begnadigung. Er versuchte auch die Zusicherung zu erlangen, daß das Geld, dessen er zu seiner Regierung bedurfte, regelmäßig eintreffe, aber da es um des Königs Kredit schlecht stand, war das zuviel verlangt.

Don Juan machte einen Umweg, weil er seiner verwitweten Ziehmutter Magdalena de Ulloa Lebewohl sagen wollte. Dann färbte er sich das Gesicht mit Walnußsaft und überschritt, als maurischer Reitknecht seines Freundes Octavio Gonzaga verkleidet, die Pyrenäen. Über Pferde und den Dorfalltag wußte er genug, um in einem Wirtshaus am Wege als Pferdeknecht gelten zu können. Gonzagas Ritt durch Frankreich blieb fast unbemerkt, er reiste als Edelmann mit drei Dienern.

In Paris stieg Gonzaga in einem Gasthof gegenüber der spanischen Gesandtschaft ab und ließ den Gesandten, Don Diego de Zuñiga, wissen, daß sie eingetroffen waren. Am gleichen Abend gab der König im Louvre einen Ball. Der dunkelhäutige, gutgekleidete und zurückhaltende junge Fremdling, ein ausgezeichneter Tänzer, erregte an diesem Abend allgemeine Aufmerksamkeit, da er sich sichtlich bis über beide Ohren verliebte. Jeder-

mann sah, wie er der berühmten Margarete von Valois den Hof
machte, der Königin Margot, wie man sie nannte, der Schwester
des verweichlichten Heinrichs III., *femme fatale* inmitten von Katharina von Medicis vier degenerierten Söhnen. Man sah zu und
machte sich Gedanken. Margot war geistreich, intelligent, vorur-
teilslos bis zur Unmoral, eine Freidenkerin und dem Lebensge-
nuß hingegeben. Auch ohne ihre königliche Herkunft würde
man sich ihrer als Schriftstellerin auch heutigentags noch erinnern.

Nicht lange zuvor war Margot, aus politischen Gründen, mit
dem Führer der Protestanten, mit Heinrich von Navarra, eine
Ehe eingegangen. Ein Gerücht wollte freilich wissen, sie sei zur
gleichen Zeit die Geliebte des Herzogs von Guise gewesen, des
Anführers der militanten katholischen Partei. Königin Margot
liebte es, ihre Liebhaber auszuwählen, so wie ihr gerade der Sinn
stand, sei es wegen ihres Aussehens, sei es wegen ihrer Aus-
dauer, aber sie wußte auch die explosive Mischung von Leidenschaft und Macht zu schätzen. An diesem Abend im Louvre
würde Don Juans persönliche Ausstrahlung genügt haben, mehr
als ihre Aufmerksamkeit zu erregen, von Rang und Namen einmal ganz abgesehen. Doch Margot wußte auch, daß eine Liebelei
mit Don Juan dem französischen Königshaus etwas eintragen
könnte. Die südlichen Niederlande, das heutige Belgien, konnte
Don Juan nur zurückgewinnen, wenn Frankreich guten Willen
zeigte – warum aber sollten diese Provinzen nicht eines Tages
von ihrem königlichen Bruder Anjou regiert werden, der jetzt
müßigging?

Noch niemals hatte sich Don Juan in eine Frau verliebt, die so
gerissen war und so verkommen wie diese Königin Margot. Sie
überwältigte ihn einfach. »Ihre Schönheit«, so vertraute er einem
Freund an, »ist eher göttergleich als menschlich; sie wird die
Seelen der Menschen eher verderben als erretten.« Als sie sich
leidenschaftlich voneinander verabschiedeten, versprachen sie
sich, jedes Hindernis zu überwinden, um sich wiederzusehen.
Mit jedem Schritt, den Don Juan von nun an tat, ging es bergab.

In Paris fand sich Don Juan in Sachen der Leidenschaft wie in
Angelegenheiten der Politik ganz offensichtlich in einer anderen
Welt. Der Glaube bedeutete hier im zerstrittenen Norden nicht

mehr das, was er den Besten von ihnen bei Lepanto gewesen war: der Mittelpunkt des Menschenlebens. Oftmals war er nur der Name von Parteien, die man nach Laune wechseln konnte; er konnte sogar zu einem Signum der Schande werden. Guise' radikal-katholische Partei hatte die angesehensten Hugenotten zu einem Gespräch nach Paris geladen, nur um sie dort, in der Bartholomäusnacht, kaltblütig zu meucheln, eine Perfidie, die sogar einem türkischen Sultan zur Schande gereicht hätte. Angestiftet wurde dieses Massaker von der Königinmutter, Katharina von Medici, die bekanntlich »nicht an Gott glaubte«. Ihr verderbter Sohn, der König, hatte seine Zustimmung erteilt; aber ausgeführt wurde es von soliden und schwerarbeitenden Bürgern, den glühend katholischen Mitgliedern der Pariser Zünfte.

Der ethische Gehalt des Rittertums, das den Helden von Lepanto so viel bedeutet hatte, schmolz dahin. Und Don Juans Standesgenossen in Europa fingen allen Ernstes an, aus dem Rittertum ein persönliches Eigentum zu machen, so wie sie die Ländereien der Kirche sich angeeignet hatten, das Erbe der Armen. Statt die heilige Jungfrau Maria zu verehren, wie es im Mittelalter frommer Brauch gewesen, machten die Engländer ihrer jungfräulichen Königin den Kult. Der erste bedeutende englische Dichter, der sich offen zum protestantischen Glauben bekannte, war Edmund Spenser; in seinem Epos »The Faerie Queene« (Die Feenkönigin) hat er das alles dargetan. Niedergeschrieben hat er es in einer belagerten Burg inmitten der wilden, romantischen und zerquälten Landschaft Irlands. Sein Gedicht zeigt, wie man mit der Sprache des fahrenden Ritters ebensogut die protestantische Sache schmücken konnte. Die Tugenden des Edelmanns konnten der habsüchtigen Oberschicht des protestantischen England sehr wohl als Maske dienen, auch in den kommenden Jahrhunderten, als sie fremde Kontinente eroberte. Der Mythos, der das tatenreiche Leben Don Juans bisher bestimmt und ihm einen sittlichen Inhalt gegeben hatte, klang hier in Paris nicht mehr echt. Die Krise seines Lebens rückte näher.

Die Seeschlacht von Lepanto
Kupferstich von Fernando Bartelli, Venedig 1572.
Venedig, Museo Storico Navale. Im Vordergrund, links von der Mitte,
der siegreiche Oberbefehlshaber Don Juan d'Austria

Luxemburg war die südliche der beiden Provinzen, die noch immer auf seiten König Philipps standen. Dort traf Don Juan am 3. November 1576 ein. Er war hierher gereist, um zuerst eine schwere Aufgabe zu erfüllen, die ihm der König auferlegt hatte.

Don Juans Mutter, die einstmals so attraktive Barbara, war in mittleren Lebensjahren eine lebenstolle, verschwenderische Frau geworden. Die Leibrente von zweihundert Dukaten, die ihr Karl V. auf dem Totenbett vermacht hatte, war mittlerweile auf dreitausend Dukaten erhöht worden; trotzdem reichte ihr das Geld nie aus. »Ihr Geld zu schicken«, hatte der Herzog von Alba in Madrid gewarnt, »bedeutet, es zum Fenster hinauszuwerfen.« In früheren Jahren war sie einmal unwiderstehlich gewesen; doch inzwischen war sie fünfzig und unausstehlich.

Im Jahr von Lepanto hatten König Philipp und der Herzog von Alba im Stillen beschlossen, diese liederliche und zügellose Frauensperson aus dem Auge der Öffentlichkeit zu entfernen. Alba machte sie sich zugänglicher, indem er ihre Schulden beglich, und im September 1571 gelang es ihm beinahe, sie an Bord eines Schiffes zu lotsen, das angeblich nach Antwerpen ging, in Wirklichkeit jedoch nach Spanien fuhr mit dem Auftrag, sie dort in ein Kloster zu stecken. Aber Barbara durchschaute ihre Möchtegern-Entführer, und von da an war sie ihnen ein Stachel im Fleisch.

Wenn man dem venezianischen Gesandten glauben darf, war der Skandal, den Barbara in den Niederlanden verursachte, von Don Juans Feinden bei Hof gegen ihn verwendet worden, als dort seine Ernennung zum Gouverneur der Niederlande zur Entscheidung stand. Man begann bereits sich Barbaras zu bedienen, um Einfluß auf den neuen Gouverneur zu nehmen. So hatte beispielsweise kurz zuvor Maria Stuart die Gräfin von Northumberland, eine Katholikin, die nach Lüttich ausgewandert war, gebeten, sich für die Freilassung eines Glaubensflüchtlings namens Stanton einzusetzen. Statt nun auf die Ankunft Don Juans zu warten und ihn unmittelbar anzusprechen, versuchte die Gräfin sich zuerst seiner Mutter zu versichern. Das war mehr, als König Philipp zulassen konnte.

In Luxemburg sah Don Juan seine Mutter zum ersten Mal von Angesicht zu Angesicht, seit er ihr als Kind gewaltsam entrissen worden war. Doch diese Begegnung von Mutter und Sohn war alles andere als ein spontaner Gefühlsaustausch. Don Juan war gekommen, um seine Mutter dem Willen des Königs gefügig zu machen. Er sollte sie überreden, sich freiwillig und ohne viel Aufhebens an Bord eines spanischen Kriegsschiffes zu begeben, das bald in einem Geleitzug in Richtung Spanien auslaufen sollte.

Sie gab nach; seinetwegen wollte sie in das spanische Kloster gehen. Er war ihr Fleisch und Blut, und er war tapfer, gutaussehend und unwiderstehlich. Sie gab ihm nach, wie sie anderen Männern nachgegeben hatte; aber Barbara hatte sich immer zu rächen gewußt. Bei ihrem Abschied brachte sie Don Juan triumphierend eine Wunde bei, die nie mehr heilen sollte. »Es war falsch«, soll sie gesagt haben, und zwar so laut, daß auch andere es hören konnten, »ihn des Kaisers Sohn zu nennen.« Während Barbara das Lager des Kaisers geteilt und seinen gichtigen Körper gepflegt hatte, hatte auch ein hübscher Artillerist ihre Zuneigung gefunden.

Das Wetter war abscheulich; die schweren Besäufnisse und die rohen Ausschweifungen, die in den Niederlanden jedermanns Zuflucht waren, sagten ihm nicht im mindesten zu. Die Menschen dort hielt er für »herumwandelnde Weinschläuche«. Er fand sich bald, wie er es einmal nannte, in einem »Babylon des Ekels« und, schlimmer noch, »ohne einen einzigen Menschen, dem ich mich anvertrauen kann«. Er sah sehr deutlich, was ihm da als Gouverneur aufgebürdet worden war, und mit undiplomatischer Offenheit schrieb er an König Philipp, »der Name Eurer Majestät wird in den Niederlanden ebenso verabscheut und verachtet, wie der des Prinzen von Oranien geliebt und gefürchtet wird«. Er empfahl Philipp, sich auf einen »rohen, schrecklichen Krieg« einzustellen, denn die geldbewußten Holländer seien sich inzwischen sicher, daß Spaniens Finanzquellen erschöpft seien. (Da irrten sie: Das Silber aus den schier unerschöpflichen Minen von Potosi in Peru gab dem Land bald neuen Auftrieb.)

In dieser trostlosen Situation gab es einen Hoffnungsschimmer. Wenn Wilhelm von Oranien seinen Anhängern Toleranz predigte, wurde er nur selten angehört. Die fanatischen Kalvinisten, das Rückgrat seiner Armee und Flotte, waren überzeugt, wie solche Leute es gewöhnlich sind, daß nur ihre Auffassung die richtige sei. Wenn Wilhelm sie nicht fest an der Kandare hielt, versuchten sie, alles auf ihre Weise zu machen.

Im Gefolge von Wilhelms Armee kehrten verbitterte Glaubensflüchtlinge in die Städte der südlichen Niederlande zurück, wo der Kalvinismus selbst unter Alba insgeheim weitergelebt hatte. Etliche unter ihnen wollten ihren Glauben – den Glauben einer Minderheit – mit Gewalt zum Glauben der Mehrheit machen. Kalvinistische Bilderstürmer bemächtigten sich so mancher römisch-katholischen Kirche, warfen die Kunstgegenstände hinaus, weißten die Wände, rissen den Altar nieder und benutzten den nun kahlen Kirchenraum, um darin ihre eigenen Gottesdienste abzuhalten. Sie bedienten sich eines Tricks, um die Franziskaner, die selbst bei Nichtkatholiken wegen ihres einfachen Lebens und ihrer karitativen Tätigkeit angesehen waren, in Verruf zu bringen: Sie zeigten sie bei den mehr revolutionär gesonnenen Stadtverwaltungen wegen Unzucht an. Die Aggressivität dieser doktrinären Fanatiker alarmierte die friedfertige katholische Mehrheit des Südens und spielte damit Don Juan in die Hände. Philipp war jedermann verhaßt; aber manche fingen an, auf Don Juan zu hoffen.

Wilhelm von Oranien wußte, wie gefährlich es war, mit den unbeliebten kalvinistischen Extremisten gemeinsame Sache zu machen, mochten sie auch noch so gute Soldaten sein. Um so mehr Freunde Don Juan gewann, desto größer wurde die Gefahr, daß Wilhelm von Oranien – zumindest im Süden des Landes – isoliert werden könnte. Oranien unterschätzte anfangs Don Juan; er versicherte seinen Anhängern, der neue Gouverneur unterscheide sich nicht von Alba, er sei lediglich »jünger und dümmer und noch weniger imstande, seinen Groll und seine Pläne für sich zu behalten, und er brenne noch mehr darauf, seine Hände in Blut zu baden«. Dennoch war es schon einigen Leuten aufgegangen, daß dieser neue Gouverneur kein Häscher und kein Folterknecht war.

Mit gefrorenem Lächeln saß Don Juan Festbanketten vor, die für die meisten der braven Bürger vermutlich damit enden würden, daß sie unter dem Tisch lagen. In Löwen, auf einem Fest der fünf Zünfte, denen die Verteidigung der Universität anvertraut war, lieh er sich eine Armbrust und tat den besten Schuß, was ihm das goldene Schützenabzeichen und den Titel des Schützenkönigs des Jahres eintrug. Im Frühjahr 1578 berichtete ein englischer Spion namens Fenton über seine Beobachtungen im Hennegau im katholischen Süden, wo Don Juan sein Feldlager hielt. Don Juan zahlte für allen Truppenbedarf, er hatte dem Plündern ein Ende gemacht. Die Bauern behandelte er gut. »Dank seiner Menschlichkeit«, schrieb der Spion, »macht er auf die Leute einen tiefen Eindruck, und er verändert den Lauf des Krieges, indem er sich beliebt macht und den Haß, den man den Spaniern allgemein entgegenbrachte, versiegen läßt.« Don Juan stellte nicht nur, wo er konnte, die alten Vorrechte der Niederländer wieder her, er wäre auch in Glaubensdingen gern zu den guten alten Tagen Karls v. zurückgekehrt, als man das Gesicht wahrte, indem man den katholischen Glauben zum offiziellen Bekenntnis erklärte, aber den gemäßigteren Formen des Protestantismus gegenüber ein Auge zudrückte.

Diese Art von stillschweigender religiöser Toleranz hätte auch Königin Elisabeth i. von England gefallen, denn Toleranz hätte den Druck vermindert, den die Fanatiker im Kronrat auf sie ausübten. Diese Hitzköpfe wollten zugunsten der Niederländer gegen Spanien in den Krieg ziehen. Doch Elisabeth besaß politischen Weitblick. Ein endloser Krieg in den Niederlanden mit plebejischen Revolutionären an der Spitze konnte das Königtum selber bedrohen.

Während Don Juan dank seiner ruhigen, aber wirkungsvollen Arbeit langsam an Boden gewann, gab es Versuche, ihn zu entführen oder umzubringen. Wilhelm von Oranien war gewöhnlich darin eingeweiht; das zeigt, wie sehr er Don Juan jetzt fürchtete. Wenn es Don Juan gelänge, die Wachsamkeit der Niederländer einzulullen und wenn ihr Haß gegen die Spanier nachließe, so war seine Sorge, was würde dann König Philipp hindern, einen neuen Herzog von Alba zu schicken?

Eine neue spanische Armee war bereits auf dem Marsch; sie war allerdings viel kleiner als die Albas. Am 15. Dezember 1577 traf sie in den Niederlanden ein: zehntausend Mann, darunter viertausend Franzosen, die der Herzog von Guise in Erwartung künftiger Gefälligkeiten geschickt hatte. Angeführt wurde sie von Alexander Farnese, dem kleinen, feingliedrigen, dunkelhaarigen, intelligenten Mann, seit Kindheitstagen mit Don Juan befreundet, dessen Waffengefährte er auch bei Lepanto gewesen war. Am 31.Januar 1578 schlug die Armee Alexanders, die unter einem Kreuzesbanner angetreten war, das an Lepanto erinnerte – »In hoc signo vici Turcos in hoc Hieraticos vincam« (In diesem Zeichen habe ich die Türken besiegt, in diesem Zeichen werde ich die Ketzer besiegen) –, auf dem Schlachtfeld von Gembloux Wilhelms holländische Heißsporne samt den ausländischen Hilfstruppen mit einer Leichtigkeit, die beunruhigen mußte. Die meisten der schottischen Freiwilligen wurden gefangengenommen, und sie erwarteten Schlimmes, weil sie sich in einen Konflikt eingemischt hatten, die sie nichts anging. Aber Don Juan ließ sie allesamt laufen.

Alexander Farnese fiel auf, was auch anderen nicht entgangen war, daß Don Juan seine gewinnende Strahlkraft verloren hatte. Als er ihn jetzt wiedersah, war er dünn und blaß geworden und hatte in diesem frostigen Tiefland drei böse Fieberanfälle hinter sich. Geduld und Umsicht hatten ihm eine kleine Verschnaufpause verschafft, aber alle seine Arbeit hatte bisher inmitten von Wolken und Nieselregen, von Verrat und Trunkenheit, von Furcht und Mißtrauen getan werden müssen. Einige in seiner engsten Umgebung, die den Wandel in ihm bemerkten, argwöhnten sogar, daß langsam wirkendes Gift im Spiel sei. Ihm schien es, daß er unter den beiden Laufbahnen, die Kaiser Karls letzter Wille ihm eröffnet hatte, die falsche gewählt habe. Jetzt tat es ihm leid, sein Leben nicht der Kirche gewidmet zu haben, er »konnte nur noch daran denken, Einsiedler zu werden, denn dann könnte die menschliche Mühsal, weil geistiger Natur, nicht völlig vergeblich sein«.

Sir Francis Walsingham, der Jurist, der Königin Elisabeths erstaunlich erfolgreichen Geheimdienst leitete, war in ihrem Kronrat ein Sprecher jener hitzköpfigen Protestanten, die Wilhelm von Oranien unterstützen und in den Krieg eingreifen wollten. Er gehörte auch zu denen, die willens waren, ein Problem durch kalten Mord aus der Welt zu schaffen. Er hatte da einen Häftling im Londoner Tower, einen Mann namens Radcliffe, der angeblich von einem Grafen abstammte, auch er also einer dieser natürlichen Söhne, die durch die politische Szene jener Zeit geisterten. Sir Francis Walsingham sorgte dafür, daß Radcliffe verstand, was man von ihm erwartete. Dann wurde er freigelassen. In der Verkleidung eines englischen Katholiken, der heimlich ins Ausland geht, überquerte er den Kanal. Unter einem religiösen Vorwand sollte er eine Unterredung mit Don Juan suchen und ihn mit einem vergifteten Dolch umbringen.

Aber Ihrer Britischen Majestät Spion wurde bereits von Seiner Katholischen Majestät des spanischen Königs Gesandten in London überwacht. Don Bernardino Mendozas Warnung traf gerade noch rechtzeitig ein: Radcliffe konnte festgenommen werden, als er, eine Armeslänge von Don Juan entfernt, in dessen Audienzgemach stand. Als Don Juan aber von Radcliffe erfuhr, mit welch üblen Druckmitteln Walsingham ihn gefügig gemacht hatte, machte er großmütig von seinem Gnadenrecht Gebrauch und rettete ihn vor dem Galgen.

Schon wenige Tage später fand sich Don Juan von Angesicht zu Angesicht im Gespräch mit dem Mann, der den Mörder über den Kanal geschickt hatte. Es ergab sich, daß Sir Francis Walsingham im Auftrag Königin Elisabeths Don Juan in diplomatischer Mission besuchen mußte. Der Mörder und sein Opfer blickten einander an und tauschten allerlei Artigkeiten aus. Seit jenem Sonntagvormittag des Jahres 1571, als Don Juan mit seiner *Real* pfeilgerade auf das türkische Flaggschiff zugefahren war und aus Übermut auf seinem Heck eine Galliarde getanzt hatte, war er in eine gänzlich neue moralische Welt eingetreten. Walsingham machte eine Aufzeichnung über ihre Begegnung, denn Don Juan hatte ihn beeindruckt. »Nie sah ich einen Edelmann«, so schrieb er, »von solcher Statur und Rede, von soviel Geist und Gefälligkeit.« Doch er notierte noch eine Beobachtung, die zutreffen mochte, »einen großen Widerstreit in seiner Brust zwischen Ehre und Notwendigkeit«.

Um sich der südlichen Niederlande zu versichern, benötigte Alexander Farnese einen Stützpunkt, einen Brückenkopf zu seinen katholischen Verbündeten in Frankreich, von dem aus er operieren konnte. Er brauchte im Süden auf andere Weise das, was der Prinz von Oranien mit Brielle besaß.

Namur, am Zusammenfluß von Sambre und Maas, wurde von einer Festung auf einem Felsen, gut 150 Meter über dem Fluß, bewacht. Dorthin zog Don Juan, teils um eine Zeitlang der ständigen Mordgefahr auszuweichen, teils der Festung wegen. Doch gab es noch einen weiteren, ganz persönlichen Grund. Königin Margot – »die die Seelen der Menschen eher verderben als erretten« wird – befand sich auf dem Weg zu den Wassern von Spa. Von Lüttich wollte sie einen Umweg machen und Don Juan in Namur besuchen.

Während dieser paar Tage war die graue, bescheidene kleine Stadt so belebt wie es die Höfe in Italien waren, als Don Juan, der Held der Heiligen Liga, dort geweilt und alle Frauenaugen auf sich gezogen hatte. Margot, diese große, dunkelhaarige Königin, von hellem Teint und mit Füßen, so erzählte man sich, wie die eines Kindes, kam auf der Straße von Lüttich der Stadt näher. Sie reiste in einer mit goldenen Säulchen verzierten und mit scharlachrotem Samt ausgeschlagenen Sänfte und hielt durch die verglasten Fenster Ausschau nach ihm. Zehn Ehrendamen ritten im Damensitz hinter ihr her, dann folgten sechs Kaleschen mit Dienern und ihre Wachen.

An der Spitze einer prächtig ausstaffierten Eskorte von Reitern kam ihr Don Juan entgegen. Er sprang aus dem Sattel, küßte Königin Margot auf die Wangen und geleitete sie nach Namur. Nach Sonnenuntergang waren alle Häuser an den Straßen der Stadt ihr zu Ehren mit Kerzen hell erleuchtet. Die Gemächer, die er für sie hatte vorbereiten lassen, waren üppig geschmückt. Der Bettbehang ihres Schlafgemachs zeigte gestickte Szenen aus der Schlacht von Lepanto – das war das Letzte, was ihre Augen sehen sollten, bevor seine Küsse sie schlossen.

Am nächsten Morgen schallten Trompeten, und der Tag begann mit einem Hochamt. Auf einer Insel im Fluß ließ man sich ein kleines Mahl bereiten, Musikanten auf dem Wasser spielten auf, während die Gäste in einer vergoldeten Barke hinübergerudert wurden. Nach Einbruch der Dunkelheit wurde bei Fackellicht auf dem Grase getanzt. Die Bürger der Stadt und die Garnison waren von diesen wohlbedachten Schauspielen derart gefangengenommen, daß es den Männern Don Juans ein leichtes war, kurz darauf den Felsen zu erklettern und die Zitadelle zu nehmen.

Kaum hatte Don Juan diesen für Alexander Farneses langfristige Pläne unentbehrlichen Brückenkopf gesichert, da raffte ihn der Tod hinweg. Der Typhus befiel ihn unterwegs derart unerwartet und heftig, daß behauptet wurde, er sei vergiftet worden. Unter dem Dach eines Taubenhauses, das man rasch säubern ließ, um ihn vor dem üblen Wetter zu schützen, starb Don Juan. In der letzen Spanne klaren Bewußtseins übergab er ohne Befugnis – als Herausforderung an die zögernde Taktik der Krone – sämtliche Vollmachten an Alexander Farnese. Da es keine andere Wahl gab, blieb es sogar dabei.

Alles, was er auf dieser Welt besaß, vermachte Don Juan dem König, seinem Herrn, der ihn aus unberechtigtem Mißtrauen mit so unmöglichen Befehlen verfolgt hatte, »als ob man mit Worten allein Krieg führen könnte!«. Dem Freund seines Lebens, Alexander Farnese, vertraute er noch einmal an, wie sehr er es bedauere, sein Leben nicht der Kirche gewidmet zu haben.

Am 1. Oktober 1578 empfing Don Juan die Sterbesakramente, und kurz darauf verschied er in Fieberphantasien, laute Schlachtbefehle rufend. Sein Herz wurde in Namur bestattet. Seine Leiche wurde einbalsamiert und, in drei Teile zerlegt, von drei Reitern im Galopp durch das unfreundliche Frankreich nach Spanien gebracht. In Madrid wurde die Leiche wieder zusammengesetzt, in Staat gekleidet und in die große Grabkammer des Escorials verbracht, die der königlichen Familie als Mausoleum diente. Dort ruht die sterbliche Hülle Don Juans an der Seite seines kaiserlichen Vaters – falls Karl v. tatsächlich sein Vater war.

Anhang

Benutzte und weiterführende Bücher

Don Juan war Spanier und hat daher seinen Namen spanisch (de Austria) geschrieben, da aber in der Literatur neben der spanischen auch die italienische Schreibweise (d'Austria) angewendet wird, haben wir uns dieser, dem Leser gewiß geläufigeren, angeschlossen.

Alvarez, Manuel Fernandez: Karl v. Beherrscher eines Weltreichs, [Dt. Übers.] München 1980

Armstrong, Edward: The Emperor Charles v, 2 Bde., London 1902

Babinger, Franz: Mehmed der Eroberer und seine Zeit, München 1953

Borja, Franz: Spiegel der christlichen Werke, Prag 1717
   - Las obras muy devotas y provechosas para qualifier Christiano, Madrid 1551

Bradford, Ernle: Der Schild Europas. Der Kampf der Malteserritter gegen die Türken 1565, München 1979
   - Kreuz und Schwert. Der Johanniter-/Malteser-Ritterorden, Berlin 1974

Brandi, Karl: Kaiser Karl v. Werden und Schicksal einer Persönlichkeit und eines Weltreiches, München 1937 (Neuaufl. Frankfurt am Main 1979)

Brantôme, Pierre de Bourdeilles, Seigneur de: Vie des hommes illustres et grands capitaines étrangers de son temps, Paris 1594

Brosch, Moritz: Geschichten aus dem Leben dreier Großwesire, Gotha 1899

Byron, William: Cervantes. Der Dichter des Don Quijote und seine Zeit, München 1982

Cambon, H.: Don Juan d'Autriche, Le Vainqueur de Lepanto, Paris 1952

Carrero Blanco, Luis: La Victoria del Cristo de Lepanto, Madrid ²1948

Cervantes, Miguel de: Der sinnreiche Junker Don Quijote von der Mancha, in der Übertragung von Ludwig Braunfels (1848), München 1963

Colonna, Luis: Don Juan de Austria, der Sohn Kaiser Karls v. Ein großes Leben im 16. Jahrhundert, München 1936

Currey, Cdr. E.H.: Seawolves of the Mediterranean: The Grand Period of the Moslem Corsairs, London 1910

Disraeli, Israel: Literary Character of Men of Genius, London o.J.

Diwald, Hellmut: Der Kampf um die Weltmeere, München–Zürich 1980

Elliott, John H.: Imperial Spain 1469-1716, Harmondsworth 1970

Elton, Geoffrey R.: Europa im Zeitalter der Reformation, 1517-1559, München 1982

Fisher, Sir G.: Barbary Legend: War, Trade and Piracy in North Africa, Oxford 1957

Gothein, Eberhard: Ignatius von Loyola und die Gegenreformation, Halle/S. 1895

Gravière, Jurien de la: La guerre de Chypre et la bataille de Lepanto, Paris 1888

Guglielmotti, Alberto: Marcantonio Colonna, Florenz 1862

Habsburg, Otto von: Karl v., Wien–München 1967

Hadjikhalifah Tohfeh: The History of the Maritime Wars of the Turks, London 1831

Hammer, Josef, Frhr. von Purgstall: Geschichte des Osmanischen Reiches, 10 Bde., Pest 1827-1835

Hartlaub, Felix: Don Juan d'Austria und die Schlacht bei Lepanto, Berlin 1940

Hassinger, Erich: Das Werden des neuzeitlichen Europa 1300-1600, Braunschweig [2]1964

Hauser, Henri: La prépondérance espagnole (1559-1660) (= Peuples et civilisations, Bd. 9), Paris [3]1948

Herre, Paul: Barbara Blomberg, Leipzig 1909

- Europäische Politik im Cyprischen Krieg, 1570-1573, Leipzig 1902

Hill, Sir George: History of Cyprus, 3 Bde., Cambridge 1948 ff.

Hughes, Quentin: Malta, München [2]1978

Huizinga, Johan: Herbst des Mittelalters, Stuttgart [11]1975

La Batalla naval del señor Don Juan de Austria. Segun un manuscrito anonymo contemporaneo, Madrid 1971

Lane, Frederic C.: Seerepublik Venedig, München 1980

Lea, Henry Charles: History of the Inquisition of Spain, 2 Bde., New York 1905-1908

Lesure, Michel: Lépante, la crise de l'empire ottoman, Paris 1972

Lottes, Günther: Elisabeth I. Eine politische Biographie, Göttingen 1981

Lybyer, Albert Howe: The Government of the Ottoman Empire in the Time of Suleiman the Magnificent, Cambridge/USA 1913

Maier, Franz Georg: Cypern. Insel am Kreuzweg der Geschichte, München 1982

Mandrou, Robert: Introduction à la France moderne (1500-1640), Paris 1961, 1974

Manfroni, Camillo: Storia della marina italiana dalla caduta de Costantinopoli alla battaglia de Lepanto (1453-1571), Rom 1897

March, J.M.: La batalla de Lepanto y Don Luis de Requeséns, Madrid 1944

Margoliouth, D.M.: Mohammedanism, London 1911

Marmol Carvajal, Luis de: Historia del Rebelión y Castigo de los Moriscos del Reyno de Granada, 2 Bde., Madrid 1797

Mattingly, Garrett: Die Armada. Sieben Tage machen Weltgeschichte, München ²1960

Maxwell, Sir W.S.: Don John of Austria, 2 Bde., London 1883

Mendham, Rev. J.: The Life and Pontificate of Saint Pius V, London 1882

Mendoza, Diego Hurtado de: La Guerra de Granada, Madrid 1929

Merriman, Roger B.: The rise of the Spanish empire in the old world and in the new, 4 Bde., New York 1918-1934 (Neuaufl. 1962)

Meyer, A.O.: England and the Catholic Church under Elizabeth, London 1916

Mondfeld, Wolfram zu: Der sinkende Halbmond. Die Seeschlacht von Lepanto im Jahre 1571. Vorbereitungen, Schlachtgeschehen, Auswirkung, Würzburg 1973

More, Thomas: The Dialogue concerning Heretics, London 1528

Motley, J.L.: The Rise of the Dutch Republic, 3 Bde., London 1856

Nani-Mocenigo, Mario: Storia della marina veneziana de Lepanto alla caduta della Repubblica, Rom 1935

Normann-Friedenfels, Emil von: Don Juan d'Austria als Admiral der Heiligen Liga und die Schlacht bei Lepanto, Pola 1902

Papoulia, Basilike D.: Ursprung und Wesen der »Knabenlese« im Osmanischen Reich, München 1963

Parry, J.H.: The Spanish Seaborne Empire, London 1973

Pastor, Ludwig Freiherr von: Geschichte der Päpste seit dem Ausgang des Mittelalters. Mit Benutzung des Päpstlichen Geheim-Archives und vieler anderer Archive bearbeitet, Bde. 1-11 in 13 Tl.-Bdn., 9.-13. Aufl. Freiburg/B. 1955-1959

Penzer, Normann Mosley: The Harem. An Account of the Institution as it existed in the Palace of the Turkish Sultans with a History of the Grand Seraglio from its Foundation to the present Time, London–Bombay–Sydney 1936

Petrie, Charles Alexandre: Don Juan d'Austria, Stuttgart 1968

Pirenne, Henri: Geschichte Belgiens (Bd. 4: Von der Ankunft des Herzogs von Alba (1567) bis zum Frieden von Münster (1648), Gotha 1913

Rachfahl, Felix: Wilhelm von Oranien und der Niederländische Aufstand, 3 Bde., Halle/S. 1906

Rodgers, Vice-Admiral W.L.: Naval Warfare under Oars (4-16 C), Annapolis 1939

Romberg, H.: Der Prinz von Oranien. Wilhelm Graf von Nassau, Herborn 1960

Rosell, Cayetano: Historia del combate naval de Lepanto y juicio de la importancia y consequencias de aquel suceso, Madrid 1971

Roth, C.: The Duke of Naxos, Philadelphia 1948

Shaw, Stanford J.: History of the Ottoman Empire and Modern Turkey,
Bd. 1: Empire of the Gazis: The Rise and Decline of the Ottoman
Empire, 1280-1808, Cambridge 1976

Slocombe, George: Don John of Austria: Victor of Lepanto, London
1938

Suau, P.: Histoire de St Francis de Borgia, Paris 1910

Tenenti, Alberto: Cristoforo da Canal: la marine vénitienne avant
Lépante, Paris 1962

Unamuno, M. de: Vida de Don Quijote y Sancho, Madrid 1966

Wedgwood, Cicely Veronica: Wilhelm der Schweiger, Hamburg 1949

Yeo, Margaret: Don John of Austria, London 1934
 - The Greatest of the Borgias, London 1936

Zorzi, Alvise: Venedig – eine Stadt, eine Republik, ein Weltreich, 697-
1797, München 1981

Register

Dank

Der Verlag dankt den Besitzern der abgebildeten Werke
für ihre freundlichen Reproduktionsgenehmigungen und
für Abbildungsvorlagen, sofern diese nicht von folgenden
Institutionen und Photographen stammen: Alinari, Florenz (21); Osvaldo Böhm, Venedig (22); J. de Grivel, Besançon (5); MAS, Barcelona (3,4) und Verlagsarchiv. Kar-
tenskizze S. 290 Peter Langemann, München.

Küsten, Inseln und Kulturen

Prestelbücher bieten noch viele Entdeckungen
vom einen Ende des Mittelmeers bis zum anderen:

MÄNNER UND MÄCHTE

Die Seefahrer der Antike *von Lionel Casson*
Große Gestalten der Geschichte *von Reinhard Raffalt*
Reisen in der Alten Welt *von Lionel Casson*
Antikenjagd in Griechenland *von C. Ph. Bracken*
Bayern in Griechenland *von Wolf Seidl*
Seerepublik Venedig *von Frederic C. Lane*
Geschichte und Stätten des Islams *von Alfred Renz*

LANDSCHAFTEN UND KULTUREN

Tunesien *von Alfred Renz*
Italien (3 Bände) *von Eckart Peterich*
Sizilien *von Eckart Peterich*
Ägypten *von Robin Fedden*
Spaniens Süden *von Alfonso Lowe*
Istanbul *von Hilary Sumner-Boyd/John Freely*
Zypern *von Colin Thubron*
Malta *von Quentin Hughes*
Kreta *von Robin Bryans*
Griechenland *von Brian de Jongh*
Die Griechischen Inseln *von Ernle Bradford*

Beilage zu Jack Beeching, Don Juan d'Austria
Prestel Verlag München, 1983
Gezeichnet A. Beron, graph. Atelier, München

Handelsrouten:

.... Galeeren von »Aque Morte«   -·-·-·- Romania-Galeeren

– – – – Berber-Galeeren   ooooooo Beirut-Galeeren

xxxxxxx Galeeren »al trafego«   ———— Flandern-Galeeren

-·-·-·- Alexandria-Galeeren   ═══════ Handelsstraßen

0   200   400   600 km